財務諸表監査の
基礎概念

林　隆敏 ［編著］

池井　優佳　　小澤　康裕
川端　千暁　　瀧　　　博
永見　　尊　　福川　裕徳
堀古　秀徳　　町田　祥弘
松尾慎太郎　　松本　祥尚

中央経済社

はしがき

　本書は，日本会計研究学会に設置されたスタディ・グループ「財務諸表監査の基礎概念に関する研究」（主査：林隆敏）の研究成果を基礎とし，それを発展させたものである。
　このスタディ・グループを設置するために提出した申請書には，以下のような設置の趣旨および研究課題の説明が記載されている。

　財務諸表監査の研究には膨大な蓄積がある。しかし，われわれはそれらの蓄積をうまく継承できておらず，財務諸表監査理論で用いる概念に曖昧さ——同じ専門用語であっても意味内容が異なっていたり，同じ意味内容であってもそれを説明する専門用語が異なっていたりする——が存在し，それが監査研究および監査教育の発展の妨げになっているのではないか，と危惧している。例えば，財務諸表監査の機能を説明するために，「批判機能/指導機能」や「契約支援機能/意思決定支援機能」という用語が用いられるが，その意味内容が学界で広く共有されているとは言い難い。監査論の教科書，論文，監査基準，実務指針などで用いられている専門用語にこのようなバラツキや不明確さが存在することは，監査論学習者が戸惑い，学ぶ意欲をなくし，あるいは監査論に魅力を感じない原因にもなっている。もちろん，どのような研究領域にも同様の問題は存在すると思われるが，監査論の現状は少し行き過ぎであると考えられる。
　また，財務諸表監査の理論と実践の接点である監査基準に目を向けると，監査基準設定における職業的専門家の影響力の高まりや国際監査基準への収斂の進展を背景に，監査理論と監査基準との乖離が見られるようになっている。例えば，「監査要点」という概念は，わが国の監査基準では用いられているものの，国際監査基準では「経営者の主張」という概念に包含されてしまっている。監査意見形成の理論からすれば，監査要点と経営者の主張の区別は非常に重要である。
　さらに，監査研究の領域は，公認会計士の業務領域の拡がりに対応し，財務諸表の監査から，将来予測財務情報や非財務情報などの保証業務へと拡張している。保証業務理論は，例えば重要性，監査リスク，監査証拠などの財務諸表監査の基礎概念を援用して構築されているため，財務諸表監査理論が抱える上述のような問題は，保証業務理論の展開にも影響するものである。

われわれは，このような現状認識のもとで，財務諸表監査の基礎概念をあらためて検討，整理し，諸概念の明確化と体系化が必要であると考えている。その意味では，本研究課題はまったく新しい研究領域を切り開くものではなく，これまでに蓄積された研究成果を整理し，今後の監査研究・教育の発展に資することを志向するものである。

本書がこのような当初の目的を達成した研究成果となっているかについては，読者諸賢の評価を待ちたい。研究を進めるにあたっては研究会を重ね，原稿の読み合わせも十分に行ったつもりであるが，予期せぬ誤りが残っている可能性もある。また，概念規定やその意義づけは価値判断を伴う内容であるので，異なる見解は当然にあり得る。本書の内容が学術的批判の対象となり，監査概念のさらなる究明のきっかけになること，また，監査研究と監査実践の橋渡しとなることを願っている。読者諸賢の忌憚のないご叱正を賜れれば幸いである。

このスタディ・グループの設置期間は2018年9月から2年間であったが，新型コロナウイルス感染症（COVID-19）の影響により1年の期間延長が認められ，2021年9月に開催された日本会計研究学会第80回大会（於：九州大学）で最終報告を行った。この間に日本学術振興会科学研究費補助金（2020年度～2022年度）の支給も得られたことから，メンバーを追加して研究を継続し，その成果をここに公表する運びとなった。振り返れば，共同研究の開始から約6年が経過しており，共同研究者には多大な負担をかけてしまった。これはひとえに研究代表者の企画力不足と怠慢によるものである。

上述の通り，本書には，日本会計研究学会スタディ・グループ補助金（2018年度～2019年度）および日本学術振興会科学研究費補助金・基盤研究(b)（課題番号：JP20HO1560）による研究成果が含まれている。このような研究支援を受けられたことに深く感謝し，この場を借りて御礼申し上げたい。

最後に，出版事情の厳しい折り，このような市場性の乏しい大部の書籍の出版を引き受けてくださり，また編集作業に多大なるご尽力をいただいた中央経済社代表取締役会長の山本継氏に，心より御礼申し上げる。

2024年10月

執筆者を代表して

林　隆敏

目　　次

はしがき　1

序章　本書の目的，方法および構成 ―――――――――――― 1
1　目　　的　1
2　方　　法　6
3　構　　成　8

第Ⅰ部　総　　論

第1章　財務諸表監査の定義と目的 ――――――――――― 14
1　はじめに　14
2　財務諸表監査の定義　15
3　財務諸表監査の目的　19
4　小　　括　26

第2章　監査公準 ――――――――――――――――――― 30
1　はじめに　30
2　監査公準の定義　30
3　わが国の主な監査公準論　36
4　監査公準の現代的意義　39
5　小　　括　44

第3章　監査の機能 ―――――――――――――――――― 48
1　はじめに　48
2　わが国の監査文献における用語法　53
3　批判的機能と指導的機能の端緒　56
4　小　　括　59

第4章　二重責任の原則 ―――――――――――――――― 63
1　はじめに　63

2　わが国監査基準における二重責任の原則の位置づけ　64
　3　責任区分を要請するよりどころ　71
　4　小　　括　79

第5章　会計基準 ──────────────── 82
　1　はじめに　82
　2　「財務報告の枠組み」とは何か　83
　3　GAAPの階層構造　85
　4　わが国の監査基準と財務報告の枠組み　89
　5　受入可能な財務報告の枠組み　92
　6　小　　括　94

第6章　監査基準 ──────────────── 98
　1　はじめに　98
　2　監査基準の歴史的経緯　99
　3　監査基準の構造および設定主体　103
　4　監査基準の意義と役割　108
　5　小　　括　109

第7章　合理的な保証 ────────────── 111
　1　はじめに　111
　2　合理的な保証の定義　111
　3　財務諸表監査における保証　115
　4　保証水準の認識　119
　5　「合理的な」の意味　122
　6　合理的な保証の獲得　124
　7　合理的な基礎　128
　8　小　　括　130

第Ⅱ部　監査の主体

第8章　独　立　性 ──────────────── 136
　1　はじめに　136

2　独立性の定義　137
　　3　わが国の現行「監査基準」における概念の混乱　141
　　4　「独立性」概念と関連諸概念との関係　144
　　5　小　括　150

第9章　正当な注意 ――――――――――――――――――― 153
　　1　はじめに　153
　　2　正当な注意の定義：「監査基準」を手がかりとして　153
　　3　正当な注意を巡る2つの論点　157
　　4　正当な注意の適用範囲　158
　　5　正当な注意の水準　160
　　6　守秘義務　164
　　7　小　括　167

第10章　職業的懐疑心 ――――――――――――――――― 170
　　1　はじめに　170
　　2　監査基準における定義：どの程度疑うのか　171
　　3　懐疑主義と懐疑心：どのように疑うのか　176
　　4　外向的懐疑心・内向的懐疑心：何を疑うのか　178
　　5　正当な注意との関係　179
　　6　小　括　180

第Ⅲ部　監査意見の形成

第11章　監査命題の立証プロセスと監査アプローチ ―― 184
　　1　はじめに　184
　　2　監査命題の立証プロセス　185
　　3　監査アプローチの変遷　187
　　4　小　括　199

第12章　監査命題 ―――――――――――――――――――― 202
　　1　はじめに　202
　　2　監査要点　203

3　監査対象と監査目的　205
　　　4　経営者の主張と監査要点　207
　　　5　小　　括　210

第13章　監査証拠 ── 213
　　　1　はじめに　213
　　　2　監査証拠の概念　213
　　　3　監査証拠の分類　217
　　　4　監査証拠の属性　226
　　　5　小　　括　237

第14章　監査技術と監査手続 ── 240
　　　1　はじめに　240
　　　2　監査技術と監査手続の定義とその対象　241
　　　3　監査手続に関連した監査基準の展開　245
　　　4　監査技術と監査手続の分類　250
　　　5　監査技術と監査証拠との関係　254
　　　6　小　　括　258

第15章　監査調書 ── 262
　　　1　はじめに　262
　　　2　監査調書　262
　　　3　査　　閲　277
　　　4　小　　括　285

第16章　監査リスク ── 287
　　　1　はじめに　287
　　　2　監査リスクとその主要な構成要素　288
　　　3　監査におけるリスク概念　292
　　　4　小　　括　306

第17章　監査上の重要性 ── 310
　　　1　はじめに　310

2　監査上の重要性概念の整理　311
　　　3　監査の計画段階および実施段階における監査上の重要性　316
　　　4　監査の意見形成段階における監査上の重要性　322
　　　5　小　　括　326

第Ⅳ部　監査結果の報告

第18章　監査報告書の機能 ———— 332
　　　1　はじめに　332
　　　2　監査報告書の捉え方　333
　　　3　情報提供の拡張　338
　　　4　小　　括　343

第19章　監査意見 ———— 347
　　　1　はじめに　347
　　　2　適　正　性　348
　　　3　準　拠　性　360
　　　4　小　　括　364

第20章　監査意見の種類 ———— 367
　　　1　はじめに　367
　　　2　監査基準等における取扱いの変遷　368
　　　3　監査意見の種類に関する論点の整理　376
　　　4　小　　括　385

第21章　監査意見以外の記載事項 ———— 388
　　　1　はじめに　388
　　　2　監査報告書の情報提供機能に関する議論　388
　　　3　補足的説明事項　395
　　　4　特記事項　400
　　　5　追記情報　407
　　　6　監査上の主要な検討事項　413
　　　7　小　　括　417

第Ⅴ部　意識調査

第22章　財務諸表監査の基礎概念に関する意識調査結果 ──── 426
　　1　はじめに　426
　　2　先行研究　427
　　3　研究方法　429
　　4　回答結果と検定　432
　　5　分析結果　440
　　6　小　括　454

付録　459
索引　477

序章
本書の目的，方法および構成

1　目　　的

　本書は，財務諸表監査の理論研究（方法論は問わない），監査基準をはじめとする監査規範の形成，社会制度としての財務諸表監査の制度設計等にあたって参照枠組みとなりうる財務諸表監査の理論的枠組みを構築するための概念研究を目的としている。そのために，財務諸表監査理論の基礎を形成する諸概念を洗い出し，それらの意味内容，理論上の位置づけ，概念間の関係などをこれまでの議論に基づいて総合的に考察し，概念の曖昧さや不明確さを解消し，学界として共有すべき理解を示すとともに，解明すべき残された課題がある場合には，それを指摘している。

　このような意味では，本書の内容は新しい研究領域を独自に切り開くものではなく，これまでに蓄積された研究成果を整理し，今後の監査研究・教育の発展に資することを目的とする。具体的には，研究者を目指す大学院生が自らの問題意識・研究課題の新規性や適切性を検討したり，研究の出発点をどこに置けばよいかを判断したりする際の参照枠組みとなる財務諸表監査の理論的枠組みの提示を見据えたものである。

　本書に類似の試みは，これまでは研究者による書籍（主に単著）によってなされてきたと理解している。その多くは，社会制度としての公認会計士による財務諸表監査の全体を対象として，その理論的・体系的な説明を行ったものである。本書の独自性・新規性は，制度全般ではなく，基礎的な概念の明確化に焦点を合わせ，それらを関連づけた枠組みの構築を志向している点にある。

(1) 背　景

　財務諸表監査の研究には膨大な蓄積がある。しかし，われわれ研究者はそれらの蓄積をうまく継承できておらず，財務諸表監査理論で用いる基礎概念に曖昧さ，例えば，同じ専門用語であっても意味内容が異なっていたり，同じ意味内容であってもそれを説明する専門用語が異なっていたりすることがあり，それが監査研究および監査教育の発展の妨げになっているのではないか，と危惧している。このような問題意識が本書の出発点である。概念研究の目的は，概念を適切に定義することで，ある現象をより適切に理解できるようにすること，言い換えれば，概念が適切に定義されていないために，ある現象が適切に理解されていないという問題を解決することにある。財務諸表監査と周辺領域の境界を画定し，研究の礎となる財務諸表監査の理論的枠組みを構築するために，監査の基礎概念をあらためて検討，整理し，諸概念の明確化と体系化を図ることが必要である。

　例えば，財務諸表監査の機能を説明するために「批判機能・指導機能」や「契約支援機能・意思決定支援機能」という用語が用いられるが，その意味内容が学界で等しく共有されているとは言い難い。あるいは，監査人の「独立性」は精神的独立性と外観的独立性という2つの側面から説明されるが，両者の関係には判然としない部分が残っている。監査論の論文，教科書，監査基準などで用いられている専門用語にバラツキや不明確さが存在することは，監査論学習者が戸惑い，学ぶ意欲をなくし，あるいは監査論に魅力を感じない原因にもなっていると考えている。もちろん，どのような研究領域にも同様の問題は存在するであろうが，監査論の現状は少し行き過ぎであるように思われる。

　また，財務諸表監査の理論と実践の接点である監査基準に目を向けると，監査基準設定における職業的専門家（公認会計士）の影響力の高まりや国際監査基準への収斂の進展を背景に，監査理論と監査基準との乖離が見られるようになっているとも感じている。例えば，「監査要点（audit objective）」という概念は，わが国の監査基準では用いられているものの，国際監査基準では「経営者の主張またはアサーション（assertion）」という概念に包含されてしまった。あるいは，「証拠資料（evidential matter）」という概念は，国内外を含めて監査基準では用いられなくなった。しかし，監査意見形成の理論からすれば，監査要点と経営者の主張の区別や証拠資料という概念は非常に重要であると考える。

　監査論は，従来から，学問ではなく技術論であるとしばしば揶揄されてきた。その背景には，研究方法論の問題だけでなく，上記のような基礎概念の曖昧さ，

ひいては理論的枠組みの不明確さがあると考えている。自戒・自省の念を込めての言及であるが，財務諸表監査に関する論文や教科書ではしばしば，「監査基準に……と規定されているように」という記述により，それがいかにも自明のことのように説明されたり，監査基準の規定を出発点として概念の定義や概念間の関係が説明されたりしている。しかし本来は，「このような理論に基づいて，監査基準では……と規定されている」と説明すべきであろう。

さらに，近年は，公認会計士の業務領域の拡がりに対応し，学界での議論の対象領域が過去情報である財務諸表の監査から，将来予測財務情報や非財務情報などの保証業務へと拡張している。この保証業務に関する理論は，例えば重要性，監査リスク，監査証拠などの財務諸表監査の基礎概念を援用して構築されているため，財務諸表監査理論が抱える上述のような問題点は，現在および今後の保証業務理論の展開にも影響するものである。

(2) 対　　象

本書は，書名のとおり，その対象を職業的専門家による「財務諸表」の「監査」に限定している。「監査」という行為を定義するのは容易ではない。最も一般的かつ広い意味での「監査」の定義としては，「独立第三者による検証とその結果の報告」となるであろうが，巷には監査という単語が付された行為（または機能）が溢れている。財務諸表監査，監査役監査，内部監査，システム監査，地方自治体監査に留まらず，マーケティング監査や工場監査といった呼称もみられる。これらの呼称は，監査の主体，客体，目的，対象などに基づくものであるが，財務諸表監査は，財務諸表の適正性（または準拠性）を監査の主題（監査人の結論が求められている立証の対象）とする監査である。監査の主題たる情報には，中間財務諸表，四半期財務諸表，過去財務情報以外の財務情報または非財務情報等もある。また，これらの情報の職業的専門家による検証・報告行為には，監査のほかに，中間監査や四半期（期中）レビュー，その他の保証業務がある。

それにもかかわらず考察の対象を財務諸表の監査に限定した理由は主に2つある。領域を限定して基礎概念を考察し，それらを関連づけることによってはじめて，制度や実務に存在するさまざまな課題を議論し，解決するための参照枠を手に入れることができると考えたことが第1の理由である。もう1つは，研究成果が最も蓄積されているのは財務諸表監査であり，かつ，中間監査や四半期（期中）レビューの理論および基準は，例えば，監査命題，監査証拠，重要性，監査リスクなどの財務諸表監査の基礎概念やそれらに基づく理論を応用・援用していると

なお，本書では，文脈によるが「財務諸表監査」と「監査」は互換的に用いている。

(3) 先行研究

財務諸表監査（あるいはこれを念頭に置いた監査一般）の概念研究を志向した先行研究を絞り込むのは容易ではないが，特定のテーマ（例えば，職業的懐疑心，独立性など）または領域（例えば，監査証拠，監査報告など）ではなく，財務諸表監査全般の理論について概念的にアプローチした文献として，学界で広く名著として認められている Mautz and Sharaf（1961）および AAA（1973）がある。

Mautz and Sharaf（1961）が監査理論の展開を試みた最初の著作であることは学界で広く認められるところであろう。同書は，監査研究における概念的アプローチの重要性を説き，監査公準，証拠，正当な注意，適正表示，独立性および倫理的行為について論じた。また，わが国ではしばしば ASOBAC と略称される American Accounting Association（1973）も，書名の通り監査の基礎概念を考察した文献であり，監査機能，主張，命題，証拠および報告を取り上げている。いずれも古典と言える名著であり，監査研究における必読書であるが，その後の監査研究の発展や監査を取り巻く環境の変化はきわめて大きい。

近年では，Dennis（2015）が財務諸表監査の概念フレームワークに焦点を合わせた規範的研究を展開している。同書では，監査実務を支配する規則（監査規範）を決定するために用いることのできる理論を構築するための概念探究を目的とし，監査の目的（第2章），監査意見（第3章），監査証拠（第4章），重要性（第5章），監査における専門的判断（第6章）を考察している。

これらの文献とは異なり，考察の対象を財務諸表監査に限定せず，社会において多様に適用されている監査機能一般を議論した文献として，Flint（1988）がある。同書では，監査は社会的統制機構の一部とみなされ，会計責任と同一視されている。監査の権威を基礎づけるものとして，監査主体の適格性（第3章），独立性（第4章）および倫理（第5章）が論じられている。また，監査プロセス（第Ⅲ部）として証拠（第6章）と報告（第7章）に関連する諸概念および重要性（第8章）が考察され，基準（第Ⅳ部）として正当な注意（第9章），行為基準（第10章）および品質管理（第11章）が取り上げられている。

上述の文献のうち前二者はアメリカ，後二者はイギリスの文献であることは，監査論研究の大きな潮流を示していて興味深い。アメリカでは1980年代から経験

的研究（empirical research）と総称される研究が盛んとなり，概念的研究や規範的研究が下火になったように思われるが，イギリスでは，現在でも概念的研究や規範的研究が一定の勢力を保っている。

日本においても，財務諸表監査の理論的枠組み構築の試みは，個々の研究者による研究書や一連の論文によってなされてきたが，上述のような概念を前面に打ち出した研究はあまり見られず，社会制度としての公認会計士による財務諸表監査を対象として，理論的かつ体系的な説明を行ったものが多い（例えば，江村 (1963)；森 (1967)；髙田 (1974-1975)；鳥羽 (2000) など）。

次に，監査規範に目を向ければ，国際監査基準（International Standards on Auditing: ISA）を公表している国際会計士連盟（International Federation of Accountants: IFAC）の国際監査・保証基準審議会（International Auditing and Assurance Standards Board: IAASB）は，ISA 200「独立監査人の全般的な目的と国際監査基準に準拠した監査の実施」（IAASB 2008）を含む財務諸表監査に関する一連の基準や用語集などを公表している。これらは，公認会計士が提供する専門業務の枠組みを示しているものと捉えることができる。監査基準の国際標準化は相当に進んでおり，国際監査基準の影響力は大きいが，監査基準はあくまでも実務上の行為規範であり，研究者としては批判的な考察対象とすべきであろう。

(4) 意　義

本書の独自性は，おそらくその必要性は共有されていたものの長年にわたり試みられなかった概念フレームワークの構築に向けて，制度全般ではなく，基礎的な前提および概念の明確化に焦点を合わせ，それらを関連づけようとしている点にある。

また，本書の最大の意義は，財務諸表監査研究における概念研究の重要性を示すことにある。概念は，思考や議論の枠組みを提供する。概念は，新たな理論を構築し，研究の仮説を形成する上で中心的な役割を果たす。概念が明確であればあるほど理論はより強固となり，仮説はより明確になる。概念にはまた，理論と実践を結びつける橋渡しの役割も見いだされる。特定の概念を用いて理論を構築し，それを基に具体的な社会問題の解決策を提案することが可能となる。特定の研究領域や研究課題に関する理論的な枠組みを構築する概念研究は，概念や理論を探究し，理解するための研究手法であり，既存の概念の整理，理論の構築や修正，新たな概念の提案等の貢献が期待できる。

財務諸表監査の基礎をなす諸概念および諸前提，ならびにそれらの意義と関係

を体系的に示すことにより，今後の研究の出発点となる理論的枠組み（仮説）を示すことができる。近年しばしば，政策決定の場面で証拠に基づく意思決定（evidence-based decision making）の必要性が強調されるが，財務諸表監査制度に関する政策決定に用いることのできる量的データは限られるため，論理に基づく説得的な議論が必要となる。理論的枠組みはこの点でも貢献しうるものである。

2　方　法

本書は，監査基礎概念の研究アプローチとして文献研究に取り組んでいる。その際，財務諸表監査の基礎概念を個々に取り上げて検討するのではなく，ある程度のまとまりをもった研究領域ごとに担当者を決め，その領域における基礎概念を網羅的・体系的に検討・整理するという方法を採っている。

(1) 基礎概念の洗い出し

研究の第一歩は，考察の対象とする基礎概念の確定である。ここで概念とは，「事物の本質をとらえる思考の形式。事物の本質的な特徴とそれらの連関が概念の内容（内包）をなし，同一の本質をもつ一定範囲の事物（外延）に適用されることで一般性をもつ。＜中略＞概念は言語に表現されて「名辞」と呼ばれ，その意味内容として存在する」（広辞苑（第七版））ものである。したがって，具体的な作業としては，財務諸表監査の専門用語（名辞）の中から考察の対象とする概念を抽出することになる（専門用語（名辞）が存在しなくても，文章で説明されている概念もあり得ることは承知している）。

そこでまず，日本の監査論文献5冊（山浦 2008；鳥羽 2009a；鳥羽 2009b；伊豫田・松本・林 2015；鳥羽ほか 2015），収録語数の多い会計学辞典2冊（神戸大学会計学研究室（2007）『会計学辞典（第六版）』同文舘出版；森田哲彌・宮本匡章（2008）『会計学辞典（第5版）』中央経済社），および海外の監査文献6冊（Mautz and Sharaf 1961；AAA 1973；CAR 1978；Dennis 2015；Johnstone, Gramling and Rittenberg 2015；Arens et al. 2016）の索引，ならびに監査実務指針の用語集（IAASB (2018), Glossary of Terms；日本公認会計士協会（2016），付録2）に基づき用語一覧を作成した。この一覧に基づき原案を作成し，本書執筆者と議論を重ねて考察対象とする基礎概念を決定した。

異なる概念はそれぞれ独立して存在するが，概念の中にはより包括的な概念，より具体的で限定的な概念，より抽象度の高い概念などが存在する。例えば，「監

査技術」という概念は，「実査」や「立会」といった具体的な技術の概念を包括する概念である。また，「監査証拠」や「監査命題」は，「監査技術」よりも抽象度の高い概念であろう。このような観点から見れば，本書各章で考察している概念の括りはまちまちである。例えば，「監査技術」は「監査手続」とともに第14章で論じているが，「監査証拠」（第13章）とは切り分けている。

なお，財務諸表監査の基礎概念として位置づけられるが，本書であえて取り上げるほどの論点を含まないと判断した概念（例えば，倫理，監査計画，品質管理）は除外している。

(2) 執筆方針

考察の対象として選択した基礎概念に関する共同研究を進めるにあたって，研究開始時および途中の段階で数回にわたり議論し，以下のような原稿執筆の基本方針を固めた。

- 主たる読者として研究者を志す大学院生および監査規範（特に実務指針）の設定に携わる公認会計士を想定した，監査基礎概念に関する注釈書（コンメンタール）とする。すなわち，執筆者自身の興味・関心や問題意識に基づく独自の研究論文ではない。
- 必要な範囲で基礎概念に関連する監査規範・制度に言及するが，企業会計審議会「監査基準」，日本公認会計士協会の各種実務指針などの存在や記述内容を前提とした議論を展開するのではなく，基準や指針の記述内容の基礎にある理論や歴史的経緯を明らかにするように努める。
- （懐古趣味に陥らないように留意しながら）これまでの研究の蓄積を踏まえて現在の視点で概念を考察するというアプローチを採る。

また，各章の執筆にあたっての具体的な方針として以下を共有し，担当する基礎概念の意味内容やこれまでの議論等の事情に応じて書き込むこととした。

- 概念の定義の明確化，当該概念を示す用語の整理
- 概念の意味合いの変遷およびその理論的・制度的背景の考察
- 関係する文献の棚卸し
- 用語の表記（日本語・英語）の揺らぎ，翻訳上の問題，日本独自の用語法の整理
- 監査理論における概念の位置づけおよび関連する概念への言及
- 残された課題（研究機会）の提示
---

3 構成

本書は，本章のほか5部建て全22章で構成されている。

考察の対象として選択した基礎概念の配置については，まず第1章において職業的専門家による財務諸表監査を特定する定義を示し，財務諸表監査の基本目的を財務諸表の信頼性の保証と措定した。そして，この目的の達成を支える要素として，監査の主体（第Ⅱ部），監査意見の形成（第Ⅲ部）および監査結果の報告（第Ⅳ部）という区分を設け，それぞれに関連する基礎概念を配置している。第Ⅴ部は，本書で考察した基礎概念の一部について実施した意識調査の結果を示している。以下，各章の概要を紹介する。

(1) 第Ⅰ部 総論

第1章では，まず，本書において議論すべき基礎概念あるいはそれを含む監査理論の領域を示すために，「財務諸表監査」を定義するとともに，財務諸表監査の「目的」を考察している。第2章では，専門家の間で共有されている暗黙の前提という側面を有する「監査公準」について，その意義と内容，現代的意義を論じ，新たな公準を設定する可能性を探っている。また，いわゆるマウツ公準を現代の財務諸表監査を取り巻く状況に照らして再検討している。

第3章では，わが国に固有の，またはわが国の監査が第二次世界大戦後にアメリカから移入される中で生じた歴史的経緯を背景とした，「批判的機能」と「指導的機能」を論じている。また，第4章では，経営者と監査人の間における責任の分担を示す原則であり，財務諸表監査における根本原則として捉えられる「二重責任の原則」を考察している。

第5章では，財務諸表の作成・表示基準であり，また財務諸表監査における監査判断の基準でもある「会計基準」あるいは「財務報告の枠組み」についての議論を整理し，その内容，歴史的経緯，満たすべき性質について論じている。一方，監査人の行為基準は監査基準であるが，広く受け入れられている『基礎的監査概念報告書』（ASOBAC）による監査の定義にも監査基準は含まれていない。第6章では，「監査基準」が必要とされる監査の態様とはいかなるものか，現在の監査環境において監査基準または一般に認められる監査の基準はいかなる構造と役割を有しているのか，現在のわが国の監査論テキストその他において監査基準はどのように説明されているのか，を検討している。

最後に第7章では，財務諸表の信頼性の保証に関わる「合理的な保証」の定義，財務諸表監査における保証，保証水準および「合理的な」の意味，合理的な保証の獲得（合理的な基礎）について論じている。

(2) 第Ⅱ部　監査の主体

監査人の独立性は，財務諸表監査が求められる機能を果たすために必須の条件である。また，監査人は独立性を保持するとともに，職業的専門家としての正当な注意を払わなければならない。第8章では，国内外の監査基準等において「独立性」がどのように定義され，また説明されているのかを検討している。また，監査人の独立性に関する監査基準の規定をどう理解すればよいか，監査人の独立性概念をそれと関連する諸概念とどのように関係づければよいか，および，その関係性の中で独立性の意味内容をどのように解すればよいかを考察している。第9章では，監査基準における正当な注意に関する規定の変遷を概観するとともに，「正当な注意」の適用範囲と水準という2つの論点について考察している。また，有効な監査の実施にとって精神的独立性と並んで重要となるのが職業的専門家としての懐疑心（職業的懐疑心）である。第10章では，どの程度疑うのか，どのように疑うのか（疑う方法），何を疑うのか（疑う対象）という3つの視点に着目して，「職業的懐疑心」概念を考察するとともに，正当な注意との関係を検討している。

(3) 第Ⅲ部　監査意見の形成

第11章では，監査意見形成に関わる諸概念の関係を示すために，「監査命題の立証プロセス」（監査計画策定から意見表明の基礎の形成までのプロセス）と「監査アプローチ」（監査命題の立証プロセスにおける具体的な監査作業の手順や選択しうる経路に関する意思決定の方針を含む監査の手法）に関する議論を整理している。

この立証プロセスにおいて監査人が監査意見を形成する基本的命題は，財務諸表の適正性命題であり，基本的命題に対する意見は，個々の従属的命題に対する意見に基づいて形成される。わが国の監査基準では，基本的命題は監査意見の内容としての監査目的を指し，従属的命題は監査要点として規定されている。第12章では，このような理解に基づき，「監査命題」として扱われてきた「監査目的」および「監査要点」ならびにそれらを結び付ける「監査対象」について，どのように当該概念が展開されてきたのかを考察している。

監査命題の立証プロセスでは，監査証拠の収集と評価が行われる。第13章では，「監査証拠」そのものの概念および監査証拠または「証拠資料」の属性を検討し

ている。具体的には，監査証拠の概念，監査証拠の分類，そして監査証拠の属性の議論について，歴史的に文献を紐解いてその展開を示すとともに，現代における議論とその特徴を論じている。わが国の監査基準では，監査証拠の入手に関わる監査技術と監査手続は区別されず，両者の概念は非常に曖昧である。第14章では，監査基準の展開を追いながら「監査技術」と「監査手続」の定義と両者の関係，監査技術と監査手続の分類，監査手続の対象の広がり，そして監査技術と監査証拠との関係を主題としてわが国の議論を紐解いている。第15章では，「監査調書」の役割および機能は何かという問題意識のもと，誰が，何を，なぜ，どのように監査調書を作成し査閲するのかに関する議論の整理を通じて，財務諸表監査における監査調書の位置づけを明確化している。

　監査リスク・アプローチは，監査リスクと重要性を中核概念としている。第16章では，国際監査基準やわが国の監査実務指針におけるリスク概念は，事象，確率または事象と確率の組み合わせといった互いに異なるいくつかの考え方に基づいていることが示されている。また，「監査リスク」の構成要素の1つである「固有リスク」は，虚偽表示の発生可能性と影響の度合いという2つの次元で評価することが求められているが，この影響の度合いと重要性の関係を明らかにしている。第17章では，「監査上の重要性」に関する現行の監査規範の規定を確認した上で，そのような規定が置かれることになった経緯を，主要な先行研究に基づいて確認している。また，監査の計画段階および実施段階における監査上の重要性に関する論点，および監査意見形成段階における監査上の重要性に関する論点を整理している。

(4)　第Ⅳ部　監査結果の報告

　第18章では，一般に「オピニオン・レポート」と「インフォメーション・レポート」という2つの捉え方で論じられてきた監査報告書の機能が検討されている。この2つの考え方を歴史的な経緯を含めて詳細に検討し，わが国では監査基準設定当初から現在に至るまで，オピニオン・レポートとしての属性を変更することなく，監査意見，監査意見の基礎的前提としての啓蒙的情報，財務諸表に記載済みの注意喚起情報といった意見以外の情報提供へと拡張されてきたことが示されている。

　現在，わが国の監査基準には適正性意見と準拠性意見の表明が規定されているが，準拠性意見の導入は準拠性意見と適正性意見がどのように異なるのかという問題を呈示した。第19章では，「監査意見」について，財務諸表の適正性概念の

歴史的変遷，適正性と GAAP 準拠性との関係，総合意見と個別意見，適法性意見から適正性意見への変更，実質的判断および準拠性を論じている。また，第20章では，「監査意見の種類」に関するわが国の監査基準等の規定の変遷を確認し，総合意見と個別意見，意見差控/意見不表明の位置づけ，限定事項，除外事項，留保事項および条件事項，ならびに無意見監査報告書，断片的意見，「概ね適正」意見について，日本の監査論研究者の文献を中心に整理している。

第21章では，「監査意見以外の記載事項」として監査報告書に何をどのように記載すべきかという問題意識のもと，わが国における監査報告書の情報提供機能に関する議論を概観し，補足的説明事項，特記事項，追記情報および監査上の主要な検討事項に関する基準設定の経緯と学界における議論の整理を通じて，監査意見以外の記載事項課題を明確化している。

(5) 第Ⅴ部 意識調査

第22章「財務諸表監査の基礎概念に関する意識調査結果」では，本書で考察した諸概念に関する大学教員と実務家（公認会計士）の認識のゆらぎや差異を明らかにするために実施した質問紙調査の結果を報告する。

■参考文献

江村稔（1963）『財務諸表監査：理論と構造』国元書房。
髙田正淳（1974-1975）「監査基本問題の研究（一）〜（十一）」『會計』105巻，113-123頁，289-299頁，497-506頁，605-612頁，795-804頁，963-972頁；106巻，281-292頁，445-455頁，589-599頁，745-754頁；107巻，132-144頁。
鳥羽至英（2000）『財務諸表監査の基礎理論』国元書房。
─── (2009a)『財務諸表監査 理論と制度（基礎篇）』国元書房。
─── (2009b)『財務諸表監査 理論と制度（発展篇）』国元書房。
鳥羽至英・秋月信二・永見尊・福川裕徳（2015）『財務諸表監査』国元書房。
山浦久司（2008）『会計監査論（第5版）』中央経済社。
日本公認会計士協会（2016）監査基準委員会報告書（序）「監査基準委員会報告書の体系及び用語」，1月26日。
森實（1967）『近代監査の理論と制度』中央経済社。
American Accounting Association (AAA) (1973), *Report of the Committee on Basic Auditing Concepts, A Statement of Basic Auditing Concepts, Studies in Accounting Research No. 6*, AAA.（青木茂男監訳，鳥羽至英訳 (1982)『アメリカ会計学会 基礎的監査概念』国元書房。）
Arens, Alvin, Randal Elder, Mark Beasley and Chris Hogan (2016), *Auditing and Assurance Services : An Integrated Approach, 16th ed.*, Pearson.

(The) Commission on Auditors' Responsibilities (CAR) (1978), *Report, Conclusions and Recommendations*, American Institute of Certified Public Accountants.（鳥羽至英訳（1990）『財務諸表監査の基本的枠組み―見直しと勧告―』白桃書房。）

Dennis, Ian (2015), *Auditing Theory*, Routledge.（井上善弘訳（2022）『財務諸表監査の基礎理論』中央経済社。）

Flint, David. (1988), *Philosophy and Principles of Auditing*, Macmillan.（井上善弘訳（2018）『監査の原理と原則』創成社。）

International Auditing and Assurance Standards Board (IAASB) (2008), International Standard on Auditing 200, *Overall Objectives of the Independent Auditor and the Conduct of an Audit in Accordance with International Standards on Auditing*, International Federation of Accountants (IFAC).

――― (2018), *Handbook of Quality Control, Auditing, Review, Other Assurance, and Related Services Pronouncements Part 1*, IFAC.

Johnstone-Zehms, Karla M., Audrey A. Gramling and Larry E. Rittenberg (2018), *Auditing : A Risk-Based Approach to Conducting a Quality Audit, 11th ed.* Cengage Learning.

Mautz, Robert Kuhn, and Sharaf, Hussein Amer (1961), *The Philosophy of Auditing*, American Accounting Association.（近澤弘治監訳，関西監査研究会訳（1987）『監査理論の構造』中央経済社。）

（林　隆敏）

General Introduction

第 I 部

総　論

　第1章では，本書における議論の出発点として，財務諸表監査の定義と目的を示している。また，利害関係者の保護という監査の目的に関連する機能として「利害調整支援機能」と「意思決定支援機能」を位置づけている。第2章では，専門家の間で共有されている暗黙の前提であり，1960年代に多く研究された「監査公準」について，これまでの議論を整理するとともに，監査公準の現代的意義を論じている。第3章では，第二次世界大戦後にアメリカから導入されたわが国の監査の歴史的経緯を背景に，財務諸表監査の「批判的機能」と「指導的機能」に関する議論を検討している。第4章は，財務諸表監査における根本原則である「二重責任の原則」について論じている。第5章では，監査判断の基準となる「会計基準」および「財務報告の枠組み」について議論を整理し，それらの内容，歴史的経緯，満たすべき性質について論じ，第6章では，監査の行為基準としての「監査基準」が必要とされる監査の態様，現在の監査環境における監査基準の構造と役割などを検討している。最後に第7章では，財務諸表の信頼性に関する「合理的な保証」の定義，保証水準と「合理的な」という文言の意味，合理的な保証の獲得（合理的な基礎）などを論じている。

第1章

財務諸表監査の定義と目的

1 はじめに

本章では，財務諸表監査の基礎概念を考察するにあたり，まず，「財務諸表監査」という概念を定義する[1]。その目的は，財務諸表監査概念の内包を示し，本書において議論すべき基礎概念あるいはそれを含む監査理論の領域を示すことにある。

本書は，きわめて限定的な財務諸表監査の定義に基づいて（つまり議論の土俵を意識的に狭くして）基礎概念を考察し，それらを関連づけて体系的な枠組みを提示する方法を採る[2]。この作業を行うことによってはじめて，現実の財務諸表監査制度に存在するさまざまな課題を解決するための参照枠を手に入れることができ，また，保証業務のような監査類似行為への応用も可能になると考えるからである。

また，財務諸表監査の基礎概念ではないが，考察対象とする概念を決定する際の出発点となる財務諸表監査の目的についても議論する。

---

1 財務諸表監査を定義する場合，現実に実施されている財務諸表監査を明確に説明する（言い換えれば，財務諸表監査と他の類似する行為とを区別する）ためになされる定義と，社会制度として財務諸表監査の果たすべき役割を考え，その役割を果たすために最も有効な手段となるように財務諸表監査を機能的になされる定義が考えられる（瀧田 2009, 68-69）。本章の定義は前者に該当する。
2 当初は，監査の一般的な定義を確定し，その定義に基づいて財務諸表監査を定義することを試みたが，監査の一般的な定義を確定することが困難であるため，このような方法を採ることにした。現時点では，最も一般的な（最も広い）意味での「監査」の定義としては，「独立第三者による検証（評価，調べ直し）とその結果の報告」（高田 1974；内藤 2004；鳥羽 2009）が妥当であると考えている。

2　財務諸表監査の定義

「監査」と呼ばれる行為は，われわれが暮らすこの社会の実にさまざま場面で見られ，「監査」という言葉から想起されるイメージは人によって異なると思われる。また，専門用語としての「監査」の定義もさまざまである。監査ないし財務諸表監査の定義の仕方については，一般的に見られる帰納的な定義方法と，江村（1963）や瀧田（2009）のような演繹的な定義方法，あるいは，監査を監査人の包括的な活動プロセスとして把握し，監査行為に焦点をあわせて手続論的に規定する方法，または，監査を経済的サービスとして規定し，監査の経済的効能（社会的役立ち）の側面に重点を置いて機能論的に規定する方法（古賀 1990）などが考えられる。また，森（1967）は，監査を定義する際の立場には，監査行為，監査行為の対象・主体・適用形態，監査職能，監査目的，および監査制度などがあり，これらの立場には一定の関係があることを示し，監査概念の多面性を主張している。

(1) 定　　義

本研究では，財務諸表監査を以下のように定義する。

　財務諸表監査とは，経営者の作成する財務諸表が，一般に認められた会計原則に準拠して，被監査会社の財政状態，経営成績およびキャッシュ・フローの状況を適正に表示しているか否かに関して，独立の職業的専門家が，一般に認められた監査基準に準拠して，合理的な保証を得るべく証拠を客観的かつ批判的に収集・評価し，その結果を財務諸表の利用者に対して文書により報告する組織的な行為である。

この定義にあたっては，財務諸表監査を行為として規定し，定義が指し示す監査（外延）を絞り込むためにできる限り内包を書き込んでいる。その内包は，職業的専門家による株式会社の一般目的財務諸表の適正性（fairness）または適正表示（fair presentation）（法域によっては，真実かつ公正な概観（true and fair view）ともいう。以下，同じ。）に関する監査を念頭に置いている。このように本書は，社会制度として存在する財務諸表監査制度を念頭に置いているものの，そこで適用されている具体的な法規ないし基準を前提とした議論を展開しようとするものではない。

また，この定義の骨格には，アメリカ会計学会『基礎的監査概念報告書』（以下，

ASOBAC）(AAA 1973）に示された監査および証明の定義を用いている[3]。ASOBAC の定義は，現在でも国内外を問わず，監査文献において最も広く受け入れられている定義である。しかし，この定義は，財務諸表監査を含む一般的な監査の定義であり，本研究における定義としては広すぎる[4]。そこで，ASOBAC の定義の内包に加えて財務諸表監査概念の内包として定義に含むべき性質を洗い出すために，監査（会計監査および財務諸表監査を含む）の定義に関する監査文献（1946年以降の日本語文献）の調査を行った。その結果，ほとんどの監査文献において，監査主体，監査対象，監査命題，および監査行為（検証と報告）に関する記述が含まれていた[5]。上述の定義は，これらの他に監査主体の行為基準を含めたものである[6]。

(2) 定義の内包と関連する基礎概念

ここでは，上述の定義の内包を説明するとともに，当該内包に関連して本書で考察する基礎概念を示す。

なお，財務諸表監査を行為として定義する場合，当該監査行為の目的と機能を定義に含めることもできる。しかし，本書では，監査の目的と機能を財務諸表監査の定義には含めていない。財務諸表監査の目的については次節を，財務諸表監査の機能（批判的機能と指導的機能）については第3章を参照されたい。

---

[3] ASOBAC の定義を基礎として財務諸表監査の定義を示した文献として，例えば，山浦（2008）および亀岡ほか（2021）がある。

[4] 秋月ほか（2021, 56-57）は，ASOBAC による監査の定義の問題点を現代的な視点に立って指摘している。

[5] わが国における定義の構成要素を整理・分類すると，ほとんどの定義には監査主体，監査対象，監査命題，監査行為が含まれ，これに監査目的・機能を加えている定義がいくつか見られる（日下部 1962；佐藤 1968；山桝・檜田 1972）。監査主体については，監査行為者は（独立，独立不羈，厳正公平，公正不偏などの語句によって修飾された）第三者であることが示されている。監査対象については，「ある人の行った経済的行為または経済活動，ないしは，それを計数的に表現する記録」，「企業経営に関して作成された会計記録」，「会計行為及び（又は）会計事実の全部又は一部」，「被監査側の会計記録，記録の背後にあるところの会計処理，および財務諸表」，「財務諸表」といった語句・表現が用いられてきたが，ASOBAC では「経済活動と経済事象についての主張」という用語が用いられている。監査命題については，「正否」，「適否」，「当否」，「正当性」，「適正性」，「一般に認められた会計原則に準拠しているか否か」および「適正表示」という語句・表現が用いられてきたが，ASOBAC では「主張と確立された規準との合致の程度」という表現により，何を立証するのかということが示されている。

[6] ASOBAC の定義は，「確立された規準」という表現で監査主体の判断規準（財務諸表監査の場合には会計基準）を含んでいるが，監査主体の行為規準（監査基準）は含んでいない。第6章を参照されたい。

また，監査の定義には含まれていないが，財務諸表監査の基礎概念を考察する際の前提となるものとして，監査公準がある。監査公準とは，「監査という行為の理論的枠組み（監査理論）を構築する際に，議論の所与として仮定しておかなければならない前提の総称」（鳥羽 2007, 209）である。監査公準は第2章で考察している。

① **監査対象**

財務諸表監査における監査対象は，言うまでもなく財務諸表である。ただし，監査人による検証行為の対象という意味での監査対象と，監査意見の対象という意味での監査対象は明確に区分しなければならない。亀岡ほか（2021, 358）は，後者の「監査の依頼人から監査人の結論が求められている認識の対象（監査対象）」を「監査の主題」という概念で認識している。監査の主題は，「会計監査と業務監査」，「情報監査と実態監査」，「情報の監査と行為の監査」あるいは「言明の監査と非言明の監査」の区別に関連し，監査の定義において重要な意味を持つ。監査意見の対象としての財務諸表については，第12章「監査命題」で考察している。

なお，財務諸表の情報としての性質，すなわち，財務諸表は「記録と慣習と判断の総合的表現」であり，単純かつ客観的な事実を反映したものではなく経営者の主観的な判断の産物（経営者の主張）であり，その性質はきわめて相対的なものであることは，財務諸表監査の固有の限界をもたらす原因の1つである。また，このような性質は，監査証拠や監査手続にも影響する。しかし，本研究では，財務諸表そのものは基礎概念として取り上げていない。

② **監査主体**

本書における監査主体は，職業的専門家（日本の場合には公認会計士）である。監査主体に関する基礎概念として，定義に書き込んでいる独立性（第8章）のほかに，職業的専門家としての正当な注意（第9章）および職業的専門家としての懐疑心（第10章）を考察している。

また，財務諸表作成者である経営者と監査人との責任分担を規定する「二重責任の原則」については第4章を参照されたい。

③ **監査命題**

本書における監査命題（基本的命題）は，財務諸表の適正性命題である。監査命題には，適正性のほかに準拠性，適法性，経済性・効率性・有効性（3E）な

どがある。監査人は，適正性命題について従属的命題を設定し，個々の従属的命題について監査証拠を収集・評価して監査意見を形成する。第12章「監査命題」では，従属的命題に関して経営者の主張と監査要点を考察するとともに，適正性命題と監査の主題について論じている。

監査命題は，①監査対象および④判断規準に関係する。また，適正性および準拠性（監査意見の性質）については第19章を参照されたい。

④ 判断規準

これは，ASOBACの定義に示された「確立された規準」を意味する。「確立された」とは社会ないし関係者の合意を得ているということを意味する。財務諸表監査における確立された規準は，一般に，「一般に（公正妥当と）認められた会計原則（Generally Accepted Accounting Principles : GAAP）」と呼ばれる。日本の会計制度におけるGAAPは，「一般に公正妥当と認められる企業会計の基準」であり，国際基準におけるそれは「財務報告の枠組み」である。

財務諸表監査では，経営者が財務諸表を作成する際に準拠する会計基準を監査人の判断規準として用いる。また，会計基準は，財務諸表作成基準として，監査人による検証行為の対象である情報の内容および性質に影響するものでもある。監査人は，財務諸表に含まれる経営者の主張と確立された規準との合致の程度を確かめることによって監査意見を形成する。この規準に基づいて主題から演繹された命題が評価される。評定や判断形成の基礎として利用しうる確立された規準の存在は，監査実施の前提条件の１つである。

監査人の判断規準としての会計基準については，第５章を参照されたい。

⑤ 行為規準

監査の質を一定水準以上に維持し，監査の実効性を確保するために，および監査人の判断を規制するとともに遵守すべき事項を限定し，監査人の責任範囲を明確にするために，監査人は監査の実施にあたって行為規準を遵守することが求められる。財務諸表監査における行為規準は，一般に，「一般に（公正妥当と）認められた監査基準（Generally Accepted Auditing Standards : GAAS）」と呼ばれる。日本の監査制度におけるGAASは，「一般に公正妥当と認められる監査の基準」である。

監査基準については，職業的専門家による行為に関する基準の必要性，監査基準の性質と内容，あるいは基準設定主体などに関する議論が展開されてきた。ま

た，監査基準の変更は期待ギャップへの対応の歴史という側面を有しており，監査人の役割と責任に大きく影響してきた。監査基準には基礎概念が多く含まれるので，本研究の批判的検討対象としても位置づけられる。

監査人の行為規準としての監査基準については，第6章を参照されたい。

⑥ 証拠の収集・評価

監査証拠の客観的かつ批判的な収集・評価と，その結論（意見）の報告は，財務諸表監査という監査人の行為の中核をなすものである。本書の第Ⅲ部「監査意見の形成」では，関連する基礎概念として，監査証拠（第13章），監査技術と監査手続（第14章），監査調書（第15章），監査リスク（第16章）を考察している。

また，監査証拠に基づく監査人の信念の確からしさ（の水準）を意味する合理的な保証も，財務諸表監査を特徴づける基礎概念として第7章で論じている。

⑦ 監査結果の報告

監査行為の最終局面は，監査結果の報告である。財務諸表監査では，一般に，監査報告（監査意見の表明）は文書により行われる。財務諸表監査による財務諸表の信頼性の保証は，監査意見の伝達によって行われる。

本書第Ⅳ部「監査結果の報告」では，監査報告に関連する基礎概念として，監査報告書の機能（第18章），監査意見（第19章），監査意見の種類（第20章），および監査意見以外の記載事項（第21章）を論じている。

3　財務諸表監査の目的

(1)　3つの目的

先に示した財務諸表監査という行為の目的は何か。監査文献における記述（国内外の監査基準に示されている目的に関する記述を除く）に基づけば，財務諸表監査の目的は以下の3つに整理できる。

> (i) 財務諸表の適正性に対する監査意見の表明（佐藤 1967, 21；河合 1979, 13；山浦 2019, 5など）
> (ii) 財務諸表の信頼性の保証（森 1984, 7；脇田 1993, 1；伊豫田 2022, 11；亀岡ほか 2021, 104および423など）

(ⅲ) 利害関係者の（利益の）保護（日下部 1966, 7；高田 1979, 13；千代田 1998, 82；石田 2011, 8；内藤 2004, 8など）

　これらの目的は独立ではない。多くの文献において，これら3つの目的には，(ⅰ)財務諸表の適正性に対する意見表明を通じて，(ⅱ)財務諸表の信頼性を保証し，そのことによって(ⅲ)利害関係者の保護を図るという関係が想定されている。

　例えば，佐藤（1967, 25-26）は，財務諸表監査の目的は財務諸表に対する公正な意見の表明にあり，その直接的効果として利害関係者の利益の保護を示している。森（1984, 7）は「財務諸表監査は，＜中略＞利害関係者の的確な意思決定を確保するように企業の情報の信頼性を保証することを目的とする。」という。また，高田（1979, 13）は，「（財務諸表）監査の目的は，＜中略＞利害関係者集団，すなわち一般投資者層に対して財務諸表の信頼性を高め，それによる企業の財政状態および経営成績の判断ないし理解を助け，これを通じて投資家を保護することである。そしてそのもとで，具体的な監査目標は，企業が公表する財務諸表が＜中略＞当該企業の財政状態および経営成績を適正に表示しているか否かについて＜中略＞意見を表明することである。」とする。

　次に，監査基準に目を向ければ，企業会計審議会「監査基準」は，財務諸表の適正性に対する監査意見の表明を財務諸表監査の目的としている。国際監査基準200は，これを「想定利用者の財務諸表に対する信頼（confidence）を高めること」（IAASB 2009, para.3）にあり，それは「財務諸表が，すべての重要な点において，適用される財務報告の枠組みに準拠して作成されているかどうかについて，監査人が意見を表明することによって達成される」（IAASB 2008, para.11）という構図を描いている。アメリカ基準では，公開会社会計監督委員会（Public Company Accounting Oversight Board）の監査基準1001「独立監査人の責任と役割」（PCAOB 2015, para.01）において，「独立監査人による通常の財務諸表監査の目的は，財務諸表が，すべての重要な点において，一般に認められた会計原則に準拠して，財政状態，経営成績およびキャッシュ・フローの状況を適正に表示していることに対する意見を表明することである。」と規定されている。

　以上に基づき，これら3つの目的の関係を整理すると，財務諸表監査という行為の最も重要で基本的な目的は「財務諸表の信頼性を保証すること」であり，「財務諸表の適正性に対する監査意見を表明すること」は監査行為の具体的な目標（下位目的）として，そして「利害関係者の利益を保護する」は財務諸表監査の効果（上位目的）として，それぞれ位置づけられる。**図表1-1**を参照されたい。

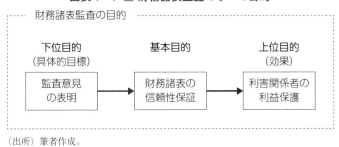

図表1-1 ■ 財務諸表監査の3つの目的

(出所) 筆者作成。

(2) 意思決定支援（機能）と利害調整支援（機能）

　監査と会計の領域では，目的と機能が厳密に区分されず，あるいは互換的に用いられている。監査文献では，しばしば，Wallace（1985）が提示した財務諸表監査の3つの経済的機能，すなわち利害調整支援機能（スチュワードシップ仮説におけるモニタリング行為・活動），意思決定支援機能（情報仮説における情報の質の改善手段）および保険機能が説明される[7]。しかし，利害調整機能と意思決定支援機能は，先に定義した監査行為が本来有している機能（働き，作用）ではなく，「利害関係者の保護」という財務諸表監査の上位目的（効果）にかかわる具体的な機能であり，財務会計の機能（または目的）と結びつくことにより発現するものであると考えられる[8]。

　財務会計の領域では，一般目的財務報告（general purpose financial reporting）の目的は，意思決定に有用な財務情報を提供すること（FASB 2018, OB2；IFRS Foundation 2018, 1.2）にあるという理解が一般的である。この目的のもとで，情報提供（または意思決定支援）および利害調整（または契約支援）が財務会計の機能（目的）として識別されている[9]。情報提供機能は，「会計が有する諸機能のうち，企業の経営者と利害関係者が行う経済的意思決定に有用な情報を産出し伝達する機能」をいい（桜井 2007, 678），利害調整機能は，企業を取り巻く利害関係

---

[7] ただし，Wallace（1985）において，利害調整支援機能，意思決定支援機能および保険機能という日本語に対応する語句が用いられているわけではない。これらは，スチュワードシップ（モニタリング）仮説，情報仮説および保険仮説における監査の役割（意義）を示すための用語である。

[8] 保険機能は，そもそも財務諸表監査が想定している機能ではなく，経営者を含む利害関係者が財務諸表監査（表明された監査意見や職業的専門家が関与していること）を保険として利用することに注目したものであるため，除外している。

者の間に存在する潜在的な利害対立を防止または解消する機能をいう（岡部 2007, 1186）[10]。

　財務諸表監査は，財務諸表による意思決定に有用な情報の提供に関与し，財務諸表の適正性に対する監査意見を表明することを通じて情報の信頼性を保証する。これを通じて利害関係者の利益の保護という上位目的が達成される（効果が発現する）わけであるが，この場合の財務諸表監査の具体的な機能（目的）が意思決定支援であると解される。また，財務会計の機能を利害調整機能と解すれば，監査意見の表明を通じて情報の信頼性を保証するという関与の仕方は同じであるが，その場合の財務諸表監査の具体的な機能（目的）は利害調整支援となる。**図表1－2**を参照されたい。

　では，このように財務会計の機能（目的）と結びついた財務諸表監査の意義はどこにあるのであろうか。これこそがASOBACのいう監査機能により付加される2つの価値，すなわち情報の質に対する統制（会計情報が第三者によって検証されていることを保証すること，情報作成者が利用者の規準に合致するような方法で会計過程を遂行することを促すこと）と情報の質の向上（情報の信憑性を高めること）である（AAA 1973, 12-13）。財務諸表監査は，会計情報の伝達過程に関与し，会計情報の利用者が受け取った情報の質を確かめることを支援する。

　また，財務諸表監査の目的との関係でさまざまな機能が論じられているが，上述のような整理に基づけば，財務諸表監査の基本的機能は保証機能（あるいは，検証機能と伝達機能）ということになる。財務諸表監査の機能については，第3章を参照されたい。

9　意思決定支援機能とは，意思決定の事前情報を提供する機能をいい，「投資家の意思決定に有用な会計情報を提供し，もって証券市場における効率的な取引を促進する」ことであり，契約支援機能とは，事後情報を提供する機能をいい，「契約の監視と履行を促進し，契約当事者の利害対立を減少させ，もってエイジェンシー費用を削減すること」（須田 1991, 16および21）である。繁本（2015, 36）は，情報提供機能，利害調整機能，意思決定支援機能および契約支援機能の意味を考察し，狭義の情報提供機能と意思決定支援機能，ならびに利害調整機能と契約支援機能は，それぞれ本質的には同旨と理解されるとしている。

10　情報提供機能および利害調整機能はそれぞれ，金融商品取引法会計および会社法会計に結びつける形で理解されてきたが，岡部（1994, 39）は，利害調整を目的とする利害調整会計という考え方は欧米の理論に類例をみないわが国特有の優れた会計理論であると評価している。

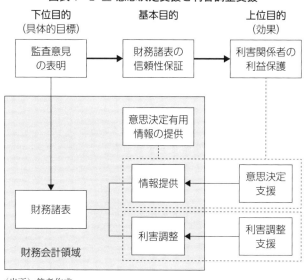

図表1-2 ■ 意思決定支援と利害調整支援

(出所) 筆者作成。

(3) 財務諸表監査が保証する財務諸表の信頼性

　財務諸表監査が財務諸表の信頼性の保証を目的としていることに異論はないであろう。しかし，監査文献では，財務諸表監査による保証について，「財務諸表の信頼性の程度を明らかにする」や「財務諸表の信頼性を高める」などの表現が見られる。また，信頼性に関連する単語には，"credibility"，"reliability"，"confidence" があり，訳語は必ずしも統一されていない。

　これらの表現や用語を考察した文献として，例えばAAA（1973, 13）は，「監査機能は情報の "credibility" を高める。」とする。Carmichael（1999, 40）は，"credibility" と "reliability" の重要な区別は，その焦点が財務情報に置かれているか，当該情報の利用者に置かれているかという点にあるとし，財務情報は，当該情報が "reliable" であるという利用者の "confidence" が高まることによって，より "credible" になると述べたうえで，財務情報の監査は，当該情報が "reliable" であるという重要な保証を与え，それによって当該情報の "credibility" を高めるとする。また，福川（2002, 181）は，財務諸表監査は「財務諸表の信頼性（reliability）の程度を明らかにすることによって，財務諸表利用者の当該財務諸表に対する信頼（credibility）を高める」と説明している。さらに，非財務情報の保証

業務に関する諸課題を整理したIFAC（2016, para.39）は，利用者の信頼（trust）を得るために情報の"credibility"を高めるという文脈において，「"credibility"とは，利用者が知覚する情報の属性であり，利用者の心の中に当該情報を信頼する態度を生み出すもの」との見解を示している。

以上の監査文献における考察と日本語の語義に基づいて，財務諸表の信頼性に関連する用語を以下のように定義する。

> credibility：信憑性（利用者が財務諸表を信用できること）
> reliability：信頼性（財務諸表そのものが信頼できる（依拠できる）こと）
> confidence：確信（理由や証拠などの根拠に基づいて信じること）

したがって，財務諸表監査による信頼性の保証とは，監査意見の表明により監査人の確信（confidence）の程度を伝達することを通じて，財務諸表の信頼性（依拠可能性）（reliability）の程度を明らかにすることによって，財務諸表利用者にとっての財務諸表の信憑性（credibility）を高めることを意味する。

(4) 重要な虚偽の表示の発見

財務諸表監査の目的を，「適正性に対する監査意見を表明すること」または「監査意見の表明を通じて財務諸表の信頼性を保証すること」と捉えた場合，「財務諸表における重要な虚偽の表示の発見」を監査意見の表明との関係においてどう位置づけるかが問題となる[11]。例えば，日下部（1958, 15）や佐藤（1967, 21）では，財務諸表の適否に関する意見の表明が主目的（基本的目的）であり，重要な誤謬および不正の発見または防止は副目的（副次的目的）であるという見解が述べられており，当時はこのような捉え方が主流であったと解される。

監査基準をはじめて設定したアメリカでは，GAASに基づく財務諸表監査の目的は，現在に至るまで一貫して，財務諸表の適正性に対して監査人が意見を表明することとされている。そのもとで，経営者不正による重要な虚偽の表示に対する監査人の責任は，概ね次のように変遷してきた。

> (i) 監査人は，横領その他類似の異常事項と経営者の意図的な虚偽記載の結果として財務諸表が誤って表示される可能性があるので，不正の可能性を検討し，不正が監査意見に及ぼす影響の重要性を判断しなければならない（AICPA 1960,

---

11 この問題は千代田（2011）に詳しい。

(ii) 監査人は，監査手続の固有の限界の範囲内で，財務諸表に重要な影響を及ぼす可能性のある誤謬または不正を調査するために監査計画を立て，その調査を実施するために適切な技術と注意を払う責任を負う。監査人の標準的な監査報告書は，財務諸表には全体として誤謬または不正による重要な虚偽の表示はないという監査人の信念を暗黙裏に示している（AICPA 1977, para.5）。
(iii) 監査リスク・アプローチの導入により，財務諸表には重要な虚偽の表示がないという監査意見と，財務諸表の適正性に対する監査意見は同義であることが明らかにされ（AICPA 1983；千代田 2011, 21），財務諸表の重要な虚偽の表示の発見と報告にかかる監査の体系が構築された（AICPA 1988）。
(iv) 監査人は，それが誤謬によるものであるか不正によるものであるかを問わず，財務諸表には重要な虚偽の表示がないかどうかについて合理的な保証を得るために，監査を計画しかつ実施する責任を負う（AICPA 1997, para.1）。また，職業的専門家としての懐疑心の行使の重要性が強調された（AICPA 2002, para.13）。

このようにして，監査人が自らの責任を限定するために目を背けてきた不正，特に経営者の不正による財務諸表の虚偽の表示の発見が，財務諸表監査の目的として位置づけられたのである。

現在の監査基準（日本，アメリカ，国際）には，財務諸表の表示が適正である旨の監査人の意見は，財務諸表には全体として重要な虚偽の表示がないことを意味するという共通認識がある。これを財務諸表の適正性に対する監査意見との関係で見れば，「財務諸表には重要な虚偽表示がないことの合理的な保証を得ることによって，結果として，財務諸表の表示は適正である旨の意見を表明できる」（千代田 2011, 41）ということになる。

なお，上述の通り，財務諸表の適正性に対する監査意見の表明（財務諸表監査の目的）と重要な虚偽の表示の発見の関係には，職業的専門家としての懐疑心と監査リスク・アプローチが特に関係する。前者については第10章，後者については第11章，第16章および第17章を参照されたい。

(5) ゴーイング・コンサーン問題への関与

財務諸表の適正性に対する監査意見の表明についてのもう1つの重要課題は，監査人が被監査会社の将来における継続企業としての存続能力に関するリスク・不確実性を，いかに評価し，報告するかにかかわる諸問題，いわゆるゴーイング・コンサーン問題である。この問題の焦点は，企業存続のリスク・不確実性に関する監査人の役割をどのように考えるかというところにある[12]。

現在の監査基準（日本，アメリカ，国際）は，ゴーイング・コンサーン問題に対する監査人の責任はあくまでも二重責任の原則に裏付けられたものであるとする立場を採っており，経営者に対して，財務諸表の作成にあたって継続企業の前提が成立しているかどうかを判断し，必要に応じて重要な疑義等の適切な開示を行うことを要求している。一方，監査人に対しては，監査計画の策定および監査手続の実施において，継続企業の前提に基づいて経営者が財務諸表を作成することが適切であるか否かを検討しなければならないとする。具体的には，継続企業の前提に重要な疑義を生じさせるような事象・状況の有無を確かめ，そのような事象・状況が存在すると判断した場合には，当該事象・状況に関して合理的な期間について経営者が行った評価および対応策について検討した上で，なお継続企業の前提に関する重要な不確実性が認められるか否かを確かめなければならない。

　このように監査人は，会計処理や開示の適正性に対する意見表明の枠組みの中で経営者による継続企業の前提に関する評価・開示を検討することが予定されている。継続企業の前提に重要な疑義が認められる場合においても，監査人の責任は，企業の存続能力そのものを認定し，企業の存続を保証することにはなく，適切な開示が行われているか否かの判断，すなわち，会計処理や開示の適正性に対する意見表明の枠組みの中で対応することにある（企業会計審議会「監査基準」2002年（平成14年）前文，三・6(2)）。したがって，財務諸表の適正性に対する意見には，継続企業の前提に関して開示すべき情報が適切に開示されているという意味が含まれることになるが，監査人が企業の存続能力を保証するものではない。

4　小　　括

　本章では，財務諸表監査の基礎概念研究の出発点として，財務諸表監査概念の内包を構成する要素を明らかにし，本書において議論すべき基礎概念あるいはそれを含む監査理論の領域を示すために，「財務諸表監査」概念を定義した。

　この定義は，職業的専門家による株式会社の一般目的財務諸表の適正性または適正表示に関する監査を念頭に置き，財務諸表監査を行為として定義し，外延を絞り込むためにできる限り内包を書き込んでいる。定義にあたっては，ASO-

---

12　この問題を考える場合の理論的な枠組みは，個別リスク開示主義，GCリスク開示主義およびGCリスク評価主義の3つに整理できる（林 2005，第5章；林 2011，第8章）。亀岡ほか（2021，第18章）もこれと同じ枠組みを用いてゴーイング・コンサーン問題を考察している。

BACが示した監査の定義を骨格とし，内包として書き込む要素を監査文献の調査に基づいて決定した。

 次に，財務諸表監査の目的については，「財務諸表の適正性に対する意見表明」を通じて「財務諸表の信頼性を保証」し，それによって「利害関係者の（利益の）保護」を図るという3つの目的を識別した。また，監査の目的と機能の整理を行い，一般に「意思決定支援機能」と「利害調整機能」と呼ばれているものを，「利害関係者の（利益の）保護」目的の下位目的と位置づけ，財務会計の情報提供および利害調整という機能（目的）と結びつくことにより発現するものであると整理した。

 さらに，財務諸表の適正性に対する意見表明について，古くから期待ギャップ問題として識別されている「不正による重要な虚偽表示の発見」および「ゴーイング・コンサーン問題への関与」との関係を考察した。現在の財務諸表監査では，企業会計審議会「監査基準」第一　監査の目的にも示されているとおり，財務諸表が適正である旨の意見は，財務諸表には全体として重要な虚偽の表示がないという監査人の判断が含まれている。また，継続企業の前提に関する重要な疑義が開示されていない財務諸表に対する適正意見には，被監査会社の存続能力について開示すべき重要な疑義はないという監査人の判断が含まれている。

■参考文献

秋月信二・岡嶋慶・亀岡恵理子・小宮山賢・鳥羽至英・内藤文雄・永見尊・福川裕徳（2021）『監査の質に対する規制―監査プロフェッションVS行政機関』国元書房。
石田三郎（2011）「監査の概念」石田三郎・林隆敏・岸牧人編著（2011）『監査論の基礎（第3版）』東京経済情報出版，第1章。
伊豫田隆俊（2022）「監査のフレームワーク」伊豫田隆俊・松本祥尚・林隆敏『ベーシック監査論（九訂版）』同文舘出版，第1章。
江村稔（1963）『財務諸表監査―理論と構造』国元書房。
岡部孝好（1994）『会計報告の理論』森山書店。
―――（2007）「利害調整会計」神戸大学会計学研究室編『第六版　会計学辞典』同文舘出版，1186頁。
亀岡恵理子・福川裕徳・永見尊・鳥羽至英（2021）『財務諸表監査（改訂版）』国元書房。
河合秀敏（1979）『現代監査の論理』中央経済社。
日下部與市（1958）『財務諸表監査』日本評論新社。
―――（1962）『会計監査詳説』中央経済社。
―――（1966）『新会計監査詳説』中央経済社。
古賀智敏（1990）『情報監査論』同文舘出版。

桜井久勝（2007）「情報提供機能」神戸大学会計学研究室編『第六版　会計学辞典』同文舘出版，678頁。
佐藤孝一（1967）『新監査論』中央経済社。
――――（1968）『新講監査論』中央経済社。
繁本知宏（2015）「財務会計の機能に関する再考察―企業の所有構造の変化を踏まえて―」『香川大学経済論叢』88巻3号，25-48頁。
須田一幸（1991）『財務会計の機能―理論と実証』白桃書房。
髙田正淳（1974）「監査基本問題の研究(1)」『會計』105巻1号，113-123頁。
――――（1979）『最新監査論』中央経済社。
瀧田輝己（2009）「概念としての『財務諸表監査』の定義と『財務諸表監査』の概念フレームワーク」『企業会計』61巻8号，66-75頁。
千代田邦夫（1998）『現代会計学の基礎6　監査論の基礎』税務経理協会。
――――（2011）「財務諸表監査の目的」千代田邦夫・鳥羽至英『会計監査と企業統治』中央経済社，第1章。
鳥羽至英（2007）「監査公準」神戸大学会計学研究室編『第六版　会計学辞典』同文舘出版，209-210頁。
――――（2009）『財務諸表監査―理論と制度【基礎編】』国元書房。
内藤文雄（2004）『財務諸表監査の考え方』税務経理協会。
林隆敏（2005）『継続企業監査論―ゴーイング・コンサーン問題の研究』中央経済社。
――――（2011）「ゴーイング・コンサーン問題の本質と課題―開示主義と評価主義―」千代田邦夫・鳥羽至英『会計監査と企業統治』中央経済社，第8章。
福川裕徳（2002）「財務諸表の信頼性―会計における意味と監査における意味―」『経営と経済』第82巻第3号，177-200頁。
森實（1967）『近代監査の理論と制度』中央経済社。
――――（1984）『監査要論（改訂版）』中央経済社。
山浦久司（2008）『会計監査論（第5版）』中央経済社。
――――（2019）『監査論テキスト（第7版）』中央経済社。
山桝忠恕・檜田信男（1972）『監査基準精説』税務経理協会。
脇田良一（1993）『財務諸表監査の構造と制度』中央経済社。
American Accounting Association (AAA) (1973), *Report of the Committee on Basic Auditing Concepts, A Statement of Basic Auditing Concepts, Studies in Accounting Research No. 6.*（青木茂男監訳・鳥羽至英訳（1982）『アメリカ会計学会基礎的監査概念』国元書房。）
American Iustitute of Certified Public Accountants (AICPA) (1960), Statements on Auditing Procedure No. 30, *Responsibilities and functions of the Independent Auditor in the Examination of Financial Statements*, AICPA.
―――― (1977) Statement on Auditing Standards No. 77, *The Independent Auditor's Responsibility for the Detection of Errors or Irregularities*, AICPA.
―――― (1983) SAS No. 47, *Audit Risk and Materiality in Conducting an Audit*, AICPA.
―――― (1988) SAS No. 53, *The Auditor's Responsibility to Detect and Report Errors and Irregularities*, AICPA.

――― (1997) SAS No. 82, *Consideration of Fraud in a Financial Statement Audit*, AICPA.
――― (2002) SAS No. 99, *Consideration of Fraud in a Financial Statement Audit*, AICPA.
Carmichael, Douglas R. (1999) In Search of Concept of Auditor Independence. *CPA Journal*, Vol. 69 No. 5, pp.39–43.
(The) Commission on Auditors' Responsibilities (CAR) (1978), *Report, Conclusions and Recommendations*, American Institute of Certified Public Accountants.（鳥羽至英訳（1990）『財務諸表監査の基本的枠組み―見直しと勧告―』白桃書房。）
Financial Accounting Standards Board (FASB) (2018), Statement of Financial Accounting Concepts No. 8, Conceptual Framework for Financial Reporting Chapter 1 (amended), *The Objectives of General Purpose Financial Reporting, and Chapter3, Qualitative Characteristics of Useful Financial Information*, Financial Accounting Foundation.
IFRS Foundation (2018), *Conceptual Framework for Financial Reporting*.
International Auditing and Assurance Standards Board (IAASB) (2008), International Standard on Auditing 200, *Overall Objectives of the Independent Auditor, and the Conduct of an Audit in Accordance with International Standards on Auditing*, International Federation of Accountants.
Public Company Accounting Oversight Board (PCAOB) (2015), AS 1001, *Responsibilities and Functions of the Independent Auditor*, PCAOB.
Wallace, W. A. (1985), *Auditing Monographs*, MacMillan Publishing Company.（千代田邦夫・盛田良久・百合野正博・朴大栄・伊豫田隆俊訳（1990）『ウォーレスの監査論―自由市場と規制市場における監査の経済的役割』同文舘出版。）

（林　隆敏）

第2章 監査公準

1 はじめに

　本章では監査公準（the postulate of auditing）とは何か，その内容，そして，現代的意義等について検討する。後述するように監査公準には，専門家の間で共有されている「暗黙の前提」という側面があるが，この「前提」は常に議論されてきたのではなく，1960年代に一時的に盛んに研究されたテーマであるという特徴を有する。そこで，本章では1960年代に比べて大きく変化した現代の監査環境を考慮し，新たな監査公準の設定の可能性についても指摘する。なお，ここでは，財務諸表監査の公準に限定して議論するものとする。

2 監査公準の定義

(1) 公準とは

　そもそも，公準（postulate）とは，辞典類の定義によれば，下記の通りであり，哲学あるいは数学の概念であることがわかる。

　「科学的または実践的理論にとって，基本的前提として必要とされる命題。公理と同じく証明不可能ではあるが，公理のような自明性はない。要請。あるいは，数学で，ユークリッドの『幾何学原本』に表された公理のうちの幾何学公理。」（デジタル大辞泉）

　「ある論理的，実践的体系の基本的な前提として措定せざるを得ない命題。公理と同

じく証明不可能ではあるが，公理が自明であるのに対し，これは仮定的である。要請。あるいは，ユークリッドの『幾何学原本』で証明なしに採用された基礎命題のうちで幾何学的な内容をもつもの。要請。」（日本国語大辞典）

「〔哲〕『要請』に同じ。〔数〕一般には，証明はされないが，証明の前提として要請される基礎的な命題のこと。ユークリッド幾何学においては，幾何学的作図に関する一群の基礎命題を指す。現在では公理[1]と同義であり，両者は区別されない。」（スーパー大辞林）

"postulate
I. Something asked for or demanded.
　1. A demand, a request
II. A postulated proposition.
　2.
　　a. A fundamental principle, presupposition, or condition, esp. one assumed as the basis of a discipline or theory; (also) a proposition that is (or is claimed should be) taken as granted; esp. one (to be) used as a basis for reasoning or discussion, a premise.
　　b. An unfounded or disputable unproved assumption; a hypothesis, a stipulation, an unproven theory.
　　c. A proposition or assumption taken to be self-evident or obvious; an axiom.
　3. Mathematics. A simple (esp. geometrical) operation whose possibility is self-evident or taken for granted, e.g. the drawing of a straight line between two points in space.
　4. Something required as the necessary condition of some actual or supposed occurrence or state of things; a prerequisite. Now rare." (Oxford English Dictionary)

一方，後述する Mautz and Sharaf (1961, 43) によれば，一般に公準の本質は，次の5つである。

(i) 学問の発達にとって基本的なものであること
(ii) それ自体，直接検証できない仮定
(iii) 推論の基礎
(iv) 理論構造を樹立するための根拠
(v) 知識の発達により可変性をもつもの（susceptible）

1　例えば，「2つの点が与えられたとき，その2点を通るような直線を引くことができることとする」というのは「公理」であろう。

したがって，公準は，当該学問分野において，真実かつ有効な論理を展開する基礎をなし，その公準が許容されるならば，それから命題（proposition）を引きだすことができ，具体的な諸問題を思考し，結論に到達する基礎となる（岩村 1962a，34-35）。いわば，公準は専門家の間で共有されている「暗黙の前提」に関わるものであるが，会計や監査という学問分野においては，特にこれを明示的に抜き出して議論することは，専門家以外の一般の人々の理解を得る，あるいは，コミュニケーションを確立する上で重要であると考えられる。また，「ひとたび有用にして理論上正しいと認められた公準も，後日において役に立たぬものとして難詰され，あるいはそれが論証されるかもしれない。したがって，われわれはつねに，公準の正しさを検討しなければならないのである。」（岩村 1962a，35）という指摘がある。これは，いわゆる監査における期待ギャップ問題との関係で，後述の監査公準の現代的意義についての議論とも関連する。

(2) 公準と基準

ここで監査公準を理解するために，1960年代以降，研究の蓄積がなされた会計公準の議論を参照したい。会計公準論は，ギルマンの会計コンヴェンション論[2]の紹介から始まり，1960年代に大きな問題になったという（中村 1980，56）。そこで，まず，会計公準と会計コンヴェンション（accounting convention）との関係について，阪本（1970）の議論に基づいて整理しておく。

阪本（1970，17）によれば，会計コンヴェンションとは，「企業会計のおかれている環境の中に成立した一種の慣習であって，広く一般的承認を得たもの」で，「会計実務の中に普遍妥当性をもって存在するもの」であり，また「現に行われている会計実務を説明する上に，有効な用具となるもの」であるため，「会計理論の形成の用具ともなる」ものであるという。そして，会計公準は，「このような普遍妥当性をもつコンヴェンションのうち当然のものとしてうけ入れられるもの」，「会計慣習の中から，とくに広く会計実務全般にわたって，その基礎となるものを選び出したもの」，「企業会計の基礎的仮定（fundamental assumption）をなすもの」であるという。これを監査に置き換えてみると，監査実務の中に普遍妥当性をもって存在する慣習である「監査コンヴェンション（慣習）」が存在し，このなかから，とくに広く監査実務全般にわたって，その基礎となるものを選び

---

[2] ギルマンは『会計学的利益概念』（Gilman 1929）において，基本的会計コンヴェンションとして「企業実体」，「貨幣的評価」および「会計期間」の3つを挙げた。これらは現在においても「会計公準」として列挙されるものである。

図表 2-1 ■ 監査公準と監査コンヴェンション

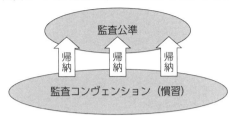

(出所) 筆者作成。

出したものが「監査公準」ということになろう(**図表 2-1 を参照**)。

　アメリカでは,会計公準論は,『会社会計基準序説』(Paton and Littleton 1940),『会計の基本的公準』(Moonitz 1961),『基本的会計公準及び原則』(A Study Group at the University of Illinois 1964),APB ステートメント第4号(APB 1970)などで盛んに議論されることとなった。特に,1960年代において,会計公準は会計原則を根本から見直すために必要になったとされる(中村 1980,56)。一方,わが国では,これらのアメリカの研究を紹介しながら,1970年代に盛り上がりをみせる。例えば,『会計公準論』(新井 1978)はこのテーマで書かれたわが国最初の書籍(単著)であり,ペイトンから当時までの会計公準論をクロノロジカルに跡づけ,それらを整理し,問題点を指摘している(中村 1980,58)。その後も『会計理論の基礎』(吉田 1974)や『最新財務諸表論』(武田 1978)などでも会計公準論が議論された。特に,武田(1978)では,会計公準の性格や会計原則との関連を検討し,その体系を立体的に示している(中村 1980,59)。しかし,1970年代後半には会計公準論はほとんど議論されなくなった。その理由として,1974年の商法改正に伴う制度会計の高まりに押されたことと,本家のアメリカで新しい材料が出なくなったことが指摘されている(中村 1980,59)。

　つまり,若干の補足を加えてまとめると,アメリカにおいて,会計公準の議論は,1960年代において会計原則審議会(Accounting Principles Board: APB)が中心となって会計原則を見直す必要性が生じたことから始まり,わが国でもそれを受けて1970年代に盛んに議論された後にすぐに下火になったことがわかる。では,監査公準についてはどうか。アメリカまたは日本において,監査公準についての深い議論を伴うほど,監査基準を根本的に見直す必要が生じた時期があったのだろうか。筆者は寡聞にして知らないが,一般的には Mautz and Sharaf(1961)による議論を嚆矢として,一定の議論があったという理解ではないかと考える。こ

れはアメリカにおける会計公準の議論が高まった時期と軌を一にしていることから、監査基準の見直しの必要性というよりも、「会計公準」があるなら「監査公準」もあるはずであり、議論をすべきであるという学問的興味・関心から出発したと推察される。

　なお、会計目的と会計公準の関係についても参考になる議論が展開されている（阪本 1970, 22-23）。企業会計の目的は、単に株主や債権者の利益を保護し、彼らに貢献することにあるのではなく、広く社会経済的目的、すなわち公共の利益（public interest）に貢献することを目的とするものであると考えられるようになったことで、会計公準もその目的に照らして、広く会計の全領域にわたって、普遍性と妥当性をもつ基礎的条件であると考えられるようになった。もし、会計目的として企業を取り巻く各種の利害関係者のそれぞれ別個の目的を採るならば、それぞれの目的に応じて、場合によっては相反する目的に応じて、それぞれ異なる会計原則や基準が成立することになろう。そのような場合には、共通する基礎的条件である会計公準は存在しえない。監査目的と監査公準の関係についても同じことが当てはまるのだろうか。ここでは、監査一般と財務諸表監査を分けて考え、財務諸表監査の目的を「経営者の作成した財務諸表が、一般に公正妥当と認められる企業会計の基準に準拠して、企業の財政状態、経営成績及びキャッシュ・フローの状況をすべての重要な点において適正に表示しているかどうかについて、監査人が自ら入手した監査証拠に基づいて判断した結果を意見として表明すること」（「監査基準」第一　監査の目的）と捉えるならば、監査公準もこの目的に照らして、広く財務諸表監査の全領域にわたって、監査実務の慣習（コンヴェンション）の中から、普遍性と妥当性をもつ基礎的条件を抽出したものでなければならない。

　次に、公準と基準の関係について検討する。会計公準が会計基準の基礎となり、また会計理論に影響を与えるものであることは、多くの論者の見解が一致するところであろう。イリノイ大学のスタディー・グループは、会計公準と会計基準（原則）との相違について、次のように述べている（番場 1970, 44-45）。

「・会計基準は基本的な命題（basic propositions）である。それは会計の目的を最もよく達成すると考えられる行動を規定する。
　・会計基準は会計理論を一般化したものである。具体的な会計のルール、手続をあらわすものではない。会計基準は代替的なルール及び手続の中から最善のものを選択する基礎を提供するものでなければならない。
　・会計基準は必ずしも現存の会計実務を基礎として求めた基本的命題をあらわすものではない。むしろ、会計実務がいかにあるべきかを決定するための基礎を提供

するものである。会計基準を構成する命題を探求するにあたっては，実用性（practicability）に重点がおかれてはならない。(略)
・会計公準は一般に妥当と認められている基本的な仮定，前提であり，主として帰納的に求められる性質のものである。これに対して会計基準は，妥当な会計行動を勧告する会計理論において基本的な命題であり，会計行動を指導する性質のものである。
・個々の会計基準は必ずしも会計公準から直接に誘導されるものではない。」

そして，会計公準は会計基準に大きな影響を及ぼすが，その影響は間接的であり，公準が「概念」に影響を与え，「概念」が直接，「基準」に影響を及ぼす（番場 1970, 45）。ここで，「概念」と「理論」が同じであると考えると**図表2-2**のような関係になる。同様に，監査に当てはめて考えてみると，**図表2-3**が作成される。ここでの矢印は，基準，理論，公準，慣習（コンヴェンション）はそれぞれが影響しあっていることを示している。

以上，本節では，会計公準論を参考に，監査目的，監査理論，監査基準と監査公準の関係性について確認した。その結果，監査公準は，監査人にとって行動や判断を規範的に要請するものではなく，監査慣行のうちに醸成されたものから抽出した普遍性と妥当性をもつ基礎的条件と定義されよう。そして，監査理論およ

図表2-2 ■ 会計公準，会計理論，会計基準

(出所) 筆者作成。

図表2-3 ■ 監査公準，監査理論，監査基準

(出所) 筆者作成。

び監査基準は，この監査公準の上に構成されなければならない．つまり，監査公準は，監査目的を前提に監査実務の慣習（コンヴェンション）の中から，普遍性と妥当性をもつ基礎的条件を抽出したものであり，この監査公準から演繹的に監査理論や監査基準が作られるという関係にある。しかし，変化の速い現代においては，このような関係が成り立たないことも想定される。例えば，新技術が急速に進展した結果，会計や監査の実務慣習のないものに対応する必要が生じることがあるからである。一方で，**図表2-3**の関係は，たとえ監査基準の設定主体がパブリックセクターであろうとも，プライベートセクターであろうとも，維持されなければならないと考えられる。なぜなら，この関係を無視して，監査実務から帰納的にではなく演繹的に監査基準が設定されるようなことになれば，監査基準に基づく監査実務の正統性に疑義が生じることにより，監査の信頼性を毀損し，監査が公共の利益に資するものとはなり得ない可能性があるからである。

このような監査公準の位置づけの重要性を確認したうえで，次節では監査公準の議論にとって出発点となる Mautz and Sharaf（1961）の監査公準と，主にわが国において監査公準がどのように論じられたのかを紹介する。

3 わが国の主な監査公準論

わが国における会計公準論の隆盛とほぼ同時期に，監査公準についても議論されていた。前述の通り，この発端は，Mautz and Sharaf（1961）の公刊であることは言うまでもない[3]。Mautz and Sharaf（1961, 49）によれば，監査公準試案（tentative postulates of auditing）は，以下の8つである（以下，「マウツ公準」）。ここでは，「マウツ公準」を列挙するのみにとどめ，それぞれの公準についての議論は次節で行うこととする。

(i) 財務諸表および財務データは検証し得るものである。
(ii) 監査人と被監査会社の経営者との間には，本質的な利害の対立はない。
(iii) 検証のために提出される財務諸表やその他の情報は，故意による誤謬その他の不正を含むものではない。
(iv) 内部統制の存在は，不正の可能性を減少させる。
(v) 一般に認められた会計原則の一貫した適用は，被監査会社の財政状態および経

---

3 しかし，後述の通り，それ以前にも Littleton（1953, 100）において，公準に相当するものを「監査人が行う多くの業務を説明し，さらにこれを正当化することに役立つ（中略）一定の信念」（Belief）と表現し，列挙していることは興味深い（髙田 1969, 27）。

> 営成績の適正な表示をもたらす。
> (vi) 明瞭な反証の無い限り，被監査会社において過去に真実であるとされたものは，将来においてもその真実を維持するものと推定する。
> (vii) 独立的意見を表明するために会計および財務のデータを検証する場合には，監査人は監査人としての資格において行動する必要がある。
> (viii) 独立監査人の職業専門家としての地位は，それに応じた責任を伴う。

わが国では「マウツ公準」の公表以降，多くの論者によって，これが紹介され，検討された。例えば，岩村（1962a, 1962b）や近澤（1962）はその嚆矢であり，これらの各公準のそれぞれについて委細に説明し検討している。

特に，髙田（1969）は，Mautz and Sharaf（1961）以前の議論もあわせて紹介している。具体的には，Samuel J. Broad や A. C. Littleton の所説を取りあげている。これらは "postulate" という用語は用いていないが，「根本原則」や「信念（Belief）」という用語で，公準に当たるものを検討していたと指摘している（髙田 1969, 25-27）。また，髙田（1969）では，監査をめぐる諸公準の体系化を試みていることが特徴的であり，**図表2-4**の図を作成し，整理している。詳細な説明は省略するが，この**図表2-4**のうち，社会的・経済的環境公準と制度公準はまさしく監査を取り巻く制約条件であり，影響要因であるため，本章では監査公準に当てはまらないものと位置づけられる。

また，森（1963）は，「マウツ公準」が，彼らの監査理論の全体系のなかでどのような位置を占めるものであるかを検討し，また森（1965）は，「マウツ公準」の各公準をかなり詳細に検討し，それらの体系化を試みている。

これらの論考の多くは，「マウツ公準」を中心に，その解説や体系化を試みたものである。その一方，鳥羽（1977）は，「監査がもつ会計責任の解除に係わる第三者機能に着眼し，3つの監査公準，即ち，独立性の公準・報告の公準・証拠の公準」を設定し，各々の公準から監査原則を導き出し」（**図表2-5**を参照）ている点で特徴的である。ここでは詳しく紹介しないが，**図表2-6**にある通り，鳥羽（1977）は公準だけでなく，その下位概念としての監査原則を演繹的に導き出し体系化を試みていることから，むしろ「概念フレームワーク」に近いものと言えるかもしれない。

以上，わが国の監査公準論に関する先行研究について，ごく簡単に示したが，詳細についてはそれぞれの先行研究を参照していただくものとして，本章ではこれ以上は言及しない。次節では，これらの先行研究を参考にしながら，Mautz and Sharaf（1961, 43）の公準の本質の5番目に挙げられていた「知識の発達に

図表 2-4 ■ 監査公準の体系

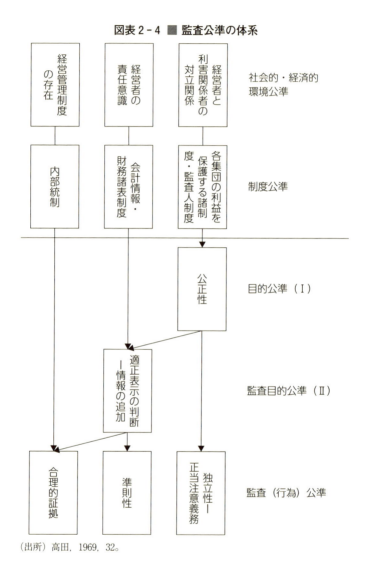

(出所) 高田, 1969, 32。

より可変性をもつもの」であるということを前提に,現在の経済的・社会的状況を前提とした監査公準について検討していきたい。

図表 2-5 ■ 監査論の理論構造

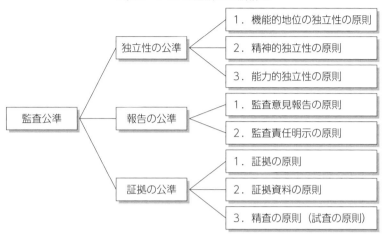

(出所) 鳥羽 (1977, 148)。

4　監査公準の現代的意義

　前節の最後で指摘したように，Mautz and Sharaf (1961) によれば，公準は「知識の発達により可変性をもつもの」であり，また，第2節で指摘した通り，「われわれはつねに，公準の正しさを検討」する必要がある。そこで，本節では，Mautz and Sharaf (1961) によって提示された監査公準が，現代においても公準としての要件を満たしているのかを検討したい。
　まず，現代の財務諸表監査を取り巻く状況を鑑み，「マウツ公準」のそれぞれについて再検討を行いたい。第一公準である「財務諸表及び財務データは検証し得るものである」についてであるが，現代の財務諸表には将来事象に対する見積りを必要とする項目が多く含まれており，1960年代当時と比べ，それが実際に検証し得ることが財務諸表監査の基礎的前提と考えてよいのかが問題となろう。例えば，Gray and Manson (2011, 31) では，訴訟の結果の見積り等は，売掛金の回収可能額の見積りよりも問題であると指摘している。しかし，たとえこのような状況でも，他の専門家（弁護士等）による意見を参照することによって証拠は入手可能と言える。このように，検証の水準や得られた監査証拠の確信度については議論の余地はあるが，財務諸表監査が目的とする「適正表示に関する意見表明」を通じた保証を行ううえで，検証可能性を基礎的前提としないことは難しい

ため,この公準は現代においても意味があると考える[4]。

次に第二公準と第三公準について論じ,新たな公準の可能性について考えてみたい。まず第二公準「監査人と被監査会社の経営者との間には,本質的な利害の対立はない」について検討したい。これは第三公準とも関係するが,経営者と監査人との間には,「本質的な利害の対立はない」と想定するのか,それとも「両者の間に潜在的な利害の対立はある」と想定するのかという問題,つまり,財務諸表監査における被監査会社と監査人との関係をどのように理解するかは重要な問題である(鳥羽 2016, 642)[5]。同様の問題は,Robertson (1976) や Flint (1988), Gray and Manson (2011) 等でも指摘されている。例えば,Robertson (1976, 31) は,「1970年代半ばまでは,監査人は被監査会社の経営陣との間に利害の対立がないと考える傾向にあった」と指摘し,「マウツ公準」の第二公準が過去の考え方によるものであると考えていた。すなわち,経営者には財務諸表を歪めて表示するインセンティブが潜在的にあることから,財務諸表には重要な虚偽表示が含まれている可能性があると考え,ここに「経営者と監査人との間には,潜在的な利害の対立がある」ことを公準と考えることができる。ただし,これら2つの公準は代替的な関係ではなく補完的な関係にある(鳥羽 2016, 643)。これは何を意味するかというと,「監査人は,財務諸表の適正表示に第一義的な責任を負っている経営者が作成した財務諸表については信頼できるものであると一応受け止め,そのうえで,当該財務諸表には重要な虚偽表示が含められている可能性を認識し,懐疑心の程度を強めつつ,経営者のアサーションが正しいことを立証しなければならない」(鳥羽 2016, 644)ということである。「マウツ公準」については,その解説においても完全に利害が対立する場合には,そもそも経営者による協力が得られず監査が成立しないことが指摘されており,一般的には必然的な利害の対立はない(no necessary conflict)ことを前提にすべきと考えるもので,一定の状況では利害対立はあり得ると指摘されている(Mautz and Sharaf 1961, 45)。しかし,一般的に利害対立があることを前提にした公準を考えるならば,マウツの第二公準を前提とした場合よりも,監査人は,経営者の作成した財務諸表に対する疑いを強めるようになり,職業的懐疑心を強く抱くことになるはずである。こ

---

[4] 近年では,監査上の主要な検討事項(Key Audit Matters: KAM)を監査報告書に記載することによって,検証困難であったものについて指摘するという実務がみられる。KAMによる対応が監査公準との関係でどのように位置づけられるかは議論の余地があると思われるが,本章では詳しく取り扱わない。

[5] 特に,「職業的懐疑心の深度あるいは監査上の懐疑のあり方を考えるうえで,現代的な意味を有している。」という(鳥羽 2016, 642-643)。

れは，どちらの状況を一般的と捉えるかの問題であり，監査人による職業的懐疑心が強調される現代においては，「マウツ公準」の時代に比して，「利害対立がある」ということを重視した公準を設定する重要性は高まっているように思われる[6]。例えば，APB（2012, 14）は，「監査の価値を示すために，監査人は，懐疑的な監査を実施し，適切な懐疑心の行使を監査調書で証明し，監査委員会，ひいては株主（およびその他の利害関係者）にその旨を納得させるべきである」とし，懐疑的な監査の実施を求めている。

　さらに，第三公準「検証のために提出される財務諸表やその他の情報は，故意による誤謬その他の不正を含むものではない。」は，現代においても公準としての妥当性を有するのかを考えたい。ここで，誤謬については現在の会計情報システムの進展状況を鑑みるに，相対的に重要ではないため，特に不正に関して議論を進めていく。わが国の監査基準においては，財務諸表監査は，不正摘発自体を意図するものではないことが確認されている（企業会計審議会 2013, 16）。しかし，

6　また，Flint（1988, Chapter 2）では，基本的には財務諸表監査に限らず，監査一般について論じているが，このマウツの第二公準のように利害対立がないと考えるのではなく，アカウンタビリティの関係が発生している状況が監査の成立条件であると考えるのである。潜在的な利害の対立は，定められた責任を負う特定の人物（経営者）と別の当事者（投資家等）との間に存在し，前者の当事者（経営者）の成果が事前に定められた規準を下回っている場合には何らかの制裁ないし罰則を後者の当事者（投資家等）が課す立場にある。アカウンタビリティの関係が発生しているというのはこのような状況にあることを意味し，マウツの第二公準とは異なる「利害関係」に係る公準を設定することを示唆している。なお，フリントの公準とは，次の7つである（井上訳 2018, 25-45を参照した）。

(i) 監査成立のための第一条件は，アカウンタビリティ関係，あるいは公的アカウンタビリティの状況が存在していることである。

(ii) アカウンタビリティの対象となる主題が隔離され，複雑であり，そして/または極めて重要であるために，監査プロセスがなくては当該義務の履行を立証することができない。

(iii) 監査の本質的で顕著な特徴は，その地位の独立性と調査および報告に対する制約からの自由にある。

(iv) 監査の主題，例えば，行為，成果もしくは業績，あるいは事象もしくは状況に関する記録，あるいはこれらすべてのことに関する原名もしくは事実は，証拠による検証を受け入れることができる。

(v) アカウンタビリティ，例えば，行為，成果，業績，および情報の質に関するアカウンタビリティの基準（standards）を，アカウンタビリティの義務を負う者のために設定することができる。実際の行為，成果，業績，および質等は既知の規準（criteria）を参照することにより，それらの基準に照らして測定および比較することができる。また，その測定と比較のプロセスには，特別な技能と判断の行使が必要である。

(vi) 監査対象たる財務諸表およびその他の計算書やデータの意味，意義そして意図は十分に明確であり，監査の結果としてそれらに付与される信憑性（credibility）を明確に表現し，かつ，伝達することができる。

(vii) 監査は経済的あるいは社会的なベネフィットを生み出す。

「職業的専門家としての正当な注意を払い，懐疑心を保持して監査を行」うことが求められるとともに，「職業的専門家としての懐疑心をもって，不正および誤謬により財務諸表に重要な虚偽の表示がもたらされる可能性に関して評価を行い，その結果を監査計画に反映」しなければならないとされている。このうち，「職業的専門家としての懐疑心」は，「マウツ公準」の時代には監査基準において明示的に指摘されていない概念である。前述した通り，監査人による職業的懐疑心が強調される現代においては，この第三公準は不適合な状況になっている可能性がある。このように，第二公準についての議論も含めて考えると，経営者の誠実性を前提とした「マウツ公準」には疑念があることも確かであるが（任 2017, 40），一方で，例えば，新たに「監査人と被監査会社の経営者との間には，利害の対立が生じ得るため，検証のために提出される財務諸表やその他の情報は，故意による誤謬その他の不正を含むもの，もしくは，その可能性があるものである」という公準を採用した場合，財務諸表監査の方法や結論等に根本的な変更を強いるほどの大きな影響が生じることは明白である。前述の KAM の導入や不正摘発への積極的な関与を求めるという近年の監査基準や実務上の変化による対応を鑑みるに，現時点では，このような公準を採用し，監査理論や監査基準の抜本的な変更を求めるまでに危機的な状況にはないと考えられる。

　第四公準「内部統制の存在は，不正の可能性を減少させる。」は，現代においても十分に妥当である。情報通信技術の進展に伴って，従業員レベルの誤謬による財務諸表の虚偽表示の可能性は著しく減少しており，内部統制は不正の機会を減じるという観点で重要性が高まっているといえよう。むしろ，内部統制が十分に機能しない経営者不正に重点が移っているのが現代の監査の特徴となっているといえる（監査基準報告書240（日本公認会計士協会 2022））が，内部統制なくして財務諸表監査の実施は考えられないため，この公準の意義は多少変化しているとはいえ，今なお存在価値は認められよう。

　第五公準「一般に認められた会計原則の一貫した適用は，被監査会社の財政状態および経営成績の適正な表示をもたらす。」は，会計原則の一貫した適用と適正表示についての公準である。昨今では会計「原則（principles）」ではなく会計「基準（standards）」という用語が一般的であろうが，この公準の本質的意義は現代においても何ら変わらない。

　第六公準は，「明瞭な反証の無い限り，被監査会社において過去に真実であるとされたものは，将来においてもその真実を維持するものと推定する。」であった。この公準は「真実の継続性の公準」（岩村 1962b, 15）とも言われる。「明瞭

な反証の無い限り」において，真実の継続性を仮定するのであって，もし，「明瞭な反証」が得られた場合には，過去に真実であるとされたものについても，懐疑心を持って監査を実施することが要請される。この公準は，当時でも，現代においても，監査人の責任範囲の限定をもたらし，また，将来を予測する監査人の義務の程度を推論する基礎的前提としての意味を有するだろう（Mautz and Sharaf 1961, 49）。

また，第七公準「独立的意見を表明するために会計および財務のデータを検証する場合には，監査人は監査人としての資格において行動する必要がある。」であるが，これは監査人の独立性に関する公準であり，いわゆる非監査業務と監査業務の同時提供を禁止するものである（Mautz and Sharaf 1961, 50）。わが国においては，そもそも監査業務と被監査業務の同時提供は禁止されていたが，アメリカにおいては，2002年のSarbanes-Oxley法において非監査業務であるコンサルティング業務と監査業務の同時提供が禁止されることになった。また，近年では，イギリスにおいて，カリリオン事件への対応で，非監査業務の提供を別法人にすること等，独立性の強化に関する提案が示されたこと[7]を鑑みても，現代においてこの公準の意義は十分にあるといえる。

第八公準は，上記の第七公準と相互依存の関係にある監査人の責任に関する公準であり，「独立監査人の職業専門家としての地位は，それに応じた責任を伴う。」というものである。また，この公準は，現代においても，職業的専門家としての「正当な注意」を払う義務や「専門能力の向上」等，監査人の資質に関わる監査基準を導出する公準であるともいえる。

以上，第一公準から第八公準まで，現代における意義を検討してきた。その意味内容については，時代の変化に応じ，若干の変更は認められるが，どの公準も現代においても十分に妥当するものと考えられる。

一方，現代の監査環境に照らして考えた場合，これらの公準で必要十分なのか

---

[7] CMA（2018）を参照。イギリスの規制当局である財務報告評議会（Financial Reporting Council）は2020年に四大監査法人に対し，2024年6月までにイギリスで監査業務を分離・独立させるよう要請し，各法人は同意した（https://www.reuters.com/article/us-britain-accounts-idUSKBN2470LS（2022年9月19日アクセス））。実際，アーンスト・アンド・ヤング（Ernst & Young LLP）は，監査とコンサルティングの事業を分離して新会社2社を設立する計画を2022年9月8日に発表した（https://www.nytimes.com/2022/09/08/business/ey-ernst-young-split.html（2022年9月19日アクセス））。その後，2023年4月に分離計画は頓挫し，撤回された（https://www.ey.com/en_jp/news/2023/04/ey-japan-news-release-2023-04-14（2023年6月30日アクセス））。

を検討する必要があろう。現代の監査環境は，これらの公準が検討された Mautz and Sharaf（1961）の時代とは大きく異なっている。特に，コンピュータに関連する情報技術の進展は著しい。会計データを含む企業を取り巻く各種データの保存および利活用は，デジタルに移行しており，近年では特に人工知能（Artificial Intelligence: AI）によるデータの作成や利用が進展している。このような環境下において，財務諸表監査を行う上で，新たな9番目の公準として，「企業および監査の環境を取り巻く技術的な進展に対応する技術的能力を保持すること」を提案したい。近年は，ビジネスプロセスや財務報告における情報技術への依存度が高まっており，監査人は，こうしたテクノロジーが財務諸表に与える影響を評価・査定するために必要な技術的能力を有していなければならない[8]。これには，財務情報の正確性と信頼性に影響を及ぼす可能性のあるコンピュータシステム，ソフトウェア，サイバーセキュリティ等について知識，そして，データ分析力等が含まれる。また，今後は，AI の急速な発展に伴い，監査ソフトウェアに積極的に組み込まれることになるであろう AI についても理解し，適切に運用する能力も含まれよう。

5　小　　括

本章では，監査公準とは何か，その内容，そして，現代的意義について論じ，新たな公準を設定する可能性を探った。第2節において，そもそも公準とは，一般的にどのような概念であるのかを述べた。さらに，監査公準を理解するために，1960年代以降，隆盛となった会計公準の議論を参照した。監査公準は，監査人にとって行動や判断を規範的に要請するものではなく，監査慣行のうちに醸成されたものから抽出した普遍性と妥当性をもつ基礎的条件であり，監査理論および監査基準は，この監査公準の上に構成されなければならない。このような関係にあることから，監査基準は監査公準を基礎にして，本質的には帰納的に設定されることが導かれる。この関係が崩れ，監査基準が監査公準や監査理論を無視して演繹的に設定されるようなことになれば，監査の信頼性が毀損するという重大な問題が生じるため，監査基準，監査理論，監査公準の関係を維持することは重要である。

---

[8] 情報技術を中心とするテクノロジーの進化と財務諸表監査の関係については，例えば，瀧（2020）が詳しい。

第3節においては,「マウツ公準」の紹介とわが国の監査公準論に関する先行研究をごく簡単に示した。第4節では,現代の財務諸表監査を取り巻く状況を鑑み,第3節で紹介した「マウツ公準」について再検討を行った。各公準は,時代の変化に応じ,若干の意味内容の変更は認められるが,どの公準も現代においても十分に妥当するものと判断した。その一方で,常に時代の変化に応じて公準を見直し,新たな公準を検討することの重要性も指摘し,新たな公準として「企業および監査の環境を取り巻く技術的な進展に対応する技術的能力を保持すること」を提案した。

　しかし,新たな公準による監査理論や監査基準への影響については,ここでは十分に議論していない。新たな公準の意義は,本来,監査理論や監査基準にどのような影響をもたらすかという観点から検討される必要があるだろうし,監査公準相互間の関係についても改めて検討が必要になる[9]。あるいは,近年の新しい監査実務であるKAMの監査報告書への記載や非財務情報の開示と保証等は,監査公準の再検討や新たな監査公準の必要性に関連する実務である可能性も考えられる。また,AIや継続的監査（Continuous Auditing）等の新しいテクノロジーが監査公準の再検討に与える影響等については,さらに詳細に研究する必要があろう。

■参考文献

新井清光（1978）『会計公準論（増補版）』中央経済社。
岩村一夫（1962a）「会計公準と監査公準について―1―」『経済経営論集（東洋大学経済経営研究所）』26号, 28-41頁。
―――（1962b）「会計公準と監査公準について―2（完）―」『経済経営論集（東洋大学経済経営研究所）』27号, 1-20頁。
可児島俊雄（1982）「監査基準の研究と監査公準論―監査論の構築と監査基準の再検討に寄せて」『企業会計』34巻5号, 73-79頁。
上村久雄（1993）「監査公準研究―その特質と体系」『松山大学論集』5巻4号, 13-49頁。
川端千暁（2016）「演繹的アプローチによる監査上の正当な注意の導出―『監査理論の構造(1961)』の検討」『関西学院商学研究』72号, 1-20頁。
―――（2018）「『職業的専門家としての正当な注意』概念の成立過程の研究：米国における19世紀末から1961年までの展開」『商学論究』66巻1号, 53-72頁。
企業会計審議会（2013）「監査基準の改訂及び監査における不正リスク対応基準の設定に関する

9　例えば,川端（2016, 7）では,第三,第四,第七,第八の各「マウツ公準」の相互関係について検討している。

意見書」, 3月26日。
阪本安一（1970）「会計公準の性格」会計基準研究委員会編『会計公準と会計基準』同文舘出版, 17-32頁。
髙田正淳（1969）「監査公準の本質と体系」『国民経済雑誌』120巻1号, 22-37頁。
瀧博編著（2020）『テクノロジーの進化と監査』同文舘出版。
武田隆二（1978）『最新財務諸表論』中央経済社。
近澤弘治（1962）「監査公準論について—マウツ教授の場合」『産業經理』22巻6号, 19-26頁。
鳥羽至英（1977）「監査公準一般論」『企業会計』29巻9号, 137-148頁。
―――（2016）「財務諸表監査の質と監査上の懐疑に関する論点整理」『早稲田商学』446号, 629-662頁。
中村忠（1980）「会計公準論の回顧と展望」『産業經理』40巻11号, 56-59頁。
日本公認会計士協会（2021）監査基準報告書240「財務諸表監査における不正」, 6月8日。
任章（2017）『監査と哲学』同文舘出版。
八田進二（2003）「監査規範の体系化の必要性—日米のGAAPおよびGAASの体系を踏まえて」『青山経営論集』37巻4号, 29-42頁。
番場嘉一郎（1970）「会計公準の機能」, 会計基準研究委員会編『会計公準と会計基準』同文舘出版, 33-47頁。
堀江正之（1984）「マウツ＝シャラフ監査公準論の再検討」『商学集志』54巻1号, 263-277頁。
森實（1963）「監査公準論研究序説—マウツ・シャラフ監査理論における監査公準の意義について」『香川大学経済論叢』36巻4号, 52-72頁。
―――（1965）「監査公準の体系化について」『香川大学経済論叢』37巻2号, 250-272頁。
吉田寛（1974）『会計理論の基礎』森山書店。
脇田良一（1970）「監査公準の考察—マウツ＝シャラフ監査論の研究」『立正経営論集』5号, 103-128頁。

American Institute of Certified Public Accountants (AICPA), Accounting Principles Board (APB) (1970), *Basic Concepts and Accounting Principles Underlying Financial Statements of Business Enterprises, APB Statement No. 4*, AICPA.

Auditing Practices Board (APB) of the UK Financial Reporting Council (FRC) (2012), *Professional scepticism. Establishing a common understanding and reaffirming its central role in delivering audit quality*, FRC.

A Study Group at the University of Illinois (1964), *A Statement of Basic Accounting Postulates and Principles*, Monograph 1.

Competition and Markets Authority (CMA) (2018), *Statutory audit services market study : Update paper*, 18 December 2018, CMA.

Flint, D. (1988), *Philosophy and Principles of Auditing*, London : Macmillan（井上善弘訳（2018）『監査の原理と原則』創成社。）

Gray, Iain, and Stuart Manson (2011), *The audit process : principles, practice and cases 5th edition*, South-Western.

Littleton, A. C. (1953), *Structure of Accounting Theory*, American Accounting Association (AAA).（大塚俊郎訳（1955）『会計理論の構造』東洋経済新報社。）

Mautz, Robert Kuhn, and Sharaf, Hussein Amer (1961), *The philosophy of auditing*, AAA.（近澤弘治監訳・関西監査研究会訳（1987）『監査理論の構造』中央経済社。）
Moonitz, Maurice (1961), *The Basic Postulates of Accounting, Accounting Research Study No. 1*, American Institute of Certified Public Accountants.
Paton, W. A. and A : C. Littleton (1940), *An Introduction to Corporate Accounting Standards*, Monograph No. 3, Sarasota : AAA.
Robertson, J. C. (1976), *Auditing*, Dallas, TX : Business Publications.

（小澤 康裕）

第3章 監査の機能

1 はじめに

(1)「監査の機能」の定義について

わが国の監査論の領域では,監査の機能として,批判的機能と指導的機能,および意見表明機能と情報提供機能とが対置されることが多い。後者の問題は,本書では,監査報告書の機能として「第Ⅳ部 監査結果の報告」において取り扱うこととしており,本章では,主に前者の問題を扱うこととする。

また,監査の機能という場合に,監査の定義の問題も生じることとなるが,これについては,第1章「財務諸表監査の定義と目的」において取り上げられているので,本章では重ねて言及することはしない。

他方,機能については,はじめに若干の整理を行っておきたい。機能に関しては,多様な定義が散見される。

まず,辞書的な意味としては,次のものがある。

「もののはたらきのこと。相互に連関し合って全体を構成しているものの各要素や部分が,それぞれ担っている固有の役割」　　　　　　　　　　　　　（新村 2018）

また,機能に該当する英語の"function"の意味としては,次のものがある。

「人またはものの特定の活動または目的（a special activity or purpose of a person or thing）」　　　　　　　　　　　（Oxford English Dictionary, online 版）

以上のことからすると,機能の意味としては,「固有の役割」とか「はたらき」

ということになるが，同様の意味で用いられるのが，社会学，特に構造機能主義的な意味である。

「『機能』とは，システムの目的に対して，システムの全体または一部が担っている作用または役割」　　　　　　　　　　　　（Parsons and Sils 1951, 22；訳書27）
「機能［function］とは一定の体系の適応ないし調整を促す観察結果」
（Merton 1949, 105；訳書46）

それに対して，法的な用語法としては，一般に，権限と結び付けて定義されることが多いように見受けられる。例えば，次のような定義がある。

「機能とは，機関がその権限内で活動できる能力であり，＜中略＞法の機能とは，法が果たす役割（のことをいう）」　　　　　　　　　　　（田中 1994, 72）

また，監査の領域では，内部監査について，機能という用語が使用されることが多い。そこでは，内部監査部門という組織の部署を表す用語に対して，内部監査の働きやその業務を指すために，「内部監査機能」という言い方がされる。例えば，現行の「内部監査基準」では，次のように述べられている。

「内部監査の必要および内部監査基準の目的・運用　1. 内部監査の必要
＜前略＞
　個々の組織体の内部監査機能は，それに対する期待やその内容の整備・充実の程度によって必ずしも一様とはいえない。この内部監査機能が効果的に遂行されることによって，例えば，次のような要請に応えることができる。＜以下，略＞」
（日本内部監査協会 2014）

また，改訂以前の内部監査基準では，次のような記述も示されていた。

「［2］内部監査の独立性と組織上の位置・内部監査の独立性と客観性
＜前略＞
　内部監査機能を独立した部門として組織化することは，内部監査人が内部監査の遂行にあたって不可欠な公正不偏な判断を堅持し，自律的な内部監査活動を行うための前提要件である。＜以下，略＞」　　　　　　　　　　　　（日本内部監査協会 2004）

このように内部監査の文脈では，組織の単位としての内部監査部門ではなく，その働きに言及する際に内部監査機能という用語が用いられている。こうした使用法は，グローバルな内部監査の文脈や，国際機関としての内部監査協会（Internal Audit Association – International）においても，"Internal Audit Function" という用語が使われる点で同様である。

本章のテーマである「監査の機能」における機能については，機能という語が多義的であることから，本質や性質という表現の方が適切であるのかもしれない。しかしながら，批判的機能や指導的機能という表現が定着していることから，そのまま機能という表現を用いることとしたい。以下では，機能の語を一般に用いられている「役割または働き」という意味で使用する。

(2) 本章の問題意識

本章においては，監査の機能のうち，とりわけ，批判的機能と指導的機能の問題を中心に取り上げる。

以下の議論のため，一般的な用法として，次の基本的な監査論のテキストの記述を引用しておきたい。

> 「監査人は，監査業務全体を通じて証拠の入手と評価を批判的に行い（監査実施レベルの批判機能），その過程で財務諸表の虚偽の表示に結びつくような会計基準の適用や見積りの誤りといった事象を発見した場合には，監査の指導機能にもとづき，まず経営者に対して財務諸表の修正を指導しなければならない。しかし，財務諸表の作成責任は経営者に存在するため，当該修正指導を受け入れるか否かは経営者の裁量次第である。このため，監査人は，自らの修正指導が拒否されたならば，監査意見レベルで改めて批判機能を行使することで，財務諸表に添付される監査報告書において財務諸表上の欠陥に関する情報を利用者に提供する必要がある。それが監査報告書の別区部における除外事項となり，当該事象が財務諸表に与える広範性の程度に応じて，限定付適正意見か不適正意見が表明される。」　　　　　　　　　　　　（松本 2022，284）

すなわち，指導的機能とは，経営者に対して，「財務諸表の虚偽の表示に結びつくような会計基準の適用や見積りの誤りといった事象」を指摘して修正を求めることであり，批判的機能とは，監査実施レベルにおいて，「監査業務全体を通じて証拠の入手と評価を批判的に行」うこと，および経営者の対応次第によっては，監査意見レベルにおいて，監査意見にかかる除外事項とすることをも含むものであるといえよう。

なお，上記の引用においては「指導機能」「批判機能」とされているように，批判的機能と指導的機能は，論者によって，批判機能・指導機能とされたり，批判性・指導性とされたりすることがあるが，以下では，同様のものとして扱い，本章の記述においては，批判的機能・指導的機能という用語を使うこととする。

本章において，批判的機能と指導的機能を取り上げる理由としては，第1に，批判的機能と指導的機能には，権威ある定義または共通認識としての定義はなく，

しかもその用語法が，論者によってまたは時代の変遷に応じて異なっているからである。

後述するように，かつては，監査の機能はあくまで批判的機能にあり，監査プロセス全体を通じて批判的機能が発揮されるべきであり，指導的機能はその実施にあたっての補助的な役割であるとする考え方が広く見受けられたのに対して，近年では，批判的機能と指導的機能を対置させる捉え方が多く見受けられるなど，指導的機能を重視する傾向があるように見受けられる。さらには，批判的機能の発揮について，指導的機能が受け入れられなかった際に発揮するものとして限定的に捉え，批判的機能の発揮をもっぱら監査意見に関する除外事項とのみ結び付けて説明されるケースが散見されるからである。

批判的機能と指導的機能の問題が重要である第2の理由としては，近年，指導的機能の発揮を重視する考え方が，監査論の研究者や書籍のみならず，企業側や制度等においても見受けられるようになってきているからである。

実際，企業の経営者等においては，以前から，単に法定監査への対応としての監査業務の実施だけではなく，適正な財務報告の実現に向けて企業側に対して積極的に指導・助言を行う等の経営支援的な要素を期待するという声が高かった[1]。これは，近年の高度に専門化し複雑化する会計基準等への対応に当たって，会計専門家の助言が求められているということかもしれないし，あるいは，法定監査だけでは，監査報酬に見合わないという考えに基づくものなのかもしれない。

それに加えて，近年では，特に内部統制監査などの領域を中心に，監査人に対して，指導性の積極的な発揮を求める規定が基準上も盛り込まれることも多くなったように思われる。2011年3月に改訂された内部統制報告の意見書（企業会計審議会 2011）では，以下のように，監査人に対して，「指導的機能の適切な発揮」を求めている。

「二　主な改訂点等とその考え方・(1)　企業の創意工夫を活かした監査人の対応の確保
〈前略〉
　一方で，事業規模が小規模で，比較的簡素な組織構造を有している組織等の場合には，当該組織等の内部統制の構築や評価における経営資源配分上の制約から，監査人

---

[1] 例えば，2018年7月23日に開催された「公認会計士制度70周年記念講演『公認会計士が世界を変える』」（於 東京国際フォーラムA）では，講演者の柳井正氏（株式会社ファーストリテイリング代表取締役会長兼社長）は，次のように述べていた。
　「公認会計士には，事業を整理して，経営者と一緒になって経営指導をしていくことが求められます。」（「公認会計士制度70周年記念講演『公認会計士が世界を変える』」書き起こし記録より参照。）

に対して効率的な内部統制対応に係る相談等を行うことがある。こうした際に，独立性の観点から，監査人の立場として経営者からの相談等に応じていない場合が見受けられる。このような相談等に対しては，監査人として適切な指摘を行うなどいわゆる指導的機能の適切な発揮に留意することとした。＜以下，略＞」

　また，日本公認会計士協会が公表した監査基準委員会研究報告第4号「監査品質の枠組み」（日本公認会計士協会 2015）では，パブリックコメントをもとに，同研究報告の原文である国際監査・保証基準審議会（International Auditing and Assurance Standards Board：IAASB）のフレームワークにはない，「監査における指導・助言機能」について記載が追加されている。

「6．監査品質の定義及びその評価が困難である理由としては，以下の点も関連している。
　・監査済財務諸表における重要な虚偽表示の存在の有無は，監査品質の部分的側面しか表さない。
　　監査においては，適切な財務報告が最終的に行われるように，監査の過程において監査人が指導・助言機能を発揮することが期待されている。監査済財務諸表に重要な虚偽表示がない場合として，そもそも発見すべき重要な虚偽表示が財務諸表に存在していない場合もあるが，監査の指導・助言機能により監査の過程で財務諸表が修正された結果である場合もある。一方，監査済財務諸表に監査で発見されなかった重要な虚偽表示が事後的に発覚した場合，当該監査が不適切な監査であった可能性があるが，直ちに職業的専門家としての正当な注意を払って監査を実施しなかったと断定することはできない。
　　したがって，監査済財務諸表における未発見の重要な虚偽表示の有無を，監査品質の唯一の評価尺度とすることは適切ではない。＜以下，略＞」
「58．監査人と経営者との率直で建設的な関係は，監査人の指導・助言機能の発揮につながり，職業倫理に関する規定の枠内で，例えば，以下の事項に関する監査人の見解等を経営者に提供する環境を生む。
　・被監査会社の財務報告実務に関する改善の可能性
　・財務報告に係る内部統制の改善の可能性
　・財務報告・会計基準に関する動向
　・業界に関する視点
　・被監査会社の法令遵守に関連する事項」

　こうした制度上の言及は，企業側の要請を反映した側面もあるが，同時に，わが国の監査制度において，監査人の指導的機能を制度実施の必要不可欠な要素として想定し，制度的枠組みに予め組み込むようになったとも解される。
　なお，海外においては，こうした批判的機能・指導的機能という監査の機能を

特定しての議論は見受けられない。後述するように，監査についての説明や監査人の職業的懐疑心の説明として，「批判的（critical）」という用語が使われるのみである。いわば，批判的機能・指導的機能に関する議論は，わが国に固有の議論，またはわが国の監査が第二次世界大戦後にアメリカから移入される中で生じた歴史的経緯を背景とした議論であるように思われる。

以上のように，わが国固有の議論であり，用語法に揺らぎがあり，かつ，近年，重要性が増している批判的機能と指導的機能の問題を検討していく。

2　わが国の監査文献における用語法

一般に，指導的機能については，論者や文献によって大きな相違はないが，批判的機能については，指導性の限界が露呈したときに発揮されるとし，限定付適正意見，あるいはさらに狭義の用法として不適正意見の表明の可能性に関わるものとして論じられる説明と，監査のプロセスを通じて，一貫して適用されるものとして論じられる説明とに分かれるように見受けられる。

例えば，前者の例としては，以下のものが挙げられる。

「監査の目的である財務諸表の適正表示に関する意見表明をなすうえで，監査人は，批判性と指導性を発揮しなければならない。批判性とは，監査人が，企業の会計処理または財務諸表の適否を，一般に公正妥当と認められる企業会計の基準に照らして批判的に検討することをいう。対して，指導性とは，監査人が，企業に対し会計処理上の欠陥や不備等につき必要な助言・勧告を行い，信頼しうる財務諸表を作成するよう指導することである。実際には，会計処理方法について，企業側と監査人とが相談しながら行うことも多く，ある程度の指導性は，自然発生的に生ずるといえよう。また，企業側が財務諸表の適否の判断に係わるより以上の指導を求める場合，監査とは別契約で，会計処理や会計システムに関するコンサルティング業務を行うことに結び付いていく。

監査における批判性と指導性との係わりは，次のように説明できる。監査人は監査中に指導性を発揮し，必要な助言・勧告を行い，適正に表示された財務諸表が提供されるように努力する。というのは，適正に表示された財務諸表が提供されてこそ，投資家の健全な意思決定，企業の円滑な資金調達が保証され，証券市場制度の維持・発展を図ることができるからである。しかし，財務諸表は，二重責任の原則からも，企業の経営者がその責任において作成すべきものである。監査人の助言・勧告を受け入れるか否かは経営者の自由であり，監査人は受け入れを強制することはできないという意味で，監査人の指導性には限界がある。助言・勧告が受け入れられないとき，監査人は批判性を発揮し，財務諸表における欠陥を指摘して自己の批判的意見を表明す

る。これによって，投資家等に財務諸表の信頼性の程度を明らかにし，彼等の保護を図るのである。」　　　　　　　　　　　　　　　　　　　　　　（松井 2006, 35-36)

あるいは，監査報告書の情報提供との関連で，批判性と指導性を論じる者もいる。例えば，久保田（1967, 176-181）では，監査人は，決算日後の事情変化を注記するよう指導すべきであり，被監査側が従わない場合は補足的説明事項として監査人から情報提供すべきであるとしている。

さらにこれを進めて，批判的機能と意見表明機能，指導的機能と情報提供機能を対置させたのが，高田（1974, 184-185）であり，次のように述べられている。

「(1)　質的付加価値と監査の消極的機能
　財務諸表の信頼性について規準との合致を批判的に検証した結果，監査意見として表明することにより，情報の量に影響することなく，利用者の情報利用に際しての質的な評価が助けられることになり，無形の，いわば保証給付分の価値が監査により付加される。利用者の解釈・評価に対して規準との合致を保証するにとどまるから監査の消極的機能ということができる。
(2)　量的・質的付加価値と監査の積極的機能
　作成者による情報の欠点および不足に対して独立の立場から利用者の要請に応じて必要な限り情報を新たに追加させる／する場合，監査はとりあえずもとの情報に対し量的により多くのものを提供することになる。この付加された新たな情報量によって，元の情報に大なり小なり質的に影響を与え，全体としての情報も内容ないし質において変化を受けることになる。この場合監査によって増加する価値は，監査による量・質の両面における情報の利用価値の上昇分に当る。指導性と情報提供機能により，利用者の情報利用を促進するよう積極的に働きかけるものであるから，このような監査の機能は積極的機能ということができる。」

すなわち，(1)が批判性の観点から意見表明機能をとらえ，(2)が指導性の観点から情報提供機能をとらえたものといえよう。

一方，次の文献では，「指導性」と対比される機能として「批判性」が説明されており，そこでは，意見表明に関連づける説明はなされていない。

「監査の機能または監査人の機能は，上述の二大監査目的を完遂することにつきるが，その内容を分析してみると，『経理批判』と『経理指導』という二つの異なる役割が認められる。これを批判的機能および指導的機能と名づける。
　まず，『批判的機能』というのは，会社の経理または財務諸表の適否を公正妥当な会計基準に照らして批評し批判することをいい，＜中略＞
　『指導的機能』は，会計上の欠陥を補正し，適正な財務諸表を作成するように，会社に対して必要な助言・勧告を行い，またはコメントを発するなどの方法により，適

当にこれを指導することである。＜中略＞
　かように指導的機能はその適用に一定の限界があり，監査の主要機能としては，批判的機能を第1とすべきであるが，この両者を適当に活用することこそ，監査の目的を完遂しその効果を高める必須要件である。かくて監査人は，会社計理に対する公平な批評家であると同時に，適切な助言者でなければならないのである。」

(日下部　1975，22-23)

なお，筆者が文献を渉猟した限りにおいて，監査の機能について，当初は，「指導性」「批判性」と呼ばれていたが，「機能」の語を付けて名づけたのは，上記の日下部（1975）が嚆矢のように思われる。

当該文献においては，批判的機能を指導的機能に優先させる考え方が示されている。監査制度にかかわっていた著者の認識，あるいは，当時のわが国監査制度の進展に伴う認識の変化と解することもできよう。

また，併せて，日下部（1975，23）では，監査の批判的機能と指導的機能は「通説にいう監査の二大機能であるが，著者はここでとくに監査の創造的機能を加えておきたい。＜中略＞問題の所在をいち早くつかみ，正しい会計処理は何であるか，新しい会計基準や会計原則はいかにあるべきかを考え，創造していくことができるものは，会計実務の指導者たる公認会計士をおいてほかにないのである」として，創造的機能を提案している[2]。この創造的機能については，2002年（平成14年）改訂「監査基準」の前文における「実質的判断」，すなわち，会計基準等に詳細な定めがない等の場合には，監査人自らが適切な会計処理方法を判断しなければならないとする現行「監査基準」における「実質的判断」の考え方に類するものであると指摘する論者もいる[3]。

「三　主な改訂点とその考え方・9　監査意見及び監査報告書・(1)　適正性の判断
　　③　会計方針の選択や適用方法が会計事象や取引の実態を適切に反映するものであるかの判断においては，会計処理や財務諸表の表示方法に関する法令又は明文化された会計基準やその解釈に関わる指針等に基づいて判断するが，その中で，会計事象や取引について適用すべき会計基準等が明確でない場合には，経営者が採

2　日下部（1958，19）によれば，監査の創造的機能の提唱者は，庭山慶一郎氏（大蔵省理財局経済課長）であったとして，以下の記述を挙げている。
　「判断に迷うようなボーダーラインケースに際会して，それをいかに処理するかは，一に公認会計士の高度の常識にかかっているのである。このような場合の具体的処理の集積は企業会計の基準となり，また監査報告の基準となるのである。換言すれば，監査という仕事は，企業の会計処理の基準を具体的な事例に臨んで発見し，造り出していくことなのである。そういう意味において監査は創造的機能をもっている。」（庭山　1957，142）
3　例えば，八田（2014）等を参照されたい。

用した会計方針が当該会計事象や取引の実態を適切に反映するものであるかどうかについて，監査人が自己の判断で評価しなければならない。また，会計基準等において詳細な定めのない場合も，会計基準等の趣旨を踏まえ，同様に監査人が自己の判断で評価することとなる。新しい会計事象や取引，例えば，複雑な金融取引や情報技術を利用した電子的な取引についても，経営者が選択し，適用した会計方針がその事象や取引の実態を適切に反映するものであるかどうかを監査人は自己の判断で評価しなければならない。＜以下，略＞」

以上のことから，批判的機能と指導的機能については，次のように見解の相違を整理することができる。

> (i) 批判的機能を監査のプロセス全般において発揮される主要な機能として捉え，指導的機能はその上で発揮される機能ないし補助的機能として捉える考え方
> (ii) 批判的機能を指導的機能が発揮できなくなったときに発揮すべきものとして捉え，意見表明ないし除外事項に関連づける考え方
> (iii) 批判的機能は意見表明の側面で捉え，指導的機能の発揮によって，利用者への注記による情報提供，あるいは，それが叶わない場合には，監査報告書の情報提供を促す考え方

(i)の考え方が，日下部（1975）において，批判的機能・指導的機能という用語がはじめて用いられた時の考え方であり，その後，(ii)の考え方が用いられるようになってきたものと解される。また，わが国の監査論研究で，大きなウェイトを割いて議論されてきた監査報告書の機能の文脈で論じられるようになったのが，(iii)の考え方であるといえよう。

なお，松本（2010, 46）では，(i)と(ii)における批判的機能について，それぞれ，本源的機能と優越的機能として，以下のように整理している。

「●批判機能
・［本源的］監査業務を遂行するに当たり会社の経理や財務諸表の適否を批判的に検討すること。
・［優越的］財務諸表の欠陥を発見し，かつ経営者が修正指導を受け入れない場合に，無限定でない監査意見を表明し経営者の対応を批判すること。」

3 批判的機能と指導的機能の端緒

わが国における監査文献において，指導的機能に関する言及の端緒としては，

以下に示すように，1950年（昭和25年）公表の「監査基準」の序文に掲げられている「財務諸表の監査について」，および当該監査基準の起草に中心的な役割を果たした岩田巌教授の文献ではないかと思われる。

> 「このようにして現代監査の特徴として，財務諸表の主観性からも，企業外部の利害関係者の利益を擁護するためには，判断の妥当性を確かめることが必要となり，職業的専門家による監査の要請される理由がある。まさに監査の指導性が要請されてくるのである。」 （経済安定本部企業会計基準審議会 1950）
> 「財務諸表監査において会計士の果たす任務は，会社の会計整理の結果につきその正否を判定することだけで終わるものではない。＜中略＞そうして正しい適正な決算報告書を作って発表するように指導するのである。かように批判をするばかりでなしに悪いところは直すように指導するのが財務諸表監査における会計士の任務なのである。」 （岩田 1954，7）

その後，幾つかの文献が，指導性について言及しているが，指導性の必要性を強調する論旨となっている（近澤 1961；山桝 1971）。

当時，日本においては，1951年（昭和26年）7月に始まる「初度監査」から1957年（昭和32年）1月に正規の財務諸表監査が始まるまでの間，財務諸表の監査は「会計制度監査」と称される形で実施され，財務諸表監査の漸進的な導入が図られた。その過程で，当初，被監査企業には財務諸表の監査の前提となる有効な内部統制が整備・運用されていなかったことから，監査人は，内部統制の構築を支援すべく，指導性を発揮することが必要だったものと解される。言い換えれば，指導性の発揮が最優先の課題だったともいえよう。

上記の岩田（1954）に見られるような論旨は，アメリカの監査基準の影響にあるとも論じられている（可児島 1990，77）。例えば，当時のアメリカの監査基準には次のような記述がある。

> 「財務諸表の適正表示は，経営者の必然的な回避し得ざる責任である。独立監査人は経営者の帳簿記録にもとづいて，財務諸表の様式または内容について示唆を与え，あるいは財務諸表の一部または全部の草案を作成することもある。しかしながら，<u>監査を行った財務諸表に対する監査人の責任は，監査人がそれについて表明した意見のみにとどまるのである</u>。財務諸表についての責任はあくまで経営者にあるのである。」
> 　　　（AICPA 1963, ch.1）（訳は，可児島（1990，77）による。下線は筆者による。）

本規定は，現在では，アメリカにおける二重責任原則の監査基準上の規定であると説明されているものであるが，他方で，下線部に注目して，アメリカにおいては，1960年代においても，監査人が財務諸表の作成業務に深くかかわっていた

ことを示唆する記述ともいわれている（松本 2019）。

他方，同じくアメリカにおいて，「批判的」という用語については，1973年公表の『基礎的監査概念報告書』（AAA 1973, ch.1）（以下，ASOBAC）において，次のような記述が認められる[4]。

「＜前略＞監査は本質的には有用で判断のための情報を生み出す批判的な過程である。」

この記述は，ASOBAC が Mautz（1964, 2）を引用している部分である。ここで「批判的な」（critical）という表現が用いられているが，この概念は ASOBAC においては，職業的懐疑心（professional skepticism）の概念とともに重要な位置づけを占めている。ASOBAC 以降の監査における批判的機能にかかる説明や，職業的懐疑心における批判的評価という構成内容は，ASOBAC の記載からの影響を受けているものと解される。

アメリカにおいては，20世紀初頭に，財務諸表の監査が自発的に生成された「市場の証拠」があるとされている（Wallace 1980, 13）。そうした歴史的経緯がある中で，敢えて指導性を強調する必要はなく，わが国に見られるような批判的機能と対比させて指導的機能を論じる議論も生じることはなかったと解される。

可児島（1990, 74-81）によれば，日本の公認会計士制度の創設期においては，監査の指導性が最重要視されていた。また，「厳密な意味では，監査制度が十分に熟してきた今日（筆者註：1990年当時）における監査の指導性とは，ややその意義や含意を異にするところはある」とされる。

また，次のようにも述べられている。

「このようにしてわが国の正規の監査制度の確立に応じて，監査の指導性から，批判性へと順次発展して，監査機能ならびに監査の役割が制度化されていったのである。
　そこで，財務諸表監査ないし現代監査の本質的機能を「批判性」に求めることの可否が議論されたり＜以下，略＞」　　　　　　　　　　　　　　　　（可児島 1990, 75）

その他，批判性と指導性を並立または対立的に論じる考え方は，以下の文献のように，ドイツの監査報告の態様を基に論じられる場合もある。

「監査報告および監査報告書に関する批判性と指導性については，監査報告書の二元的構造として考えられてきた。すなわち監査の批判性としては，企業外部に公表される簡潔な監査証明書の問題意識があり，それに対して監査の指導性としては，取締役

---

[4] なお，この記述は，ASOBAC が Mautz（1964, 2）を引用している部分である。

会に提出される企業内部用の詳細な報告書，つまり監査概要書の問題意識がある。」

(髙柳 1981, 80-81)

以上の検討から，指導的機能を強調する考え方は，主に，アメリカ監査基準を受け入れる過程で，わが国の監査制度の定着の過程で浸透していったものと解される。

また，先に挙げた監査報告書の機能と指導性を結びつける考え方は，ドイツの監査報告書の態様を論じる文献の研究等からの影響であるのかもしれない。

4 小　括

批判機能と指導機能を並置ないし対置させて論じているのは，わが国に特有の文脈のように思われる。わが国の監査制度の成立期に参照され，監査基準等に大きな影響を与えたアメリカの実務は，20世紀初頭に，いわゆる市場の証拠と呼ばれるような任意の監査が実施されていた時以来，経営助言を含め，指導的機能の発揮を内包する形で実施されていた。わが国の監査の定着に当たっては，それを敢えて，明示的に強調する必要があったものと解される。

それに対して，現在の監査では，そうした制度の定着の状況を脱し，監査人に対してヨリ独立的な対応を求めるようになってきている。

こうした経緯を整理すれば，以下のように纏められるのではなかろうか。

(i) 1950年の「監査基準」設定の頃には，わが国において，はじめて公認会計士監査制度を導入・定着させるべく，また，正規の財務諸表監査の実施に向けての漸進的な監査制度の導入の過程で，岩田巖教授ほかの「指導性」を強調ないし優先する議論が展開された。また，そこで述べられていた「指導性」は，単に財務諸表に対して指摘を行うことではなく，財務諸表監査の基盤となる内部統制組織の整備についても関与することを含意していたように解される。

(ii) その後，正規の財務諸表監査が実施されるようになり，一方で，1960年代における粉飾決算事件とそれに伴う監査基準の見直しの中で，日下部與市教授を中心として，批判的機能を第一義の監査機能とする議論が展開されるようになった。他方で，主に監査制度とは距離を置く形で，ドイツの監査報告制度を中心に研究する研究者において，指導性を優先する考え方に基づく議論が展開されていった。

(iii) 他方，批判性に関しても，当初は，指導性に対置され，財務諸表を批判的に検証するという文脈で論じられていたものが，近年では，最終的に指導性が発揮できない場合に，監査報告において除外事項を記載するという意味で用いられるよ

うになってきている。この変化の契機は不明であるが，1つには，監査の失敗を伴う粉飾決算事件等の影響から，とりわけ独立性違反の粉飾事件の結果，監査に対する規制が強化される一方，監査人の側も，監査現場において独立性を過度に強調した対応が図られるようになったことから，批判性を監査人の意見表明に帰着させる傾向が生じたのではないかと解される。

(iv) さらに，近年では，経済界に対して，新たな制度の導入，あるいは，従来の制度であってもさらに監査人を企業の財務報告等に協力的な存在として位置づける意味で，「指導性の発揮」がうたわれ，経済界からもそうした対応を強く求めるケースが散見される。これは，上記の(i)の監査制度導入期の指導性に近いものではないか，と考えられる。

以上のことを簡略化して示したのが，**図表3-1**である。

監査の批判的機能と指導的機能は，上記のような歴史的変遷を経ながら，わが国の監査論の領域で長い間，議論の対象となってきた。

しかしながら，いうまでもなく，監査の本質が批判的機能にあることは自明であろう。

例えば，監査基準報告書200「財務諸表監査における総括的な目的」における職業的懐疑心の定義では，次のように述べられている。

「(11) 『職業的専門家としての懐疑心』—誤謬又は不正による虚偽表示の可能性を示す状態に常に注意し，監査証拠を鵜呑みにせず，批判的に評価する姿勢をいう。なお，

図表3-1 ■ 批判的機能と指導的機能の変遷

	批判的機能と指導的機能の関係	時期および関連する歴史的背景	関連する文献
(i)	指導性の必要性から，指導的機能が重視	1950年代 ・財務諸表監査制度の導入期	岩田（1954）
(ii)	財務諸表監査の厳格化の必要性から，批判的機能が本源的な機能であることが強調	1960年代〜 ・財務諸表監査制度の定着 ・1960年代半ばの粉飾決算事件	高田（1974） 日下部（1975）
(iii)	批判的機能と指導的機能が対置 指導的機能の発揮を求める一方で，批判的機能を除外事項にのみ結び付ける議論も一部に展開	1970年代後半〜 ・商法特例法監査制度の導入 ・連結または中間財務諸表などの監査対象の拡大	可児島（1990） 松井（2006）
(iv)	指導的機能が再び重視され，制度上も要請	2000年代末〜 ・複雑な会計基準の公表 ・内部統制報告制度の導入	松本（2010） 企業会計審議会（2011）

（出所）筆者作成。

職業的懐疑心ともいう。」

　批判的機能というのは，この"critical"という用語の翻訳に違いない。そのときに，監査人が独立の立場から，監査基準に基づいて，監査を実施するとすれば，正当な注意義務の履行，すなわち批判的機能の発揮が求められるはずだからである。

　それに対して，当初は，監査制度の定着のために，指導的機能を強調する見解が広く展開されてきたものの，その目的は一定の達成を見たといえる。

　現在では，そうしたかつての目的とは異なり，適正な財務報告の実現のために，より一層監査人の役割期待が高まっていること，および監査報告書における「監査上の主要な検討事項」の記載の導入に見られるように，監査人による情報提供が一層求められるようになっている状況に鑑みて，指導的機能の再検討が図られる必要があるように思われる。

　なお，本章における検討においては，批判性を除外事項に結び付けるようになったのは，かなり早期において山桝忠恕教授の論稿があるものの，明確には，どの文献または論者からかについては，発見することができなかった。また，可児島俊雄教授や，瀧田輝己教授のように，監査プロセスや監査制度全般に対して監査機能を論じる文献または論者における，監査の機能の取扱いについて，検討の余地が残されている。

　これらの点については，今後の課題としたい。

■参考文献
岩田巌（1954）『会計士監査』森山書店。
可児島俊雄（1985）『監査通論』実教出版。
―――（1990）『現代企業の監査―監査環境と新潮流―』中央経済社。
企業会計審議会（2002）「監査基準の改訂に関する意見書」，1月25日。
―――（2011）「財務報告に係る内部統制の評価及び監査の基準並びに財務報告に係る内部統制の評価及び監査に関する実施基準の改訂について（意見書）」，3月30日。
日下部與市（1958）『財務諸表監査』日本評論新社。
―――（1975）『新会計監査詳説』中央経済社。
久保田音二郎（1967）『近代財務諸表監査』同文舘出版。
経済安定本部企業会計基準審議会（1950）「監査基準・監査実施準則（中間報告）」，7月14日。
新村出編（2018）『広辞苑』（第七版）岩波書店。
高田正淳（1974）「監査基本問題の研究（三）」『會計』105巻3号，177-186頁。
高柳龍芳（1981）『ドイツ監査制度論』関西大学出版部。

瀧田輝己（1992）『監査機能論』千倉書房。
田中成明（1994）『法理学講義』有斐閣。
近澤弘治（1961）『会計士監査の基礎理論』森山書店。
日本公認会計士協会（2015）監査基準委員会研究報告第4号「監査品質の枠組み」，5月29日。
日本内部監査協会（2004）「内部監査基準」，4月27日。
─── （2014）「内部監査基準」，5月23日。
庭山慶一郎（1957）「財務諸表の監査証明に関する省令の制定に際して」，黒沢清ほか『解説付監査基準』中央経済社。
八田進二（2014）「監査人としての会計プロフェッションの創造的機能」『会計プロフェッション』9号，143-154頁。
松井隆幸（2006）「監査の目的と監査人の適格性」，八田進二編著『新訂版 監査論を学ぶ』同文舘出版。
松本祥尚（2010）「監査業務における指導機能の独立性侵害可能性」『現代監査』20号，44-53頁。
─── （2019）「わが国職業会計士監査制度の展開と課題」『會計』195巻1号，92-105頁。
─── （2022）「監査報告書と情報提供機能」，伊豫田隆俊・松本祥尚・林隆敏『ベーシック監査論（九訂版）』同文舘出版，第7章。
山桝忠恕（1971）『近代監査論』千倉書房。
American Accounting Association (AAA) (1973), *A Statement of Basic Auditing Concepts*, AAA. (青木茂男監訳・鳥羽至英訳（1982）『アメリカ会計学会 基礎的監査概念』国元書房。)
American Institute of Certified Public Accountants (AICPA) (1963), *Statement on Auditing Procedures No. 33, Auditing Standards and Procedures*, AICPA.
Mautz, Robert K. (1964), *Fundamentals of Auditing, 2nd ed.*, Wiley & Sons, Inc.
Merton, Robert King (1949), *Social Theory and Social Structure*, Free Press. (森東吾・森好夫・金沢実・中島竜太郎訳（1961）『社会理論と社会構造』みすず書房。)
Oxford English Dictionary (https://www.oed.com/), accessed at 31st July 2019.
Parsons, Talcott and Edward Albert Shils (1951), *Toward a General Theory of Action : Theoretical Foundations for the Social System*, Free Press. （永井道雄・作田啓一・橋本真訳（1960）『行為の総合理論をめざして』日本評論社。）
Wallace, Wanda (1980), *The Economic Role of the Audit in Free and Regulated Markets*, Touche Ross & Co. (千代田邦夫・盛田良久・百合野正博・朴大栄・伊豫田隆俊訳（1991）『ウォーレスの監査論―自由市場と規制市場における監査の経済的役割』同文舘出版。)

（町田　祥弘）

第4章

二重責任の原則

1 はじめに

　財務諸表監査における根本原則として捉えられる二重責任の原則は，財務諸表を作成する責任が経営者にあり，監査意見の表明に関する責任が監査人にあるという，経営者と監査人の間における責任の分担を示す基本原則とされる。わが国ではじめて，1950年（昭和25年）「監査基準」[1]の第一　監査一般基準において「六　監査人は，財務諸表に対する意見に関して責任を負うのであって，財務諸表の作成に関して責任を負うものではない。」と規定した。そして，このような原則を「二重責任（dual responsibility）の原則と名づける。＜中略＞こうして財務諸表は，監査人と経営者による二重の責任によって支えられ，社会的信頼を与えられるにいたるのである。」（岩田 1950a, 22；黒澤 1957a, 7）と，当該一般基準に関する解説において，わが国ではじめて二重責任の原則という用語が用いられた。

　この二重責任の原則は，監査意見以外の事項を監査報告書に記載するように監査人に監査基準が要請しようとする際には，必ず持ち出され「そのような記載は二重責任の原則に抵触する」といった主張が展開される根拠となってきた。それが典型的に現われたのが2018年（平成30年）改訂「監査基準」で導入された「監査上の主要な検討事項（Key Audit Matters：KAM）」に関する議論である。

　2018年改訂「監査基準」は，利用者に対する監査人からの情報提供の1つとし

---

[1] わが国最初の監査基準は，1950年に経済安定本部企業会計基準審議会から公表された，監査基準および監査実施準則の中間報告であり，監査基準を扱った第三部会会長は岩田巌氏であった。また審議会幹事には，飯野利夫氏，江村稔氏が含まれている。なお，黒澤清氏は，会計基準を扱う第一部会会長であった。

てKAMを導入し，KAMとして記載される内容には，監査人が監査業務の過程で監査上，特に注意を払った事項であり，当該事項の内容，そのように判断した理由，ならびに監査上の対応が該当する，とした。さらにもし公表されていない企業に関連する情報がKAMに相当すると判断された場合に，経営者に追加開示を促した上で，公表により犠牲になる企業の私益よりも公益の方が大きいと衡量された場合，監査人が独自にKAMとして記載することを求めた。

この経営者による未公表の企業オリジナルの会計上の情報を監査人が監査報告書に記載することについて，二重責任の原則に違反するとか抵触するといった懸念が一部から上がった。このような懸念は，責任分担の状態ないし事実関係を示す二重責任の原則を「経営者が提供すべき会計上の情報を監査人が提供してはならない」と理解するものがいることに起因すると解される。

そこで，本章では，二重責任の原則という概念が，わが国でどのような趣旨で導入されたのか，またそもそも何を起源とし，どのような根拠と趣旨を前提としていたのか，を明らかにすることを目的にする。

2　わが国監査基準における二重責任の原則の位置づけ

(1)　経営者による財務諸表作成の根拠と監査人の監査意見表明の根拠

そもそも経営者が株主に対して財務諸表を作成し提供しなければならないのは，二重責任の原則に基づくものであろうか。所有と経営が分離した株式会社において，株主と経営者との間には黙示的契約関係に基づく財産の委託・受託の関係が存在する。このため受託者である経営者には，委託者である株主から預かった財産を株主の利益となるように管理・運用する責任という受託責任がある。またその受託責任を適切に履行していることを，委託者である株主に対して株主総会の場で報告する説明責任を経営者は負っている。このような利害調整の観点からすると，経営者が株主に対して財務諸表を作成して提供するのは，株主に自らの負う受託責任を解除してもらうために果たす説明責任履行の一環であって，二重責任の原則があるからではない。換言すれば，二重責任の原則が経営者に対して財務諸表の作成を要求しているのではない。

一方，監査人についても，株主総会において選任された時点で監査権を株主から委託され，経営者が説明責任履行のために作成した財務諸表の適正性に関して意見を表明することを期待される。この観点からすると，監査人にも株主に対す

る受託責任が生じ，当該責任を適切に履行したことを示すために説明責任を果たさねばならない。すなわち，監査意見を含む監査報告書を説明責任履行の一環として作成し，株主に提供しその利害調整を支援することが求められる。つまり利害調整支援を目的とした監査では，監査人の監査意見の表明は自らの説明責任に基づくものであり，二重責任の原則に基づくものではない。

経営者による財務諸表の作成と監査人による監査意見の表明は，委託者と受託者の関係から**図表4-1**のように捉えられる。

図表4-1 ■ 経営者と監査人の責任の根拠

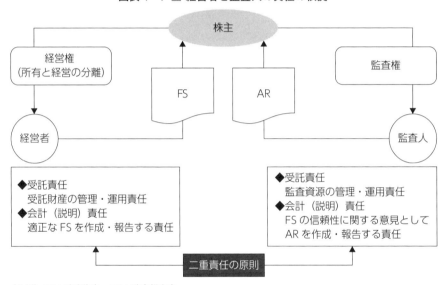

（凡例）FS：財務諸表，AR：監査報告書。
（出所）筆者作成。

以上のように，**図表4-1**における二重責任の原則は，経営者と監査人のそれぞれが株主に対して負う受託責任ならびに説明責任の履行の結果，財務諸表の作成と監査意見の表明が行なわれている状態ないし事実関係を指しているのであり，二重責任の原則によって新たな責任が経営者と監査人に賦課されるわけではない。

(2) 二重責任の原則の意味

わが国において「二重責任の原則」なる概念は，1950年旧「監査基準」の第一

監査一般基準六で「監査人は財務諸表に対する意見に関して責任を負うのであって，財務諸表の作成に関して責任を負うものではない。」とはじめて規定され，当該規定が「二重責任の原則」[2]として詳解された（岩田 1950a, 22）。その後，当該規定は，「監査の意義，効果または任務の範囲を明確にせんとする啓蒙的な規定」（岩田 1950b, 1）との理解から，五（監査意見の性質）および七（不正過失への対応）・八（鑑定との関係）とともに削除され，1956年（昭和31年）新「監査基準」には明示的には引き継がれなかった。
　しかしながら，このような経営者の責任と監査人の責任は区別されるという考え方が捨て去られたわけではなく，監査基準には黙示的に引き継がれてきた。また「財務諸表に対する意見に関して責任を負う」という文言は，単に監査人の意見だけを指すのではなく，「範囲区分の所見も，意見区分の所見も，いずれも広義においては，『監査人の意見』であり，両者は不可分に結び付いているのであるが，監査人の意見の最も主要な要素は，財務諸表の適正性に関する所見である。これを狭義において『意見』と名づける」（黒澤 1957b, 55-56）という説明に現われているように，監査報告書そのものが広義の監査意見と理解され，それに対して監査人が責任を負うことは，監査基準設定当初から当然とされている。この結果，「監査報告書は，監査の結果として，財務諸表に対する監査人の意見を表明する手段であるとともに，監査人が自己の意見に関する責任を正式に認める手段」なのであり，この場合の「責任」と「手段」の対象は，意見の記載区分だけでなく監査報告書全体を指していることになる。
　つまり，監査報告書の背景にある二重責任の原則は，旧「監査基準」の段階から当時の解説の中で用いられており，新「監査基準」に関連して「監査人は，十分な監査の結果に基いてなした財務諸表に対する意見に対して責任を負うのであって，財務諸表そのものに対して責任を負うものではないこと。財務諸表の作成に関する責任は，あくまで会社の経営者が負わなければならないのである。これを二重責任（dual responsibility）と名づける。」（黒澤 1957a, 7）として定着してきた。
　特に「財務諸表は誰が作るのか・誰のものか」という議論において，下記のような理解が披瀝されている（岩田 1954, 23）。

「＜前略＞これ［財務諸表］は当然会社が作成するものであって，会計士は会社が提出する財務諸表を検査するのだと思い込んでいる人が少なくないようだからである。」

---

[2] 当時の「二重責任」という用語の意味については，朴（2015）で詳細に検討されている。

「本来監査ということは，一種の批評に属することであるから，自ら作ったものを自ら監査するのでは意味がないと考えるのは至極自然である。従って通例は会計士が会社に代って作るのだといったら，奇異に感ずる人が多いことであろう。監査の経験に乏しいわが国ではそう考えるのもあながち無理ではない。独逸でも強制監査制度が誕生した1930年頃には，貸借対照表は会社の経理部が作って提出するのか，或いはその作成は監査人に任せるのかについて議論が戦わされたことがあったのである。」
「＜前略＞米国では依頼人の財務諸表を会計士が通常作成するところから，財務諸表は誰のものかということが問題になって，喧しい（かまびすしい：筆者註）論議の対象となったことがある。すなわち実際に作成した会計士の財務諸表なのか，依頼人たる会社の財務諸表なのかということである。問題の本質的ポイントは財務諸表に関する責任は誰にあるかということである。」
「公式に採択された解釈は，財務諸表の内容に関する責任は会社の経営者にある。財務諸表は会社の経営者の業績を表示するものだからである。勿論外部の監査人はその報告書に記載した財務諸表の適否に関する意見について責任を有する。＜中略＞<u>誰が実際に財務諸表を作成するかということと，誰がこれに責任を認めるかということは無関係である</u>。会計士は自ら会社の財務諸表を作成するかもしれない。しかしながら会社がこの財務諸表を採用すれば，これは会社のものとなる。会社は会計士の勧告を妥当と認めれば，受入れる。だが，会社がこれを受入れて自己の名前で財務諸表を発表すれば，当然これは会社の財務諸表となる。会社がこれを受入れなければ，会計士はこれを強制することはできないのである。」[3]（下線は筆者による）

また同じ論説の中に「経営者が財務諸表に第一次責任を負い，監査人がそれをチェックすることは，財務諸表に二重（double）のチェックがほどこされ，二重の責任が重なることになる。＜中略＞したがって，この二重責任の概念（concept of dual responsibility）は明らかに公共の利益に適うものである。」（Anon 1940, 338-339）とある。ここにいう「二重責任」の意味は，経営者と監査人の責任の区別という意味ではなく，財務諸表に第一次責任を負う経営者は，自らが作成したか会計士に依頼したかにかかわらず，自ら財務諸表をチェックしており，その上に監査人が二次的に監査としてチェックを加えている，という意味である。つまり，1つの財務諸表に対して，作成者自らのチェックと監査人によるチェックという二重の責任の重なりを意味したものである。このため，わが国で「責任区分」の意味で用いられている「二重責任の原則」とは明らかに異なっているため，わが

---

3 「財務諸表は誰のものか」（岩田 1954）という議論は，もとは「貸借対照表は誰のものか」という論説（Anon 1940, 338-339）を参考にされており，「財務諸表を作成したのは誰かと，誰が財務諸表の主たる作成責任を負うかは別問題である」（岩田 1950c, 3-7）と紹介されている。

国では「二重責任の原則」という用語は「責任区分の原則」と言い換えるべきと指摘される（朴 2015, 92）。

もともとわが国監査基準が範とした19世紀末から20世紀初頭のアメリカでは，依頼人の財務諸表を作成する行為は，財務・原価会計システムの設計や財務諸表の分析・解釈といった幅広い会計業務として提供されていたものであり，当時の監査はあくまでも当該業務の付随的なものに過ぎなかった[4]。このため，上記引用にもあるように，実際に会計士が経営者から依頼を受けて財務諸表を作成し，それを銀行等向けに監査し保証するという業務は日常的に行われていた。だからといって，当該財務諸表を自社の財務諸表として受け入れるか否かは，経営者の責任のもとでの裁量の範囲内であり，財務諸表に対する第一次責任が経営者にあることに議論の余地はなく，ことさらにその事実を強調するような基礎的な概念として明示する必要はなかった。一方，財務諸表に対する監査が広く定着していなかったわが国では，監査基準設定時において，経営者と監査人との責任区分をあえて啓蒙的かつ基礎的な概念として強調しなければならない，という事情があったとも考えられる。

(3) わが国二重責任の原則に対する理解

わが国監査基準の背景にあったいわゆる「二重責任の原則」が，果たして「監査人が会計上の情報を提供してはならない」という意味まで含んでいたかどうかを考えるに当たっては，1956年新「監査基準」から存在する補足的説明事項を考慮しなければならない。

1956年新監査報告基準において，補足的説明事項に係わる重要な点は，「財務諸表に記載されない事項」が監査報告書への記載対象として挙げられている点にある。二重責任の原則を持ち出すまでもなく，株主に対する受託責任・説明責任の観点からして，本来，財務諸表を利用するために必要な情報は，経営者の側が財務諸表に注記し株主をはじめとする利用者に提供されることが当然である。しかし，補足的説明事項を定めた第三　報告基準三の規定は，「次期以降の企業の財政状態及び経営成績に重大な影響を与える虞れがある事項」について，企業が財務諸表に記載しなかった場合に，監査人に対して監査報告書に補足して記載することを要求している。

補足的説明事項の記載理由について，「＜前略＞財務諸表の読者に企業の状況

---

[4] 20世紀初頭の会計士業務の詳細は，松本（1995）を参照されたい。

についての判断を誤らしめず，時にはすすんでよりよく理解せしめんとするためであつてみれば，それはかならずしも，新監査基準が三で規定するように『次期以降の企業の財政状態及び経営成績に重大な影響を与える虞れがあると認められるもの』だけにかぎらない。これはその一部であつて全部ではない。」(飯野 1957, 89) と後発事象以外にも監査人が独自に情報を記載することの必要性が意思決定支援を理由として当時から解説されている。この結果，特に補足的説明事項をもって，意見報告書としての監査報告書における情報提供機能を担う記載項目と位置づけていた。

この補足的説明事項について，本来，「決算日付の財務諸表には何ら影響するものではないが，監査済の財務諸表が公表されたときには，すでに重大な変化がその財務諸表の背後に生じているのであるから，財務諸表に記載する必要はないにしても利害関係人の判断を誤導しないようにするためには，監査報告書に報告されることがきわめて望ましい」(黒澤 1957b, 54) というように，利害関係者への配慮に基づくものである。つまり財務諸表に関連する一次情報（会計上の情報）であるにもかかわらず，利害関係者への配慮と時間的な問題から経営者に代わって監査人が監査報告書で記載するように求められたといえる。そして，補足的説明事項に関する報告基準の規定を，文言通りにとれば，決算日後に発生した後発事象について財務諸表での対応ができないために，監査人が，意見表明の枠外において，利用者に対して財務諸表を補完するための情報として監査報告書での対応を求めたものと解されるのである。

しかし，この補足的説明事項[5]を規定した報告基準三について，その対象となる事象をヨリ具体的に規定した報告準則四で「監査年度経過後監査終了日までに，合併，買収等次期以降の財政状態及び経営成績に重大な影響を及ぼす事項」としたために，補足的説明事項の対象が後発事象に限定されるかのように捉えられるが，もともとこの報告準則四は「＜前略＞補足的説明事項の例示を目的とした条項＜以下，略＞」(飯野 1957, 88) であった。このように例示規定との理解に立てば，本来，企業は財務諸表を作成するに当たって，財務諸表に記載されない財務資料，財務諸表を解釈するのに必要な会計上の情報，その他財務諸表の利用者に必要と思われる事項を，須く財務諸表の内に括弧書きその他の形式で脚注として，企業自らが記載するのが望ましいはずである。そうすれば，財務諸表の読者に企業の財政状態および経営成績について誤解を与えることなく，さらにはヨリ良く

---

5 補足的説明事項の改正経緯については，佐久間 (2018) に詳しい。

それらの事項を理解させるのに役立つであろう。しかし，企業側が記載しなかった場合には，<u>監査人が企業に代わって監査報告書にその旨または当該事項を記載する</u>ことで，財務諸表の読者に企業の情況についての判断を誤らしめず，時には進んでヨリ良く理解せしめんとするためであって，報告基準 三で規定する「次期以降の企業の財政状態及び経営成績に重大な影響を与える虞があるものと認められるもの」だけに限らない。これはその一部であって全部ではないのである（飯野 1957, 88-89）（下線は筆者による）。

このように広義に捉えた場合，補足的説明事項の枠にいわゆる付記事項に相当する記載が加わっていたことになる。付記事項は被監査会社の特殊事情，特殊な会計処理などについて利害関係者の便宜のために監査人が特に説明を加えた事項（日下部 1975, 388）をいうが，その記載に関する規定は監査基準上存在しない。この付記事項は，補足的説明事項と同様に監査意見に影響しない事項で，次期以降の発生事象に限定せず，利害関係者の意思決定に資するために特に必要と考えられる事項，あるいは，省略すると誤解を招くおそれのある事項，であって<u>財務諸表への記載がないか，あっても不十分な事項</u>を指す。そこには，①正当な理由による継続性の変更，②財務諸表上の重要項目の会計処理に関する説明，③財務諸表上の重要項目に関する計算基礎の説明，④財務諸表上の表示科目の内容に関する説明，⑤財務諸表の注記に関する補足説明，⑥過年度の不当な会計処理の変更，⑦財務諸表上の数字と監査報告書上の数字との相違に関する説明などがある（日下部 1962, 6-7）（下線部は筆者による）。

つまり，わが国監査基準は，その設定当初より，**図表4-2**のように，監査意見部分と情報提供部分という2つから構成されることを意図した。そして，そこで提供されるべき情報は，意見表明の対象ではなく，財務諸表の読者に企業の財政状態および経営成績について誤解を与えることなく，さらにはヨリ良くそれらの事項を理解させるのに役立つ事項であり，財務諸表に記載がないものもその記載対象とする幅広いものが想定されていたことになる。

図表4-2 ■ わが国監査基準の意図した監査意見と情報提供

監査意見	範囲区分
(広義)	意見区分（狭義）
情報提供	補足的説明事項（狭義）
(広義の補足的説明事項)	付記事項

（出所）筆者作成。

以上の結果，わが国「監査基準」設定当初は，財務諸表に開示されていない会計上の情報を，意思決定支援の観点から監査人が監査報告書において提供することを肯定的に捉えられていたことがわかる。このため，監査基準設定当時から，いわゆる「二重責任の原則」のもとでも監査人が会計上の情報を含む監査意見以外の情報を提供することは禁止されていなかったのである。むしろ利用者の意思決定有用性の観点から，積極的に対応することを，当時の監査基準は求めていたことになる[6]。

3　責任区分を要請するよりどころ

20世紀初頭のアメリカにおいて，職業会計士が財務諸表の作成とともにその監査業務を請け負うという実務があったなかで，経営者と監査人の責任区分に関する啓蒙的な基本的概念は必要なかったとしても，経営者と監査人の責任について区別する社会的な規範はあったはずである。ここでは，経営者と監査人のそれぞれが負うべき責任を明示的に社会規範として確立し，その後のリーディング・ケースとなった Cornucopia Gold Mines ケース（SEC 1936）と Interstate Hosiery Mills ケース（SEC 1939）を検討したい。

1936年の前者におけるアメリカ証券取引委員会（Securities and Exchange Commission：SEC）の執行活動は，開示企業の会計業務を検証するためには，独立した外部監査人を必要とする，という初期の SEC 規制の姿勢を確立させた。また1939年の後者のケースでは，財務諸表の作成に会計士が係わったとしても，開示企業の経営者に当該財務諸表の完全性に関する最終的な責任が帰せられることが，SEC によって示された（Felker 2003）。

(1)　Cornucopia Gold Mines ケース

Cornucopia Gold Mines（以下，Cornucopia 社）ケース（SEC 1936）は，先に見たような20世紀初頭のアメリカにおける代表的なものであり，会計士が財務諸表の作成と監査を兼務していた実例である。SEC が Cornucopia 社に対して提起し

---

[6] この後，1991年（平成3年）改訂「監査基準」では，監査人独自の判断に基づき，従来の補足的説明事項であれば記載可能であった財務諸表に不記載の会計上の情報を監査報告書に記載する可能性を否定し，情報内容のない強調事項という注意喚起に限定された。当該改訂によって，いわゆる「二重責任の原則」が過剰に意識され，監査人による会計上の情報を提供する機会を完全に排したことになる。詳細は，松本（2020）を参照されたい。

た訴訟では，1933年証券法第8条(d)項に基づき，Cornucopia 社の登録届出書の有効性が争われた。具体的には，SEC は，Cornucopia 社が提出した登録届出書に瑕疵があると主張し，その根拠は David Hill 氏が Cornucopia 社の経理主任であると同時に独立査人でもある［White and Currie 事務所の従業員］という二重の役割を果たしたことで，登録企業の監査証明書に記載が求められる独立性の要件が満たされていない（Barr 1959），という点にあった。

① 事実関係

1930年に Washington 州で設立された Cornucopia 社は，1934年11月に Form A-1による登録届出書を SEC に提出し，当該登録は1935年4月5日に有効となった。その際，Cornucopia 社は，財務諸表の監査のために地元の会計事務所である White and Currie 事務所と契約した。当該契約書によると，White and Currie 事務所には年間5,000ドルに加えて年間の金属売上高の1％が支払われることになっていた。また契約には，監査業務に加えて，White and Currie 事務所が Cornucopia 社に会計システムを導入すると同時に，オフィス・スペースを提供することも含まれていた。そしてこの取り決めの下に，1934年12月，White and Currie 事務所の従業員だった David Hill 氏が Cornucopia 社の経理主任に任命され，その給料のすべてが White and Currie 事務所から支払われた。さらに記録によると，David Hill 氏は SEC に登録届出書を提出する以前に Cornucopia 社の株式を1,760株購入していた。

David Hill 氏は，経理主任として，会計業務を行う従業員を監督し，小切手や郵便物への署名も行っていた。また登録届出書の作成において，David Hill 氏は Cornucopia 社の経理主任として届出書に署名すると同時に，White and Currie 事務所の代表として会社の貸借対照表と損益計算書の監査も行った。その後，同事務所は，1933年証券法のスケジュールA(26)に基づき，財務諸表が独立した認可会計士の監査を受けた旨を記載した証明書を発行した。

② SEC による訴訟手続と見解

SEC は，David Hill 氏が Cornucopia 社の経理主任であると同時に White and Currie 事務所の従業員であったため，Cornucopia 社の登録届出書とともに提出された監査証明書が虚偽で誤解を招くものである，と主張した。そこにおいて，SEC は，David Hill 氏が独立した監査を行うに当たり，Cornucopia 社の株主であると同時に最高財務・会計責任者としての役割を無視することはできないと看

做した。監査には，客観性をもって会社の帳簿や会計実務を調査し，発見された問題を批判したり修正したりすることが必要である。しかし David Hill 氏自身が当該問題に関与していたはずであり，その結果，監査事務所のために行われた監査証明書の発行に係わる David Hill 氏の監査業務において，White and Currie 事務所は独立しているとは看做され得ない。

また SEC は，White and Currie 事務所が Cornucopia 社の年間売上高の1％分を保有していたために，独立監査人としての地位を保持できなかった，と判断した。同時に当該契約は，登録企業に対する継続的かつ金銭的な利害関係を生み出すものである，と看做した。このような利害関係は，それ自体では監査人の客観性を損なう原因にはならないものの，監査人の客観性を喪失させるのに十分に重要かつ実質的なものと解された。というのも，当該利害関係のある者に会社の財務業績との間に非常に密接な関係を与えるとともに，Cornucopia 社の経営陣とも強い個人的な関心を共有することになり，当該保有者は「独立会計士の本質である客観性」を行使できなくなるからである，と SEC は主張した。

Cornucopia 社側による，たとえ独立した監査人による登録届出書の証明書が発行されていなかったとしても，証明自体は重要ではないので意味はない——証明は，財務諸表に付けられた単なるタグであり，財務諸表内の情報の適否を示すものにすぎない——という主張を SEC は却下した。SEC の見解では，監査人による証明には独立の立場が必須であるとし，独立監査人による証明を強調する1933年証券法の真の役割は，登録企業の会計実務と会計方針について公平かつ独立して結論させることにある。この場合の検査業務は，精査ではないものの財務諸表に潜在し得る虚偽や上辺だけの正しさから投資者を保護できるレベルを提供するものである。金融の歴史は，不健全な会計実務に対するこのようなチェックの必要性を示し，それが企業による財務状況の真実を提供することを支援している，とした。

③ 裁　　定

したがって，財務諸表が独立した公会計士または公認会計士によって検査されているという証明書上の主張，および White and Currie 事務所と Cornucopia 社との関係が独立監査人と会計士という通常認められる関係であるという証明書上の主張は，1933年証券法第8条に基づいて Cornucopia 社の登録届出書の有効性を否定する停止命令の発出を正当化するのに十分な虚偽の重要事実の記載と解された。これらの不備によって，登録届出書に含まれる貸借対照表と損益計算書に

は不備があるものとされた。Form A-1の項目54と55は，貸借対照表と損益計算書の提出を要求しており，またスケジュールAでは，これらの項目に対する独立監査人の証明を必要と規定している。White and Currie 事務所は，実際には独立していなかったことから，SECに提出された書類はスケジュールAに準拠しておらず，したがって不備があったといえる。

SECは，最終的な裁定を下すにあたり，手続開始時の登録届出書の審査に限定せず，Cornucopia 社が登録届出書の発効日以降に提出した不備を解消するための修正届出書を承認した。このため，Cornucopia 社が登録届出書の不備を解消したことを考慮し，SECはその裁量権を行使してCornucopia 社に有利となるように停止命令手続の中止を決定した。

図表4-3 ■ Cornucopia 社ケースの事実関係

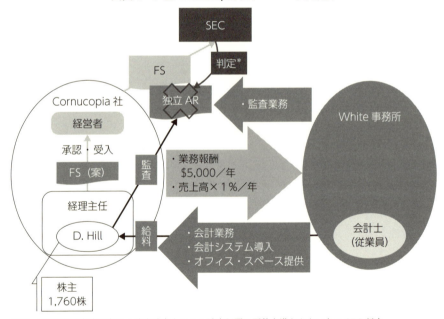

(注) ＊1933年証券法の求める独立監査人による監査証明の要件を満たさないとのSEC判定。
　　 ■部分は，White 事務所に係わる部分を示しており，監査業務関連と会計業務関連からなる。
　　 ■部分は，Cornucopia 社の経営者に係わる部分である。
(凡例) FS：財務諸表，AR：監査報告書，White 事務所：White and Currie 事務所。
(出所) 筆者作成。

④ 会計業務と監査業務の兼務における SEC の判断

　Cornucopia 社に対する SEC の意見書において注目される点は，情報の信頼性と真実性を投資者に保証するために，財務諸表に独立した監査人が関与することの重要性にあった。この理解により，SEC は財務諸表に対する証明を財務報告における極めて重要な要素と捉えており，監査事務所がその証明書に署名することの必要性を監査事務所や企業も認識することとなった。

　具体的な判断として，会社の帳簿の外部監査人であると同時に帳簿の作成者でもある場合には，独立した監査人に求められる偏向のない批判的な評価を行うことはできないことが確認された。また監査事務所の従業員が監査依頼人と金銭的な利害関係を持っている場合には，監査事務所の従業員が会社の財務業績や経営に過度な関心を持つおそれがあり，これは監査事務所の独立性を阻害するものではないものの，「実質的かつ重要な」利害関係によって，個々の監査人が「独立会計士の本質である」客観性を損なう原因となり得るとされた。

(2) Interstate Hosiery Mills ケース

　Interstate Hosiery Mills ケース（SEC, 1939）は，1934年証券取引所法第19条(a)項(2)に基づく執行活動であり，NY 株式場外市場（NY Curb Exchange）から Interstate Hosiery Mills, Inc.（以下，Interstate 社）の株式取引を中断ないし停止させることが，投資者保護にとって必要ないし適切かどうかを決定することを目的とした。

　1934年証券取引所法§12および§13に従って SEC に提出された1934年度，1935年度および1936年度の財務諸表が虚偽あるいはミスリーディングであるとの申立てに基づき，1938年6月16日づけで命令が発出された。この財務諸表について，NY 市在住の公認会計士からなる Homes & Davis 事務所がそれらを作成し，証明していた。

　1938年11月7日，事実審において，(1)当該財務諸表が告発に値するほどに虚偽であったこと，ならびに(2)登録企業にも会計士にも過失があったと判決された。この結果，Interstate 社の株式は，1938年2月15日に取引停止となった。

① 事実関係

　Interstate 社による年次報告書では，売上原価の過小計上によって，各年度の売上総利益が過大に計上されていた。同時に，貸借対照表上，現金，売上債権，棚卸資産，および剰余金において過大計上がなされた。これらの虚偽表示は，

Homes & Davis 事務所の従業員であった R. Marien 氏によってなされた。

Interstate 社の監査人を務めた Homes & Davis 事務所は，1917年に設立された公認会計士事務所であり80〜100名の会計士を雇用し，1929年6月より，帳簿の検査，ならびに現金，売上債権，棚卸資産，および他の勘定を独立して検査することで Interstate 社の半期および年次報告書を証明すると同時に，会社の帳簿数値を無検査のまま単に分析・要約した月次の報告書を Interstate 社向けに作成し提出した。

1934年に先立って Homes & Davis 事務所が提出した Interstate 社の監査報告書には何らの虚偽記載の存在も指摘されていなかったが，Marien 氏は，営業利益を過大計上し，貸借対照表項目を累積的に過大表示した報告書を作成し，Interstate 社に提出していた。その際，取締役会は，虚偽記載を含む1937年の年次報告書草案を株主に提供することを既に決定していた。

1938年2月2日，Interstate 社の役員 L.Greenwald 氏は，Marien 氏が偽造した会社名義の銀行口座による2通の小切手を発見した。この事実は，Interstate 社副社長の H. Greenwald 氏に報告されるとともに，Homes & Davis 事務所のもう一人の従業員による Marien 氏の作成した帳簿のチェックに至った。その上で，副社長 H. Greenwald 氏は Homes & Davis 事務所と会議を開催し，Marien 氏が報告書作成に関する業務に引き続き携わり続けるものの，事務所パートナーの Davis 氏の了承なしにはいかなる数値も公表できないことが決定された。

② **SEC による訴訟手続と見解**

聴聞会での争点とされたポイントは，以下の2つであった。

> (i) Homes & Davis 事務所が Marien 氏の雇用に当たって正当注意義務を履行し，彼の業務をレビューしたか否か。……監査人の業務内容とその注意義務
> (ii) Interstate 社の経営者が当該報告書における虚偽記載を発見すべきだったか否か。……経営者の業務内容とその注意義務

③ **監査人側の争点**

Homes & Davis 事務所の雇用プロセスについて，Marien 氏雇用時の背景調査に瑕疵があり，Marien 氏が不正を犯すまでの5年間，Homes & Davis 事務所と Marien 氏との間の関係は良好ではなかった。またその訓練プロセスにおいて，Homes & Davis 事務所パートナーの T. Philips 氏の指導下で Marien 氏は監査計

画を立案し，1929年6月にはじめて監査の任務に就いた上級会計士であった。そして1931年末まで，T. Philips氏は，Marien氏の業務を監督し，かつレビューしていたが，その後は監督されないままMarien氏自身が検査業務を遂行し，Philips氏がその報告書をレビューする形となっていた。

以上の結果，SECは，Marien氏の行った業務を前提にした場合，Homes & Davis事務所の雇用と訓練プロセスにおける過失について，その責任をHomes & Davis事務所に対して課するほどは大きくないと判断した。

次にHomes & Davis事務所内のレビュー・プロセスとして，Interstate社の帳簿に関するMarien氏の監査調書が，Marien氏の業務に責任を負うPhilips氏によって十分にレビューされたかどうかが検討された。

Marien氏は監査報告書の草案作成に当たり，自身とアシスタントが作成したすべてのスケジュールや調書を参照した。しかしMarien氏が当該報告書案と関連する調書等をレビューのためにPhilips氏に提出した際，Philips氏は幾つかの異常な点について質問をしながら報告書を通読し，必要と認める事柄について修正を施した。ただし，それらの元になったスケジュールや調書を確認することはしなかった。

このような監査報告書草案作成における事務所内レビューについて，実際に事務所内で行われたレビューが会計事務所によって通常実施されるべき範囲よりも狭かったことを示すほど確たる証拠はない，と判定された。

さらに財務データに関する月次報告書は，Interstate社の帳簿にある情報を検査することなく，分析し要約したものにすぎなかったが，当該月次報告書には「無監査 (non-audit)」ではなく「月次精細監査 (monthly detailed audit)」と付記されていた。

最後に独立性に関連して，Homes & Davis事務所によって監査報告書のために実施された手続は，独立した監査とは看做され得なかった。というのも，実際，Marien氏は，記帳業務と監査業務の両機能をInterstate社に対して果たしていたからであった。このため，<u>SECは，もし会計士が監査の対象となる会計業務まで担うことを許されたならば，監査の目的そのものまでもが失われる</u>，と判断した。

④ 経営者側の争点

Interstate社の重要な記帳業務の大半は，誰からもノーチェックで誰のコントロール下にもないMarien氏の手によっており，Interstate社の経営者が4年間

以上も何の疑いもなく不注意に一連の財務報告を承認して来たことには言い訳の余地はない。

経営者は，Homes & Davis 事務所による報告書と自社内部の関連する報告書を比較する義務を負っており，それは報告書の正確性を自らテストするという義務のみならず，公表目的の財務諸表を保証するための手段として利用可能な全ての手段を用いるという義務も経営者の義務である。

つまり SEC は，財務諸表として投資者に提供される情報を公表前に点検する義務は経営者にあり，独立監査人にそれを任せることはできない旨を明らかにした。SEC に提出され投資者に流布される財務諸表に含まれる重要な虚偽やミスリーディングな情報について，たとえそれが実際に監査人によって引き起こされたり，作成されたものであったとしても，当該情報については経営者が責任を負うべきことを SEC は明らかにした。この結果，SEC は，会社の財務諸表作成における当該情報の正確性を確保する経営者の義務は，会社の記録を外部監査人に

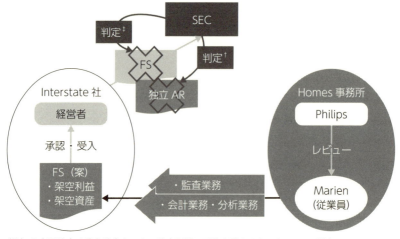

図表 4 - 4 ■ Interstate 社のケースの事実関係

（注）†自己監査は独立監査人による監査証明の要件を満たさないとの SEC 判定。
　　‡経営者は，財務諸表を誰が作成したかにかかわらず，当該財務諸表を受け入れて公表した責任を負う。
　　■部分は，Homes and Davis 事務所に係わる部分を示しており，監査業務関連と会計業務関連からなる。
　　■部分は，Interstate 社の経営者に係わる部分である。
（凡例）FS：財務諸表，AR：監査報告書，Homes 事務所：Homes and Davis 事務所，Philips：T. Philips 氏，Marien：R. Marien 氏。
（出所）筆者作成。

提供した後，その監査人が監査報告書を作成した時点でも，果たし終えたことにはならないことを警告した。すなわち，<u>財務諸表は開示企業に帰属し，その内容については経営者が最終的に責任を負う</u>との判定を下したのである。

⑤ 裁　　定

SEC は，当委員会に提出された財務諸表の虚偽記載を Interstate 社の経営者が発見できなかったことに過失があったと判定する。

1934年法§19(a)(2)に基づき，SEC は，虚偽記載の重大さと経営者の過失に関して，投資者の注意を喚起するために，Interstate 社の証券登録を，合理的な期間，停止することが正当と判断する。しかし，当該会社の証券取引が既に1年以上停止されて来たことから，投資者の利益のもとに，その登録の抹消やさらなる停止を必要としない，と結論した。

4　小　　括

わが国監査基準の設定から改訂に至る経緯からわかったように，わが国ではいわゆる「二重責任の原則」は財務諸表に対する経営者の責任と監査報告書に対する監査人の責任が区分されていること，すなわち経営者と監査人の負う責任の対象が異なることを意味する基本的概念として導入された。一方，わが国監査基準の範となったアメリカにおいては，「二重責任」という用語は，1つの財務諸表に対して第1次責任を負う経営者のチェックと，第2次責任を負う監査人のチェックが重複して行われることが公益に資する，という意味で用いられていた。このため，本来，わが国のいわゆる「二重責任の原則」は，アメリカにおける用語法とは異なり，経営者と監査人の責任が区分された状態を指す「責任区分の原則」と称すべき概念であることが確認された。

またこの原則のもとでも，経営者が開示しない，あるいは開示し得ない会計上の情報について，監査人が自らの判断で監査報告書に開示することは，監査基準設定以来，意思決定有用性の観点から要請されてきたのであり，監査人が会計上の情報を監査報告書で提供することまで禁止する意図は含んでいなかった。

さらにアメリカにおけるリーディング・ケースから明らかとなったように，監査済財務諸表に虚偽の表示があった場合に，当該虚偽の表示に関する法的責任は経営者にあり，監査報告書に虚偽があった場合にはその法的責任が監査人にあるという SEC による判断が，今日まで続く責任区分に関する拠処であった。そこ

では，たとえ財務諸表を会計士が作成することがあったとしても，その内容をチェックし受け入れた後，公表することが経営者の責任であり，また監査人には独立した立場から財務諸表に対する意見を表明することに責任があるとした。

　以上のように，二重責任の原則は，監査人による自己監査になるような事態は避けなければならないとするものの，あくまでも監査人と経営者の責任の対象が異なるという事実関係を示す概念に過ぎず，経営者が開示すべき会計上の情報を監査人が監査報告書に記載してはならないという意味まではその概念生成以来，想定されていないのである。したがって，2018年に導入されたKAM対象項目として，経営者による未公表の情報を監査人が公益に資するという観点から監査報告書に記載することは，何ら「二重責任の原則」に抵触するものではなく，むしろ監査基準設定当時からの意思決定有用性の観点から積極的な情報提供機能の発現としてなされることが求められるといえる。

■参考文献

飯野利夫（1957）「監査報告準則解説」黒澤清，飯野利夫，江村稔『監査基準・監査実施準則・監査報告準則詳解』中央経済社，63-92頁。
岩田巖（1950a）『監査基準詳解』関西経済連合会。
―――（1950b）「監査基準・監査実施準則解説―上―」『財政經濟弘報』205号，1‐2頁。
―――（1950c）「財務諸表は誰が作るのか・誰のものか」『監査』1巻2号，11-17頁。
―――（1954）『會計士監査』森山書店。
江村稔（1957）「監査報告準則解説」黒澤清，飯野利夫，江村稔『監査基準・監査実施準則・監査報告準則詳解』中央経済社，41-62頁。
日下部與市（1962）『会計監査詳説』中央経済社。
日下部與市（1975）『新会計監査詳説〔全訂版〕』中央経済社。
黒澤清（1957a）「監査報告準則解説」黒澤清，飯野利夫，江村稔『監査基準・監査実施準則・監査報告準則詳解』中央経済社，1‐40頁。
黒澤清（1957b）『監査基準の解説』森山書店。
佐久間義浩（2018）「補足的説明事項の改正経緯にみる監査人からの情報提供」『東北学院大学経営学論集』10号，21-51頁。
近澤弘治（1976）「第4章　会計士監査」，青木倫太郎責任編集『監査会計論』（黒澤清主編，近代会計学大系VIII）中央経済社。
朴大栄（2015）「二重責任の原則再考」『桃山学院大学総合研究所紀要』41巻1号，81-108頁。
松本祥尚（1995）「職業会計士の発展における信用監査の位置付け」『研究年報』（香川大学経済学部）34号，115-132頁。
―――（2020）「第2章　わが国監査報告論の系譜」，松本祥尚・町田祥弘・関口智和『監査報告書論―KAMをめぐる日本および各国の対応―』中央経済社，20-43頁。

Anon. (1940), Editorial: Whose Balance-sheet Is It?, *Journal of Accountancy*, Vol. 69 No. 5, pp.338-339.
Barr, A. (Chief Accountant) SEC (1959), "The Independent Accountant and the SEC," before the Twenty-First Annual Ohio State University Institute on Accounting (May 21).
Felker, N. (2003), The Origins of the SEC's Position on Auditor Independence and Management Responsibility for Financial Reports, *Research in Accounting Regulation*, Vol. 16, pp.45-60.
Securities and Exchange Commission (SEC) (1936), *In the Matter of Cornucopia Gold Mines*, File No. 2-1200; 1 SEC 364 (March 28).
——— (1939), *In the Matter of Interstate Hosiery Mills, Inc.*, File No. 1-300; 4 SEC 706 (March 18).

(松本 祥尚)

第 5 章

会計基準

1　はじめに

　財務諸表監査は，その名称からも「財務諸表」[1]が監査の対象となることは明らかである。しかしながら，近年，その対象である財務諸表本体で認識される会計情報に関し，会計処理方法の複雑化，金額等の見積もり，将来予測要素の増加に伴って，主観性の高い判断領域が拡大してきている。さらに，財務諸表の注記が複雑化し，また，量的にも増加がみられている。こうした状況下，「財務報告の枠組みの外延が拡張している」（古庄 2011, 1）とも言われている。そして，特定の利用者の財務情報に対するニーズを満たすように策定された特別目的の財務諸表や，財務諸表の一部を構成する個別の財務表または財務諸表項目等も監査の対象とする監査のニーズが高まってきた。このような財務報告の作成，また，監査上の判断にあたって第一に参照されるべき基準は会計基準である。これは監査報告書において「我が国において一般に公正妥当と認められる企業会計の基準に準拠して」と記述されている通りであるが，後述する通り，この「企業会計の基

---

[1]　なお，監査基準報告書（以下，監基報）200（日本公認会計士協会 2021a, 12項(9)）によれば，「財務諸表とは，財務報告の枠組みに準拠して，過去財務情報を体系的に表したものであり，注記事項が含まれる。財務諸表は，一定時点における企業の経済的資源若しくは義務又は一定期間におけるそれらの変動を伝えることを目的としている。『財務諸表』は，通常，適用される財務報告の枠組みにおいて要求される完全な一組の財務諸表を指す。注記事項は，適用される財務報告の枠組みにより求められている，又は明示的か否かにかかわらず記載が認められている説明的若しくは記述的な情報から構成される。注記事項は，財務諸表本表において，又は脚注方式で記載されるが，財務諸表から他の文書に参照をすることによって財務諸表に組み込まれることもある」とされる。

準」は明文化された会計原則や会計基準に留まらないというのが一般的な考え方となっており，また，最近では「財務報告の枠組み」(financial reporting framework) としてその内容が議論されるようになっている。そこで，改めて本章では，監査上の判断にあたって参照すべき会計基準，言い換えれば「財務報告の枠組み」とは何かについての議論を整理し，その内容，歴史的経緯，満たすべき性質について論じる。

2 「財務報告の枠組み」とは何か

従来から監査報告書において，「当監査法人は，上記の連結財務諸表が，我が国において一般に公正妥当と認められる企業会計の基準に準拠して，＜中略＞財政状態並びに＜中略＞経営成績およびキャッシュ・フローの状況を，すべての重要な点において適正に表示しているものと認める」という文言で示されている通り，財務諸表監査における監査人の判断は，企業会計の基準，すなわち，会計基準に基づく。一般に，会計基準とは，「会計行為の指針ないし尺度となるような規範」（髙田 2007, 100）とされる。近年では，この監査上の判断基準のことを広く「財務報告の枠組み」と捉えるようになってきた[2]。

ここで改めて，「財務報告の枠組み」とは何かを確認したい。監基報200（日本公認会計士協会 2021a, 3項）によれば，「監査は，想定利用者の財務諸表に対する信頼性を高めるために行われる。これは，財務諸表が，すべての重要な点において，適用される**財務報告の枠組み**に準拠して作成されているかどうかについて，監査人が意見を表明することにより達成される。一般目的の財務諸表の場合，監

---

2 ここで，枠組み (Framework)，原則 (Principles)，基準 (Standards)，ガイドライン (Guideline) の違いについてであるが，一般的に，より少数の基本的な考え方に絞ったものは「原則」，もう少し言葉数を増やしてあるべき形の全体像を示したものは「枠組み」，より細かく内容を定めたものは「ガイドライン」という使い方がなされているようである。例えば，GRI (2022) によれば，次の通りである。まず，基準は，報告主体が満たすべきと人々が考える，合意された品質要求の水準であり，各テーマについて「何を」報告すべきかという具体的かつ詳細な規準や指標を含んでいる。一般に，企業の報告基準には，公益性 (public interest focus)，独立性，デュー・プロセス，公開協議 (public consultation) などの特徴があり，求められる情報の根拠をより強固なものにしている。一方，枠組みは，情報を文脈化するための「枠」を提供するものである。枠組みは，通常，明確に定義された基準がない場合に，実践されるものである。枠組みでは，方向性 (direction) を柔軟に定義することができるが，方法そのもの (method itself) を定義することはできない。枠組みは，あるトピックについてどのように考えるかについての指針を提供し，人々の考えを形成する一連の原則と考えることができるが，定義された報告義務を伴うものではない (GRI (2022) を参照)。

査意見は，財務諸表が，適用される**財務報告の枠組み**に準拠して，すべての重要な点において適正に表示しているかどうかについて表明されることが多い。」(強調文字は筆者による) とされている。これは，国際監査基準 (International Standard on Auditing : ISA) 200「独立監査人の総括的な目的及び国際監査基準に準拠した監査の実施」(IAASB 2008) に基づいている。ここで，一般目的の財務諸表の監査では，「財務報告の枠組み」は「一般に公正妥当と認められる企業会計の基準 (Generally Accepted Accounting Principles : GAAP)」と同義であると考えられるが，これについては後ほど，改めて論じる。

また，一般的な定義としては，監基報200 (日本公認会計士協会 2021a，12項(3)) によれば，財務報告の枠組みは，「企業の特性と財務諸表の目的に適合するものとして，又は法令等の要求に基づいて，財務諸表の作成と表示において経営者が採用する」ものであり，2つの視点から分類される。すなわち，①一般目的の財務報告の枠組み (General purpose framework) か特別目的の財務報告の枠組み (Special purpose framework) かという視点と，②適正表示の枠組み (Fair presentation framework) か準拠性の枠組み (Compliance framework) かという視点である (日本公認会計士協会 2013，Q2)。ここで，①の一般目的の財務報告の枠組みおよび特別目的の財務報告の枠組みは，いずれも，適正表示の枠組みであることもあれば，準拠性の枠組みであることもある (監基報700 (日本公認会計士協会 2021c，6項(1)；監基報800 (日本公認会計士協会 2021d，5項)) という関係にある。ただし，一般目的の財務報告の枠組みは，適正表示の枠組みであることが多く，特別目的の財務報告の枠組みは，準拠性の枠組みであることが多い (日本公認会計士協会 2013，Q7)。これを図示すると**図表5-1**のとおりである。

ここで，「一般目的の財務報告の枠組み」は，広範囲の利用者に共通する財務情報に対するニーズを満たすように策定された財務報告の枠組みをいい (日本公認会計士協会 2021a，A4項；日本公認会計士協会 2021b，6項(2))，「特別目的の財務報告の枠組み」は，特定の利用者の財務情報に対するニーズを満たすように策定された財務報告の枠組みをいう (日本公認会計士協会 2021a，A4項；日本公認会計士協会 2021c，5項(2))。また，「適正表示の枠組み」は，その財務報告の枠組みにおいて要求されている事項の遵守が要求され，かつ，a．財務諸表の適正表示を達成するため，財務報告の枠組みにおいて具体的に要求されている以上の開示を行うことが必要な場合があることが，財務報告の枠組みにおいて明示的または黙示的に認められていることと，b．財務諸表の適正表示を達成するため，財務報告の枠組みにおいて要求されている事項からの離脱が必要な場合があること

図表 5-1 ■ 財務報告の枠組みと適正表示・準拠性

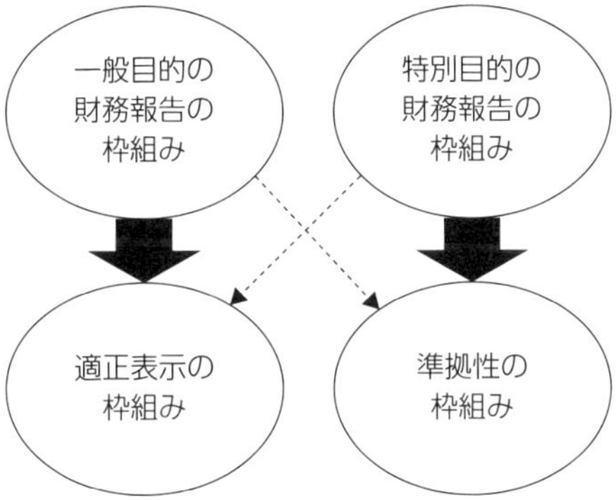

（出所）結城（2016）を元に筆者作成。

が，財務報告の枠組みにおいて明示的に認められていることのいずれかを満たす財務報告の枠組みに対して使用される（日本公認会計士協会 2021b，6項(2)）[3]。一方，「準拠性の枠組み」は，その財務報告の枠組みにおいて要求される事項の遵守が要求されるのみで，上記 a および b のいずれも満たさない財務報告の枠組みに対して使用される（日本公認会計士協会 2021b，6項(2)；日本公認会計士協会 2021a, 12項(13)）。いずれにせよ，監査人は，何らかの「確立された規準」（established criteria）に基づき，判断を行うことになるが，この「確立された規準」が何になるかは，監査（あるいは保証）によって異なるということである[4]。財務諸表監査において「財務報告の枠組み」は「確立された規準」に該当し，監査人の判断にとって重要な概念となる。

3　GAAPの階層構造

この「財務報告の枠組み」という考え方が登場する以前は，GAAP 概念の意義が論じられ，その階層構造が検討されていた[5]。特に，監査との関係では，著者の調べた限りにおいて，最も古く権威ある文献としては，アメリカにおいて，1934年に当時のアメリカ会計士協会（American Institute of Accountants: AIA）が

3　ただし，このような離脱は，非常にまれな状況においてのみ必要となることが想定されている（監基報700（日本公認会計士協会，6項(2)））。
4　亀岡ほか（2021, 14）を参照。
5　詳しくは，杉本（2010）を参照。

公表した『会社会計の監査』(AIA 1934) があり，ここでは5つの会計原則と監査報告の新しい様式を提言していた。その中で，監査人は「会社によって継続的に適用される，認められた会計原則に従って」(in accordance with accepted principles of accounting consistently maintained by the Company) 貸借対照表と損益計算書（および剰余金計算書）が適正に表示されていることについて意見を表明することが例示されている。また，その後，1939年に AIA の監査手続委員会が『監査手続の拡張』(AIA 1939) において示した監査報告書で用いられた「一般に認められた会計原則に準拠して」(in conformity with generally accepted accounting principles) という文言も有名である。杉本 (2010, 7) では，「会計原則」に付された「一般に」(generally) という用語は，実質的に権威のある会計基準設定機関によって設定された会計ルールであるという意味と，長年にわたり会計実務において培われてきた慣習という意味を併せ持っていると理解することが，GAAP 概念の最大公約数的な解釈であると指摘されている。

1939年の『監査手続の拡張』以降，1965年には，アメリカ公認会計士協会 (American Institute of Certified Public Accountants: AICPA) が，『会計研究叢書第7号：一般に認めれた企業会計原則のたな卸し』(AICPA 1965) を公表し，「実質的な権威ある支持」を受けた会計実務の源泉（根拠）を次のように整理した (Grady 1965, 52-53；日本会計研究学会スタディ・グループ，黒澤監訳 1968, 79-80)。すなわち，(1)企業において通常行われている実務，(2)金融業界における指導者としての株式取引所の要求や見解，(3)規制委員会の統一会計制度 (Uniform System of Accounts) および会計に関する裁定 (Rulings)，(4) SEC の規制および会計に関する意見，(5)会計実務従事者や会計研究者の専門家としての意見，証言，著書および論文，(6)アメリカ会計学会，および AICPA の諸委員会によって公表された意見の6つである。「企業会計原則」のたな卸しではあるが，実施されている会計実務が「実質的な権威ある支持」を有するかどうかの判断にあたっては，具体的な明文化された規則（会計原則）だけでなく，このように幅広い源泉が認められていたことは重要であろう。

また，Rubin (1984) による，いわゆる "GAAP House" あるいは "The House of GAAP"（以下，GAAP の家）がある（**図表5-2**）。これは，財務諸表の作成にあたって準拠すべき会計基準，規則，手続あるいは慣行に該当するものを財務会計基準審議会 (Financial Accounting Standards Board) の基準書から会計学のテキストや論文まで，その参照すべき順に1階から4階まで並べて整理したものと考えられる。

図表5-2 ■ GAAPの家

			GAAPの家		
4階	APB ステートメント	AICPAの イシュー・ペーパー	会計職業団体等 の公式見解	FASBの概念 ステートメント	会計学のテキスト および論文
3階	FASB適用指針	AICPA会計解釈指針		業界で広く用いられている 会計実務	
2階	AICPA業種別 監査手引書	AICPA業種別会計手引書		AICPA立場表明書	
1階	FASB基準書	FASB解釈指針	APB意見書	AICPA会計研究公報	
基礎	ゴーイング・コンサーンの前提，形式よりも実質，中立性，発生主義，保守主義，重要性等				

(出所) Rubin (1984), 123より訳出。

　このGAAPの家は，実務上，比較的広く受け入れられていたように思われるが，当然，法的な強制力は持たないものであった。しかしながら，「一般に認められた会計原則」を形成する上で，このような考え方が浸透していた事実は重要である。このような考えを元に，会計基準設定主体は，後にアメリカでは，「一般に認められた会計原則の階層構造」の再定義ないし再構築が試みられたからである。

　公的な「一般に認められた会計原則の階層構造」が構築される過程で，とりわけ重要な出発点は，AICPAの監査基準書（Statement on Auditing Standard：SAS）第69号「会計原則に準拠して適正に表示しているという文言の意味」（AICPA 1992）の公表であろう。このSAS第69号では，「『一般に認められた会計原則』は，その時点で認められた会計実務を定義するために必要な慣行，規則および手続を含む」ものであり，「一般的適用指針だけでなく詳細な実務および手続も含む」（para.2）としていた。これは上記のGAAPの家にも通じる定義であると考えられる。しかし，SAS第69号はAICPAがその設定主体であることや階層構造がやや複雑であったことに批判があり（杉本 2010, 14-15），FASBがこれを引き継ぐ形で，「一般に認められた会計原則の階層構造」の構築が模索された。

　具体的にはSAS第69号から財務会計基準書（Statements of Financial Accounting Standards：SFAS）第162号およびSFAS第168号へと「一般に認められた会計原則の階層構造」に関する議論および基準化がなされていった[6]。

　SAS第69号を引き継いだSFAS第162号「FASB会計基準のコード化および一般に認められた会計原則の階層」（FASB, 2008）によるGAAPの階層構造は，

権威レベルに基づきaからdまで4階層に区分されていた。FASB (2009) では「一般に公正妥当と認められる会計原則」に置き換えられ，2区分にフラット化されてしまったが（杉本 2010, 17），SFAS 第162号で提示されていた階層構造を参照することで上記の GAAP の家との関係が理解しやすくなる（補完する）ため，**図表5-3**として提示しておく[7]。

図表5-3 ■ 旧GAAP階層構造

階層区分	GAAP文書
レベルa	SFAS, FIN, SFAS 133号の実務上の論点，FASBスタッフの見解，FASBによって取り替えられていないAPBOとARB
レベルb	FASB技術公報，FASBが承認済みのAICPAの業種別監査・会計ガイド，SOPs
レベルc	EITFの合意事項，AcSEC実務公報
レベルd	AIA，FASBスタッフ発行のQ&A，業界で広く用いられている会計実務

(凡例) FIN：FASB解釈指針（FASB Interpretations）
　　　FASBスタッフの見解
　　　APBO：会計原則審議会意見書（APB Opinions）
　　　ARB：会計調査公報（Accounting Research Bulletins）
　　　FASB技術公報（FASB Technical Bulletins）
　　　AICPAの業種別監査・会計ガイド（AICPA Industry Audit and Accounting Guides）
　　　SOPs：AICPA立場表明書（AICPA Statements of Position）
　　　EITF：FASB緊急問題専門委員会（FASB Emerging Issues Task Force）
　　　AcSEC実務公報：AICPA会計基準執行委員会実務公報（AICPA Accounting Standards Executive Committee（AcSEC）Practice Bulletins）
　　　AIA：AICPAの解釈指針（AICPA Accounting Interpretations）
　　　FASBスタッフ発行のQ&A（FASB Implementation Guides: Q and A）
(出所) FASB (2008, A6-A9) および杉本 (2010, 16) を参照し，一部修正して筆者作成。

さらに，「財務報告」という用語が「会計」に代わって登場したのは，FASBによって公表された財務会計諸概念に関するステートメント第1号「営利企業の財務報告の基本目的」（FASB 1978）であろう（松尾 2014, 103）。その後，いわゆる概念ステートメント第5号（FASB 1984）において，財務報告が取り扱う範囲が示され，「財務報告」には「財務諸表」，「注記」，「補足情報（価格変動や石油ガス埋蔵量など）」，「その他の財務報告（MD&Aなど）」を含むとされた。また，「一

6　この間，アメリカではエンロン事件を発端に，企業会計改革法（いわゆるSOX法）が成立し，「一般に認められた会計原則の階層構造」の再定義ないし再構築が促されたという事情がある（杉本 2010, 14）。
7　アメリカ基準の枠組みにおいては，FASBの「概念書」は会計基準の階層において「その他の会計に関する文書」のカテゴリーに分類されており，財務諸表を作成するにあたって検討が要求される会計基準ではないという位置付けとなっている（FASB 2009, 105-10-16-1）。

組の完全なる国際的な会計基準」(SEC 1997) や「コンセプト・リリース」(SEC 2000) の「一組の高品質な会計基準」といったように「一組の」という用語が用いられるようになったことも注目に値する。

なお，その後，アメリカではエンロン事件を契機に，会計基準がいわゆる「細則主義」，つまり，会計処理のための詳細な判断基準や数値基準を基準書やガイダンス等で示し，これらの記述に従って会計処理を求めるという基準から，いわゆる「原則主義」，すなわち，原則的な会計処理の方法のみが示され，数値基準を含む詳細な取扱いは設けない基準へと変更された[8]。

以上のように，アメリカではGAAPの階層構造が示され，財務諸表の作成上も，監査判断上も会計基準が判断の指針，すなわち「確立された規準」として機能していたと考えられる。一方，わが国では，このような明示的な階層構造は示されず，「一般に公正妥当と認められる企業会計の基準」という文言が使用されていたにすぎない。そもそも2014年（平成26年）までは「財務報告の枠組み」という用語は利用されてこなかったのである。

4　わが国の監査基準と財務報告の枠組み

本節では，そもそもなぜ「財務報告の枠組み」なる概念がわが国の監査業務に取り入れられるようになったのかを取り上げたい（北山 2016）。2014年以前の監査基準の下では，わが国では，金融商品取引法や会社法によって確立された財務報告の枠組みに当てはまらない財務情報に対する任意監査を実施することが難しい状況にあった。

例えば，学校法人の寄附行為等の認可申請に係る財産目録の監査においては，財産目録のみに対して意見を述べており，「当監査法人は，財産目録が『学校法人の寄附行為等の認可申請に係る書類の様式等』（1994年（平成6年）7月20日文部省告示第117号）に準拠して，財産の状態をすべての重要な点において正しく示しているものと認める。」といった結論が表明されていた（日本公認会計士協会 2013, 4）。また，義援金の収支計算書の監査に関しては，資金提供者に対する説明を目的としており，義援金を受領した法人の財務状況全体の監査ではないため，当時の監査基準に基づく監査報告書を発行できるのか不明であった（日本公認会

---

[8]　この会計基準の「細則主義」から「原則主義」への変化は，監査人の専門家としての判断が重要視されることにつながり，監査判断に影響を与えたと考えられる（原田 2014, 121）。

計士協会 2013, 2)。

　このような状況においては，当時の国際監査基準によれば特別目的の財務諸表として無限定適正意見が表明できるものであっても，当時のわが国の監査基準によれば最初から除外事項付意見しか表明できないケースや，表明された監査意見の意味が不明瞭になり利用者に誤解を与える懸念があった。さらに，監査人側からも，保証を提供するか否か，すなわち契約締結の可否の判断が難しく，選択肢として次の4つを検討せざるを得なかった。すなわち，①国際監査基準に基づく監査契約を締結する，②情報の利用者は特に要求していないが，金融商品取引法や会社法の財務報告の枠組みに合わせて，必要のない財務情報を作ることを要請し日本の監査基準に基づく監査を行う，③合意された手続のみを実施してその結果を報告するにとどめる，④契約を断るといった対応である（北山 2016, 43）。このような状況は，契約の不成立等による経済活動の阻害要因となる可能性があり，また国際監査基準との調和の観点からも，わが国の監査基準の改訂を行って，多様化する財務報告に対する監査ニーズに適切に対応し，「財務報告の枠組み」という概念による監査報告にかかる文言の整理が必要となるに至った（日本公認会計士協会 2013, 7）。

　そこで，2014年2月18日に「監査基準」が改訂され，これまで公認会計士が監査業務を提供できていなかった，特定の利用者の財務情報に対するニーズを満たすように策定された特別目的の財務諸表や，財務諸表の一部を構成する個別の財務表または財務諸表項目等に対して，一般に公正妥当と認められる監査の基準に準拠した監査業務の提供が可能となり，あわせて，従来の適正性に関する意見に加え，準拠性に関する意見も認められることなり（**図表5-4**），監査業務の可能性は大きく広がったといわれている（北山 2016, 44）[9]。

　とりわけ，この監査基準の改訂により，次の3つの点について，わが国の監査基準における位置づけが明確化された（北山 2016）。

---

[9] なお，監査基準だけでなく，監基報800（日本公認会計士協会 2021c）および監基報805（日本公認会計士協会 2021d）も併せて適用されることによって，実務上このような業務に対応可能となった。

第5章 会計基準 91

図表 5-4 ■ 財務諸表等と適正表示・準拠性の関係

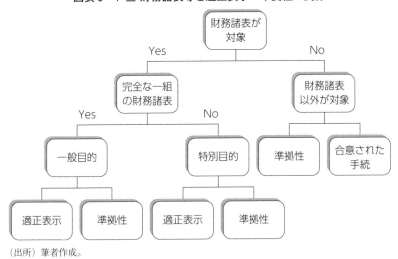

(出所) 筆者作成。

(ⅰ) **特別目的の財務諸表の監査の導入**

「第一 監査の目的」に第2項が新設され,特別目的の財務諸表が監査対象になることが明示された。また,特別目的の財務諸表の監査の場合,特定の利用者のニーズに適合した会計の基準に基づき作成された財務諸表であることから,監査契約の受嘱にあたり,当該会計の基準が特定利用者のニーズを反映した適切なものであるかどうかの受入可能性を十分に検討する必要がある。また,実務的な観点から実行可能性を判断する必要がある。監査報告書において他の目的には適合しないことがある旨等の注意喚起を記載する必要がある旨(第四 報告基準,八 特別目的の財務諸表に対する監査の場合の追記情報)が追加されている。

(ⅱ) **個別の財務表や財務諸表項目等の監査の位置づけ**

完全な一組の財務諸表のほか,貸借対照表等の個別の財務表や,資産,負債等の財務諸表の構成要素,または売上高,棚卸資産等の特定の勘定科目などの財務諸表項目等を監査対象とする監査が可能であることが示された。これらの財務諸表を構成する部分的な財務情報の監査においても,監査基準に準拠して,単に個別の財務表または財務諸表項目等の検討にとどまることなく,監査意見を表明するために必要な範囲でリスク評価の実施および評価したリスクに対応する監査手続の実施が求められる。

(ⅲ) **準拠性に関する意見の導入**

多様な財務情報に対する監査に対応するため,監査意見の様式に,従来の財務諸表が財政状態等を適正に表示しているか否かに関する意見(適正性に関する意見)

のほかに，財務諸表が当該財務諸表の作成にあたって適用された会計の基準に準拠して作成しているか否かに関する意見（準拠性に関する意見）も認められることが明示された。

以上が「財務報告の枠組み」なる概念がわが国の監査業務に取り入れられるようになった経緯とその帰結である。

5　受入可能な財務報告の枠組み

「財務報告の枠組み」なる概念がわが国の監査業務にも取り入れられるようになった経緯は前節で説明した通りだが，結果として，さまざまなニーズに基づく財務諸表に適用される財務報告の枠組みを受け入れなければならないこととなった。では，適用可能な「財務報告の枠組み」とはいかなるものか。本節では，どのような「財務報告の枠組み」であれば財務諸表監査を行う上での「確立された規準」として受入可能と考えられるのかを検討したい。

財務報告の枠組みとして代表的なものは，従前から利用されてきた「一般に公正妥当と認められる企業会計の基準」の枠組みであろう。そしてこの枠組みの中心は，わが国の企業会計基準委員会のような公的に認められた会計基準設定主体が設定する一連の企業会計の基準となる。またこれ以外にも各種法令等によって定められた会計のルールも該当するだろうし[10]，財務諸表作成者とその利用者が合意の上で取り決めた財務諸表の作成基準も「財務報告の枠組み」に該当すると考えられる。この場合は，特別目的の財務諸表に適用される「特別目的の財務報告の枠組み」ということになる。したがって，特別目的の財務諸表の監査を実施する場合には，この「特別目的の財務報告の枠組み」が「確立された規準」として機能することになろう（日本公認会計士協会 2021b，付録5項）。特別目的の財務諸表に適用される財務報告の枠組みは，さまざまなニーズに基づくため多種多様になり得る。そこで，適用される財務報告の枠組みが適切であるか，言い換えれば受入可能であるかをその都度調査する必要が出てくる。

そこで，「監査基準」では，「監査人は，特別の利用目的に適合した会計の基準

10　なお，わが国では，金融商品取引法に基づく財務諸表監査に加えて，会社法に基づく監査も行われるが，会社法における具体的な計算表示方法は，「一般に公正妥当と認められる企業会計の基準その他の企業会計の慣行を斟酌して，会社の規模・業種業態に応じて，明瞭性・重要性を考慮して決定できる，いわばセミオーダー型の財務報告の枠組みである」とされる（濱本 2016, 28）。

により作成される財務諸表の監査に当たっては，当該会計の基準が受入可能かどうかについて検討しなければならない」（監査基準 第三実施基準 一基本原則8）とし，特別目的の財務諸表の監査を行うにあたって，適用される財務報告の枠組みが受入可能かどうかについて十分な検討を求めている。これは，当時の「監査基準の改訂に関する意見書」（2014年）において監査対象となる「特別目的の財務諸表には多種多様な財務諸表が想定される」ことからこのような検討を求めたことが指摘されている。

つまり，「確立された規準」として当該「財務報告の枠組み」が適用可能かどうか，より具体的には，ある主題について測定・評価した主題情報が当該「財務報告の枠組み」に照らして測定または評価されているかどうかについて，監査人が当該「財務報告の枠組み」を判断規準として結論を表明することができるかどうかを検討することになる。なお，ここで，主題情報の作成に適用される規準は次の5つの特性を有することが求められる（日本公認会計士協会 2017）。すなわち，ア．目的適合性，イ．完全性，ウ．信頼性，エ．中立性，オ．理解可能性である[11]。これは特別目的の財務諸表の監査を含む保証業務の前提条件の1つである。

また，財務諸表の作成において適用される財務報告の枠組みが受入可能なものかどうかについて監査人が判断する際に，考慮すべき要素として，(a)企業の特性（例えば，企業は営利企業か非営利組織か），(b)財務諸表の目的（例えば，広範囲の利用者に共通する財務情報に対するニーズを満たすことを目的として作成される財務諸表であるか，又は特定の利用者の財務情報に対するニーズを満たすことを目的として作成される財務諸表であるか），(c)財務諸表の特性（例えば，完全な一組の財務諸表であるか），個別の財務表（例えば，貸借対照表であるか），(d)適用される財務報告の枠組みが法令等に規定されているかどうかが挙げられる（日本公認会計士協会 2021b，A4頁ならびに付録3および付録4）。

もし，適用される「財務報告の枠組み」が受入可能でない場合，例えば，主題情報の測定や判断の尺度が明確でない場合は，当該保証業務や監査は実施できな

---

11 ここで，目的適合性とは，「想定利用者の意思決定に役立つ主題情報の測定又は評価に資する規準であること」，完全性とは，「規準に準拠して主題情報を作成する場合に，当該主題情報に基づく想定利用者の意思決定に影響を与えると合理的に予想される要因が省略されていない規準であること」，信頼性とは，「類似の状況において異なる業務実施者が利用した場合であっても，主題の測定又は評価を合理的かつ首尾一貫して行うことを可能にする規準であること」，中立性とは，「業務を実施する状況によらず偏向のない主題情報の測定又は評価に資する規準であること」，理解可能性とは，「想定利用者に理解可能な主題情報をもたらす規準であること」である（日本公認会計士協会 2017）。

いことになってしまう。したがって,「監査基準」は前述の通り,「財務諸表の監査に当たっては,当該会計の基準が受入可能かどうかについて検討」することを求めており,監査契約締結の前提条件（日本公認会計士協会 2021b,4項）と位置づけられているのである。この点からも「財務報告の枠組み」という概念の重要性は理解できる。

なお,一般目的の財務諸表の監査では,従来はGAAPが「確立された規準」を表す用語として用いられてきた。前述の通り,「財務報告の枠組み」は,ア.目的適合性,イ.完全性,ウ.信頼性,エ.中立性,オ.理解可能性という5つの特性を満たさなければならない。一般目的の財務諸表の監査においてはGAAPはこれまでもこれら5つの特性を満たしていると判断されるため,「財務報告の枠組み」の要件を満たすもの,つまり同義であると言って差し支えないのではないだろうか。

6 小　　括

本章は,財務諸表の作成と表示の基準として,また,財務諸表監査における監査判断の基準としての会計基準あるいは「財務報告の枠組み」について論じてきた。わが国においても,国際監査基準と同様に,「財務報告の枠組み」を「企業の特性と財務諸表の目的に適合するものとして,又は法令等の要求に基づいて,財務諸表の作成と表示において経営者が採用する」もの,つまり,財務諸表の作成と表示のための「確立された規準」としている。

この「財務報告の枠組み」という考え方が登場する以前は,特にアメリカにおいて,GAAP概念の意義が論じられ,その階層構造が検討されていた。具体的にはSAS第69号からSFAS第162号およびSFAS第168号へと「一般に認められた会計原則の階層構造」に関する議論および基準化がなされていった経緯を紹介した。この過程では,一貫して,具体的な明文化された規則（会計原則）だけでなく,会計実務慣行や会計研究者の論文等を含む幅広い源泉が認められていたことが特徴的である。当時は,いわゆる「細則主義」による会計基準の体系であったが,エンロン事件以降,いわゆる「原則主義」に変わった。これにより,監査人の専門家としての判断の重要性が高まったと指摘されている。

翻ってわが国では,このような階層構造に関する議論および基準化はなされなかった。一方で,一般目的の財務諸表の監査ではなく,特定の利用者のニーズを満たす特別目的の財務諸表の監査への要請が高まって,国際監査基準で財務諸表

利用者のニーズに応じて，一般目的の財務諸表と特別目的の財務諸表という財務報告の枠組みが分類され，適正性に関する意見と準拠性に関する意見とのいずれかが表明される状態となっていた。そこで，わが国でも2014年の「監査基準」改訂において，「財務報告の枠組み」という考え方を導入し，さらに，従来の適正性に関する意見に加え，準拠性に関する意見も認められることなり，金融商品取引法や会社法によって確立された財務報告の枠組みに当てはまらない財務情報に対する任意監査等の実施を可能とした。

「財務報告の枠組み」なる概念がわが国の監査業務にも取り入れられるようになった結果，さまざまなニーズに基づく財務諸表に適用される財務報告の枠組みを受け入れなければならないこととなった。そこで，受入可能な財務報告の枠組みとはいかなるものかが示されなければならなかった。適用される財務報告の枠組みが受入可能なものかどうかについて監査人が判断する際に，考慮すべき要素として，(a)企業の特性，(b)財務諸表の目的，(c)財務諸表の特性，(d)適用される財務報告の枠組みが法令等に規定されているかどうかが挙げられた。また，判断規準としての「財務報告の枠組み」は，ア．目的適合性，イ．完全性，ウ．信頼性，エ．中立性，オ．理解可能性という5つの特性を有していなければならないとされている。そして，「財務報告の枠組み」が受入可能かどうかの検討は，監査契約締結の前提条件と位置づけられているのである。

以上，本章では，財務諸表監査における判断の規準となる会計基準ないし「財務報告の枠組み」について，その内容や歴史的経緯を整理し，満たすべき性質について説明することを通じて，総論としての「財務報告の枠組み」という概念の重要性を論じてきた。しかし，本章では「財務報告の枠組み」という比較的新しい概念を監査理論の枠組みの中で深く検討し，論じることはできていない。また，より具体的に「財務報告の枠組み」の意義や役割について検討すべき課題も存在する。例えば，監査手続の実施過程において，監査人は，いつ，どのようにあるいはどの程度，「財務報告の枠組み」に着目して判断しているのか，あるいは，明確な法令や会計基準等が存在しない会計処理方法の適否を判断する際に，監査人は何をどのように参照し，意見表明のための合理的な基礎を得ているのか等，解明すべき実証的課題も多く残されているように思われる。

■参考文献
亀岡恵理子・福川裕徳・永見尊・鳥羽至英（2021）『財務諸表監査』（改訂版）国元書房。

岸田雅雄（1982）「米国における一般に認められた会計原則の法的効力（上）」『旬刊商事法務』935号，28-30頁。
北山久恵（2016）「公認会計士の業務における準拠性の監査に関する再考」『現代監査』26号，43-52頁。
杉本徳栄（2010）「U.S. GAAPの制度性」『経済論叢（京都大学）』184巻3号，3-23頁。
髙田正淳（2007）「会計基準」神戸大学会計学研究室編『第六版　会計学辞典』同文舘出版，100頁。
日本公認会計士協会（2013）「多様化する財務報告に対する監査ニーズ～適用される財務報告の枠組みと監査意見～」，6月24日。
─── （2014）監査基準委員会研究報告第3号「監査基準委員会報告書800及び805に係るQ&A」，4月4日。
─── （2017）保証業務実務指針3000「監査及びレビュー業務以外の保証業務に関する実務指針」，12月19日。
─── （2021a）監査基準報告書第200「財務諸表監査における総括的な目的」，6月8日。
─── （2021b）監査基準報告書第210「監査業務の契約条件の合意」，6月8日。
─── （2021c）監査基準報告書第700「財務諸表に対する意見の形成と監査報告」，8月19日。
─── （2021d）監査基準報告書第800「特別目的の財務報告の枠組みに準拠して作成された財務諸表の監査」，8月19日。
─── （2021e）監査基準報告書第805「個別の財務表又は財務諸表項目等に対する監査」，8月19日。
─── （2022）監査基準報告書（序）「監査基準委員会報告書の体系及び用語」，7月21日。
濱本明（2016）「継続企業の前提が不成立である企業に関する公認会計士監査―清算株式会社を中心に―」『商学集志』86巻2号，23-37頁。
原田保秀（2014）「IFRS時代における新たな会計倫理―専門家としての判断と行動倫理学の視点―」『四天王寺大学紀要』58号，111-124頁。
古庄修（2011）「会計目的に照らした財務報告の境界の在り方」日本銀行金融研究所，（https://www.imes.boj.or.jp/jp/conference/kaikei/furushou.pdf）（2022年11月2日アクセス）。
松尾慎太郎（2014）「会計監査と財務報告保証業務―ディスクロージャー制度の体系化を目指して―」『関西学院商学研究』68巻，101-117頁。
結城秀彦（2016）『多様化するニーズに応える財務報告の枠組みと監査Q&A』中央経済社。
American Institute of Accountants (AIA) (1934), *Audits of corporate accounts, Correspondence between the Special Committee on Co-operation with the Stock Exchanges of the American Institute of Accountants and the Committee on Stock List of the New York Stock Exchange, 1932-1934*, AIA.
─── (1939), *Extensions of auditing procedure.*
Grady, Paul (1965), *Inventory of Generally Accepted Accounting Principles for Business Enterprises*, （日本会計研究学会スタディ・グループ，黒澤清監訳（1968）『会計原則研究―AICPA会計原則叢書第7号』日本経営出版会。）
American Institute of Certified Public Accountants (AICPA) (1992), Statements of Auditing Standards No. 69, *The Meaning of Present Fairly in Conformity With Generally Accepted*

Accounting Principles., AICPA.

Briloff, Abraham J. (1967), *The effectiveness of accounting communication*, Praeger, New York.

Financial Accounting Standards Board (FASB) (2008), Statement of Financial Accounting Standards No. 162, *The Hierarchy of Generally Accepted Accounting Principles.*, Financial Accounting Foundation (FAF).

―――― (2009), Accounting Standards Codification (ASC), *Generally Accepted Accounting Principles (Topic 105)*, FAF.

Global Reporting Initiative (GRI) (2022), The GRI Perspective : *ESG standards, frameworks and everything in between*, Issue 4, 10 March (https://www.globalreporting.org/media/jxkgrggd/gri-perspective-esg-standards-frameworks.pdf),（2023年5月3日アクセス）。

International Auditing and Assurance Standards Board (IAASB) (2008), International Standards on Auditing (ISA) 200, *Overall Objectives of the Independent Auditor and the Conduct of an Audit in Accordance with International Standards on Auditing.*, International Federation of Accountants.

Rubin, Steven (1984), The house of GAAP, *Journal of Accountancy*, June, Vol. 157, pp.122-129.

Securities and Exchange Commission (SEC) (1997), *Report on Promoting Global Preeminence of American Securities Markets*, October.

―――― (2000), *SEC Concept Release : International Accounting Standards, Summary and Questions*, Feb. 16.

（小澤　康裕）

第6章

監査基準

1 はじめに

　監査基準は，監査の構成要素としては後発のものである。アメリカにおいて現在の財務諸表監査制度が法定化された1934年当時には，権威ある機関によって策定・公表された監査基準も，あるいは，実務の指針として会計プロフェッション団体によって策定・公表された監査基準もなかったため，監査基準への準拠義務は存在しなかったのである。監査基準が会計士団体によって行為規範として定められたのは，1938年に発覚したマッケソン・ロビンス会社事件（Mckesson & Robbins Inc. Case）を契機とした法定監査の見直しの過程であった。

　例えば，1973年に公表されたアメリカ会計学会の基礎的監査概念委員会ステートメント（A Statement of Basic Auditing Concepts: ASOBAC）では，監査は次のように定義されている。

　「監査とは，経済活動や経済事象についての主張と確立された規準との合致の程度を確かめるために，これらの主張に関する証拠を客観的に収集・評価するとともに，その結果を利害関係を持つ利用者に伝達する体系的な過程である。」

（AAA 1973, 2；青木・鳥羽 1982, 3）

　この定義に監査基準は含まれていない。1973年当時，監査基準が存在しなかったわけではなく，ASOBAC が監査一般の定義を検討する中で，全ての監査に監査基準が必要とは認識されていなかったものと解される。この点において，監査基準が必要とされる監査の態様とはいかなるものであろうか。この点が，本章が「監査基準」について検討する第1の問題である。

その後，監査基準は，各国においてそれぞれの基準設定主体によって設定されてきている。また，2005年以後はEUにおいて国際監査基準（International Standards on Auditing：ISAs）の適用が開始されることによって，国際的にISAsの影響力が増し，その内容を反映させる形で各国の監査基準が設定されてきている。

　わが国の監査基準は，金融庁企業会計審議会によって設定されている。「監査基準」は一般に公正妥当と認められる監査の基準の最上位規範として位置づけられるが，1991年（平成3年）改訂以後は，いわゆる「監査基準の純化」が図られ，「監査基準」は原則的なものに留め，個別具体的な実務の指針は日本公認会計士協会が策定する実務の指針に委ねられている。こうした「監査基準」は公的機関である企業会計審議会，実務指針は民間の日本公認会計士協会によって設定されているという構造は，わが国の監査規制に特有の公的規制と自主規制のハイブリッド型を踏襲しているとも解される。

　各国において監査基準は，ISAsとの関連でさまざまな構造となっている。他方，監査実務においては，グローバルな監査事務所のネットワークごとに，ISAsを採り入れた監査プログラムが浸透している状況もある。現在の監査環境において，監査基準または一般に認められる監査の基準は，いかなる構造と役割を有しているのか。この点が本章において検討する第2の問題である。

　以上のことを踏まえた上で，第3の問題として，現在のわが国の監査論のテキストその他において，監査基準についてどのように説明が行われているのか，監査基準の役割として何を措定しているのかを検討することとしたい。

2　監査基準の歴史的経緯

(1) アメリカ

　前述の通り，監査基準は，アメリカにおいて法定監査制度が成立した段階では成立していなかった。以下，監査基準の成立経緯を整理すると以下の通りとなる[1]。

　1934年の監査制度の法定化以前においても，監査実務に係るガイダンスは存在していた。アメリカ会計士協会（American Institute of Accountants：AIA）は，

---

[1] 本項のアメリカに関する記述は，主に，大矢知（1971），岡嶋（2018），千代田（1984），鳥羽（1994）および盛田（1987）によっている。

1917年に「統一会計」(Uniform Accounting, Uniform Accounts) を公表している。このガイダンスが，アメリカで公表された最初の権威ある監査手続に関するガイダンスである（Zeff 2003, 191）とされている。

その後，「統一会計」は，1929年に「財務諸表の検証」(Verification of Financial Statements)，1936年に「独立公共会計士による財務諸表の監査」(Examination of Financial Statements by Independent Public Accountants）と内容を更新していった。これらのガイダンスは，「監査の品質を着実に改善した」(Carey 1969, 135) と評価される一方，それらの適用は大規模会社に限られており，広く支持されていたわけではない (Previts and Merino 1998, 233) ともいわれている。

1938年に発覚したマッケソン・ロビンス会社事件は，議会や証券取引委員会 (Securities and Exchange Commissions: SEC) の圧力の下，AIA に1939年の年次大会で，「監査手続の拡張」(Extensions of Auditing Procedure) を決議させるに至った。しかしながら，この時点では，あくまでも監査実務において，棚卸資産の立会と売掛債権の確認を「通常実施すべき監査手続」として指定したにとどまる。

監査基準の設定の明確な契機となったのは，1941年に SEC から公表された会計連続通牒 (Accounting Series Release: ASR) 21号によって，SEC 規則 2-02(b) が改正され，「会計士の監査証明は，＜中略＞監査が＜中略＞一般に認められた監査基準 (generally accepted auditing standards) に準拠して行われたかどうかを表明する」と規定されたことである。ASR21号において規定された「一般に認められた監査基準」という用語は，このときはじめて用いられたものであった。SEC は，同じく ASR21号の中で，「一般に認められた通常の監査手続は，＜中略＞例えば，各種会計士団体および政府監督機関によって規定されたものである」 (SEC 1941, 282) として，AIA または SEC のいずれかがその設定に当たることを表明していた。その後の SEC と AIA の監査手続委員会との遣り取りを経て，AIA では，この「一般に認められた監査基準」に準拠して監査が行われた旨を監査報告書に記載すること，ならびに，SEC に基準を設定される前に自らの手で当該基準を設定する必要に迫られたのである。この間の SEC と AIA の遣り取り，およびその後の AIA における監査基準策定の議論を，監査基準論争と呼ぶことがある。

AIA は1946年の年次大会において，「一般基準」，「実施基準」および「報告基準」のそれぞれ 3 項目からなる 9 つの監査基準を公表し，続いて1947年に，それらの監査基準についての具体的な説明を含めた「監査基準試案」(Tentative Statement of Auditing Standards: Their Generally Accepted Significance and Scope) を公表し

た。その後，1948年の年次大会において，会員総会で，9つの監査基準を議決し，ここに「一般に認められた監査基準」が成立することとなったのである。その後，監査意見表明に関する項目を追加した10の監査基準として，長くアメリカにおける一般に認められた監査基準とされたのである。

アメリカにおける監査基準は，その後長い間，AIA の後継団体であるアメリカ公認会計士協会（American Institute of Certified Public Accountants：AICPA）において，先の10の監査基準とそれに対する解釈指針としての監査基準書（Statements of Auditing Standards：SAS）から構成されていた。ところが，2002年にサーベインズ＝オックスリー法（Sarbanes and Oxley Act of 2002）によって公開会社会計監視審議会（Public Company Accounting Oversight Board：PCAOB）が新設され，監査基準の設定権限は PCAOB に移管することとなった。現在では，公開企業の監査に関する監査基準は，PCAOB が設定する監査基準（Auditing Standards）が監査規範となり，それ以外の監査に関しては，AICPA が ISAs を踏まえて設定することとなっている。

(2) 日　本

わが国では，第二次世界大戦後に，アメリカを中心とする GHQ の主導の下で，公認会計士監査制度が導入されるに伴い，1950年（昭和25年）に証券取引法が改正されて法定監査が導入され，同年，「監査基準・監査実施準則」が経済安定本部の企業会計基準審議会において設定・公表されたのが監査基準の始まりである。

1950年「監査基準」は，前述の AIA「監査基準試案」を参考にしつつ策定されたものであり（岩田 1950），監査実施および監査報告における手続の規範が必要であるとの認識の下，「監査実施準則」および「監査報告準則」を設定することとなった。

その後，1991年（平成3年）および2002年（平成14年）の改訂時に，「監査基準」の純化が図られ，企業会計審議会で設定される「監査基準」は原則的な内容，日本公認会計士協会がそれを受けて公表する実務の指針（監査基準報告書等）は個別具体的な内容を規定するものとして，階層化または棲分けが図られている。

わが国においても，「財務諸表等の監査証明に関する内閣府令」第3条第3項に「わが国において一般に公正妥当と認められる監査の基準」という用語が規定されており，監査報告書に記載されることとなっているが，自ら会計基準や監査基準を策定・公表してきたアメリカの場合と，第2次世界大戦後にアメリカの制度を移入する形で会計および監査制度を構築してきた日本の場合との歴史的経緯

を見る限り，アメリカにおける「一般に認められた」という用語と，わが国の「一般に公正妥当と認められる」という用語には，異なる背景があるといえよう。

なお，日本では，2012年（平成24年）4月1日に始まる事業年度から，日本公認会計士協会が，クラリティ版「監査基準委員会報告書」の適用を開始し，この時点で，監査の実務指針としての「監査基準委員会報告書」はISAsにほぼ準拠した内容を備えることとなった。

それ以後も，2013年（平成25年）3月に企業会計審議会から公表された「監査における不正リスク対応基準」（以下，「不正リスク対応基準」）のように，わが国独自の規定を有する基準が導入されたり，2021年（令和3年）11月公表の「監査に関する品質管理基準」の改訂時のように，わが国独自の規定を一部含む基準が公表されることはあるが，基本的に，わが国の監査規範は，ISAsの内容を踏まえて設定されていると解される。

(3) 監査基準の成立時の役割

以上の経緯から読み取れることは，アメリカにおいては，マッケソン・ロビンス会社事件を契機として，監査実務を向上させるというSECのイニシアティブの下，監査基準なる概念が導入され，会計プロフェッション団体がその設定を自ら行うこととしたのであり，日本の場合には，監査制度の導入当初からアメリカの監査基準に倣って監査基準を設定し，その後，自らの監査環境に応じて改訂を重ねてきたということである。

とくに留意すべき点としては，アメリカにおける監査基準の導入の経緯に明らかなように，監査基準は，財務諸表監査が実施され始めた20世紀初頭以降，さらには法定監査が実施されるようになった1934年以降においても，明文化されていたとは言えないという点である。

本来，プロフェッションの業務において，倫理規範はあるとしても，行為規範を定めているケースは稀であろう。例えば，外科医は手術の方法を明文化して定め，それに従わなければならないとすることはないし，弁護士について法廷での尋問の方法を明文化することもない。一般にプロフェッションの業務は，依頼人たる顧客がその結果に満足すればそれで足りるのであって，そのプロセスを明文化する必要はないのである。

監査の場合，アメリカにおいて資本市場に開示する財務諸表の監査において，監査報告書に記載される文言として「一般に認められた監査基準」なる用語が導入され，それに対応する形で監査基準の中身が策定されていったことにより，行

為規範としての監査基準が明文化されることとなった。つまり不特定多数の利用者に対して，監査手続の内容を事前に公表し，監査報告書においてそれに準拠したことを記載することで，業務内容の水準を明らかにすることが求められたものと解される。併せて，規制当局である SEC が，監査規制の一環として，不適切な監査業務に係る監査人の責任を問う基準としての意義もあった。すなわち，監査基準は，その成立経緯としては，監査の手続内容とそれに伴う監査の品質を規定する基準，ならびに，事後的には監査人の責任を問う基準としての役割をもって成立したといえる。

他方，わが国では，岩田（1950, 70）によれば，アメリカの監査基準が原則的な基準とその解説からなるものであったのに対して，日本の監査基準では，「専門家以外の人々に外部監査の本質を理解して貰うことを優先」して，解説を付すのではなく，基準およびその前文において，監査の意義や監査人の役割についても言及しているという[2]。したがって，アメリカと異なり，アメリカの制度を移入する形で監査基準を設定することとなったわが国では，少なくとも当初は，監査および監査人の役割を啓発することに重きを置いた基準として監査基準が設定されたと解される。

3 監査基準の構造および設定主体

(1) 日本の監査基準の構造

ここでわが国の監査規範の構造を確認してみよう[3]。

金融商品取引法の下では，同法第193条の2第1項に規定する財務諸表の「監査証明は，内閣府令で定める基準及び手続によつて，これを行わなければならない」（第193条の2第5項）とされている。その内閣府令とは，『財務諸表等の監査証明に関する内閣府令』のことで，同府令では，監査証明は，監査人による監査報告書によって行うこと（第3条第1項），監査報告書は，「一般に公正妥当と認められる監査に関する基準及び慣行に従つて実施された監査」の結果に基づいて作成されなければならないこと（第3条第3項），および「企業会計審議会により公表された監査に関する基準は，前項に規定する一般に公正妥当と認められる監

---

[2] 鳥羽（1994, 46-47）によれば，1950年に設定された監査基準において規定されていた監査人の役割に関する記述は，その後削除されたという。

[3] 以下の記述は，町田（2018）によっている。

査に関する基準に該当する」（第3条4項）ことが規定されている。これによって「監査基準」に法的根拠が与えられているのである。

さらに，「監査基準」では，例えば，2002年改訂基準の前文（二 改訂基準の性格，構成及び位置付け 2 改訂基準の構成）では，次のように述べられて，日本公認会計士協会の実務指針と一体となって，わが国の監査規範を形成することが規定されている。

> 「監査基準とこれを具体化した日本公認会計士協会の指針により，我が国における一般に公正妥当と認められる監査の基準の体系とすることが適切と判断した。」

これは，2002年の改訂「監査基準」において採られた，「監査基準」の純化[4]の徹底によるもので，企業会計審議会が公表する「監査基準」は，原則的なものに限り，実務において利用される監査の行為規範としては，日本公認会計士協会の実務指針に委ねようという方針によるものである。

一方，日本公認会計士協会（2022）を見ると，次のように書かれている。

> 「ここで示されている日本公認会計士協会の指針（以下「監査実務指針」という。）は，監査及び監査に関する品質管理に関して，日本公認会計士協会に設置されている各委員会が報告書又は実務指針の名称で公表するものが該当し，我が国における一般に公正妥当と認められる監査の基準の一部を構成している。監査基準報告書は，企業会計審議会が公表する監査基準（法令により準拠が求められている場合は，監査における不正リスク対応基準を含む。）を実務に適用するために具体的・詳細に規定したものであり，『監査実務指針』の中核となるものである。」

（日本公認会計士協会 2022, 2. 監査基準報告書を含む監査実務指針の位置づけ・2項）

以上の一連のことを纏めると**図表6-1**のようになる[5]。

---

[4] 「四 今回，改訂された監査基準及び準則の適切な運用と普及を図るためには，監査人，被監査会社その他の関係者の理解と協力が必要である。特に，今回の改訂では監査実施準則についての純化が大幅に行われたことにかんがみ，今後，日本公認会計士協会が，自主規制機関として公正な監査慣行を踏まえ，会員に対し遵守すべき具体的な指針を示す役割を担うことが一層期待されるので，その組織の整備，拡充等適切な諸施策を講じていく必要がある。また，各監査人の業務組織の整備と運営が有効適切に行われ，監査の質的水準の維持向上が常に図られるよう，その方策を今後も検討していく必要があると考えられる。
　本審議会は，各関係者が今回の改訂の趣旨を十分に理解の上，これを有効適切に運用して社会一般の信頼にこたえるよう要望する。」

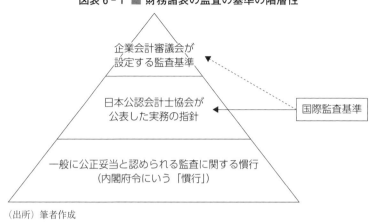

図表 6-1 ■ 財務諸表の監査の基準の階層性

(出所) 筆者作成

(2) 監査基準と監査基準報告書

わが国の監査規範の体系は,企業会計審議会が設定する「監査基準」とそれを踏まえて日本公認会計士協会の公表する「監査基準報告書」からなる。

このうち,「監査基準」の意義は,実質的な監査人の行為規範ではなく,以下のような点に整理できる。

- 金融商品取引法以下によって法的根拠を与えられている,金融商品取引法監査の規範
- 他の法律によって実施される監査においても適用される汎用目的の監査基準
- 日本公認会計士協会の実務指針が監査の基準の体系に含まれるための根拠を提供するとともに,監査の規範のうち,原則的な内容を規定した基本的基準
- 教育および公認会計士試験等において依拠される,会計プロフェッションとなるために理解しておくべき内容を備えた教育・啓発上の基本的基準

一方,日本公認会計士協会の「監査基準報告書」は,現在では,ISAs とほぼ

---

5 なお,日本公認会計士協会のウェブサイトでは,実務指針以下は捨象されており,あくまでも日本公認会計士協会の実務の指針までを監査の規範と位置付けているように思われる。例えば,「監査の基礎知識 2.監査の基準」(https://jicpa.or.jp/about/activity/activities/audit/basic/),「一般に公正妥当と認められる監査の基準」(https://jicpa.or.jp/cpainfo/introduction/keyword/post-41.html)等を参照されたい。

同一の内容となっている。

　また，ISAsは，国際会計士連盟（International Federation of Accountants：IFAC）の国際監査・保証基準審議会（International Auditing and Assurance Standards Board IAASB）によって設定されているが，ISAsを含む，IFACが公表する基準（Standards）については，IFACに加盟する各国の職業会計士団体としての義務規程（Statements of Membership Obligations：SMOs）によって，わが国の会計士協会にあっても遵守が要請されている。そのため，日本公認会計士協会では，ISAsの内容を監査基準報告書として自らの実務指針に取り入れているのである[6]。

　先に述べたように，現在，国際的に適用されているISAsは，わが国においても「新起草方針に基づく監査基準委員会報告書」（当時）として，2012年4月1日に始まる事業年度から適用されている。したがって，現在のわが国の現行の監査規範は，ISAsにほぼ準拠した内容を備えているといえるのである。

　そうした中で，2011年（平成23年）のオリンパス事件や大王製紙事件を受けて，わが国では，「監査における不正リスク対応基準」（以下，「不正リスク対応基準」）が新設された。「不正リスク対応基準」は，基本的にISA 240の規定に追加する形で，リスク対応手続の厳格化を要請している。とくに，入手した監査証拠に不正を示唆する状況等が含まれていた場合や，不正リスクに関して十分かつ適切な監査証拠が入手できない場合には，重要な虚偽表示の有無を確かめるための追加的な手続を実施するよう求めている。従来の監査手続が，ともすると当初の監査手続のみを規定して，その結果への対応を十分に規定していなかったことへの対応であると解される。

　ISAsにおいて不正に関する規定はISA 240に置かれている。当時の日本の監査基準委員会報告書240もほぼ同様の内容を備えていた。そうした中で，「不正リスク対応基準」は，第1に，監査基準委員会報告書240の規定内容を企業会計審議会の制定する「監査基準」のレベルに格上げしたということ，第2に，ISAsに規定されていないいくつかの手続を追加して規定したという意義があるといえよう。

6　正確を期すために述べておくならば，監査基準委員会報告書は，単にISAsの翻訳ではなく，監査基準委員会において一定の検討が行われた後，確定・公表の前には，事前に，公開草案に付すなどのいわゆるデュー・プロセス（due process）を経ているほか，日本公認会計士協会の会則によって設置されている「監査問題協議会」においてその内容や公表の是非について検討されている。

第1の点については，「監査基準」に格上げされたことによって，先に挙げた教育・啓発上の基本的基準としての効果が期待されるが，一方で，行政処分等との関連もある。行政処分は，基本的に「監査基準」に基づいて行われる。監査基準報告書は，わが国の監査規範を構成するとはいえ，行政処分の根拠としては用いない傾向にあるからである。

また，第2の点については，日本公認会計士協会では，ISAs に対応した監査基準報告書240の体系を維持しつつ，「不正リスク対応基準」に対応した規定を織り込むために，「不正リスク対応基準」による新規定を「f-」の付いた項番号で表記している。

このように見てくると，日本の監査基準は，財務諸表監査にとどまらない範囲における監査や基準策定の基礎となる監査基準と，日本公認会計士協会の実務の指針として金商法監査や会社法における会計監査人監査を中心に適用される監査基準報告書の2つの階層を中心として，ISAs の内容を取り込み，さらに，ISAs の規定に追加して形成されていることがわかる。

実際には，グローバルなネットワーク・ファームに属する監査事務所は，ネットワーク内で共有されている監査プログラムに従って監査を実施している。わが国では，ISAs が改訂されると，必要に応じて企業会計審議会の「監査基準」が改訂され，それを踏まえて監査基準報告書が改訂されるという手順が採られる。しかしながら，実際には，グローバルなネットワーク・ファームでは，ISAs の改訂を早々に取り入れて監査プログラムを改訂していくものであり，一連のわが国国内での「監査基準」および監査基準報告書の改訂とその適用はその後追いになるケースも多い。こうした監査実務の動向を踏まえると，今日の「監査基準」および監査基準報告書の役割は，監査実務における行為規範という点よりも，社会に対して監査の品質を明らかにして，その責任範囲を明確化することに意義があるといえるかもしれない。

とくに，企業会計審議会の設定する「監査基準」の意義，あるいは，わが国に固有の「監査基準」と監査基準報告書の二重構造については，議論の余地があるであろう。監査基準を金商法および会社法以外の監査にも適用する監査一般の基準として位置づけること，および教育現場等における啓発的な基準として位置づけることにのみ意義を見出して良いのであろうか。

4 監査基準の意義と役割

わが国において刊行されている多くのテキストにおいて,監査基準の定義が示されているケースは少ない。近年の監査論のテキストでは,監査基準を企業会計審議会の設定する「監査基準」のこと,あるいは,より広く一般に公正妥当と認められる監査の基準のこと,またはそれを構成する基準や報告書として定義しているケースが多いように見受けられる。

定義が示されているものをいくつか挙げておきたい。まず,山浦(2008, 148)では,「監査基準とは財務諸表監査たる会計監査の実施にあたり職業監査人が拠るべき規範である」としている。また,石田(2011, 56)では,「監査基準は監査実務における行為の尺度または指針としての性格をもつものである」としている。

亀岡ほか(2021, 115)では,「監査基準とは,ある時点において実施される財務諸表全体の質を規制する監査人の行為の基準であると同時に職業会計士が財務諸表監査を実施するに際して必ず遵守しなければならない監査の規範である」とした上で,この監査基準の定義には,監査基準の多面的な性格がみてとれるとして,以下の7項目を列挙している。

- 役割基準としての監査基準
- 監査人の行為・判断を規制する基準としての監査基準
- 財務諸表監査全体の品質基準としての監査基準
- 財務諸表監査の規範としての監査基準
- 責任基準(免責基準)としての監査基準
- 専門職業基準としての監査基準
- 利害調整の基準としての監査基準

これらについて,役割基準は,わが国の監査基準の設定当初に見られたもので,アメリカの一般に認められた監査基準には含まれなかったという(同,117)。また,専門職業基準としての性格と利害調整の基準としての性格は,トレードオフの関係にあり,会計プロフェッションの関与が強ければ前者の役割が大きくなり,公的機関の関与が強くなれば後者の役割が大きくなるという(同,121-123)。

その他の文献では,1950年に設定された当初の「監査基準」の前文を踏まえて,監査基準の役割を示していることが多い(大矢知 1971;松本 2012など)。すなわち,1950年「監査基準」の前文では,次のように記述されている。

「監査基準は，監査実務の中に慣習として発達したもののなかから，一般に公正妥当と認められたところを帰納要約した原則であつて，職業的監査人は，財務諸表の監査を行うに当り，法令によつて強制されなくとも，常にこれを遵守しなければならない。
＜中略＞
　これを要するに，監査基準の設定は，徒らに監査人を制約するものではなくして，むしろ監査人，依頼人及び一般関係人の利害を合理的に調整して，監査制度に確固たる基準を与え，その円滑な運営を図ろうとするものである。」

さらに，2002年「監査基準」の前文ほかで，上記の点について，「今日においても，その性格は変わるものではない」と述べていることから，現在の「監査基準」の基本的性格もこれによって解することができるという。

例えば，松本（2012）では，上記のことから，監査基準には，実践性，公正妥当性，周知性，規範性という4つの属性が求められるとした上で，財務諸表監査制度では「財務諸表利用者と監査人の関係において個人的結び付きが欠如」しているため，監査基準は監査人による基準への準拠にとどまらず社会的に公表されなければならないという意味で，規範的性格に加えて啓蒙的性格を有すると論じている。

5　小　　括

以上の議論から，監査基準については，以下のような課題が導出できるであろう。
第1に，わが国における企業会計審議会が公表する「監査基準」の現代的役割とそれを十全に果たすための方法の検討
第2に，わが国および諸外国において，監査基準の設定に公的規制と自主規制のバランスまたはその関与の程度の検討
第3に，監査基準の役割または性質についての検討
いずれにせよ，わが国の「監査基準」は，2002年1月の全面改訂から20年余りを経過しており，同改訂の前文において示された概念枠組みがアップデートされるべき時機に来ていると思われる。ISAs の翻訳としての監査基準報告書のみによって監査規範が形成されることでは不十分であり，公的規制と自主規制のバランスを図る現代的必要性があると考えるのであれば，「監査基準」においてかかる概念枠組みを提示することが求められるものと考えるのである。

■参考文献

石田三郎 (2011)「監査基準」石田三郎・林隆敏・岸牧人編著『監査論の基礎（第3版）』東京経済情報出版，第5章．
岩田巌 (1950)「監査基準について—米国の監査基準との比較」『税経通信』5巻10号，66-72頁．
大矢知浩司 (1971)『会計監査—アメリカにおける生成と発展』中央経済社．
岡嶋慶 (2018)『アメリカにおける監査規制の展開—監査基準の形成とエンフォースメント』（拓殖大学研究叢書）国元書房．
亀岡恵理子・福川裕徳・永見尊・鳥羽至英 (2021)『財務諸表監査（改訂版）』国元書房．
千代田邦夫 (1984)『アメリカ監査制度発達史』中央経済社．
鳥羽至英 (1994)『監査基準の基礎（第2版）』白桃書房．
日本公認会計士協会 (2022) 監査基準報告書（序）「監査基準報告書の体系及び用語」，7月21日．
町田祥弘 (2018)『監査の品質—日本の現状と新たな規制』中央経済社．
松本祥尚 (2012)「監査基準」町田祥弘・松本祥尚編著『会計士監査制度の再構築』中央経済社，第9章．
盛田良久 (1987)『アメリカ証取法会計—SEC規制史とその実態』中央経済社．
山浦久司 (2008)『会計監査論（第5版）』中央経済社．
American Accounting Association (AAA) (1973), *A Statement of Basic Auditing Concepts*, AAA.（青木茂男監訳・鳥羽至英訳 (1982)『基礎的監査概念』国元書房．）
Carey, J. L. (1969), *Rise of the Accounting Profession: From Technician to Professional 1896-1936*, American Institute of Certified Public Accountants.
Previts, G. J. and B. D. Merino (1998), *A History of Accountancy in the United States: The Cultural Significance of Accounting*, Ohio State University Press.
Securities and Exchange Commission [SEC] (1941), *Accounting Series Release, No. 21: Amendment of Rule 2-02 and 3-07 of Regulation S-X*, February 5th. (SEC, "Accountant's Certificate," *Journal of Accountancy* Vol. 71 No. 3, March, pp.281-283.)
Zeff, S. A. (2003), How the U.S. Accounting Profession Got Where It Is Today: Part 1, *Accounting Horizons*, Vol. 17 No. 3, September.

（町田 祥弘）

第 **7** 章

合理的な保証

1　はじめに

本章では，合理的な保証（reasonable assurance）という概念を考察する。財務諸表の信頼性の保証を目的とする財務諸表監査において，また，財務諸表監査を含む保証（業務）の枠組みにおいて，合理的な保証は核となる概念の1つである。

財務諸表の信頼性の保証は，監査証拠の収集と評価を通じて監査人が獲得した財務諸表の適正性（または準拠性）に関する確信の程度を監査意見として財務諸表利用者に伝達することにより行われ，「合理的な」という形容詞は，監査人の確信の程度を表している。したがって合理的な保証は，①監査証拠の収集・評価，②監査意見の形成，および③監査意見の伝達に関連する概念である，特に，十分かつ適切な監査証拠，合理的な基礎（意見表明の基礎）および監査リスクと強く関係する。

2　合理的な保証の定義

(1)　「監査基準」および「中間監査基準」

現行の「監査基準」および「中間監査基準」（企業会計審議会，いずれも2020年（令和2年）11月6日改訂）では，合理的な保証という用語は，監査および中間監査の目的規定ならびに監査報告書および中間監査報告書に記載すべき監査人の責任規定で使用されている。この概念が「監査基準」および「中間監査基準」に導入されたのは，2002年（平成14年）の全面的改訂時である[1,2]。**図表7-1**は，当時

図表7-1 ■ 目的規定における「合理的な保証」の導入趣旨

	「監査基準」	「中間監査基準」
目的規定	財務諸表の表示が適正である旨の監査人の意見は，財務諸表には，全体として重要な虚偽の表示がないということについて，合理的な保証を得たとの監査人の判断を含んでいる。	中間財務諸表が有用な情報を表示している旨の監査人の意見は，中間財務諸表には，全体として投資者の判断を損なうような重要な虚偽の表示がないということについて，合理的な保証を得たとの監査人の判断を含んでいる。
導入趣旨	合理的な保証を得たとは，監査が対象とする財務諸表の特徴や監査の特性などの条件がある中で，職業的専門家としての監査人が一般に公正妥当と認められる監査の基準に従って監査を実施して，絶対的ではないが相当程度の心証を得たことを意味する。 なお，監査報告書における適正意見の表明は，財務諸表及び監査報告書の利用者からは，結果的に，財務諸表には全体として重要な虚偽の表示がないことについて，合理的な範囲での保証を与えているものと理解されることになる。	中間監査は，通常，年度監査と同一の公認会計士が監査人となり，毎期継続して実施する年度監査の狭間において年度監査の一環として実施することから，年度監査と同一の監査手続によらずとも，監査人は中間財務諸表に係る投資者の判断を損なわない程度の信頼性について合理的な保証を得ることができるものと考えられる。 ここでいう合理的な保証とは，中間監査の基準に基づき中間監査を実施して得ることのできる心証を意味するものである。

(出所) 2002年（平成14年）の全面的改訂時の「監査基準」および「中間監査基準」を含む『監査基準の改訂に関する意見書』（監査基準の改訂について，三）および『中間監査基準の改訂に関する意見書』（中間監査基準の改訂について，二および三・1）から抜粋。

の「監査基準」および「中間監査基準」における目的規定および当該規定の導入趣旨を示している。

なお，2014年（平成26年）改訂により導入された「準拠性に関する意見」も，適正性に対する意見と同様に，合理的な保証を得て監査意見を表明しなければならない（『監査基準の改訂に関する意見書』（「監査基準の改訂について」一・1および二・3））。また，四半期レビューについては，2007年（平成19年）の設定時に，「四

---

1 1998年（平成10年）に公表された「中間監査基準の設定に関する意見書」（企業会計審議会，1998）には，「中間監査は，年度監査と同程度の信頼性を保証するものではなく，中間財務諸表に係る投資者の判断を損なわない程度の信頼性を保証する監査として位置付け，＜以下，略＞」（二・2）と，「信頼性の保証」の提供という考え方が明示されている。また，「保証」という用語がはじめて登場したのも「中間監査基準の設定に関する意見書」である。年度監査と中間監査の関係を，監査人が保証する財務諸表の信頼性の程度の差異に着目して整理している点が特徴であるが，保証の水準には言及していない。
2 「監査基準」および「中間監査基準」に，合理的な保証，および保証の水準という概念が導入される契機となったのは，企業会計審議会「監査基準等の一層の充実に関する論点整理」（2000年6月9日）における問題提起である。

半期レビューは，財務諸表には全体として重要な虚偽の表示がないということについて合理的な保証を得るために実施される年度の財務諸表の監査と同様の保証を得ることを目的とするものではない。」(『四半期レビュー基準の設定に関する意見書』(二・1))ことが明示されている。

以上の「監査基準」および「中間監査基準」の目的規定および導入趣旨の説明に基づけば，合理的な保証という概念は，「職業的専門家としての監査人が一般に公正妥当と認められる監査の基準に準拠して監査を実施することにより獲得する，絶対的ではないが相当程度の心証」と定義される。また，監査人は，絶対的ではない相当程度の心証を得て監査意見を表明し，そのことを通じて財務諸表利用者に合理的な保証を与えることになる。

このことから，「合理的な保証」概念は，監査人が得る「心証」という意味だけでなく，監査人が与える「保証」という意味を含んでおり，絶対的ではないが相当程度の心証に基づいて監査意見を表明することにより，財務諸表利用者に対して保証が与えられることになる[3, 4]。

なお，監査人は，適正性に対する意見および準拠性に関する意見を表明する場合にはともに，合理的な保証を得なければならない。また，監査業務における「合理的な保証」と中間監査における「合理的な保証」は程度（水準）が異なり，四半期レビューは合理的な保証を得ることを目的とするものではない。

---

[3] 山浦（2008, 355-356）は，「『監査基準』は，以上に述べた，監査意見に対する監査人の根拠が財務諸表に対する利用者の信頼に転化する構図を『合理的な保証』（reasonable assurance）という概念で説明している。＜中略＞つまり，『監査の目的』でいう『合理的な保証』は財務諸表に重要な虚偽の表示がないことについて監査人が自ら入手した監査証拠を通して得る『相当程度の心証』であり，その心証が裏付けとなって財務諸表の読者に『相当程度の担保』を与える，という構図を『監査基準』は描いているのである。」と説明している。

[4] 児嶋・那須（2009, 397-398）は，『監査基準』のこのような表現を検討し次のように主張する。「保証は英語の assurance から来ている。英英辞典によれば，assurance には confidence（確信）と promise（約束）の2つの意味がある。『監査基準』と『前文』は，『監査人は，保証を得た結果として，保証を与えている』という構造になっているが，日本語としては『監査人は，心証（確信又は確証）を得た結果として，保証を与えている』となるべきである。

また，監査・保証業務を総合的に考察した内藤（2014, 12-14）は，「保証」という用語はさまざまな意味を持つことから，混乱をさけるために「保証」と「確信」を次のように区別している。上述の児嶋・那須（2009）と同趣旨の主張と理解される。
(i) 業務実施者が結論を表明する根拠として獲得した保証命題の確からしさに対する心証＝「確信」（業務実施者）
(ii) 開示された財務諸表（主題情報）と監査報告書（保証報告書）から，情報利用者が財務諸表（主題情報）を信頼して利用できると考える心証＝「保証」（情報利用者。保証業務の結論を利用する者）

(2) 国際監査基準

 国際会計士連盟（International Federation of Accountants : IFAC）が公表する諸基準の集成版である IFAC ハンドブックの用語集では,「保証」そのものの説明は示されず, 合理的な保証を参照することとされ,「合理的な保証」の項では,「(監査業務および品質管理における) 合理的な保証—高いが, 絶対的ではない水準の保証」と説明されている（IFAC 2018, 32）。保証業務（assurance engagement）の項において,「合理的保証業務」と「限定的保証業務」の定義が示されているが, 合理的な保証の定義は示されていない。つまり, 現在のハンドブックでは, 合理的な保証は, たんに財務諸表監査において獲得すべき水準（高いが, 絶対的ではない水準）の保証と説明されている。

 なお, 1999年版の IFAC ハンドブックの用語集には,「保証」および「合理的な保証」について, 次のような定義が示されていた（IFAC 1999, 110-111）。

> 「保証—保証とは, ある当事者が他の当事者のために行う主張の信頼性に関する監査人の確信（satisfaction）を意味する。このような保証を提供するために, 監査人は実施した手続の結果として収集した証拠を評価し, 結論を表明する。達成される確信の程度と, 提供される保証の水準は, 実施した手続とその結果によって決まる。」
> 「合理的な保証—監査業務において, 監査人は, 監査対象である情報に重要な虚偽の表示がないことについて, 合理的な保証として監査報告書において肯定的に表明し, 高いが, 絶対的ではない水準の保証を提供する。」

 このように, 1999年の時点では, 保証とは証拠に基づく監査人の確信であり, 結論を表明することによって保証が提供されること, そして合理的な保証とは, 監査業務において提供される, 高いが, 絶対的ではない水準の保証であることが示されていた。

(3) 監査文献

 内藤（2007, 443-444）は, 公認会計士など会計プロフェッショナルが実施する保証業務のうち, 合理的保証業務において業務実施者が得る心証を合理的な保証と捉え,「保証業務の対象の特定の属性に関する確からしさの程度, すなわち心証の程度が合理的な水準である場合のこと」と定義し,「保証業務の対象の命題（主題, 証明内容）の確からしさについて相当程度高い水準であらわされる程度の確信を得ている場合, 合理的な保証が得られたということになる。」と説明している。

鳥羽（2009, 86-87）は，「合理的保証とは，主題 S を公認会計士が監査手続を通じて確かめることによって，主題 S 全体についての結論を可能とする『合理的な基礎』を確かめ，もって主題 S 全体の状況に関する結論を自己の意見として**表明する方式**である。」（強調文字は筆者による）とする。また，亀岡ほか（2021, 358）は，「監査の主題が言明である場合，当該監査の主題についての監査人の結論は，通常の場合，当該言明の信頼性を肯定的に保証する方式が採用される。＜中略＞このように，監査意見を通じて言明の信頼性を**保証する形式**を合理的保証（肯定的保証）と呼ぶのである。」（強調文字は筆者による）と説明する。いずれの定義も，財務諸表監査を含む監査の基本的な枠組み（類型）の 1 つとして合理的な保証を位置づけているが，監査人の確信の程度（保証の水準）は，重要な構成要素として取り上げられてはいない。

3　財務諸表監査における保証

ここではまず，財務諸表監査の目的である保証の概念について検討する。

(1) 監査文献

　Dicksee（1905, 256）は，職業的専門家による監査について，「監査人が監査人として企業の計算書類に署名をするという事実だけで，問題となっている計算書類が監査人によって監査されたという明確な『表明』となる。したがって，この表明に依拠する権利を持つすべての人は，監査人が実施した作業は相応の技術と注意を払って行われたという（一般的な意味での）保証を受ける権利を明らかに有する。」と，保証（assurance）という意味合いを識別している。

　また，1912年から1999年の第12版まで継続的に出版された監査書である Montgomery（1912, 356）には，「監査人は，銀行や金融機関の業務や計算書類を検査する場合，一般的に，自身の証明書（certificate）が，当該証明の対象である計算書類の信頼性の保証（assurance）とみなされること，また，監査人は預金の安全性を確約（guarantee）するものではないが，監査人が検査した時点で銀行が債務超過であったにもかかわらず，監査報告書にはその事実を明らかにしていなかったことが事後的に判明した場合，一般の人々は，当然のことながら，監査人を厳しく非難するであろうことを，念頭に置くべきである。」という記述がある。また，Montgomery（1949, 4）は，会計士（public accountant）の財務諸表に対する意見を記載した報告書は，「企業の株主や経営者にとって，財務諸表の信頼性を保証

するものであるだけでなく，金融機関からは信用供与の前提条件として要求されることも多かった。」と述べている。

　さらに，19世紀後半から1930年代までのアメリカ監査制度の展開を資料に基づいて丹念に跡づけた千代田 (1984, 204-207) は，当時の General Electric (GE) 社の監査証明書の記載内容を分析し，監査証明書の記載内容が年次報告書における会社側の説明を「保証する」性質を有していることや，明確な意見の表明ではないが会計処理の安全性を保証しているように利用者には読める記載がなされていることを指摘している。

　当時の（財務諸表）監査の目的は現在とは異なるし[5]，多くの監査文献に登場するわけではないが，上述の文献から監査について「保証」という役割が識別されていたことが窺える。

　その後，アメリカにおいて監査基準が設定されると，ほとんどの監査文献において，財務諸表監査の目的は財務諸表の適正性に対する意見の表明であると説明されるようになり（例えば，Defliese, Johnson and Macleod 1975, 3-4），保証という表現があまり用いられなくなったが，1980年前後を境に，監査の目的または機能として保証が認識され，保証の水準も議論されるようになった。詳しくは後述する。

　なお，アメリカ会計学会『基礎的監査概念書』(AAA 1973, 6) は，「ある実体（個人，企業もしくは政府機関）によって伝達される会計情報がすべての重要な点について確立された規準とどの程度合致しているかに関して，独立で適格な権威ある者が確証的証拠に基づいて行う意見（判断）の伝達」と定義される証明機能を識別したが，保証概念への言及はない。Carmichael (1974) は，AAA (1973) の定義する監査（証明機能 (attest function)）は監査人の役割を表現するのに最適な用語ではなく（すなわち，狭すぎる），財務諸表監査を包含する概念はさまざまな水準の「保証」であると主張している[6]。

---

[5] Dicksee (1905, 22) では，(1)不正の発見，(2)技術的な誤謬の発見，および(3)原理的な誤謬の発見とされている。これに対して Montgomery (1912, 9) は，監査の形成期と呼ばれる時代には不正および誤謬の発見または防止が主目的であったが，監査に対する需要の変化と，監査人がその需要に対応できるようになったことを背景に，監査の目的の相対的な位置づけが，(1)企業の所有者，経営者または取引銀行などのために企業の財務状況や収益の実態を確かめることと，(2)不正や誤謬を発見することへと変化した，と述べられている。

[6] 秋月ほか (2021, 56-57) を参照されたい。

(2) 監査基準

次に，監査基準に目を向ければ，アメリカ会計士協会（American Institute of Accountants：AIA）の監査手続書（Statements on Auditing Procedures：SAP）第1号（AIA 1939, 4）には，「独立会計士が会社の業務を調査し報告するようになったのは，会計士が訓練と経験を通じて会計と監査に精通しているだけでなく，会計帳簿に記録された事実，あるいは検査によって開示された事実を冷静かつ独立して検討する能力と習慣を身に付けているからであり，その結果，その意見は，関連情報が財務諸表において適正かつ適切に（fair and adequate）表示されていることについて合理的な保証を提供するからである。」との記述がある。また，SAP 第30号（AICPA 1960, para.6）は，「独立監査人による監査の目的がすべての不正行為の発見にあるとしても，記録されていない取引，偽造，および共謀などが必ずしも発見されるとは限らないため，監査人は，すべての種類の不正が発見されたか，あるいは全くないという保証を与えることはできない。」とする[7]。

また，アメリカ公認会計士協会（American Institute of Certified Public Accountants：AICPA）の監査基準書（Statements on Auditing Standards：SAS）では，当時有効であった SAP を集成した SAS 第1号を除けば，SAS 第53号（AICPA 1988）においてはじめて，以下のように「保証」という用語が登場する。

> 「監査人は，財務諸表に重要な虚偽の表示をもたらす可能性のある誤謬や不正のリスクを評価しなければならない。監査人は，その評価に基づき，財務諸表に重要な影響を及ぼす誤謬や不正を発見するための合理的な保証を提供するために，監査計画を策定しなければならない。」（para.5）

日本の「監査基準」をみると，1950年（昭和25年）7月に公表された「監査基準 監査実施準則」には「監査人は，監査の実施に当つて，会計上の不正過失の発見に努め，重大な虚偽，錯誤又は脱漏を看過してはならないが，その監査証明は，不正過失の事実が皆無であることを保証するものではない。」（第一・七）という記述がある。また，「その意見を保証するに足る合理的な証拠」（1950年公表のみ），「自己の意見を保証するに足る合理的な基礎」（1956年（昭和31年）改訂以降）

---

[7] SAP には，このほかに，必要な監査手続の省略により監査範囲が限定されている場合に，消極的保証（negative assurance）を記載した監査報告の発行を禁じること（SAP 32（AICPA 1962）），証券引受業者への書簡における消極的保証の提供（例えば，SAP 35（AICPA 1965）），あるいは内部統制が提供する合理的な保証（例えば，SAP 54（AICPA 1972））という記述が見られる。

および「自己の意見を保証するに足る十分な証拠」(1965年（昭和40年）改訂以降）という表現が用いられていた。しかし，1989年（平成元年）5月改訂を最後に，1991年（平成3年）12月改訂「監査基準」および1998年改訂「監査基準」には，保証という語句は登場しない。次に「保証」という語句が用いられるのは，2002年にそれまでの「監査基準・準則」を全面改訂した「監査基準」である。

(3) 「保証」の語義

　保証の語義は，『広辞苑（第七版）』によれば，「①大丈夫だ，確かだとうけあうこと。「人柄を―する」，②〔法〕保証債務を負担すること。民法上，個人が行う場合は制約が課されている。」と説明されている。また，Oxford Dictionary of English (3rd. ed.) には，"assurance : 1 a positive declaration intended to give confidence ; a promise ; 2 confidence or certainty in one's own abilities ; certainty about something ; 3 insurance, specifically life insurance. および assure : 1 tell someone something positively to dispel any doubts ; 2 make (something) certain to happen ; 3 cover (a life) by assurance." という意味が示されている。

　英語の語義の1つである「（生命に）保険をかける」という意味合いは，広辞苑にも示されておらず，われわれの一般的な感覚としても「保証（する）」がそのような意味合いで用いられることはないと判断できる。また，日本語の語義として示されている「保証債務を負担する」という意味合いは英語にはない[8]（英語では"guarantee"の意味合いであろう）。

　一方で，共通して示されている「誰かが何かを確かだと請け合う」という意味合い，特に英英辞書に示されている「信頼を与えるための積極的な陳述」や「自身の能力に対する自信や確信，何かに対する確信」は，監査意見を表明することを通じて財務諸表の信頼性を保証するという，財務諸表監査による保証に合致するものである。

(4) 財務諸表監査による保証の意味

　財務諸表監査は，監査意見の伝達という行為により財務諸表の適正性を保証す

---

[8] 保証債務について，内藤（2000）は，情報利用者の観点からは，監査結果としての意見表明がもたらす効果は「保証」であると解釈するのは当然であるという立場をとり，法律上の意味合いとしての「保証債務を負担すること」について，公認会計士法や証券取引法（当時）などの法解釈に基づき，財務諸表監査による保証は，広辞苑が示す2つの意味合い（うけあうことと，保証債務を負担すること（主たる債務を担保する作用））を持つとの見解を示している。

ると理解されている。「保証」という言葉の一般的な意味のうち，このような財務諸表監査による保証にあてはまる意味は，「誰かが何かを確かだと請け合う」，「信頼を与えるための積極的な陳述」，および「自身の能力に対する自信や確信，何かに対する確信」である。

　財務諸表監査による保証はさらに，適切な教育と訓練を受け，何らかの客観的な認定を受けた職業的専門家によって行われるという点，および監査証拠に基づく点に特徴がある。つまり，先に紹介したSAP第1号（AIA 1939）の記述からも窺えるように，財務諸表監査による保証は，会計および監査に関する一定水準以上の能力を有する監査人によってのみ提供されるものと位置づけられる。また，監査証拠の収集・評価にあたっての内部統制への依拠（基本的に信頼しうる内部統制の存在を前提とすること）も，財務諸表監査による保証の特徴といえる。

　これらを踏まえると，財務諸表監査による保証は，「適格性を有する監査人が，証拠に基づいて財務諸表の適正性に対する意見を表明することにより，財務諸表の信頼性を請け合うこと」と整理できる。

4　保証水準の認識

　ここまで，財務諸表監査における保証の概念について考察してきたが，アメリカではSAS第53号（AICPA 1988）において，日本では2002年改訂「監査基準」において，専門用語としての「合理的な保証」という概念が登場した[9]。ここでの「合理的な」は保証の水準（程度）を意味する。財務諸表監査において保証の水準が議論されるようになった背景には，次の2つの動向がある。ただし，両者は無関係ではない。

(1)　開示情報の拡大と保証業務の展開

　財務諸表監査の領域において，監査意見の保証の程度（保証水準）や今日の限定的保証業務につながる議論は，1970年代には芽吹いていた。また，拡張する開示情報の保証という社会要請への対応および会計士業務の拡張という観点からの保証業務に関する議論は1990年代後半から活発に行われてきた。

9　先述のとおり，SAP第1号（AIA 1939, 4）において「合理的な保証」という語句が用いられているが，ここでの「合理的な」は一般的な意味合いである。

① Carmichael（1974）

企業の開示情報の拡大に対応して保証水準に差のある監査概念を提唱した初期の文献に Carmichael（1974）がある。監査の証明機能（attest function）は，監査人が財務情報に関与する場合に，その保証は監査意見による保証と同等でなければならないという人為的な制約を課しているが，監査意見に代わる保証の必要性は，基本財務諸表以外の中間財務情報，予測情報，あるいは年次報告書に記載されるデータに対する保証を求める声や，未監査財務諸表やコンフォートレターがしばしば悪用されることからも明らかである。すべての情報が財務諸表と同じ水準の信頼性を達成できるわけではないことを認識し，さまざまな種類の情報に対して異なる水準の責任を監査人に課すことが望ましい。保証水準の概念は，会計士が関与している場合の保証の否定から，伝統的な監査意見による最大の保証までの保証の連続体（spectrum）を想定している。保証水準の概念を発展させることは，未監査情報への根拠のない依拠を招くことなく，より信頼性の高い財務情報へのニーズを満たすための現実的な方法である。

② Milburn（1980）

Milburn（1980）は，限定的保証業務に焦点を合わせ，保証水準の概念的枠組み，限定的保証業務基準，および限定的保証の伝達を考察した文献である。保証水準の概念的枠組みを考察した同書第2部では，伝統的な財務諸表監査を含む包括的な概念的枠組みの中に限定的保証業務を位置づけ，保証の連続体という概念を示した。また，保証水準を規定する基本的要因を認識するとともに，合理的な保証水準が概念上，コスト・ベネフィット分析によって規定されることを示唆した。

③ AICPA（1996）

財務報告のあり方と非財務情報の重要性への関心の高まりを背景に，AICPAは1994年に，財務報告に関する特別委員会の報告書『事業報告の改善』（AICPA 1994）を公表した。同報告書は，企業の外部報告書の利用者の情報要求を反映した企業報告のあり方として，包括的事業報告モデルを提示した。

AICPA は，この開示情報拡大の方向性を受けて，監査による保証機能を拡張する必要を認識し，保証業務に関する特別委員会を設置した。同委員会は，1996年に『保証業務に関する特別委員会報告書』（AICPA 1996）を公表した。同報告書は，保証業務を「意思決定者に対する情報の質，あるいはその内容の質を改善する独立した専門的サービスである」(63) と定義し，監査機能の拡張は，監査

の客体，方法，および目的という3つの要素について認識できるとした。これによって監査による保証機能の範囲が拡大される可能性が認識され，「保証」という概念が議論されることとなった。

④ IAASB（2000）

国際監査・保証基準審議会（International Auditing and Assurance Standards Board：IAASB）は，2000年に，国際保証業務基準（International Standard on Assurance Engagements：ISAE）100「保証業務」をISAE 3000「保証業務（旧ISAE 100）」（IAASB 2000）に改訂した。当時のIAASB基準では，過去財務情報の監査およびレビュー，ならびにISAE 3000が高水準の保証業務と定義する過去財務情報以外の主題に関する基本原則と必須の手続は規定されていたが，中位水準の保証業務については規定されていなかった。そこで，IAASBは，保証業務の体系を示す概念的枠組み（IAASB 2003a）とすべての保証業務に関する基本原則と必須の手続を規定したISAE 3000（改訂版）「過去財務情報の監査またはレビュー以外の保証業務」（IAASB 2003b）を設定した。

ISAE 3000（改訂版）は，保証業務を，保証水準と結論表明形式が異なる「合理的保証業務」と「限定的保証業務」に区分した。そして，合理的保証業務の目的は，業務実施者の結論を積極的形式で表明するための基礎として，その業務環境条件の下で保証業務リスク（assurance engagement risk）を許容可能な低い水準に減少させることであり，限定的保証業務の目的は，業務実施者の結論を消極的形式で表明するための基礎として，その業務環境条件の下で，保証業務リスクを合理的保証業務の場合よりも高いが許容可能な低い水準に減少させることであると規定した（IAASB 2003b，2）。

(2) 監査リスク・アプローチの導入

もう1つの動向は，監査リスク・アプローチの導入である。AICPAは，1983年に，SAS第47号「監査の実施における監査リスクと重要性」（AICPA 1983）を公表した。SAS第47号は，「一般に認められた会計基準に準拠して適正に表示している」という文言は，財務諸表には全体として重要な虚偽の表示はないという監査人の信念を暗黙裏に示している（para.3）とし，重要な虚偽の表示がないことと財務諸表の適正性は同義であることを示した。そして，監査リスクは「重要な虚偽の表示のある財務諸表に対して監査人がその事実に気づかずに監査意見を適切に限定できないリスク」と定義され（para.2），監査人は，専門家としての判

断により，財務諸表に対する監査意見を表明するのに適切な低い水準に監査リスクを統制するように，監査計画を立案し監査手続を実施することが求められた(para.9)。これは，監査リスクを一定水準に抑えることにより，財務諸表は財政状態，経営成績およびキャッシュ・フローの状況を適正に表示しているという意見を表明することができることを意味する。つまり，監査リスクを適切に低い水準に抑えたと監査人が結論した場合，結果として，財務諸表には重要な虚偽の表示はなく，したがって財務諸表は一般に認められた会計基準に準拠して適正に表示されていることを意味する。

5 「合理的な」の意味

このように時代の要請に応じて認識され，その操作化が図られるようになった保証の水準について，現在では，合理的な保証（また，これとの対比で絶対的な保証）という用語が用いられている。ここでは，「合理的な」の意味を検討する。

(1) 監査基準における用法

先の「保証」と同じく，「合理的な」や「合理的に」という表現も，1950年の「監査基準」設定当初から用いられている。例えば，1956年改訂「監査基準・準則」では，「合理的な証拠を確かめなければならない。」(第二・二)，「監査の効果と犠牲とを比較秤量するとともに，内部統制組織の信頼性の程度を判定して，監査手続適用の範囲，方法及び日数を合理的に決定しなければならない。」(第二・三)，「財務諸表に対する自己の意見を保証するに足る合理的な基礎を与えるため」(監査実施準則・一)，および「正規の監査手続は，実施可能にして合理的である限り，これを省略してはならないものである。」(監査実施準則・一・(一))のように用いられている。また，1991年12月の改訂時に「監査の合理的な実施を図るための資料として監査調書を作成しなければならない。」(監査実施準則・八)という表現が用いられている。これらのうち，「合理的な証拠」と「合理的な基礎」は専門用語であり，「合理的に決定」，「実施可能にして合理的」，「合理的な実施」は一般的表現である。

次に，日本の「監査基準」設定に大きな影響を及ぼしてきたアメリカの監査基準を確認する。SAP第1号（AIA 1939, 4-6）には，「意見表明の十分な根拠となるように計算書類の合理的な検証を実施しなければならない。」，「(独立会計士の)意見は，関連する情報が財務諸表において公正かつ適切に表示されているこ

とについて合理的な保証を提供する。」，および「一般に認められている監査手続として，実施可能にして合理的な（practicable and reasonable）場合には」という記述が見られる。また，SAP 第3号（AIA 1940, 1）は，「『合理的な』の主たる意味は，『理性（reason）を備えている，道理にかなっている（rational），健全な判断力を有しているか，または行使している，もしくは分別がある（sensible）』である。」という説明が示されている。また，1947年に公表された『監査基準試案』（AIA 1947）の実施基準（Standards of Field Work）には，「監査対象の財務諸表に対する意見の合理的な基礎となる十分にして適格な証拠資料を入手しなければならない。」という基準が置かれている。さらに，SAP 第5号（AIA 1941）には，「我々の意見では，我々の監査は，当該状況に応じて適用される一般に認められた監査基準に準拠して実施され，我々が必要と考えるすべての監査手続を含んでいる」という監査報告書の文言は，「監査人が合理的な根拠（reasonable ground）をもって信念（belief）を表明したものにすぎない。」との記述が見られるし，SAP 第33号（AICPA 1963, Chapter.6）は，「監査人は通常，経済的な制約の中で業務を実施する。経済的に有用であるためには，監査人の意見は，合理的な時間と費用の範囲内で形成されなければならない。」と述べている。

これらのうち，「合理的な保証」および「合理的な基礎」のみが専門用語であり，他の「合理的」は一般的な意味合いで用いられていると考えられる。

(2) 「合理的な」の語義

『広辞苑（第7版）』によれば，「合理的」とは，「①道理や理屈にかなっているさま。②物事の進め方に無駄がなく能率的であるさま。」であり，「合理性」とは，「①道理に適っていること。論理の法則にかなっていること。②行為が無駄なく能率的に行われること。」とされている。また，Oxford Dictionary of English（3rd. ed.）には，Reasonable : 1 having sound judgement ; fair and sensible ; 2 as much as is appropriate or fair, moderate. および Reasonableness : 1 sound judgement ; fairness ; 2 the quality of being as much as is appropriate or fair ; moderateness. と示されている。

つまり，日本語では，「道理」，「理屈または論理」，「無駄なく」，「能率的」という表現がなされ，英語では，健全な（sound），公正な（fair），分別がある（sensible），適切な（appropriate）および適度の（moderate）という意味合いが含まれている。日本およびアメリカの監査基準で用いられている「合理的」という語句の意味は，このような意味（特に，無駄がなく能率的である，適切・適度である）

と同じであると考えてよいであろう。

(3) 合理的な保証の意味

合理的な保証の「合理的な」は，基本的に，財務諸表監査の性質や種々の制約条件（時間，コスト・ベネフィットなど）を前提として，監査人が無駄なく能率的に監査業務を実施して獲得すべき保証の程度（保証水準）を意味していると考える。この意味では，監査，レビュー，その他の保証業務のそれぞれについて「合理的な」保証水準が想定できる。また，合理的な保証には，同じく財務諸表監査の性質や種々の制約条件により，「絶対的な保証」[10]つまり100％間違いのない保証ではないという意味合いも含まれる。

しかし，先述のとおり，現在の「監査基準」においては，合理的な保証の程度は「絶対的ではないが相当（に高い）程度」と定義されている。これは，IAASBが，業務基準の設定にあたり財務諸表監査を合理的保証業務として保証業務の枠組みの中に位置づけ，限定的保証業務との差別化を図るための方策であると考えられる[11]。

したがって，保証業務を構成する合理的保証業務と位置づけられる財務諸表監査における合理的な保証と，財務諸表監査における合理的な保証は，意味合いが異なることに留意すべきである（鳥羽 2000, 138）。

6 合理的な保証の獲得

「合理的な保証」には，監査人が財務諸表の適正性について獲得する絶対的ではないが相当程度の確信という意味がある。このような意味での「合理的な保証」とはどの程度の保証を意味し，その水準はどのように決定されるか。また，監査

---

[10] 「絶対的な保証」は"absolute assurance"の訳であり，筆者もこれまで一貫してこの訳語を用いているが，「絶対的」の対義語は「相対的」であり，誤解を生じる可能性がある。合理的な保証に相対的な意味合いは含まれない。"absolute assurance"は「完全な保証」あるいは（据わりは悪いが）「疑問の余地のない保証」と訳したほうが意味は伝わりやすいと考える。

[11] ISAE 3000（IAASB 2013, para.A3）には，「限定的保証業務で得られる保証水準は合理的保証業務よりも低いので＜中略＞業務実施者が限定的保証業務において実施する手続の種類と実施時期は合理的保証業務とは異なり，適用範囲は合理的保証業務よりも狭い」という説明がある。ここで保証水準は，業務リスク（engagement risk）の高低により決まる。IAASBは，合理的保証業務をベンチマークとし，それよりも低い水準の保証を提供する業務として限定的保証業務を設計している。伊藤・林（2014）を参照されたい。

人の心証は，監査証拠の収集と評価に基づいて形成されるが，監査人は，どのようにして「絶対的ではないが相当程度の心証を得た」と判断するのであろうか。

(1) 合理的な保証と監査リスクの関係

　財務諸表監査の結論が監査人の「意見」として表明されるのは，その結論が真実を反映した絶対的知識にもとづくものではなく，証拠に裏づけられた心証であることによる。また，財務諸表監査の性質と限界により，監査人は財務諸表の適正性について絶対確実な心証（確信）を得ることはできない。職業的専門家としての正当な注意を払い，一般に公正妥当と認められる監査の基準に準拠して監査を実施したとしても，誤った監査意見を形成してしまう可能性は常に存在する。監査意見の表明による財務諸表の信頼性の保証は，さまざまな制約条件の下で，100％ではないにしろ，社会的に（少なくとも監査対象である財務諸表の利用者に）許容される水準のものでなければならない。また，保証の水準の高低は，財務諸表の適正表示に関する監査人の心証の程度によって決定される。「監査基準」のいう「合理的な保証」は，社会的に許容される水準の保証を意味し，その裏づけとなる監査人の心証の程度を「絶対的ではないが相当程度の心証」と表現していると考えられる。監査人は，財務諸表の適正表示に関する監査意見の基礎を獲得しなければならないが，「自己の意見を形成するに足る基礎」（「監査基準」第三・一・3および第四・一・3）の獲得とは，合理的な保証の裏づけとなる相当に高水準の心証を得ることを意味する。

　保証の水準の高低は，財務諸表の適正表示に関する監査人の心証の程度によって決定される。つまり，監査人が獲得しなければならない合理的な保証の水準と，そのために必要な監査意見の基礎は，誤った監査意見を形成する可能性の高低によって左右される。監査意見による保証水準（％）は，100％の保証水準から監査リスク（％）を差し引いた水準となる。監査リスクは，監査の計画と実施にあたって，監査人が目標水準として設定するが，完全な自由裁量で決定できるものではない。理念的には，社会的に許容される合理的な保証の水準が95％であると判断すれば，監査リスクは5％となる。つまり，監査リスクを評価，統制することによって，社会的に許容される保証水準を達成しようという考え方が，監査リスク・アプローチである。これに関連して「監査基準」は，以下の規定を置いている。

　「監査人は，監査リスクを合理的に低い水準に抑えるために，＜中略＞監査計画を策

定し，これに基づき監査を実施しなければならない。」(第三・一・1)
「監査人は，監査意見の表明に当たっては，監査リスクを合理的に低い水準に抑えた上で，自己の意見を形成するに足る基礎を得なければならない。」(第四・一・3)

つまり，監査リスクを合理的に低い水準に抑えることにより，合理的な保証が得られることが予定されている。

(2) 合理的な保証と監査基準の関係

先述のとおり，合理的な保証は，「職業的専門家としての監査人が一般に公正妥当と認められる監査の基準に準拠して監査を実施することにより獲得する，絶対的ではないが相当程度の心証」と定義される。したがって，「監査基準」は（年度の）財務諸表監査に求められる意見形成の基礎，すなわち絶対的ではないが相当程度の心証が得られるように設定されており，監査人は，「監査基準」に準拠した監査を実施することにより（重要な限定事項がなければ）合理的な保証を得ることができると理解される。

(3) 保証水準の決定要因

① Milburn (1980)

Milburn (1980) は，監査人によるさまざまな関与の形式に適用できるように保証水準の概念的枠組みを構築することを試み，保証水準の決定要因について具体的な例を示しながら検討している。同書は，監査による保証を「監査努力が，他の特定化された情報の信頼性を増大させる程度，あるいは，監査努力が当該情報に含まれる重大な誤謬を減少させる程度であり，すなわち，特定の重要な誤謬を摘発する信頼性の水準（degree of confidence）としてみなすことができる」として定義する。そして，この保証水準を決定する要素として，以下の4つを挙げている（Milburn 1980, 127-129)。

---
(1) 監査努力（audit effort）
(2)(a) 監査可能性（auditability）
　(b) 監査人の能力（auditor competence）
(3) 監査努力の結果（results of audit effort）

このモデルに対して，古賀 (1990, 41-42) は，(2)(a)の監査可能性は，結果的に監査努力の範囲に著しい影響を与えるものであるため，(1)の監査努力の要素に含

めて考え，(2)(b)の監査人の能力は，通常前提として設定されるべき性質のものであることから，保証水準の決定要因は，(1)の監査努力と(3)の監査努力の結果に集約されると主張している。

② IAASB（2002）

保証業務における保証水準[12]の差異が利害関係者に適切に理解されているかを検証した国際会計士連盟の報告書（IAASB 2002）は，保証水準を決定する要因に関する2つのモデル—影響要因の相互作用モデルと作業量モデル—を提示している。

● 要因相互作用モデル
　このモデルでは，保証水準は，①主題，②規準，③プロセス，および④証拠の質と量という4つの要因の相互作用によって決定される。業務実施者は，これら4つの影響要因の相互関係を考慮に入れて，適切な保証水準を決定するために専門的判断を行使する。
● 作業量モデル
　このモデルでは，保証水準は，第一に利用者のニーズ（コストの考慮を含む），第二に十分かつ適切な証拠を入手するために実施した手続によって決定される。主題および規準は当該業務契約の前提条件とみなされる。いずれの要因も業務実施者が当該業務契約を受諾するか否かを決定する際に考慮される。業務実施者が規準および主題は保証業務を契約するに足ると決定すれば，保証水準を決定するのは作業量（実施する手続の種類，実施時期および適用範囲）である。

IAASB（2002）は，作業量モデルよりも要因相互作用モデルのほうを支持する証拠が得られたとする。また，作業量が保証水準に影響を与えることについては広範な支持が得られているが，「監査」と「レビュー」という極端な場合であっても情報利用者は保証水準の相違を認識していないことが示されており，伝達面での課題が指摘されている。

③ 松本（2005, 2012）

松本（2005, 2012）は，IAASB（2002）の議論を発展させて，保証水準の構成要素を次の式で示している。

---

12 ここにいう「保証」は，保証業務において業務実施者が獲得する保証，つまり確信を意味する。業務実施者が獲得する保証（確信）とは，保証業務の結論の確からしさについて業務実施者が抱いた心証である。

$$\text{保証水準} = \text{保証対象} \times \text{保証手続}$$

　要因相互作用モデルのうち，主題と規準は当該保証業務契約が締結される時点で確定すると考えれば，主題および規準を保証業務契約の前提条件とみなす作業量モデルを用いることができる。すなわち，主題，規準，およびこの2つの要因により決まる主題情報によって保証対象が確定する。要因相互作用モデルの残り2つの要因であるプロセス（手続の種類，実施時期および適用範囲）および証拠の質と量は，監査人の作業量に置き換えることができる。業務契約の締結により，保証水準（目標水準）は事前に確定する。この条件の下で，保証手続の種類，実施時期および適用範囲で表現される作業量によって入手できる証拠の質と量が異なり，結果としての保証水準が決定されることになる。

　周知のとおり，現在の財務諸表監査では，監査手続の計画と実施を導く論理として，監査リスク・アプローチが採用されている。監査人は，監査証拠の収集と評価によって，財務諸表に重要性水準を上回る虚偽の表示は存在しないということを，ある確からしさの水準で認識する。この水準が保証水準である。保証水準（監査人の確信度）は，財務諸表レベルの監査リスクの補数（保証水準＝1－監査リスク）という関係が想定されている。

7　合理的な基礎

　合理的な保証に関連する概念に「合理的な基礎」がある。日本の「監査基準」における合理的な基礎に関する記述を時系列で整理する。

　合理的な基礎という用語は，「監査基準」設定当初は，「財務諸表に関する自己の意見に対して，合理的な基礎を与えるため証拠を求める手段」（1950年）および「財務諸表に対する自己の意見を保証するに足る合理的な基礎を与えるため」（1956年）と，いずれも「監査実施準則」における監査手続の定義で用いられていた。

　1965年以降は，監査手続の定義ないし説明に加えて，「自己の意見を保証（形成）するに足る合理的な基礎」（1965年改訂ないし2009年（平成21年）改訂）および「財務諸表に対する意見を形成するに足る合理的な基礎」（1991年改訂ないし2009年改訂），「意見表明のための合理的な基礎」（2002年改訂ないし2009年改訂）という表現で，監査意見表明の「根拠」という意味でも用いられている。

　その後，IAASBのクラリティ版国際監査基準[13]への対応を図った2010年（平成

22年) 改訂において,「自己の意見を形成するに足る合理的な基礎」は「自己の意見を形成するに足る基礎」に（第三 実施基準・一・3）,「意見表明のための合理的な基礎」は「意見表明の基礎」(第四 報告基準・三) にそれぞれ変更され，現在に至っている。

現在の「監査基準」(2020年改訂) において「基礎」が用いられている規定は，以下のとおりである。

> 「監査人は，自己の意見を形成するに足る基礎を得るために，経営者が提示する財務諸表項目に対して＜中略＞監査要点を設定し，これらに適合した十分かつ適切な監査証拠を入手しなければならない。」(第三・一・3)
> 「監査人は，監査意見の表明に当たっては，監査リスクを合理的に低い水準に抑えた上で，自己の意見を形成するに足る基礎を得なければならない。」(第四・一・3)
> 「監査人は，重要な監査手続を実施できなかったことにより，自己の意見を形成するに足る基礎を得られないときは，意見を表明してはならない。」(第四・一・4)
> 「監査の結果として入手した監査証拠が意見表明の基礎を与える十分かつ適切なものであること」(第四・三(2))
> 「監査人は，重要な監査手続を実施できなかったことにより，財務諸表全体に対する意見表明のための基礎を得ることができなかったときには，意見を表明してはならない。」(第四・五・2)

したがって,「監査基準」における「基礎」は，監査人が表明する監査意見の根拠であり，それは，監査リスクを合理的に低い水準に抑えることを前提として，十分かつ適切な監査証拠の入手により得られることを意味する。

(4) 意見表明の「合理的な基礎」と「基礎」

IAASB が公表する国際監査基準（International Standard on Auditing：ISA）700「財務諸表に対する意見の形成と報告」において，監査報告書に記載される文言が「合理的な基礎（reasonable basis）」から「基礎（basis）」に変更されたのは，2004年12月改訂時（IAASB 2004）である[14]。改訂前後の該当箇所の記述は以下のとおりである。

---

13 IAASB は，2003年から2008年にかけて，IAASB が設定する国際基準の継続的な改善を目指して起草方針の見直し作業（いわゆるクラリティ（明瞭性）プロジェクト）を実施した。新起草方針により，個々の基準には，監査人が達成すべき目的（Objective(s)），要求事項（Requirements），および適用指針その他の説明資料（Application and Other Explanatory Material）という区分が設けられた。監査人が遵守しなければならない要求事項は，従来の基準では適用指針や説明とともに記述されていたが，クラリティ版では独立した区分に置かれ，義務を表す"shall"または"should"が用いられる。

「監査報告書においては，監査人は，実施した監査が監査意見の合理的な基礎を提供している旨を述べなければならない。」(IAASB 2001, para.15)
「監査報告書には，入手した監査証拠が監査意見の基礎を提供する十分かつ適切なものであると監査人が確信している旨を記載しなければならない。」(IAASB 2004, para.38)

先述のとおり，企業会計審議会「監査基準」は，2010年改訂にこの変更を反映したが，これについて亀岡ほか（2021，278）は，「『意見表明のための合理的な基礎』という最も本質的な概念を放棄している。」と批判する。批判の根拠は以下のとおりである。

「重要なことは，「意見表明のための合理的な基礎」は，監査人が入手した監査証拠が十分かつ適切であるかどうかの判断だけではなく，その判断を当然含んだうえで，財務諸表の適正表示に対する信念が合理的なものであるかどうかについての総合的な判断も含んでいるということである。それ故，かつての表現の方が監査意見に対する監査人の責任をより広く捉え，その意味で財務諸表利用者の保護に資する表現となっている。現在の『意見表明の基礎となる十分かつ適切な監査証拠を入手した』は，かつての『意見表明のための合理的な基礎を得た』に比べて，あまりにも監査責任防衛的といえるのではなかろうか。」

監査意見表明の基礎となる監査証拠は，適正性命題を細分化した経営者の主張に対して監査人が設定する監査要点に監査手続を実施することにより入手される。この証拠の十分性と適切性を評価して個々の監査要点に対する監査人の心証（信念）が形成され，これを統合することにより意見表明の基礎が形成されることになる。したがって，亀岡ほか（2021）が指摘するとおり，信念の合理性についての総合的判断が必要かつ重要である。このことから，「基礎」ではなく「合理的な基礎」という用語（概念）を用いることが望ましいと考える。

8　小　　括

合理的な保証に関する本章の議論から，以下のような示唆が得られた。

14　この改訂では，監査報告書に経営者の責任区分および監査人の責任区分が新設され，4区分となった。これは，財務諸表に対する経営者と監査人の責任を具体的に記載することにより，期待ギャップの縮小または解消を目論んだものである。
　なお，「合理的な基礎」から「基礎」へと変更された理由は，限定的保証業務についても，結論（意見）を形成する際にはそのための合理的な基礎が得られているという解釈が生じる余地があるという表現上の問題を解決するためと考えられる。

財務諸表監査による「保証」の基本的な意味合いは，会計および監査に関する一定水準以上の能力を有する監査人が，証拠に基づいて財務諸表の適正性に対する意見を表明することにより，財務諸表の信頼性を請け合うことである。また，財務諸表監査の信頼性の保証とは，監査意見の表明を通じて，財務諸表の信頼性（依拠可能性）（reliability）の程度を明らかにすることによって，財務諸表利用者にとっての財務諸表の信憑性（credibility）を高めることを意味する。

　保証の水準（程度）は，(1)開示情報の拡大に伴う，財務諸表以外の性質の異なるさまざまな情報への会計士の関与可能性が検討されたことと，(2)財務諸表監査に監査リスク・アプローチが導入されたことを背景として認識された。前者では，財務諸表監査による保証を高い水準の保証として，それよりも低い水準（中位水準や低位水準）の保証が議論された。後者については，財務諸表監査による保証の水準は監査リスクにより決定されるという関係が規定された。

　監査基準上，合理的な保証を得たとは，財務諸表の性格的な特徴や監査の特性などの制約のもとで，職業的専門家としての監査人が一般に公正妥当と認められる監査の基準に従って監査を実施して，絶対的ではないが相当程度の心証を得たことを意味する。ここで，合理的な保証の「合理的な」は，種々の制約条件を前提として，監査人が無駄なく効率的に（つまり合理的に）監査業務を実施して獲得すべき保証の程度を意味していると考えられる。この意味では，監査，レビュー，その他の保証業務のそれぞれについて「合理的な」保証の水準が想定できる。しかし，監査基準において合理的な保証の程度は，「絶対的ではないが相当程度」と定義されている。これは，IAASBが，業務基準の設定にあたり財務諸表監査を合理的保証業務として保証業務の枠組みの中に位置づけ，限定的保証業務との差別化を図るためと考えられる。財務諸表監査による保証の水準と監査リスクは補数の関係にある（保証水準＝1－監査リスク）。監査基準では，監査リスクを合理的に低い水準に抑えることにより，合理的な保証が得られることが予定されている。

　「監査基準」における（合理的な）基礎は，監査人が表明する意見の根拠であり，監査リスクを合理的に低い水準に抑えることを前提として，十分かつ適切な監査証拠の入手により得られるものである。

　今後の研究課題（残された課題）には以下のようなものがある。

　まずは，保証水準（監査人の確信度）と監査リスクの関係の再検討である。本章では，保証水準を監査人の確信度と捉え，保証水準は監査リスクと補数の関係（保証水準＝1－監査リスク）にあると理解している。しかし，保証水準を監査人

の確信度と捉えた場合，この関係は成り立たないとの指摘がある。監査リスクの定義および評価方法（福川 2012，第4章；瀧 1999）を含めて再検討が必要と考えている。これは第16章の議論とも関係する。

　また，この課題と関連するものとして，財務諸表の適正性に対する監査意見の表明を通じて財務諸表の信頼性を保証するという監査の目的（機能）の諸側面について，監査リスク・アプローチの導入による変化を考察する必要がある。これには，保証水準概念の考察（例えば，保証水準は幅を持った概念か，下限を意味する概念か）を含む。

　次に，適正表示の程度と保証の程度の関係も論点の1つである。合理的な保証の概念は，「財務諸表には全体として重要な虚偽の表示がないこと」について認識されている。石田（1983, 231-246）は，財務諸表に対する監査意見の保証水準と，財務諸表の適正性命題それ自体の信頼性との明確な区別の必要性を指摘している。つまり，監査意見の保証水準は，監査意見それ自体の保証の程度であるのに対して，適正性に対する信頼性の程度は，適正性それ自体に対するものである。この課題は，「得る」保証（監査人の視点，証拠の評価，監査意見形成プロセスに関係）と「与える」保証（利用者の視点，保証水準，伝達プロセスに関係）の明確な区別および両者の関係づけという側面も有する。

■参考文献
石田三郎（1983）『監査意見形成論』中央経済社。
秋月信二・岡嶋慶・亀岡恵理子・小宮山賢・鳥羽至英・内藤文雄・永見尊・福川裕徳（2021）『監査の質に対する規制―監査プロフェッション vs 行政機関』国元書房。
伊藤公一・林隆敏（2014）「保証業務手続の差異分析」内藤文雄編著『監査・保証業務の総合研究』中央経済社，第6章。
亀岡恵理子・福川裕徳・永見尊・鳥羽至英（2021）『財務諸表監査（改訂版）』国元書房。
古賀智敏（1990）『情報監査論』同文舘出版。
児嶋隆・那須伸裕（2009）『監査論の要点整理（第4版）』中央経済社。
瀧博（1999）「財務諸表監査における事実認定の構造―信念関数による事実認定モデル」『會計』156巻1号，108-118頁。
千代田邦夫（1984）『アメリカ監査制度発達史』中央経済社。
鳥羽至英（2000）『財務諸表監査の基礎理論』国元書房。
―――（2009）『財務諸表監査　理論と制度　基礎編』国元書房。
内藤文雄（1998）「公認会計士の監査・保証業務の拡張に関する調査研究の動向」『JICPA ジャーナル』10巻10号，43-49頁。
―――（2000）「連結財務諸表監査の主要論点と監査による保証の意味」『現代監査』10号，18-

28頁。
────（2007）「合理的な保証」神戸大学会計学研究室編『第六版　会計学辞典』同文舘出版，443-444頁。
内藤文雄編著（2014）『監査・保証業務の総合研究』中央経済社。
長吉眞一（2010）「監査における『合理的な基礎』と『合理的な保証』との関係」『会計論叢』5号，1-12頁。
福川裕徳（2012）『監査判断の実証分析』国元書房。
保証業務と会計士の責任研究部会（日本監査研究学会）（2000）『会計士情報保証論──保証業務のフレームワークと会計士の役割』中央経済社。
松本祥尚（2005）「わが国証明制度の多様化と保証水準の関係」『現代監査』15号，47-54頁。
────（2011）「監査の保証機能とその発現形態」千代田邦夫・鳥羽至英編『会計監査と企業統治』中央経済社，51-83頁。
────（2012）「保証水準と監査人の役割と責任」『企業会計』64巻1号，79-84頁。
山浦久司（2008）『会計監査論』（第5版）中央経済社。
山岸俊男（1998）『信頼の構造──こころと社会の進化のゲーム』東京大学出版会。
American Institute of Accountants (AIA) (1939), Statements on Auditing Procedure (SAP) No. 1, *Extensions of Auditing Procedure*, AIA.
──── (1940), SAP No. 3, *Inventories and Receivables of Department Stores, Instalment Houses, Chain Stores, and Other Retailers*, AIA.
──── (1941), SAP No. 5, *The Revised S.E.C. Rule on "Accountants' Certificates,"* AIA.
──── (1947), *Committee on Auditing Procedure, Tentative Statement of Auditing Standards : Their Generally Accepted Significance and Scope*, AIA.
American Institute of Certified Public Accountants (AICPA) (1960), SAP No. 30, *Responsibilities and Functions of the Independent Auditor in the Examination of Financial Statements*, AICPA.
──── (1962), SAP No. 32, *Qualifications and Disclaimers (Clarification of Reporting Standards)*, AICPA.
──── (1963), SAP No. 33, *Auditing Standards and Procedures*, AICPA.
──── (1965), SAP No. 35, *Letters for Underwriters*, AICPA.
──── (1972), SAP No. 54, *The Auditor's Study and Evaluation of Internal Control*, AICPA.
──── (1983), Statement on Auditing Standards (SAS) No. 47, *Audit Risk and Materiality in Conducting an Audit*, AICPA.
──── (1988), SAS No. 53, *The Auditor's Responsibility to Detect and Report Errors and Irregularities*, AICPA.
──── (1994), *Improving the Business Reporting-A Customer Focus : Meeting the Information Needs of Investors and Creditors*, AICPA.（八田進二・橋本尚共訳（2002）『アメリカ公認会計士協会・ジェンキンズ報告書　事業報告革命』白桃書房。）
──── (1996), *Report of the Special Committee on Assurance Service*, AICPA.
Carmichael, D. R. (1974), The assurance function-auditing at the crossroads, *The Journal of Accountancy*, Vol. 138, No. 3, pp.64-72.

Defliese, Philip L., Kenneth P. Johnson and Roderick K. Macleod (1975), *Montgomery's Auditing, Ninth ed.*, The Ronald Press Company.

Dicksee, Lawrence R. (1905), *Auditing : A Practical Manual for Auditors*, New York.

International Auditing and Assurance Standards Board (IAASB) (2000), International Framework for Assurance Engagements 3000 (previously ISAE 100), *Assurance Engagements*, International Federation of Accountants (IFAC).

―――― (2001), International Standard on Auditing (ISA) 700, *The Auditor's Report on Financial Statements*, IFAC.

―――― (2002), *Study 1, The Determination and Communication of Levels of Assurance Other than High*, IFAC.

―――― (2003a), *International Framework for Assurance Engagements*, IFAC.

―――― (2003b), International Standard on Assurance Engagements 3000 (Revised), *Assurance Engagements Other than Audits or Review of Historical Financial Information*, IFAC.

―――― (2004), ISA 700 (Revised), *The Independent Auditor's Report on a Complete Set of General Purpose Financial Statements*, IFAC.

―――― (2013), International Standard on Assurance Engagements 3000 (Revised), *Assurance Engagements Other than Audits or Reviews of Historical Financial Information*, IFAC.

International Federation of Accountants (IFAC) (1999), *IFAC Handbook 1999 : Technical Pronouncements*, IFAC.

―――― (2018), *Handbook of International Quality Control, Auditing, Review, Other Assurance, and Related Services Pronouncements, Part 1*, IFAC.

Milburn, Alex J. (1980), *Limited Audit Engagements and the Expression of negative assurance*, Canadian Institute of Chartered Accountants.

Montgomery, Robert H. (1912), *Auditing : Theory and Practice*, The Ronald Press Company.

Montgomery, Robert H., Norman J. Lenhart and Alvin R. Jennings (1949), *Montgomery's Auditing, Seventh ed.*, The Ronald Press Company.

(林 隆敏)

Audit Entities

第 II 部

監査の主体

　監査行為の主体である監査人の独立性は，財務諸表監査に求められる機能を果たすために不可欠である。また，監査人は独立性を保持するとともに，職業的専門家としての正当な注意を払わなければならない。第8章では，国内外の監査基準等における「独立性」の定義と説明を整理し，監査人の独立性に関する監査基準の規定の理解，監査人の独立性概念と関連する諸概念との関係づけ，および，その関係性における独立性の意味内容の理解について考察している。第9章では，監査基準における「職業的専門家としての正当な注意」に関する規定の変遷を概観するとともに，正当な注意の適用範囲と水準について考察している。さらに，有効な監査の実施には精神的独立性と並んで「職業的専門家としての懐疑心（職業的懐疑心）」が重要となる。第10章では，職業的懐疑心の概念を，「どの程度疑うのか」，「どのように疑うのか（疑う方法）」，「何を疑うのか（疑う対象）」という3つの視点から考察するとともに，正当な注意との関係も検討している。

第 8 章

独 立 性

1 はじめに

　財務諸表監査成立の基礎を委託受託関係に置こうが，取引関係の成立に置こうが，財務諸表監査が求められる機能を果たすために監査人の独立性（independence）が必須の条件となることに変わりはない。監査人の独立性は，財務諸表監査の質を規定する最重要な要因であるにもかかわらず，これまで，「独立性」概念に対して研究上の焦点が当てられることは少なかったように思われる。これは，監査人の独立性が，少なくとも概念としては，それほど議論を必要とするものではなく，その意味するところが明白であると考えられてきたためかもしれない。

　一般に，監査人が保持すべき独立性には精神的独立性と外観的独立性があるとされる。『会計学大辞典』によれば，監査人が精神的独立性を保持していれば監査は成立するが，「監査人の精神的独立性に悪影響を及ぼしたり，財務諸表利用者等からの不信感を招いたりする可能性のある外的要因を排除するべく，あらかじめ監査人の適格性の要件として外観的独立性の規定を置く必要がある」（町田 2007）と説明されている。

　確かに，監査人には，精神的独立性と外観的独立性の保持が必要であるという一般的な説明を目にすると，特段の疑問を持たずに納得しがちである。しかしながら，監査人の「独立性」とは，監査人がどのような状態にあることを意味しているのかをあらためて考えてみると，これまでに十分な学問的考察が蓄積されていないこと，そしてそれが故に，独立性について十分に納得のいく説明ができないことがわかる[1]。

本章では、まず国内外の監査基準等において、独立性がどのように定義され、また説明されているのかを検討する。その後、「独立性」概念について、2つの論点を取り上げて、この概念の意味内容が必ずしも明らかではないことを示す。第1の論点は、監査人の独立性に関する「監査基準」の規定をどう理解すればよいか、である。第2の論点は、監査人の「独立性」概念を、それと関連する諸概念とどのように関係づければよいのか、その関係性の中で「独立性」の意味内容をどのように考えればよいのか、である。

なお、以下の引用部分中の太字はすべて筆者による強調である。

2　独立性の定義

(1)　「監査基準」

まずはじめに、「監査基準」における監査人の独立性に関する現行規定を確認しておく。「監査基準」第二　一般基準2は以下の通りである。

> 「2　監査人は、監査を行うに当たって、常に**公正不偏の態度**を保持し、**独立の立場**を損なう利害や**独立の立場**に疑いを招く外観を有してはならない。」

ここには、独立性に関して2つの概念が出現していることに注意が必要である。「公正不偏の態度」と「独立の立場」である。この規定が設けられたのは、2002年（平成14年）の「監査基準」改訂においてである。「独立の立場」という概念が登場したのは、1991年（平成3年）改訂「監査基準」においてである。そこで、1991年改訂前まで遡り、独立性を巡る規定の変遷を確認しておく。

1991年改訂前の「監査基準」においては、監査人の独立性に関連して、以下の規定が第一　一般基準一および二として置かれていた。

> 「一　企業が発表する財務諸表の監査は、監査人として適当な専門的能力と実務経験を有し、かつ、当該企業に対して**特別の利害関係**のない者によって行われなければならない。
> 二　監査人は、事実の認定、処理の判断及び意見の表明を行うに当って、常に**公正不偏の態度**を保持しなければならない。」

1　例えば、Mautz and Sharaf (1961) では、1章を割いて独立性が取り上げられており、そこでは主としてプロフェッション、制度、実務の観点からの独立性の意義が議論されているが、独立性概念自体についての掘り下げた検討はなされていない。

1991年改訂前の「監査基準」においては，「特別の利害関係」と「公正不偏の態度」という2つの概念が用いられている。ここで，「特別の利害関係」とは，「監査人の精神的独立性に対比される**経済的・身分的独立性**（あるいは客体的独立性，形式的独立性）を意味し，財務諸表監査における監査人としての**適格性を判断するにあたっての，被監査会社とのあいだに存在してはならない経済上・身分上の利害関係**をいう」（山桝・檜田 1984, 71）。

　その後，1991年の「監査基準」改訂において，この「特別の利害関係」という概念が消滅し，「独立の立場」という概念が登場する。1991年改訂の関連規定（第一　一般基準一および二）は以下の通りである。

> 「一　企業が発表する財務諸表の監査は，監査人として適当な専門的能力と実務経験を有し，かつ，当該企業に対して**独立の立場**にある者によって行われなければならない。
> 　二　監査人は，事実の認定，処理の判断及び意見の表明を行うに当って，常に公正不偏の態度を保持しなければならない。」

　1991年の改訂前後で比べてみると，「特別の利害関係のない者」が「独立の立場にある者」に変更されている。これについて，新井・村山（1992, 18-19）では，「『特別の利害関係』なる字句は，証券取引法193条の2にあり，証券取引法固有の意味内容を持つので，より一般的な表現としての『独立の立場』に改めた。身分的・経済的独立性を要請する実質的な趣旨は変わらない」とされており，これは「表現修正タイプ」（表現は改めたものの，それによって実質的な意味を変えようとするものではないもの）に分類されている。

　つまり，独立の立場にあることとは，特別の利害関係のないことであり，身分的・経済的独立性を意味するものであることがわかる。前述したように，その後，「独立の立場」は2002年改訂後の「監査基準」にも残り，現在に至っている。

　ここで，現行規定における「公正不偏の態度」と「独立の立場」という2つの概念の関係をどのように理解すればよいのかが問題となるが，ここでは指摘にとどめ，詳しくは後述することとする。

(2) 国際監査基準および国際会計士倫理規程

　国際監査・保証基準審議会（International Auditing and Assurance Standards Board: IAASB）による国際監査基準（International Standards on Auditing）において，独立性は以下のように定義されている（Glossary）。

「独立性—独立性は，次の精神的独立性及び外観的独立性から構成される。
(a) 精神的独立性（Independence in mind）—職業的専門家としての判断を危うくする影響を受けることなく，結論を表明できる精神状態を保ち，**誠実（integrity）**に行動し，**客観性（objectivity）**と職業的懐疑心を堅持できること。
(b) 外観的独立性（Independence in appearance）—事情に精通し，合理的な判断を行うことができる第三者が，会計事務所等または監査業務チームや保証業務チームの構成員の精神的独立性が堅持されていないと判断する状況にはないこと。」

この定義は，IAASBが独自に定めたものではなく，国際会計士倫理基準審議会（International Ethics Standards Board for Accountants：IESBA）が公表している国際会計士倫理規程（International Code of Ethics for Professional Accountants including International Independence Standards）における定義を採用したものである。

国際会計士倫理規程では，誠実性（Integrity），客観性（Objectivity），職業的専門家としての能力および正当な注意（Professional Competence and Due Care），守秘義務（Confidentiality）および職業的専門家としての行動（Professional Behavior）の5つが基本原則（fundamental principles）として示されている。これらの基本原則の遵守は，すべての職業会計士に対して，監査に限らずあらゆる専門業務を実施する際に求められている。

国際会計士倫理規程において，誠実性および客観性は次のように定義されている。

「110.1 A1　職業会計士が遵守すべき倫理上の基本原則には，次の5つがある。
(a) 誠実性—すべての職業的専門家としての関係及びビジネス上の関係において率直かつ正直であること。
(b) 客観性—次のいずれにも影響されることなく，職業的専門家としての判断または業務上の判断を行うこと。
　(i) **バイアス（bias）**
　(ii) 利益相反
　(iii) 個人，組織，テクノロジー若しくはその他の要因からの過度の影響又はこれらへの過度の依存」

以上から，国際会計士倫理規程においては，独立性は，基本原則のうちの客観性と誠実性とに関係づけられており，独立性を保持することで，誠実性をもって行動し，客観性を維持することが可能となると説明されていることがわかる。さらに，客観性とはバイアス等の要因によって判断が歪められていないことを意味

するものとされている。

(3) アメリカの監査基準等

公開会社会計監視委員会（Public Company Accounting Oversight Board：PCAOB）が公表する監査基準（Auditing Standards：AS）では，独立性は次のように説明されている。

AS 1005「独立性」では，まずはじめに，「アサインメントに関連するすべて事項において，監査人は，心的態度としての独立性（an independence in mental attitude）を保持しなければならない。」（para. 01）としている。また，監査人は，クライアントに関してバイアス（bias）を受けてはならず，そうでなければ，自らの発見事項に依拠するのに必要な公正不偏性（impartiality）を欠くこととなると説明する（para. 02）。これは，いわゆる精神的な独立性の重要性を指摘したものと解釈できる。ここで，心的態度としての独立性が，バイアスおよび公正不偏性との関係で説明されていることに注意が必要である。

さらに，AS 1005は，監査人が独立していると認識されることの重要性について，次のように述べている（para.03）。

「一般大衆が独立監査人の独立性に信頼を置いていることが最重要である。一般大衆の信頼は，独立性が実際に失われているとの証拠によって阻害されるが，独立性に影響する可能性が高いと合理的な人が信じるであろう状況が存在することによっても阻害される可能性がある。監査人は，独立であるためには，知的に正直（intellectually honest）でなければならない。独立していると認識されるためには，クライアント，その経営者あるいはその所有者に対する義務，あるいはそれらが有する利害から解放されていなければならない。」

これは，精神的独立性が誠実性と関連づけられていることに加え，監査人が独立していると認識されるために利害関係を有さないことが必要であることが指摘されている点で重要である。

ここに示された考え方は，古い歴史を有している。アメリカ会計士協会（American Institute of Accountants：AIA）監査手続委員会が1947年に公表した『監査基準試案』（AIA 1947）に端を発し，同じくAIA監査手続委員会が1963年に公表した監査手続書第33号「監査基準および監査手続」（AIA 1963）に引き継がれた。その後，アメリカ公認会計士協会（American Institute of Certified Public Accountants：AICPA）が1973年に公表した監査基準書第1号「監査基準および監査手続の集成」（AICPA 1973）に組み込まれ，PCAOBが公表する現在のASに至っている[2]。

なお，監査基準を構成するものではないが，AICPAが公表している『職業行動規程（Code of Professional Conduct）』（AICPA 2022）にも，独立性についての規定が存在している（0.300.050）。

> 「客観性は，心の状態であり，会員の業務に対して価値を付与する質である。それは，プロフェッションの特筆すべき特徴である。客観性の原則は，公正不偏であること（impartial），知的に正直であること，利害の対立がないことを義務として求めるものである。独立性は，証明業務を提供する際に，会員の客観性を阻害するように見える可能性のある関係を排除する。」（para.02）

ここでは，「客観性および独立性」との表題のもと，客観性と並置する形で，独立性が説明されている。

3　わが国の現行「監査基準」における概念の混乱

前節において，わが国の現行「監査基準」における監査人の独立性に関する規定には，「公正不偏の態度」と「独立の立場」という2つの概念が見られるが，その関係をどのように理解すればよいかが問題になることを指摘した。本節ではこの問題を検討することとする。

すでに指摘したとおり，「独立の立場」は，1991年の改訂によって導入された概念であるが，その意味内容は，改訂前の「特別の利害関係のない者」から変わっていないとされている。

2002年に行われた，「監査人は，監査を行うに当たって，常に**公正不偏の態度**を保持し，**独立の立場**を損なう利害や**独立の立場**に疑いを招く外観を有してはならない。」（第二　一般基準2）との文言への変更の意味するところについて，脇田（2002, 24）は次のように説明している。

> 「公認会計士が，自らの監査の結果に基づく確信（信念）として意見を表明する「公正不偏性」を保持してこそ，公認会計士による財務諸表監査の存在価値である。公認会計士の「公正不偏性」の保持が，財務諸表監査の制度的存在の基礎そのものなのである。したがって，公認会計士の精神的自浄努力が強く要求されるのはしごく当然である。
> と同時に，監査人が被監査会社の就縛に陥る危険性のある環境あるいはその公正不

2　アメリカにおける監査基準発展の歴史については，鳥羽（1994）および岡嶋（2018）を参照されたい。

偏性に疑惑をもたれるようなおそれのある環境を制度的に排除する必要がある。そこで，＜中略＞外形的独立性要件を一般基準2．に移して規定した。なお，外形的独立性要件の詳細は，公認会計士法およびその他の関連法令，日本公認会計士協会の倫理規則・同注解に委ねるのが合理的であり，それぞれの従前よりも一層明確に規定された。」

この説明からすると，「公正不偏性」はいわゆる精神的独立性と同義と考えてよさそうである。問題は，「独立の立場」である。「独立の立場を損なう利害や独立の立場に疑いを招く外観」との表現が，全体として外形的独立性を意味しているとしても[3]，「独立の立場」という概念が何を意味し，「公正不偏性」とどのような関係にあるのかは明らかではない。

「監査基準」の規定と脇田（2002）の解説とを素直に関係づければ，「独立の立場を損なう利害」を有することとは，「被監査会社の就縛に陥る危険性のある環境」に身を置くことであり，「独立の立場に疑いを招く外観」を有することとは，「公正不偏性に疑惑をもたれるようなおそれのある環境」に身を置くことと理解できる。この理解に基づけば，「独立の立場」は「公正不偏性」と同義ということになる。その場合，この規定を，「公正不偏の態度を損なわせる利害や公正不偏の態度に疑いを招く外観を有してはならない」と読み替えて理解できる。しかし，それではなぜ，このように規定せず，「公正不偏の態度」とは別の「独立の立場」という概念を用いているのであろうか。

前述したように，元々，独立の立場にあることとは，特別の利害関係のないことであり，身分的・経済的独立性を意味するものであった。その後，「独立の立場」は2002年改訂後の「監査基準」にも残り，現在に至っているが，現在までに，その意味・解釈が変更されたとの指摘は見当たらない。

そうすると，「独立の立場を損なう利害を有すること」は，「特別の利害関係がないという状態を損なう利害を有すること」ということになる。また，「独立の立場に疑いを招く外観を有すること」は，「特別の利害関係にないという状態に疑いを招く外観を有すること」となる。しかしながら，これが意味をなさないことは明らかである。前者はリダンダントであり，後者は，身分的・経済的関係を有していなければそのような関係を有しているとの外観を招くことはないためわざわざ規定を置く必要がない。

以上の考察から，監査人の独立性に関する現行の「監査基準」の規定には，特

---

[3] 外形的独立性とは何か，という問題は別に残っていることには注意が必要である。

に「独立の立場」について概念的に混乱が見られ，そのままでは意図しているはずのところを正しく理解することができないことが明らかとなった。

この概念的な混乱を解消するために採りうる方策は2つある。1つは，「独立の立場」という概念を使うことをやめることである。もう1つは，「独立の立場」という概念を再定義することである。

前者の方策は，最も簡単に概念的な混乱を解消できる。監査人は，公正不偏の態度を保持するとともに，公正不偏の態度（の保持）を損なわせる利害や公正不偏の態度（の保持）に疑いを招く外観を有してはならないと規定すればよい。

後者の方策は，「独立の立場」を定義し直し，新たな意味を持たせることである。例えば，「公正不偏性」を精神的独立性の発揮を可能とする心の状態と定義し，「独立の立場」を個々の監査局面において精神的独立性を発揮している状態と定義すれば，現行の規定は意味的に成立する。もちろん，これはあくまでも現行の規定を前提にそれが意味を持つための概念の再定義の例を試案的に提示しただけであり，このような再定義が適切であると主張しているわけではないことには注意が必要である。

最後に，以上の議論に関連して，重要な提案が日本監査研究学会・監査人の独立性に関する研究部会（2003）（委員長は川北博氏）によってなされているので紹介しておきたい。そこでは，監査人の精神的独立性に対置される外見的独立性[4]が，伝統的には身分的・経済的独立性を意味していることを指摘した上で，それらを包摂した新しい概念を提案している。そこでは，外見的独立性を，「監査人の判断の独立性に対して社会が抱くイメージ」（日本監査研究学会・監査人の独立性に関する研究部会 2003, 95）と定義する。この定義の観点から現行『監査基準』の規定を見れば，精神的独立性（公正不偏性）と外観的独立性（身分的・経済的独立性）に加えて，日本監査研究学会・監査人の独立性に関する研究部会（2003）が提案する外見的独立性を規定することを意図したものとも読める[5]。もしそうであれば，いま一度，独立性概念を整理し，それらが適切に表現された規定に改めるべきであろう[6]。

---

4 一般的には，外観的独立性と呼ばれるものを，ここでは外見的独立性と呼んでいる。
5 ただし，外見的独立性の本質は，監査人（の独立性）に対する社会のイメージであるため，監査基準にはなじまないとの指摘もある（鳥羽 1994, 172）。

4 「独立性」概念と関連諸概念との関係

本節では，監査人の「独立性」概念についての論点をもう1つ取り上げる。それは，監査人の「独立性」概念が，それと関連する諸概念との関係でどのような意味内容を持つのか，という論点である。言い換えると，監査人が独立しているとは，監査人がどのような状態にあることを意味しているのかということである。この論点は，先に取り上げた第1の論点と比べてより本質的で，複雑な問題を孕んでいる。

第2節で見たとおり，国際会計士倫理規程では，独立性は，客観性および誠実性と関連づけられている。また，アメリカでは，独立性は，バイアスがないこと，公正不偏であること，正直であることとされている。

しかし，これだけでは，独立性が，客観性，誠実性，バイアスがないこと，公正不偏性，正直であることといった関連諸概念とどのように関係しているのかは十分に明らかではない。また，これら以外の概念との関係性もここからはわからない。そこで，次に，独立性と他の諸概念との関係を整理し，独立性概念に含まれる意味内容を探求するため，日本の文献における独立性に関する説明をレビューする。加えて，その整理に基づきながら，「独立性」概念が未だ十分に精緻化されていないことを明らかにする。

(1) 日本の監査文献における「独立性」および関連概念[7]

ここでの監査文献レビューの目的は，監査人の「独立性」が歴史的にどのように説明されてきたのか，その展開をたどるとともに，さまざまな論者による「独立性」の説明に共通の要素があるのであれば，それを識別することである。その意味で，ここでレビューの対象として取り上げる文献はあくまでも例示的なものであって，包括的なものではないことに注意が必要である。

---

6 ここで指摘した概念的混乱の根本的な原因は，日本監査研究学会・監査人の独立性に関する研究部会（2003）が定義する外見的独立性と外観的独立性を混同したことにあるといえる。この立場からすると，第2節で取り上げた国際会計士倫理規程における "independence in appearance" は外観的独立性を規定したものであり，PCAOBのASに見られる「独立していると認識されるためには，クライアント，その経営者あるいはその所有者に対する義務あるいはそれらが有する利害から解放されていなければならない。」（AS 1005, para.03）は「外見的独立性を確保するには，外観的独立性を保持していなければならない」ことを意味したものと解釈できる。

① 吉田（1921）

吉田（1921, 315-319）は，監査人の資格として，技能的資格と性格的資格とが必要であるとしている。このうち，後者の性格的資格として，「職務に対し強き**責任観念**を持ち其職責の爲めには如何なる誘惑にも亦威厭にも屈せざる**勇気**と**信念**とを有する事」と「物事を精細・的確・敏速・**公平**に観察し又事務を規律正しく綿密に處理するの性格を有する事」の２つを挙げている。

② 近澤（1960）

近澤（1960）は，監査人が具備すべき人的資格要件として，「(1)簿記，会計，監査の各理論と実務に関して十分な知識および経験を有し，かつ鋭敏な判断力を有すること，(2)商業，経済，経営ならびにこれらに関する法規に明るいこと，(3)哲学，歴史，文学等の人文科学に関する諸科目に明るいこと，(4)徳望，信用の厚いこと，(5)秘密を漏洩せず，またこれを窃用しないこと，(6)**誠直であること**，(7)**妥協的でないこと**，(8)**廉潔であること**，(9)被監査人に悪行ありとの疑念をもって接することなく，相互の信頼と理解の上に立つこと，(10)綿密，忠実，**公平**，敏速に監査すること，(11)ものごとをただちに理解しうる能力を有すること，(12)会計記録を分析して解説する能力を有すること，(13)会計組織の改善，立案等企業経営上の諸事実をまとまつた形体に完成する能力を有すること，(14)会計記録における数字に関して説明を行い，監査依頼人に理解せしめる能力を有すること，(15)大局を把握しうる能力を有すること，(16)自己の監査した事項について遺漏なく文章に表

7　ここで取り上げる用語の一般的な定義（Oxford English Dictionary, 広辞苑）は以下の通りである。
- **independent**：free from outside control; not subject to another's authority; not depending on another for livelihood or substance; capable of thinking or acting for oneself
- **objective**：(of a person or their judgment) not influenced by personal feelings or opinions in considering and representing facts
- **Integrity**：the quality of being honest and having strong moral principles
- **bias**：inclination or prejudice for or against one person or group, especially in a way considered to be unfair; a concentration on or interest in one particular area or subject; a systematic distortion of a statistical result due to a factor not allowed for in its derivation
- **honest**：free of deceit; truthful and sincere
- **独立**：単独で存在すること。他に束縛または支配されないこと。ひとりだち。特に，一国または団体が，その権限行使の能力を完全に有すること。
- **公正**：公平で邪曲のないこと。(公平：かたよらず，えこひいきのないこと。)
- **不偏**：かたよらないこと。
- **客観的**：特定の個人的主観の考えや評価から独立して，普遍性をもっていること。
- **誠実**：他人や仕事に対して，まじめで真心がこもっていること。

現しうる能力を有すること,⑰創始力に富んでいること,⑱**堅忍不抜の精神**に富んでいること,⑲**自制力**に富んでいること,⑳一般公衆や自己の所属している団体に奉仕するに足るだけの社交性に富んでいること,㉑身分と給与の適正な保障が確立していること,㉒被監査人に対して同等またはそれ以上の地位にあること,㉓監査に堪えうるだけの体力を有すること」(71) を挙げている。

③ 日下部 (1965)

日下部 (1965) は「財務諸表監査は,**独立不羈の第三者**たる監査人によつて行われなければならない。ここに「独立」(independence) とは,**精神の独立**を保持し,かつ被監査会社との間に重要な**利害関係がないこと**を意味するが,また財務諸表の閲覧者たる**外部利害関係者とも直接の経済的関係をもたないこと**が必要である」(8) と述べるとともに,監査人の最も重要な人格的資格として精神的独立性を挙げている。ここで,精神的独立性とは,「独立不羈の第三者としていかなる**誘惑や圧迫にも屈せず**,義理人情にとらわれず,自己の良心と信念にしたがつて常に**客観的な**判断を下し公正に行動すること」(78) と説明されている。

④ 森 (1967)

森 (1967) は,アメリカにおける独立性概念の史的展開を検討した結果,実質上の独立性 (independence in fact) と外観上の独立性 (independence in appearance) の2種類の独立性があることを指摘している。このうち,前者の実質上の独立性とは,第一に広義には「独立独歩的 (self-reliant) であり,従属的でないという意味での独立性」(66),「職業人の有すべき自己の判断に対する自尊心」(67) を意味するものであり,第二に財務諸表に対する意見表明における独立性としては「会計士自身の判断による意見が,**利己心によって歪められた主観的なものであってはならない**という意味での独立性」(67) をいうものとされている。

他方,後者の外観上の独立性とは「個々の監査人が,監査報告書の読者である一般公衆からみて,独立であると判断される外観的状況」(73-74) であり,会計士の監査業務における公正不偏性を確保するという積極的な作用 (SEC の立場) と,一般の第三者に対する信頼感を高めるという消極的な作用 (AICPA の立場) とを有することが指摘されている。

⑤ 田島 (1983)

田島 (1983) では,監査人の独立性とは,「監査人が見たままのこと聞いたま

まのことをそのとおりに話したり表明したりすること，および経済的にも精神的にもこの線からふみはずすような影響をうけないこと，＜中略＞監査業務に対して全く**客観的**であり，裁判官のような**公正さ**をもって，あらゆる事実を探求し，それらを表示すること」(63) と説明されている。さらに，精神的独立性とは，「**客観的かつ不偏不党の態度**」(65) であり，「形式的な関係よりは，むしろ**正直・誠実・人格**などの内面的要素を基調とする」(65) ものであり，「**公平無私の判断を**なし，その結果を強い意志と勇気をもって表明すること」(65) を意味するとされている。

⑥ 三澤 (1984)

三澤 (1984) によれば，「監査人の公正不偏の態度ないし精神的独立性というのは，常に職業的専門家としての正当な注意を払って**誠実**に監査業務を実施し，**他からの干渉等があった場合にはこれを敢然と排除すること**を意味する」(34)。また，「監査人が精神的独立性を失い，**依頼人等による干渉や圧迫に屈したり，誘惑や義理人情に溺れる**ようなことになれば，監査人は，事実の正しい認定を怠ったり，処理の判断を歪めたり，良心にもとる意見を表明するような結果となる恐れがある」(34-35) と説明されている。

⑦ 檜田 (1985)

檜田 (1985, 37) では，「公正不偏の態度とは，心の状態として，**被監査企業の意見やその他の影響に惑わされることなく，自律的に自らの信念に基づいて行動する**と同時に，微細な判断において**偏見がなく**，**客観性**を保持し利己主義的でないこと」と説明されている。

⑧ 大矢知 (1992)

大矢知 (1992, 34) は，監査人の条件として適格性と独立性を挙げ，独立性には精神的独立性（公正不偏の態度）と外観的独立性（特別の利害関係なし）があると説明する。その上で，精神的独立性とは，「事実の認定，処理の判断および意見の表明を行うに当たって，監査人が被監査会社から**不当な影響を受けず**，また，被監査会社に依存せず独立して常に**公正不偏の態度**を保持するという精神状態」であると説明されている。

⑨ 鳥羽 (1994)

鳥羽 (1994) は, 監査人の精神的独立性について, 「一般には, 精神の独立を意味するが, 監査論においては, 監査上の判断については, 監査人自身の責任のもとで行い, 他人に自己の判断を委ねないこと, また, **他人からの干渉や影響を許さず**, 常に公正な立場から判断することを意味」(175) し, 「監査人自身が自分の行う監査判断の**客観性**をどのように認識し, 制御するかという, 監査人個人の**理性と自覚**に基礎をおいた概念」(175) であると説明する。

興味深いのは, 「監査の失敗 (虚偽証明) は, 基本的には, 監査判断上の過誤のため誤った監査意見を表明した場合と, 監査判断を**故意**に歪めて監査意見の表明を操作した場合とに分けられ」(179), 「**精神的独立性の欠如による虚偽証明は後者の場合**」(179) であると述べられていることである。

一方, 「監査を取り巻く利害関係者が抱く, 監査人に精神的独立性が欠けているのではないかとの疑い, 不安もしくは印象から, 監査人が解放されている程度または状況」(171) として外見的独立性を定義している。

⑩ 脇田 (1994)

脇田 (1994) では, 精神的独立性 (公正不偏性) は, 「監査の結果得られた**客観的根拠**に基づき自己の信念と良心に従い, **被監査会社その他全ての関係者からの影響 (懇願) と制約 (圧力) は一切排除**して, 監査人として判断し監査意見を形成するという心の状態」(48) とされる。また, 精神的独立性は「**時代も場所 (国) も超越しかつ絶対的なものであってその保持の程度を問題とする性質のものではな**」(48) く, この点において正当な注意義務とは異なると説明されている。

⑪ 河合 (1998)

河合 (1998, 68) では, 精神的独立性は公正不偏の態度を意味するものとされ, 「監査人の判断上の独立性であって, **他の人からの要請**をうけて, 職業的監査人としての自己の専門的判断をまげてはならないことをいう」と説明されている。

⑫ 伊豫田 (2004)

伊豫田 (2004) は, 監査人の独立性には, 実質的独立性と外観的独立性という2つの側面があると述べ, 実質的独立性とは「監査人が監査を実施し, その結果を意見として表明し, 利害関係者に必要と判断する情報を提供するにあたって, つねに被監査会社やその他特定の利害関係者の意見やはたらきかけに惑わされる

ことなく，職業専門家として自らの信念にもとづいて，客観的かつ公平な判断を行うための心の状態」(14) であると説明されている。一方，外観的独立性とは「監査人に実質的独立性が欠けるという疑いや印象を利害関係者に与えないために，監査人自身が保持すべき**外見上の独立性**」(15-16) であり，「公認会計士等の会計プロフェッション全体に対する利害関係者の**印象ないしイメージによって具体的に決定される**ものであるから，……監査人と被監査会社との間の**特別な利害関係の制限とその実状**といった事柄が，その独立性の**内容を決める要因**となる」(16) と説明されている。

⑬　友杉（2004）

友杉（2004）では，精神的独立性は「公正不偏な精神的態度，監査判断の独立性，主観からの脱却など監査人の心の問題」(62) であり，「監査人が**主観的判断**にとらわれず，**客観的事実**に基づいて，**偏見**をもたず，職業的専門家としての**誠実な信念**をもって行動する心構え」(63) であると説明されている。

⑭　山浦（2006）

山浦（2006）は，精神的独立性について，「財務諸表監査において監査人が特定の利害に与しない公正不偏の態度，すなわち特定の利害者の利益を考量することなく，**客観的**かつ，すべての利害者から**中立の姿勢**を貫くという，監査人のとるべき精神的姿勢」(156) と説明している。

(2) 「独立性」概念の意味内容

以上の文献レビューから，多くの論者に共通する（精神的）独立性の構成要素として以下の4点が識別できる。

- 他者からの影響を受けないこと
- 客観的であること（主観的でないこと）
- 公正であること
- バイアスがないこと（偏見がないこと，不偏であること）

この4つの構成要素は，国際会計士倫理規程における基本原則である "integrity" や "objectivity"，アメリカにおける "free from bias"，"impartiality" および "honesty"

(3) 意図的（故意）であることと独立性の関係

　最後に，上記の4つの要素を充たせば精神的に独立していると言えるのかということについて考えてみたい。言い換えれば，この問題は，意図的（故意）であるかどうかにかかわらず，これら4つの構成要素が充たされない場合は，監査人は独立性を保持していないことになるのかということである。

　精神的独立性の説明において，意図的（故意）であるかどうかに明示的に言及しているのは，筆者の調べた限りでは，鳥羽（1994）のみであった。しかし，他者からの影響を受けることにしても，バイアスが生じることにしても，意図的である場合だけではなく無意識の場合もある。例えば，十分な専門知識・能力を有していないことが原因で，意図せずして経営者の説明を鵜呑みにしてしまった場合には，独立性の欠如が問題となるのであろうか。心理学や行動科学で取り上げられるバイアスの多くは意識的（conscious）なものではなく，無意識的（unconscious）なものである。これらは独立性の問題なのであろうか。以上で見てきた国際会計士倫理規程や日本の諸文献（鳥羽（1994）を除く）での説明に基づけば，これは独立性の問題ということになってしまう。しかし，こうした意図的でなく無意識的に生じる問題は，独立性の問題としてではなく，正当な注意の問題あるいは職業的懐疑心の問題として捉えられるべきなのではないであろうか。また，従来，そのように捉えられてきたのではないであろうか。これを独立性の問題ではないというのであれば，独立性の概念を見直すことが必要であろう。

5　小　　括

　本章では，監査人の「独立性」概念を取り上げて，まず，わが国の「監査基準」，国際監査基準および国際会計士倫理規程，アメリカの監査基準等において，どのように規定されているのかを確認した。次に，わが国の「監査基準」における独立性に関する規定には概念的な混乱が見られることを指摘した。さらに，監査人の「独立性」概念の意味内容を，それと関連する諸概念との関係でどのように考えればよいのかを検討し，この概念の意味内容が必ずしも明らかではないことを示した。

　概念の境界を明確にし，その意味内容を明らかにすることは概念の定義の最も重要な点である。にもかかわらず，監査研究においては，監査人の「独立性」と

いう基本的と思われる概念についても，未だに十分に精緻化されているとは言えない。これは，監査研究者が喫緊に取り組むべき重要な課題といえるであろう。

■参考文献

新井清光・村山徳五郎（1992）『新監査基準・準則詳解』中央経済社。
伊豫田隆俊（2004）「監査のフレームワーク」伊豫田隆俊・松本祥尚・林隆敏『ベーシック監査論』同文舘出版，第1章。
大矢知浩司（1992）『新訂　監査論概説』白桃書房。
岡嶋慶（2018）『アメリカにおける監査規制の展開』国元書房。
河合秀敏（1998）『監査論　六訂版』同文舘出版。
日下部與市（1965）『新訂　会計監査詳説』中央経済社。
田島四郎（1983）『最新監査論』税務経理協会。
近澤弘治（1960）「会計士監査制度」青木倫太郎責任編集『監査会計論』（黒澤清主編，体系近代会計学第六巻）中央経済社，第二章。
鳥羽至英（1994）『監査基準の基礎＜第2版＞』白桃書房。
友杉芳正（2004）『新版　スタンダード監査論』中央経済社。
日本監査研究学会・監査人の独立性に関する研究部会（2003）「監査人の独立性に関する研究　実証研究のための理論的枠組を求めて」（日本監査研究学会第25回大会配付資料）。
檜田信男（1985）『監査演習　改訂増補版』同文舘出版。
町田祥弘（2007）「監査人の独立性」安藤英義・新田忠誓・伊藤邦雄・廣本敏郎編集代表『会計学大辞典』（第五版）中央経済社。
三澤一（1984）『会計監査の理論　改訂版』中央経済社。
森實（1967）『近代監査の理論と制度』中央経済社。
山浦久司（2006）『会計監査論　第4版』中央経済社。
山桝忠恕・檜田信男（1984）『監査基準精説（第三増補版）』税務経理協会。
吉田良三（1921）『會計監査』同文舘。
脇田良一（1993）『財務諸表監査の構造と制度』中央経済社。
――――（2002）「改訂の経緯および「目的」・「一般基準」」『企業会計』54巻5号，18-27頁。
American Institute of Accountants (AIA) (1947), *Tentative Statement of Auditing Standards*, AIA ; Committee on Auditing Procedure.
―――― (1967), *Statements on Auditing Procedure*, No. 33, Auditing Standards and Procedures, AIA ; Committee on Auditing Procedure.
American Institute of Certified Public Accountants (AICPA) (1973), *Statement on Auditing Standards*, No. 1, Codification of Auditing Standards and procedures, AICPA ; Committee on Auditing Procedure.
―――― (2022), *Code of Professional Conduct*, AICPA.
International Auditing and Assurance Standards Board (IAASB) (2020), *Handbook of International Quality Control, Auditing, Review, Other Assurance, and Related Services*

Pronouncements 2020 Edition Volume I, International Federation of Accountants (IFAC).
International Ethics Standards Board for Accountants (IESBA) (2022), *Handbook of the International Code of Ethics for Professional Accountants including International Independence Standards*, IFAC.
Mautz, R. K., and H. A. Sharaf (1961), *The Philosophy of Auditing*, American Accounting Association.(近澤弘治監訳,関西監査研究会訳(1987)『監査理論の構造』中央経済社。)

(福川　裕徳)

第9章

正当な注意

1　はじめに

　質の高い監査を実施するためには，当然のことながら，監査人は独立性を保持するとともに，職業専門家としての正当な注意を払わなければならない。金融庁企業会計審議会によって公表されている「監査基準」の第二　一般基準の1から4では，監査人の人的基準について規定されている。そこに含まれている諸概念のうち，第8章では，監査人の独立性（公正不偏の態度および独立の立場）を取り上げた。本章では，一般基準において，独立性と並んで中核的な概念と位置づけられる職業的専門家としての正当な注意（due professional care）を取り上げることとする。

　具体的には，はじめに日本の「監査基準」における正当な注意に関する規定の変遷を概観する。次に，そこから導かれる2つの論点，すなわち正当な注意の適用範囲およびその水準について検討する。その後，一般に，正当な注意に含まれるとされる監査人の「守秘義務」を取り上げて，この概念を巡る最近の動向を含めて考察する。

2　正当な注意の定義：「監査基準」を手がかりとして

　現行の「監査基準」第二　一般基準の3は，「正当な注意」について，以下のように規定している。

「3　監査人は，職業的専門家としての正当な注意を払い，懐疑心を保持して監査を

行わなければならない。」

　この現行規定は，2002年（平成14年）の「監査基準」改訂により導入されたものである。この規定の意義を明確にするとともに，「正当な注意」概念に関する論点を識別することを目的として，まずは監査基準の制定当時までさかのぼり，その史的展開を確認することから検討を始めることとする。

　1950年（昭和25年）に経済安定本部企業会計基準審議会によってはじめて制定された「監査基準」には，8つの条項からなる一般基準が置かれていた。そのうちの最初の4つが監査人の主体的要件・適格性の条件に関係するものであり，後の4つは啓蒙的な意味をもって掲記されたものである（岩田 1950b）。

　正当な注意に関しては，第一 監査一般基準の三として，以下のように規定されていた。

　　「三　監査人は，監査の実施及び報告書の作成については，職業的専門家としての正当の注意をもってこれを行わなければならない。」

　この規定について，起草者である岩田巖教授による解説を確認しておきたい。岩田（1950a）は，この規定を「いわゆる『Due Professional Care』を規定したもの」(23)であり，ここでいう「職業的専門家としての正当の注意」とは「職業的専門家として当然払うべき注意」(23)であるとしている。興味深いのは，この規定を，監査人として適当な専門的能力と実務経験を有していることを求めている監査一般基準一[1]の規定を受けて，その意味を補足しようとしているものと位置づけていることである。すなわち，専門的能力と実務経験を有するだけでなく，それを正当な注意をもって活用しなければならないことを求めたものであるとしているのである（岩田 1950b）。加えて，これが公認会計士法第30条に規定する「相当の注意」と同義であること，民法に規定する「善良なる管理者の注意」に該当すること[2]，監査一般基準の一から三の規定が互いに極めて密接な関係にあることを説明している（岩田 1950b, 13-14）。

　同様に，黒澤（1957b）も，この「正当の注意」を「職業的監査人として当然払わなければならない注意」(49)としている。さらに，黒澤（1957a）は，「正当の注意」を監査の実施と報告とに関係づけて，「それを具体的に規定したものが，

---

[1] 監査一般基準一は「企業が発表する財務諸表の監査は，監査人として適当な専門的能力と実務経験を有し，且つ，当該企業に対して特別の利害関係のない者によって行われなければならない。」と規定していた。

正規の監査手続たる監査実施準則および監査報告準則にほかならない」(29) と説明している。つまり，「正当の注意の問題は，監査実施における場合と，監査報告における場合とに分けて考察することができる」(黒澤 1957b, 49) として，監査実施については「正当の注意に関する手続的基準が監査実施基準にほかならない。これらの手続的基準をさらに補足するために監査手続の選択適用における監査人の任務の範囲をあきらかにしたものが正規の監査手続である」(黒澤 1957b, 52) と，監査報告については「このような意見（筆者註：監査意見）を提供することができるためには，監査基準の要求する一切の責任をはたさなければならない。監査報告書の作成における正当な注意の原則が，監査の最終段階における基準となる。この原則から，監査報告基準と監査報告準則が派生する」(黒澤 1957b, 54) と説明している。これは，正当の注意の内容を具体化したものが監査実施基準（監査実施準則）および監査報告基準（監査報告準則）であるとみていることを意味している。なお，黒澤 (1957b, 48) は，監査一般基準四に規定されている秘密保持の原則（守秘義務）を正当の注意の原則の一属性と捉え，これを正当の注意の原則に含めて考えることができるとしている。

　日本の監査基準における「正当の注意」は，1947年にアメリカで公表された「監査基準試案」(AIA 1947) における"due professional care"を取り入れたものである。「監査基準試案」は，証券取引委員会が1941年に公表した会計連続通牒第21号に端を発するいわゆる監査基準論争を経て公表されたものであり，そこでは次のような基準が一般基準3として設けられている。

"Due professional care is to be exercised in the performance of the examination and the preparation of the report."

　AIA (1947, 17-18) では，"due professional care"は，手続基準 (procedural standards：実施基準と報告基準) と関係づけて説明されている。つまり，特定の状況において監査人が"due care"を払ったかどうかという問いは，手続基準に

2　正当な注意の説明において民法上の「善良なる管理者の注意」に言及している監査文献は多く存在している。法律用語辞典によれば，善良なる管理者の注意は，「民事上の過失責任の前提となる注意義務の程度を示す概念で，その人の職業や社会的地位等から考えて普通に要求される注意」(『有斐閣　法律用語辞典［第5版］』)，「行為者の具体的な注意能力に関係なく，一般に，行為者の属する職業や社会的地位に応じて通常期待されている程度の抽象的・一般的な注意義務」(『法律学小辞典』［第5版］(有斐閣)) と説明されている。本章での議論との関係では，これらの説明における「普通に」あるいは「通常期待されている程度」が何を意味しているのかがポイントとなる。

照らして答えられるとしている。さらに，"due care"の義務について，不法行為法に関する文献（Cooley on Torts）を引用して，特定のスキルを必要とする職業に就いている者がサービスを提供する際には，同じ職業に就いている他者が普通（commonly）有している程度のスキルを自身が有していると公に認めていると解されると説明している。この引用部分は，現在の監査基準においてもほぼそのまま含まれている（PCAOB 2023, para.03）。

　この"due professional care"について，山浦（2008）は，「その直接の契機は，1933年証券法＜中略＞の第11条（C）で会計士の責任を「自己の財産を管理するにあたり，慎重なる人（a prudent man）に要求される程度の注意」を払う義務と定義し，これを前述のS.J. Broadがdue professional careとして提示したことに始まるのではないか」（162）と述べている。他方，川端（2018）は，"due professional care"概念を検討するにあたり，証券諸法よりも前に遡って，英米法の不法行為法における過失の有無の判断基準としての「合理的な注意と勤勉さ（reasonable care and diligence）」という概念から検討を始めている。こうした背景からして，"due professional care"概念が，当初から監査人の責任と強く結びついていたことは驚くに値しない（例えば，Rabel 1944；Blough 1949を参照）[3]。

　上記の監査一般基準三は，1966年（昭和41年）の「監査基準」改訂により，以下のように変更された。

「三　監査人は，監査の実施及び報告書の作成については，職業的専門家としての正当な注意をもってこれを行わなければならない。」

それまでの「正当の注意」が「正当な注意」に変更されている。これは，新たな監査実施準則の用語と一致させるため（佐藤 1967, 314）であり，内容的な変更ではない。

　その後，1991年（平成3年）の「監査基準」改訂により，以下のように変更された。これも修辞上の変更と解してよいであろう。

「三　監査人は，監査の実施及び報告書の作成に当たって，職業的専門家としての正

3　なお，興味深いことに，監査基準論争の中で公表されたBroad（1941；1942）を検討すると，"due professional care"がもっぱら監査人の心証形成（合理的証拠）と関係づけられていること（言い換えると，心証形成に直接関係しない監査人の行動は対象としていないように思われること），そして，"due professional care"が個人（の行動）を前提とした概念であり，組織の視点（例えば品質管理）は意識されていないことがわかる。前者の点については，監査基準論争においては「基準（standards）」と「手続（procedures）」の違いをどう説明するかに重点が置かれていたことによるのかもしれない。

当な注意を払わなければならない。」

「正当な注意」に関する規定は，2002年「監査基準」改訂において大きく変更され，上述の現行規定となっている。この改訂の理由について，「監査基準」前文（2002年1月25日）では，「監査人としての責任の遂行の基本は，職業的専門家としての正当な注意を払うことである。その中で，監査という業務の性格上，監査計画の策定から，その実施，監査証拠の評価，意見の形成に至るまで，財務諸表に重要な虚偽の表示が存在する虞に常に注意を払うことを求めるとの観点から，職業的懐疑心を保持すべきことを特に強調した。」と説明されている。これは，「職業的懐疑心が監査の専門家である公認会計士に要求される正当な注意（職業的義務）の中核をなしていること」（脇田 2002，24）を強調したものであるが，改訂前後の規定を比較してみると，その他の変更点として，改訂前にあった「監査の実施及び報告書の作成に当たって」の文言がなくなっていることがわかる[4]。

3　正当な注意を巡る2つの論点

前節では，「監査基準」における「正当な注意」に関する規定の変遷を確認した。ここから，本章で取り上げる次の2つの論点が導かれる。
① 正当な注意の適用範囲
② 正当な注意の水準

第1の論点は，正当な注意の適用範囲に関する問題である。正当な注意が監査人の責任と密接に関係した概念であることを踏まえると，正当な注意が適用される範囲は重要な問題である。黒澤（1957a；1957b）では，正当な注意は監査実施基準（監査実施準則）および監査報告基準（監査報告準則）と関係づけられていた。

---

[4] アメリカの現行の監査基準における"due professional care"に関する説明は，ここで取り上げた「監査基準試案」(AIA 1947)におけるものから実質的に変わっていない。また，国際監査基準（International Standards on Auditing）においては，職業的専門家としての正当な注意は明示的に定義・説明されておらず，国際会計士倫理規程（International Code of Ethics for Professional Accountants including International Independence Standards）における基本原則の1つである「職業的専門家としての能力および正当な注意（professional competence and due care）」への言及があるのみである。国際会計士倫理規程では，「職業的専門家としての能力および正当な注意」を，①現在の技術的および職業的専門家としての基準ならびに関連する法令等に基づいて，依頼人または所属する組織が適切な専門業務を確実に受けられるようにするために職業的専門家として必要な水準の知識および技能を修得し，維持すること，および②適用される技術的および職業的専門家としての基準にしたがって勤勉に行動すること，と定義している。

しかし，2002年「監査基準」改訂において「監査の実施及び報告書の作成に当たって」という文言は削除され，正当な注意を払わなければならない範囲は明示されなくなった。

第2の論点は，監査人が払うことが要求される正当な注意の水準である。「職業的専門家として当然払うべき注意」（岩田 1950a, 23）とはどのような水準の注意なのであろうか。この問題も，第1の論点と同様に，正当な注意が監査人の責任と結びついていることから重要である。

本章では，以上2つの論点を，日本における文献を題材として考察することとする。

4　正当な注意の適用範囲

(1)　「正当な注意」と監査実施基準・監査報告基準

黒澤（1957a；1957b）において，正当な注意の具体的内容は，監査実施基準（監査実施準則）および監査報告基準（監査報告準則）と関係づけられていたことは上述したが，こうした見解は，今日に至るまでの監査文献の中に一貫して見られる。

木村（1955, 12）は，監査人に要求される注意の基準が実施基準および報告基準に示されるとしている。近沢（1959）は，正当な注意が監査実施基準と監査報告基準と結びついている（140-141）として，このことが「監査基準を十分に研究し，監査理論と監査実務に十分に精通することが強く要請される所以でもある」（147）と述べている。山桝（1971）は，一般基準三に「監査の実施及び報告書の作成については」との文言が含められていることに，「『（監査）実施基準』と『（監査）報告基準』とを展開するための，いわば布石としての意味が，意識的に盛られている」（85-86）としている。同様に，大矢知（1992, 44）は，「職業的専門家としての正当な注意とは，具体的には，自己の属する職業の基準に厳密に従うことである。したがって監査基準・準則，公認会計士協会などの公表している各種の職業基準に準拠して，注意深く監査を実施し，報告書を作成する義務をいう」と述べ，正当な注意と監査基準との結びつきを示している。さらに明確な記述として，脇田（1993, 12）は，「この正当な注意義務の要請の基準を監査業務に即して具体的に規定したものが，『実施基準』であり『報告基準』である。それらを補足するものが『監査実施準則』と『監査報告準則』である。」と論じている。現行規定が導入された2002年以降も，「判断基準としての監査基準をは

じめ，監査基準委員会報告書などを遵守して監査業務を行うことから，正当な注意の水準が決まることになる」(友杉 2004, 65)，「職業的専門家としての注意義務であるから，自己の属する職業の基準に従うことを意味しており，監査基準，公認会計士協会等の定める各種の基準に準拠」(田中 2005, 66) することが求められる，「正当な注意は，監査人に対して監査実施基準および報告基準を遵守する責任を課している」(石田 2005, 75) といった同趣旨の見解がみられる。

これに対して，正当な注意を監査実施基準および監査報告基準に結びつけることに対しての異論も存在する。久保田（1959）は，監査の主体と監査の客体とは別個に取り扱わなければならないとの立場から，正当な注意がすぐに監査実施基準および監査報告基準に結びつくものではないとし，以下のように述べている。すなわち，「そこで監査の主体としての監査人について，監査上必要とすることを総括的に指示しているのが監査一般基準である。その主体たる監査人が監査行為をするとき，いかにするかを指示しているのが監査の客体たる監査実施基準の内容である。だから，職業的専門家としての正当な注意は当然のことである。いわば人を中心にした監査基準，監査行為を中心にした監査基準という二重の基準がある。しばしば監査基準の二重的性格（dual-nature concept of auditing standards）といわれるのはこのためでもある。」(144-145) と。

(2) 「正当な注意」と監査業務

他方，正当な注意を払うことが求められる業務の範囲の観点からの説明もみられる。例えば，日下部（1962, 62）は，「監査契約の締結をはじめとして，予備調査・監査計画の立案・補助者の監督・内部統制の検閲・会計証拠の吟味・監査調書や監査報告書の作成・会計制度の指導勧告などの監査業務は，すべてこの正当の注意をもって実行しなければならない。かくして正当の注意の基準は，決して単なる人的基準ではなく，むしろ監査業務の全体すなわち実施手続と報告手続の全般を規制する基準であり，監査行為の根本原則と解されるのである。」として，監査契約締結以降のすべての業務を対象として，正当な注意が求められるとしている。

この見解は，多くの論者に共通している。大矢知（1992, 44）は「計画策定，監査実施，報告書作成の監査実施プロセスの全局面で」と，河合（1998, 77）は「監査契約の締結から，監査計画の設定，監査証拠の収集，監査証拠の評定，監査報告書の作成，監査調書の作成・保存など」と，伊豫田（2004, 89）は「監査計画の策定から，その実施，監査証拠の評価，意見の形成に至るまで」と，友杉（2004,

66) は「監査の契約から監査計画の編成，監査の実施，監査の報告書の作成にわたるすべての監査業務において」と，原（2005, 68）は「監査の実施や報告書の作成にあたり，すなわち監査業務全体にわたって」と，石田（2005, 75）は「監査契約の締結から監査報告書の作成・提出に至る監査業務のすべてにわたって」と，正当な注意を払うことが求められる業務について説明している。

一方，田島（1968, 61-62）は，「これらの注意義務は，事務所の組織から，監査契約の締結，監査の計画・実施・調書の作成や検閲，そして監査報告書の作成提出にいたるまで，すべてに対して働かされなければならない」と述べている。ここでは，「事務所の組織」も正当な注意を払うべき対象に含まれていることに注意が必要である。また，三澤（1984, 35-36）は，「監査人は，監査契約を締結した後，監査計画を設定し，予備調査，期中監査および期末監査を実施し，この間に補助者を適切に指導監督したり，監査調書を正しく作成したりし，最後に監査報告書を作成し提出するのであるが，これら監査業務のすべての局面ではもより，パイロット・テストの段階においても，ここにいう正当な注意を払わねばならない」と，監査契約締結後だけではなく，パイロット・テストの段階も含めている点に注意が必要である。

これに対して，鳥羽（1994）は，「監査人が従事する監査プロセスの全段階にわたって十分に行使されなければならない」（181）としながらも，正当な注意と監査プロセスとの関係を示した図において，監査契約の締結，監査計画の編成，監査手続の実施，証拠の評価，監査報告書の作成とは実線で結ばれているのに対して，パイロット・テストとは点線で結ばれている。

正当な注意を払うことが，監査契約締結以降，当該契約の完了までのすべてのプロセスにおいて求められることには異論はないとしても，それを超える業務（例えばパイロット・テスト，監査の引き継ぎ，監査事務所レベルの品質管理体制整備）に対して，どこまで及ぶのかを明確にすることは，監査人の責任の観点からも重要である。

5　正当な注意の水準

第2の論点として，監査人が払うことが要求される正当な注意の水準を取り上げる。正当な注意を監査実施基準・監査報告基準と結びつけて考える場合に，正当な注意の水準が，監査実施基準・監査報告基準の内容によって規定されることはいうまでもない。一方，正当な注意の水準についての説明・議論を概観すると，

そこには大きく2つの考え方が存在しているように思われる。

　1つは，払うことが求められる正当な注意の水準とは，平均的な監査人が払うであろう注意の水準であるとする考え方である。いま1つは，払うことが求められる正当な注意の水準とは，監査人であれば誰でもが払うことが期待される注意の水準であるとする考え方である。両者の違いは必ずしも明確には理解されておらず，ある論者の説明の中で両方の考え方が示されている場合も多々ある。しかし，論理的に考えれば，両者は異質のものである。そもそも「平均」とは「いくつかの量または数の中間的な値」(広辞苑第7版)であり，当然のことながらばらつきがあることが前提となる。平均的な監査人を想定することは，平均以下の監査人の存在を認めることではじめて成り立つものである。後者の考え方では，監査人であれば払うべき最低限の水準が存在し，それを充たしていることが求められていると解される。正当な注意を監査実施基準・監査報告基準と結びつける立場からすれば，その誰しもが充たすべき最低限の水準を規定しているのが監査実施基準・監査報告基準であるということになるであろう。

(1) 平均的な監査人に求められる注意の水準

　監査人が払うべき注意の水準が平均的な監査人に求められる注意の水準であるとの考え方は，多様な表現の中でみられる。

　例えば，日下部(1962, 61)は「正当の注意の基準を別言すれば，監査人として当該職業に従事する他の人々と同程度の熟練を有し，その熟練せる技能を自己の最善をつくして誠実に実行することである」という。また，田島(1968, 60)は「職業的注意というのは，この熟練した経験のある会計士がもっていると同じ程度の知識技倆を適用することにほかならない」と述べている。さらに，三澤(1984, 35)は「『職業的専門家としての正当な注意』〈中略〉というのは，同じ職業的専門家(この場合，公認会計士)ならば誰でもが当然払っているはずの注意，あるいは同業の職業的専門家が通常払うべきごく平均的な注意のことである」と説明している。ここでは，2つの考え方が併存していることが窺える。脇田(1993, 11-12)は，正当な注意義務を遵守して監査を実施したかどうかの判断においては「適格性ある監査人として，監査にかかる専門的能力を習得し，実務的トレーニングを受けた平均的監査人が想定され，その平均的監査人が当該監査の実施にあたって払うであろう『慎重さ(注意深く実施する)』を払ったか否かが問われることになる」と述べている。同様に，鳥羽(1994, 183)は，「『職業的専門家としての正当な注意』なる概念とは，平均的な職業的監査人が財務諸表監査において

通常行使しなければならない，または，行使すべきものと期待されている注意の標準を規定したものである」と説明しているが，他方で，職業専門家としての正当な注意の水準は一般に認められた監査基準への準拠の水準と同一であるべきであり，それに達しない部分が過失であることが図示されている。これは後者の考え方に含まれる。「このような『職業的専門家としての正当な注意（due professional care）』とは，その専門家に期待される平均的な注意の水準を意味しており，監査人であれば当然に払うと期待される同業者と同等な平均値としての注意義務である」とする田中（2005, 66）や，「監査人の正当な注意は，監査人として同じ職業に従事する他の者と同程度の技能を有し，それを監査実施過程において誠実に実施すること」とする石田（2005, 75）もこの考え方を採っていると考えてよいであろう。

友杉（2004, 66）は，「正当な注意は，平均的監査人が＜中略＞当然に払うべき必要かつ十分な注意である」としながらも，「平均的監査人とは抽象的な表現であるが，慎重な監査人，分別ある監査人として把握される職業的専門家」と説明している。「平均」という語をそのように解することの是非は別として，そのよ

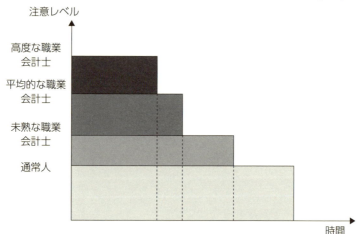

図表9-1 ■ 松本（2003）に示された正当な注意のレベルの考え方

（平均的な職業会計士が，正当な注意として監査人に要求される注意の時間である。ゆえに，もし高度な職業会計士であれば，同じ注意面積をヨリ短い時間で達成することができるのに対して，未熟な職業会計士の場合は，ヨリ長い時間を必要とすることが判るであろう。）

（出所）松本（2003），51，図表3-6。

うに解するのであれば，後者の考え方に立っていることになろう。

ここで興味深いのは，松本（2003）である。松本（2003, 50）は，正当な注意とは「平均的な監査の専門家として当然に監査実施上払うべき注意，あるいは，払うことが期待されている注意をいう」とした上で，「したがって，複数の適格性ある慎重な標準的監査人がいれば，正当な注意の水準は或る程度の水準に収束することが期待される。すなわち，未熟な職業監査人の場合には，平均的な職業監査人が達成できる注意レベルに達するには多くの時間を割くことが必要であり，高度の職業監査人は平均的な職業監査人が達成できる注意レベルを確保するためには，時間は少なくてすむが人数に制約があるからである」と述べ，**図表9-1**の図を示している。

ここでは，監査人の注意レベルに違いがあることが明示的に認識されている点で，ここまでに紹介した他の論者の説明とは一線を画している。ただし，この図の縦軸に示されているものが，正当な注意の水準と捉えてよいものであるのかどうか，知識や経験を含めた能力の水準と解釈するほうが適切なのかどうかについては疑問が残る。

(2) 監査人であれば誰しもに求められる注意の水準

監査人に求められる正当な注意の水準とは，監査人であれば誰でもが払うことが期待される注意の水準であるとする考え方は，上述した一部の説明の中にもみられるものではあるが，この考え方を明確に表明している論者も存在する。

例えば，大矢知（1992, 44）は，職業的専門家としての正当な注意を，「監査人が職業的専門家として通常払うべき義務，換言すれば職業的専門家として一般に期待される注意義務である。下も上もあるというニュアンスの『平均的な注意』ではなく『他の同業者と同等な注意義務』である」と説明している。また，脇田（1993, 11）は「『正当な注意』義務の要請とは，現に監査契約を締結した特定の被監査会社について，当該状況下において，適格性ある監査人ならば誰でも（百人が百人とも）が払うであろう『慎重さ（注意深く実施する）』をもって監査業務を執行せよ，ということである」と述べている。河合（1998, 77）は，「職業監査人であれば，だれでもが払うであろうと考えられる程度の注意義務を抽象的に表わした用語である」としている。

(3) 2つの考え方の整理

以上において，監査人が払うことが要求される正当な注意の水準を巡って2つ

の考え方がみられることを示した。この2つの考え方は，実質的に同じことを意味しており，両者の間に有意な違いはないと考えられるかもしれない。それでも，前者の考え方における「平均」という語の使用に対しては慎重であるべきではなかろうか。それは，前述したように「平均」がばらつきを前提としているためであり，また平均の水準が「正当な注意」の水準として満足できるものであるとの論理的な保証はないからである。監査人が充たすべき水準は監査基準で求められている水準である。歴史的な経緯は別として，今日，監査人の責任は，監査基準に準拠して監査を実施したかどうかに関して問われることになる。実際には，ほとんどの監査人が監査基準の水準を充たしているであろうから，「平均」的な監査人の注意の水準が求められていると考えても違いはないのかもしれない。それでも，「正当な注意」概念の正しい理解にとって，「平均」という語の使用は弊害となるように思われる。

6 守秘義務

(1) 「正当な注意」との関係

　最後に，正当の注意の一面と位置づけられている守秘義務について検討する。守秘義務（秘密保持）が正当な注意に含まれるとの説明は，「監査基準」制定当初からみられ（黒澤 1957b），その後も枚挙に遑がない（例えば，日下部 1958；山桝 1971；三澤 1984；大矢知 1992；伊豫田 2004）。守秘義務に関する一般基準四は，「監査基準」制定当初においては，財務諸表監査について利害関係者を啓蒙し，被監査会社の不安を取り除くという意図で置かれたものである（岩田 1950a；1950b）。このことについては，守秘義務は正当な注意に含まれるものの，その重要性から別に規定しているという説と，それ自体が重要な原則であり，それがなければ監査制度自体が成立しないという説がある（大矢知 1992）。また，守秘義務の重要性を認めながらも，これを監査基準の中に規定することに対しては反対する見解もある。鳥羽（1994, 189-190）は，「監査人の守秘義務の重要性を監査人が認識することと，かかる義務を監査基準のなかに規定することとは，別の問題である。監査人が被監査会社に対して負っている守秘義務は，公認会計士の職業倫理の問題であるからである。この種の規定をおいた外国の監査基準を見い出すことができないのは，この問題がもともと監査基準の関与する事項ではないからであろう。」と述べている。確かに，守秘義務に関する規定が，日本公認会計

士協会の「倫理規則」にも，公認会計士法にも置かれている現状において，「監査基準」の一般基準として守秘義務に関して規定する意味がどこにあるのかは問われなければならないであろう。

　ここで，守秘義務が正当な注意を構成すると考える場合に生じる問題点を１つ指摘しておきたい。守秘義務が正当な注意を構成すると考える場合には，上述した正当な注意の適用範囲が問題となるように思われる。守秘義務は，監査契約期間にかかわらず，その締結前，完了後にも課される。例えば，日本公認会計士協会が定める「倫理規則」（日本公認会計士協会 2022, R114.1項）は，「(3)　潜在的な依頼人や所属する組織から業務上知り得た秘密についても守秘義務を負う。」,「(6)　業務上の関係が終了した後においても，業務上知り得た秘密を利用し，又は開示してはならない。」と規定している。さらに，公認会計士法第27条は「公認会計士は，正当な理由なく，その業務上取り扱ったことについて知り得た秘密を他に洩らし，又は盗用してはならない。公認会計士でなくなった後であっても，同様とする。」と規定している。これらの規定からすると，守秘義務が正当な注意を構成すると考える場合には，正当な注意の適用範囲は相当に広がることになる。このように規制される守秘義務の重要性を疑問視するものではまったくないが，これを正当な注意の問題として捉えると，かえって「正当な注意」概念や「正当な注意を払うことを求める規定」の意義が曖昧になり，希薄化されるように思われる。

　ところで，守秘義務について（のみ）ことさらに正当な注意との関係が説明されるのはなぜであろうか。正当な注意が監査業務の全体に及ぶとすれば，監査人が監査業務の中で行うすべてのことは正当な注意の具体的な発現とみることができる。しかし，守秘義務以外について，監査人が実施する特定の行為が正当な注意に含まれるのかどうかについての議論を目にすることはほとんどない。

(2)　守秘義務の新たな解釈

　最近になって，監査人の守秘義務の考え方について新たな動きがいくつか見られている。その１つが，日本において，会計監査についての情報提供の充実を模索するなかで出てきた動きである。会計監査についての情報提供の充実に関する懇談会から2019年に公表された『会計監査に関する情報提供の充実について─通常とは異なる監査意見等に係る対応を中心として─』（会計監査についての情報提供の充実に関する懇談会 2019）では，監査人の守秘義務の重要性は認めつつも，「我が国では，通常とは異なる監査意見等が表明された場合を含め，監査人の守秘義

務が過度に強調され，監査人が財務諸表利用者に対して説明・情報提供を行う上で障害となっている可能性がある」(10)との認識を示している。「正当な理由」がある場合には，守秘義務違反には問われないこととされているが，「我が国の実務では，「正当な理由」の範囲を限定的にとらえ，過度にリスク回避的になっているのではないか」(11)との問題を提起し，「監査人が職業的専門家として財務諸表利用者に説明・情報提供を行う場合に，監査人が過度にリスク回避的にならないよう，日本公認会計士協会において倫理規則の『正当な理由』についての考え方を示すとともに，今後，『監査上の主要な検討事項』の記載の状況等も踏まえつつ，関係者において適切な方策を検討すべきである」(11)と提言している。

これを受けて，日本公認会計士協会は，主として守秘義務の対象となる情報の範囲と守秘義務が解除される「正当な理由」の2つの観点から検討した。前者については，守秘義務の対象となる情報は公認会計士法でいう「秘密」に該当するものである，後者については，「倫理規則」に示される「正当な理由」は例示列挙である，との検討結果に基づいて，これを2022年改正の「倫理規則」に反映させることとした。

(3) 守秘義務概念のアップデート

守秘義務を巡るもう1つの新たな動向は，テクノロジーの進展に伴ってグローバルに生じているものである。具体的には，国際会計士倫理基準審議会(International Ethics Standards Board for Accountants) は，2023年4月，"Technology-related Revisions to the Code"と題する国際会計士倫理規程の改正を公表した (IESBA 2023)。これは，新たなテクノロジーの進展が職業会計士倫理に与えるインパクト・インプリケーションに対処することを目的とした改正であり，そのなかで守秘義務に関する規定にも修正が加えられている。

具体的な修正内容は，以下の通りである。

① 守秘義務には，対象となる情報の収集 (collection)，利用 (use)，転送 (transfer)，保管 (storage or retention)，配布 (dissemination)，合法的破壊 (lawful destruction) に際して，こうした情報の機密性を保護する (protect) ために必要な行動をとることを含むものであることを明示した。
② 守秘義務の対象となる情報が公になった場合でも，それが適切にそうされたか，不適切にそうされたかにかかわらず，当該情報を利用あるいは開示してはならないことを明示した。
③ 職業会計士が機密情報を開示あるいは利用できる条件を明確にした。

④　機密情報を開示あるいは利用するために承認を得ようとする状況として，研修目的で利用する場合，製品やテクノロジーの開発に用いる場合，業界その他のベンチマークの調査のために利用する場合を挙げ，承認を得る際の考慮事項を示した。

こうした修正は，守秘義務の対象となる情報としてさまざまな「データ」の重要性が高まっていることや，そうしたデータがこれまでにはなかった形で利用される状況が生じていることに対応することを目的としている。守秘義務自体の考え方に変更を加えるものではないが，新たな実務の出現を踏まえて守秘義務概念をアップデートしたものといえる。

7　小　　括

本章では，「正当な注意」概念に焦点を当て，「監査基準」を中心にその変遷を確認するとともに，正当な注意の適用範囲および正当な注意の水準という2つの論点について，わが国の文献を題材として考察した。

その結果，正当な注意の適用範囲については，監査契約締結から当該契約の完了までのすべてのプロセスにおいて正当な注意が求められるという点では合意が見られるものの，それを超えて，パイロット・テスト，監査の引き継ぎ，監査事務所レベルの品質管理体制整備についても正当な注意の対象となるのかどうかについては論者の間で必ずしも意見の一致がないことが明らかとなった。正当な注意が監査人の責任と直結するものであることを考えると，それが及ぶ範囲を明確にすることは重要である。

また，正当な注意の水準に関しては，大きく，平均的な監査人に求められる注意の水準と考える立場と，監査人であれば誰しもに求められる注意の水準と考える立場の2つがあることを示した。ここでは，特に前者の考え方における「平均」という語の使用は適切ではないことを指摘した。

最後に，正当な注意に含まれると解されることの多い守秘義務を取り上げて，守秘義務を正当な注意に含める場合，その適用範囲が大きく広がることを問題として提起した。さらに，守秘義務を巡る新たな動向を概観した。

■参考文献

石田三郎（2005）「監査人」石田三郎編著『監査論の基礎知識　五訂版』東京経済情報出版，第6章。

伊豫田隆俊（2004）「監査規範の意義とわが国の監査基準」伊豫田隆俊・松本祥尚・林隆敏『ベーシック監査論』同文舘出版，第3章。

岩田巌（1950a）『監査基準について』神戸商工会議所。

――――（1950b）『監査基準詳解』関西経済連合会。

大矢知浩司（1992）『新訂　監査基準概説』白桃書房。

会計監査についての情報提供の充実に関する懇談会（2019）「会計監査に関する情報提供の充実について―通常とは異なる監査意見等に係る対応を中心として」（https://www.fsa.go.jp/singi/jyouhouteikyou/siryou/20190122/01.pdf），（最終アクセス日：2023年4月30日）。

亀岡恵理子・福川裕徳・永見尊・鳥羽至英（2021）『財務諸表監査　改訂版』国元書房。

河合秀敏（1998）『監査論　六訂版』同文舘出版。

川端千暁（2018）「「職業的専門家としての正当な注意」概念の成立過程の研究：米国における19世紀末から1961年までの展開」『商学論究』66巻1号，53-72頁。

木村重義（1955）「総説」木村重義・近沢弘治・橋本祐次・渡辺実『会計監査』春秋社，第1章。

日下部與市（1958）『財務諸表監査』日本評論新社。

――――（1962）『会計監査詳説』中央経済社。

久保田音二郎（1959）『財務諸表監査』中央経済社。

黒澤清（1957a）『監査基準解説』森山書店。

――――（1957b）「監査基準解説」黒澤編『黒澤清他解説付　監査基準』中央経済社，33-71頁。

佐藤孝一（1967）『新監査論』中央経済社。

田島四郎（1968）『最新監査論』税務経理協会。

田中恒夫（2005）『監査論概説（第6版）』創成社。

近沢弘治（1959）「監査一般基準」久保田音二郎『会計監査』青林書院，第二篇第二章。

鳥羽至英（1994）『監査基準の基礎（第2版）』白桃書房。

――――（2017）『ノート　財務諸表監査における懐疑』国元書房。

友杉芳正（2004）『新版スタンダード監査論』中央経済社。

日本公認会計士協会（2022）『倫理規則』日本公認会計士協会。

原征士（2005）『株式会社監査論（第3版）』白桃書房。

松本祥尚（2003）「監査人が負うべき法的責任の内容」加藤恭彦・友杉芳正・津田秀雄編著『監査論講義（第5版）』中央経済社，第3章第2節。

三澤一（1984）『会計監査の理論　改訂版』中央経済社。

山浦久司（2008）『会計監査論（第5版）』中央経済社。

山桝忠恕（1971）『近代監査論』千倉書房。

吉田良三（1921）『會計監査』同文舘。

脇田良一（1993）『監査基準・準則の逐条解説』中央経済社。

――――（2002）「改訂の経緯および「目的」・「一般基準」」『企業会計』54巻5号，18-27頁。

American Institute of Accountants (AIA) (1947), *Tentative Statement of Auditing Standards : Their Generally Accepted Significance and Scope*, Committee on Auditing Standards, AIA.

Blough, C. G. (1949), Auditing standards and procedures, *The Accounting Review*, Vol. 24, No. 3, pp.265-271.
Broad, S. J. (1941), Auditing standards, *Journal of Accountancy*, Vol. 72, No. 5, pp.390-397.
Broad, S. J. (1942), The need for a statement of auditing standards, *Journal of Accountancy*, Vol. 74, No. 1, pp.25-35.
International Ethics Standards Board for Accountants (IESBA) (2023), *Technology-related Revisions to the Code*, International Federation of Accountants.
Public Company Accounting Oversight Board (PCAOB) (2023), *AS 1005: Independence, Auditing Standards*, PCAOB (available at https://pcaobus.org/oversight/standards/auditing-standards)（最終アクセス日：2023年5月30日）.
Rabel, F. K. (1944), Auditing standards and procedures in the light of court decisions, *Michigan Law Review*, Vol. 42, No. 6, pp.1009-1036.

（福川　裕徳）

第10章

職業的懐疑心

1 はじめに

本章では,「職業的懐疑心(professional skepticism)」概念を取り上げる。有効な監査の実施にとって,精神的独立性と並んで重要となるのが職業的懐疑心であることはあらためて強調するまでもない。多くの場合,監査の失敗の原因に職業的懐疑心の欠如(不足)があることは,アメリカにおける監査人の処分事例(証券取引委員会(Securities and Exchange Commission: SEC)が公表する「会計・監査執行通牒」)を見れば明らかである。また,公開会社会計監視委員会(Public Company Accounting Oversight Board: PCAOB)が2004年から2007年までの検査結果について公表した報告書(PCAOB 2008)では,指摘された欠陥の主要な原因の1つが職業的懐疑心の欠如にあることが明らかとなっている。さらに,2012年には,職業的懐疑心を保持・適用することの重要性を強調したスタッフアラートも公表されている(PCAOB 2012)。直近では,SEC の臨時主任会計官(Acting Chief Accountant)が,監査人の不正発見責任との関係で,監査人が適切な水準の職業的懐疑心を行使すべきことを指摘している(Munter 2022)。

こうした職業的懐疑心の重要性にもかかわらず,この概念の学術的な定義は未だ確立されていない。例えば,日本における主要な会計学辞典(安藤ほか 2007;神戸大学会計学研究室 2007)には,この用語は収録されていない。また,ごく一部の例外[1]を除き,財務諸表監査に関するテキストや学術書,学術論文では,後述する監査基準における定義が用いられている。その意味では,職業的懐疑心という概念は学術的には未熟であると言えるであろう。

本章では,3つの視点に着目する。「どの程度疑うのか」,「どのように疑うの

か（疑う方法）」，「何を疑うのか（疑う対象）」の3つである。まず，「どの程度疑うのか」に関して，アメリカの監査基準，国際監査基準および日本の監査基準等における職業的懐疑心の定義に着目して，これまでの展開をレビューする。続いて，「どのように疑うのか」について，知る方法としての懐疑主義に着目した監査文献を手がかりに検討する。最後に，「何を疑うのか」を，疑う対象を外に向けるか，内に向けるかという観点から整理する。

なお，以下の引用部分中の太字はすべて筆者による強調である。

2　監査基準における定義：どの程度疑うのか[2]

(1) アメリカの監査基準

アメリカの監査基準において，"skepticism" の用語がはじめて現れたのは，監査基準書（Statement on Auditing Standards, SAS）第16号（AICPA 1977）においてである。そこでは，次のように述べられている（para.6）。

「独立監査人による一般に認められた監査基準に準拠した監査のための計画は，重要な誤謬あるいは不正（irregularities）の可能性によって影響を受ける。監査人は，監査手続を適用した結果として，誤謬あるいは不正の可能性を指し示す証拠資料が得られることがあることを認識して，**職業的懐疑心**の態度をもってその監査を計画および実施しなければならない。」

ここでは，職業的懐疑心（professional skepticism）という用語は用いられているものの，それが何を意味しているのかは明らかではない。1988年に公表されたSAS第53号（AICPA 1988）では，一歩踏み込んで，"Professional Skepticism"のセクションが設けられている。そこでは，経営者の誠実性との関係で次のように説明されている（para.16）。

「一般に認められた監査基準に準拠した財務諸表監査は，**職業的懐疑心**の態度をもっ

1　例えば，Nelson（2009）は，職業的懐疑心を「監査人が入手できる情報を条件として，アサーションが誤っているリスクの評価を高めていることを反映した監査人の判断および意思決定に示されるもの」（4）と定義している。また，Hurtt（2010）は，「証拠によって，ある選択肢・説明に対して（他のものに対するよりも）十分なサポートが得られるまで結論を控えようとする個人の性向を特徴づける多元的な概念」（151）との定義を示している。ただし，これらの定義が学術的に広く受け入れられているわけではないことには注意が必要である。
2　監査基準における職業的懐疑心の展開については，町田（2015a）をあわせて参照されたい。

て計画および実施されなければならない。**監査人は，経営者が不誠実であるとも，疑いなく誠実であるとも仮定しない**。そうではなく，監査人は，財務諸表に重要な虚偽表示がないかどうかを決定するために，過年度の監査で得られた情報を含め，観察された条件および入手した証拠資料を客観的に評価する必要があることを認識する。」

ここでも，未だ職業的懐疑心の定義は示されていない。この用語の定義が示されるのは，SAS第82号（AICPA 1997）においてである（para.27）。

「職業的懐疑心：職業専門家としての正当な注意は，監査人に**職業的懐疑心**—すなわち，**疑う心**（questioning mind）と**監査証拠の批判的評価を含む態度**—を行使することを要求している。監査人が評価した不正による虚偽表示のリスクへの対応として職業的懐疑心を適用する例には，(a)重要な取引を裏づける文書の種類と範囲の選択に対する感応度を高める，(b)重要な事項に関する経営者の説明や言明を補強する必要性に対する認識を高める，といったことが含まれる。」

SAS第82号（AICPA 1997）により，SAS第1号（AICPA 1973）の"Due Care in the Performance of Work"のセクションにも次のような修正が加えられたが，これは，「監査の実施を通して職業的懐疑心が必要であることに対する監査人の意識を高めること」を目的としたものであった（Appendix B para.1）。

「職業的懐疑心
7．職業的専門家としての正当な注意は，監査人に職業的懐疑心を行使することを要求している。職業的懐疑心は，疑う心と監査証拠の批判的評価を含む態度である。監査人は，証拠の収集と客観的評価を誠実に注意深く行うために，公共会計プロフェッションによって求められている知識，スキルおよび能力を用いる。
8．監査証拠の収集および客観的評価は，監査人に，証拠の適格性と十分性を検討することを要求している。証拠は監査を通じて収集および評価されるものであるため，職業的懐疑心は監査プロセスを通じて行使されなければならない。
9．監査人は，経営者が不誠実であるとも，疑いなく誠実であるとも仮定しない。職業的懐疑心を行使するに際しては，監査人は，経営者が誠実であるとの信念から，説得的でない証拠に満足してはならない。」

SAS第82号（AICPA 1997）の最大の特徴および限界は，「職業的懐疑心を経営者の誠実性という属人的要素に引き付けて規定したところ」にあったとされる（鳥羽 2017）。経営者を誠実とも不誠実とも仮定しないこの見方は，「中立的懐疑心（a neutral concept of professional skepticism）」（POB 2000；鳥羽 2017）と評される。また，職業的懐疑心が職業的専門家としての正当な注意に含まれていることも重要である。

その後，エンロン，ワールドコム，アデルフィア，タイコといった企業不祥事とそこでの監査の失敗をうけて，それへの対応として公表されたSAS第99号（AICPA 2002）では，職業的懐疑心の行使がより高いレベルで求められることとなった。

「職業的懐疑心を行使することの重要性
13. 職業的専門家としての正当な注意は，監査人に職業的懐疑心を行使することを要求している。＜中略＞不正の特性ゆえに，不正による重要な虚偽表示のリスクを検討する際には，監査人は職業的懐疑心を行使することが重要である。職業的懐疑心は，疑う心と監査証拠の批判的評価を含む態度である。監査人は，被監査会社との過去の経験にかかわらず，また経営者の正直さや誠実性に関する信念にかかわらず，不正による重要な虚偽表示が存在するかもしれないことを認識するマインドセットで監査を実施しなければならない。さらに，不正による重要な虚偽表示が生じていることを入手した情報および証拠が示唆していないかどうかを絶えず疑うことを職業的懐疑心は要求している。証拠の入手および評価において職業的懐疑心を行使する際，監査人は，経営者が誠実であるとの信念から，説得的でない証拠に満足してはならない。」

ここでは，SAS第82号に見られた，経営者を誠実とも不誠実とも仮定しないとの記述が削除され，経営者に対して持つ信念にかかわらず不正による重要な虚偽表示のリスクに留意することが求められている。これは，「中立的懐疑心」から「推定的懐疑心（presumptive doubt）」への移行（の兆し）と見られている（Bell, Peecher and Solomon 2005；鳥羽 2017）。

(2) 日本の監査基準

日本の監査基準に職業的懐疑心の用語が取り入れられたのは，2002年（平成14年）の改訂においてである。「監査基準」第二 一般基準3において，以下のように規定されている。

「3 監査人は，職業的専門家としての正当な注意を払い，懐疑心を保持して監査を行わなければならない。」

2002年改訂「監査基準」の前文では，これについて，「監査人としての責任の遂行の基本は，職業的専門家としての正当な注意を払うことにある。その中で，監査という業務の性格上，監査計画の策定から，その実施，監査証拠の評価，意見の形成に至るまで，財務諸表に重要な虚偽の表示が存在する虞に常に注意を払うことを求めるとの観点から，職業的懐疑心を保持すべきことを特に強調した。」

と説明されている。

ここでも，アメリカの監査基準と同様に，職業的懐疑心は正当な注意を構成するものとして位置づけられている。ただし，職業的懐疑心を保持することが具体的に何を意味するのかについて，これ以上の説明は見られない。

この規定自体には，今日まで変更は加えられていない。他方，会計（監査）不祥事（例えば，オリンパス事件）を背景に，2013年（平成25年）に「監査における不正リスク対応基準」が設定された。そこでは，「第一 職業的懐疑心の強調」として以下の規定が置かれている。

「1 監査人は，経営者等の誠実性に関する監査人の過去の経験にかかわらず，不正リスクに常に留意し，監査の全過程を通じて，職業的懐疑心を保持しなければならない。
 2 監査人は，職業的懐疑心を発揮して，不正の持つ特性に留意し，不正リスクを評価しなければならない。
 3 監査人は，職業的懐疑心を発揮して，識別した不正リスクに対応する監査手続を実施しなければならない。
 4 監査人は，職業的懐疑心を発揮して，不正による重要な虚偽の表示を示唆する状況を看過することがないように，入手した監査証拠を評価しなければならない。
 5 監査人は，職業的懐疑心を高め，不正による重要な虚偽の表示の疑義に該当するかどうかを判断し，当該疑義に対応する監査手続を実施しなければならない。」

ここでは，職業的懐疑心に関して3つのレベルがあることがわかる。まず，監査の全過程においては職業的懐疑心を「保持」することが求められる。また，不正リスクの評価，不正リスクに対応する監査手続の実施，入手した監査証拠の評価の段階では職業的懐疑心を「発揮」することが求められる。そして，不正による重要な虚偽の表示の疑義に該当するかどうかを判断し，当該疑義に対応する監査手続を実施する段階では職業的懐疑心を「高める」ことが求められる。

このことは，監査人が置かれた状況によって，求められる職業的懐疑心のレベルが異なることを意味していると解されるが，職業的懐疑心を「保持」すること，「発揮」すること，「高める」ことが具体的に何を意味するのか，言い換えると，職業的懐疑心のレベルが異なることで監査人によるリスク評価や証拠の入手・評価がどのように異なることが想定されているのかは定かではない。

なお，職業的懐疑心（の保持）と正当な注意の関係について，「監査における不正リスク対応基準」の前文では，「本来，この職業的懐疑心の保持は，正当な注意義務に含まれるものであり，監査人が職業的懐疑心を常に保持して監査を行

うことこそが重要な虚偽の表示の指摘につながることを特に強調するために，監査基準では，正当な注意とともに列記されている」と述べられている。

(3) 国際監査基準

国際監査・保証基準審議会が公表する国際監査基準（International Standard on Auditing: ISA）200（IAASB 2021）では，職業的懐疑心は以下のように定義されている。これは，アメリカの監査基準と整合するものである。

「職業的懐疑心―疑う心（questioning mind），誤謬あるいは不正による虚偽表示の可能性を指し示しているかもしれない状況に注意すること，証拠の批判的な評価を含む態度」

ISA 200では，「監査人は，財務諸表に重要な虚偽表示をもたらす状況が存在している可能性を認識して，職業的懐疑心をもって監査を計画および実施しなければならない。」（para.15）とした上で，次のような適用指針を置いている。

「職業的懐疑心
A21. 職業的懐疑心は，例えば，以下について注意を払うことを含む。
・入手した他の監査証拠と矛盾する監査証拠
・監査証拠として利用する記録や証憑書類または質問に対する回答の信頼性に疑念を抱かせるような情報
・不正の可能性を示す状況
・国際監査基準により要求される事項に加えて追加の監査手続を実施する必要があることを示唆する状況
A22. 監査の過程を通じて職業的懐疑心を保持することは，例えば，監査人が以下のリスクを抑えるために必要である。
・通例でない状況を見落すリスク
・監査手続の結果から結論を導く際に過度に一般化してしまうリスク
・実施する監査手続の種類，時期および範囲の決定ならびにその結果の評価において不適切な仮定を使用するリスク
A23. 職業的懐疑心は，監査証拠を批判的に評価するために必要である。これは，矛盾する監査証拠および経営者やガバナンス責任者から入手した文書，質問への回答，その他の情報の信頼性について疑念を抱くことを含む。＜以下略＞
A24. 監査人は，そうではないと信じる理由がない限り，通常，記録や文書を真正なものとして受け入れることができる。しかしながら，監査人は，監査証拠として利用する情報の信頼性を検討することが要求される。＜以下略＞
A25. 監査人は，経営者およびガバナンス担当者の正直さおよび誠実性についての過

去の経験を無視することはできない。しかしながら，経営者およびガバナンス責任者が正直である，あるいは誠実であるとの信念によって，職業的懐疑心を保持する必要性が軽減されるわけではなく，また，合理的な保証を得る際に，説得的でない監査証拠に満足することが許容されるわけでもない。」

ここで示された見方は，基本的にアメリカの SAS 第99号の立場に沿ったものと考えてよいであろう。

3　懐疑主義と懐疑心：どのように疑うのか

ここまで見てきたように，監査基準においては，"skepticism" は「疑う心（心の状態）」を中心とする概念として定義されている。したがって，"skepticism" の訳語として「懐疑心」をあててきた。他方，"skepticism" を監査の領域にはじめて導入した Mautz and Sharaf（1961）では，人がものごとを「知る方法」の1つとして "skepticism" を取り上げている。その意味では，"skepticism" は「懐疑心」というよりも，「懐疑主義」と訳されるべきである（町田 2015b；鳥羽 2017）。

Mautz and Sharaf（1961, 110-117）は，モンターギュ（Montague 1953）を引用して，知識を獲得するには，基本的に，権威主義，神秘主義，合理主義，経験主義，プラグマティズムの5つのポジティブな方法があり，またこれらに加えて，懐疑主義（skepticism）というネガティブな方法（第6の方法）があると説明している。少し長くなるが，懐疑主義に関する説明を以下に引用する（117）。

「懐疑主義：考えや信念を裏づける証拠を入手するためのこれらの5つのポジティブな方法に加えて，モンターギュは第6の，ネガティブな方法，すなわち懐疑主義を挙げている。ものごとを知るこの方法の価値は，監査人にとっては明らかである。哲学者のなかには，懐疑主義を，何も信じようとしないこと，つまり完全なる疑いの状態として扱う者もいる。モンターギュは，人の知性はいかなる分野の探求においても絶対的な確実性を達成することができないことには同意しているが，このことは，完全なる疑いの状態をもたらすものでは必ずしもない。依然として，主張された真実が真実である可能性はある。証拠によって，人の知性は命題を受け入れるよう説得されるかもしれない。このように証拠が十分なものであれば，人の知性が疑い続ける場合，受け入れる場合に比べて誤っている可能性が高くなる。したがって，懐疑主義は，それが賢明に使用される限り，思考する者にとって重要なツールである。もし，知るための他の方法によって生み出された証拠を，その信頼性が確固として確認されるまで疑う傾向がある場合には，懐疑主義は有用である。もし入手した証拠によって合理的

な人が説得されるであろうところを超えて,疑うために疑い続けるのであれば,懐疑主義は一線を越えてしまっていることになる。

　これは監査人にとっても当てはまる。監査人は,簡単に確信すべきではないが,それが不可能であるべきでもない。すべての証拠は批判的に検討されるべきであり,その一部は拒否されなければならないかもしれない。しかし,どの証拠も単にそれが確証的でないという理由で拒否されるべきではない。哲学者は,どのような証拠であれ,それが絶対的な知識を提供するかどうか,あらゆる疑いを排除するほどの説得力を有するかどうかについては同意していない。しかしながら,すべてではないにしても,大半の証拠が説得的であるにすぎないかどうかについては同意する。監査人は,入手可能である証拠を受け入れ,可能な最善の意思決定を行わなければならない。判断を要する命題がある。判断がなされなければならない。決定的な証拠が入手できないとしても,入手可能な証拠でできるだけ健全な判断を行えばよいのである。」

Mautz and Sharaf（1961）は,こうした知る方法としての懐疑主義が,監査の実施過程（リスク評価や監査手続の実施,証拠の評価）において具体的にどのような形で適用されるのかにまでは踏み込んで説明していない。

鳥羽（2017）は,知る方法としての懐疑主義を踏まえて「財務諸表をどのように疑うのか（疑い方）」を"skepticism"を捉える1つの軸として設定し,「財務諸表をどの程度疑うのか（疑う深度）」をもう1つの軸として設定した上で,**図表10-1**のような監査上の懐疑の概念的枠組みを示している。

図表10-1 ■ 鳥羽（2017）に示された懐疑の概念的枠組み

			懐疑の幅		
			監査人の認識方法		
			確証		非確証
			実証	反証	
職業的懐疑心の深度	疑問を投げかける姿勢（疑いの強さ）	中立的懐疑心	Ⅰ　肯定的アプローチ	Ⅲ	Ⅴ
		推定的懐疑心（疑ってかかる姿勢）	Ⅱ　強められた肯定的アプローチ	Ⅳ　否定的アプローチ	Ⅵ　探索的/摘発的アプローチ

（出所）鳥羽（2017），87。

図表10-1において,確証（confirmation）と非確証（disconfirmation）は,経営者の立場を反映する肯定的なアサーションを設定するか,否定的なアサーションを設定するかという点で異なる（鳥羽 2017, 86-90）。また,確証における実証とは「認識対象である命題（立証命題）を支える正の証拠（肯定的事例）を入手し,

その量を増やすことによって，当該命題全体の確からしさについて，それを認める信念を形成する方法」であり，反証とは「当該立証命題を否定する証拠（負の証拠：反証事例）を入手することによって，当該立証命題全体の確からしさを全体として認めない信念を形成し，反対に負の証拠が得られなかった場合には，その限りにおいて当該立証命題の確からしさを認める信念を形成する方法」である(64)。

鳥羽（2017, 77）は，評価したリスクの大きさによっては，セルⅠで監査計画を策定し，監査手続の結果次第でセルⅡに移行することは監査実務においては十分にあり得るとする。また，「監査における不正リスク対応基準」における，職業的懐疑心を「保持」すること，「発揮」すること，「高める」ことが，この図に当てはめたときにどのセルに該当するのか，どのセルからどのセルへの移行を指すのかは明らかではないが，不正による重要な虚偽の表示を示唆する状況がある場合，セルⅡからセルⅣへ，あるいはセルⅣからセルⅥへ移行することもあり得るとしている（鳥羽 2017, 89）。

今後の監査研究にとっては，この概念的枠組みをどのように操作化し検証するか，すなわち，監査人が認識プロセスにおいてどのセルに位置しているのかをどのように識別するか，またどのような条件下であるセルから別のセルへの移行が生じるのかを実証的に解明することが課題であると言える。

4　外向的懐疑心・内向的懐疑心：何を疑うのか

監査基準において，職業的懐疑心が経営者の誠実性に関連づけられて説明されることからもわかるように，職業的懐疑心は一般に外に向けられるものと考えられてきた。これは，外向的懐疑心（outward skepticism）と呼ばれる（Bell et al. 2005, 34）。Bell et al.（2005）は，特に，不正リスクに対応する際には経営者の主張（claims）に対して懐疑心を向けること，すなわち，経営者に支配されている証拠源泉に疑いを向けることが重要であると指摘する。鳥羽（2017, 83-84）は，外向的懐疑心の対象として，物理的証拠の真正性，文書的証拠の信頼性（偽造・改ざんされていないか），口頭的証拠の証拠源泉としての適格性を挙げている。

他方，Bell et al.（2005, 33-34）は，監査人の判断に対して職業的懐疑心を向けることの重要性を強調している。「監査人の内面に向けられた職業的懐疑心には，監査人の信念に対して，あるいはそうした信念を形成するために監査人が依拠した，または依拠しなかった証拠的基盤に対して他者が行う可能性のあるさま

ざまな批判を予想するという形で，前もって監査人自身が自己批判的になることが含まれる。」(34)と説明されている。

監査基準の定義では，職業的懐疑心には監査証拠の批判的評価が含まれている。しかし，ここでいう批判的評価が，外向的懐疑心なのか内向的懐疑心なのかは判然としない。入手した証拠の真正性や信頼性に対して向けられた懐疑心であれば外向的懐疑心であろうし，当該証拠によって形成された監査人自身の信念の評価（証拠の十分性や適切性の評価を含む）に向けられた懐疑心であれば内向的懐疑心であろう。

疑う対象を識別することが重要なのは，疑う対象が異なれば，疑う内容が異なりうるからである。外向的懐疑心の場合であれば，経営者が監査人を欺くことを目的として誤った情報（証拠）を提示することに注意を向けることになる。それに対して，内向的懐疑心の場合には，自らの判断やその結果形成された信念が意図せず歪められていないか（バイアスを受けていないか[3]）を省察することが中心となる。特に内向的懐疑心は，外向的懐疑心に比べて，概念的に掘り下げて考察されていない。例えば，内向的懐疑心を強める（高める，発揮する）ことは何を意味しているのであろうか。それは，外向的懐疑心と同じ枠組みのもとで考えることができるのであろうか。

5　正当な注意との関係

第2節で確認したとおり，アメリカおよび日本の監査基準においては，職業的懐疑心は正当な注意を構成するものと明確に位置づけられていた。これは一般的な理解であると思われる。しかしながら，これとは異なる見解も存在する。国際会計士倫理審議会（International Ethics Standards Board for Accountants；IESBA）が設定している国際会計士倫理規程（IESBA 2022）がそれである。

IESBA 倫理規程では，職業的懐疑心と5つの基本原則（誠実性，客観性，職業専門家としての能力および正当な注意，守秘義務，職業専門家としての行動）は相互に関連した概念とされている（para. 120.16 A1）。具体的には，誠実性，客観性，職業専門家としての能力および正当な注意の原則に準拠することによって，職業的懐疑心の行使に資する方法で行動することになると説明されている（para.

---

[3] 職業的懐疑心の強化の視点から監査人のバイアスを論じたものとして，Brewster, Butler, and Watkins（2019）がある。

120.16 A2)。つまり，職業的懐疑心は正当な注意を構成するものとは位置づけられておらず，（誠実性や客観性といった他の原則とともに）職業専門家としての能力および正当な注意の原則を遵守することが職業的懐疑心の行使に資するとされているのである。

また，IESBA 倫理規程においては，精神的独立性が「職業的専門家としての判断を危うくする影響を受けることなく結論を表明できる精神状態で，誠実に行動し，客観性と職業的懐疑心を行使することを可能にする」(para.120.15 A1) と説明されている。ここでも，精神的独立性が職業的懐疑心の行使に資するという関係が示されている。

アメリカおよび日本の監査基準とは異なり，国際監査基準において，職業的懐疑心と正当な注意との関係についての説明はない。その意味では，IESBA 倫理規程における職業的懐疑心の位置づけは，国際監査基準と齟齬をきたしているわけではない。また，職業的懐疑心と正当な注意との関係をどのように捉えるかが即座に実務に影響するわけでもない。しかし，国際監査基準と IESBA 倫理規程が一体となって適用されることを前提に両者の整合性を高めることを目的として IAASB と IESBA が連携を強めつつある昨今の状況を踏まえると，職業的懐疑心と正当な注意を含めた関連概念との関係は整理する必要があるように思われる。国際監査基準では，明示されてはいないものの，職業的懐疑心に関する諸規定を見ると，いわゆる正当な注意を構成するものと捉えられていると考えられるためである[4]。

6 小　括

監査人の職業的懐疑心という概念がアメリカの監査基準に導入されてから45年以上が経っている。しかしながら，学術的には，この概念の定義は未だに確立されていない。

本章では，「どの程度疑うのか」，「どのように疑うのか（疑う方法）」，「何を疑うのか（疑う対象）」という3つの視点から職業的懐疑心という概念にアプローチを試みた。その結果，監査基準で取り上げられている職業的懐疑心は主として「どの程度疑うのか」という視点で整理できること，「どのように疑うのか（疑う

---

[4] 国際監査基準では，正当な注意（due professional care）も定義されていないことに注意が必要である。

方法)」という視点からは，認識方法に関する論点が展開されること，また，「何を疑うのか（疑う対象）」という視点からは，疑う対象を外に向けるのか，内に向けるのかによって疑うという行為の内容が異なりうることを指摘した。

本章の考察では，職業的懐疑心という概念を巡って，将来の研究が取り組むべき数多くの課題（論点）が残されていることが明らかとなった。質の高い監査の実現にとって職業的懐疑心は中核的な重要性を有している。それだけに，この概念についての研究成果の蓄積が俟たれるところである。

■参考文献

安藤英義・新田忠誓・伊藤邦雄・廣本敏郎編集代表（2007）『会計学大辞典』（第五版）中央経済社。
神戸大学会計学研究室編（2007）『第六版　会計学辞典』同文舘出版。
鳥羽至英（2017）『ノート　財務諸表監査における懐疑』国元書房。
町田祥弘（2015a）「監査基準における職業的懐疑心」増田宏一編著『監査人の職業的懐疑心』同文舘出版，第3章。
─── （2015b）「職業的懐疑心に関する基礎概念」増田宏一編著『監査人の職業的懐疑心』同文舘出版，第2章。
American Institute of Certified Public Accountants (AICPA) (1973), *Statement on Auditing Standards (SAS) No. 1, Codification of Auditing Standards and Procedures*, AICPA.
─── (1977), *SAS No. 16, The Independent Auditor's Responsibility for the Detection of Errors and Irregularities*, AICPA.
─── (1988), *SAS No. 53, The Auditor's Responsibility to Detect and Report Errors and Irregularities*, AICPA.
─── (1997), *SAS No. 82, Consideration of Fraud in a Financial Statement Audit*, AICPA.
─── (2002), *SAS No. 99, Consideration of Fraud in a Financial Statement Audit*, AICPA.
Bell, T. B., M. E. Peecher, and I. Solomon (2005), *The 21st Century Public Company Audit : Conceptual Elements of KPMG's Global Audit Methodology*, KPMG International.（鳥羽至英・秋月信二・福川裕徳監訳（2010）『21世紀の公開会社監査』国元書房。）
Brewster, D. E., J. D. Butler, and A. L. Watkins (2019), Eliminating biases that jeopardize audit quality, *Journal of Accountancy*, No. 228, Vol. 2. (Available at https://www.journalofaccountancy.com/issues/2019/aug/biases-jeopardize-audit-quality.html)
Hurtt, R. K. (2010), Development of a scale to measure professional skepticism, *Auditing : A Journal of Practice and Theory*, Vol. 29, No. 1, pp.149-171.
International Auditing and Assurance Standards Board (IAASB) (2021), *Handbook of International Quality Control, Auditing, Review, Other Assurance and Related Services Pronouncements. 2021 Edition Volume 1*, International Federation of Accountants (IFAC).

International Ethics Standards Board for Accountants (IESBA) (2022), *Handbook of the International Code of Ethics for Professional Accountants including International Independence Standards. 2022 Edition*, IFAC.

Mautz, R. K., and H. A. Sharaf (1961), *The Philosophy of Auditing*, American Accounting Association.（近澤弘治監訳，関西監査研究会訳（1987）『監査理論の構造』中央経済社。）

Montague, W. P. (1953), *The Way of Knowing*, The Macmillan Company.

Munter, P. (2022), *The Auditor's Responsibility for Fraud Detection*, Statement. (Available at https://www.sec.gov/news/statement/munter-statement-fraud-detection-101122)

Nelson, M. W. (2009), A model and literature review of professional skepticism in auditing, *Auditing : A Journal of Practice and Theory*, Vol. 28, No. 2, pp.1-34.

Public Company Accounting Oversight Board (PCAOB) (2008), *Report on the PCAOB's 2004, 2005, 2006, and 2007 Inspections of Domestic Annually Inspected Firms*, PCAOB Release No. 2008-008. (Available at https://pcaob-assets.azureedge.net/pcaob-dev/docs/default-source/inspections/documents/2008_12-05_release_2008-008.pdf?sfvrsn=205da49a_0)

―――― (2012), *Maintaining and Applying Professional Skepticism in Audits*. Staff Audit Practice Alert No. 10. (Available at https://pcaobus.org/Standards/QandA/12-04-2012_SAPA_10.pdf)

Public Oversight Board (POB) (2000), *The Panel on Audit Effectiveness : Report and Recommendations*, POB.（山浦久司監訳，児嶋隆・小澤康裕共訳（2001）『公認会計士監査―米国 POB：現状分析と公益性向上のための勧告―』白桃書房。）

（福川　裕徳）

Forming an Audit Opinion

第Ⅲ部

監査意見の形成

　まず第11章では，監査意見の形成に関わる諸概念の関係を明らかにするために，監査命題の立証プロセスと監査アプローチに関する議論を整理している。続く第12章では，監査人が立証する「監査命題」について，監査目的（財務諸表の適正性），監査要点・経営者の主張およびそれらを結び付ける監査対象を考察している。財務諸表の適正性の立証プロセスでは，監査証拠の収集と評価が行われる。第13章では，「監査証拠」の概念，分類，属性について歴史的に文献を紐解いてその展開を示すとともに，現代における議論とその特徴について論じている。第14章では，監査基準の展開を追い，「監査技術」と「監査手続」の定義や関係，両者の区別，監査技術と監査証拠との関係について，わが国における議論を整理している。第15章では，財務諸表監査プロセスの完了と品質管理において重要な意味を持つ「監査調書」とその査閲に関する議論を整理し，財務諸表監査における「監査調書」の位置づけについて論じている。最後に，監査リスク・アプローチの鍵となる概念である監査リスクと重要性を取り上げる。第16章では「監査リスク」概念を詳細に検討し，第17章では「監査上の重要性」に関する現行の監査規範の規定を確認した上で，そのような規定が設けられた経緯を主要な先行文献に基づいて確認し，監査上の重要性に関する論点を整理している。

第11章

監査命題の立証プロセスと監査アプローチ

1 はじめに

　本章では，監査命題の立証プロセスおよび監査アプローチを説明する。いずれも本書が対象とする基礎概念ではない。立証プロセスや監査アプローチという用語はしばしば監査文献で用いられているが，いくつかの会計学辞典や教科書の索引を確認したところ，これらの用語は収録されていない。それにもかかわらずこれらを取り上げるのは，本書で考察する基礎概念の位置づけや関係を明らかにすることに役立つと考えるからである。

　本章における監査命題の立証プロセスは，「監査意見形成の理論構造」（石田 1983，第5章）や「監査認識プロセス」（亀岡ほか 2021，第11章），あるいは証拠論と呼ばれるもので，監査計画策定（そのための予備調査を含む）から意見表明の基礎の形成までのプロセスを意味する。監査人は，財務諸表の適正性命題を直接立証することはできないため，経営者の主張という概念を利用して監査要点を設定し，個々の監査要点に対して監査技術を選択・適用して監査証拠を入手，評価し，その適正性を立証する。財務諸表の適正性は，個々の監査要点の立証を通じて演繹的に論証される（第12章参照）。このような監査命題の立証プロセス（立証の論理）は，現在の監査理論において通説として認識されていると理解している。

　また，監査アプローチ[1]は，監査命題の立証プロセスにおける具体的な監査作業の手順や選択しうる経路に関する意思決定（監査手続の種類，実施時期および実施範囲の決定や入手した監査証拠の評価などの監査上の意思決定（監査判断））の方針を含む監査の手法である。監査アプローチは，監査実務および理論研究の進展や監査環境の変化に応じて変遷してきた。現在の企業会計審議会「監査基準」で採

用されている「事業上のリスク等を重視したリスク・アプローチ」は，監査アプローチの一種である。

2　監査命題の立証プロセス

(1)　監査命題

　監査の定義（第1章参照）に示したとおり，財務諸表監査において監査人が最終的に立証しなければならない命題は，財務諸表の適正性（適正表示）[2,3]である。「監査基準」では，「経営者の作成した財務諸表が，一般に公正妥当と認められる企業会計の基準に準拠して，企業の財政状態，経営成績及びキャッシュ・フローの状況をすべての重要な点において適正に表示しているかどうかについて意見を表明しなければならない。」（第四・一・1）と規定されている。

(2)　調査過程と仮説演繹法

　現在の監査基準で予定されている適正性命題の立証構造は，マウツ＝シャラフによる『監査理論の構造』（Mautz and Sharaf 1961, 103-110）において「監査上の証拠と監査上の判断」として論じられ，『基礎的監査概念書』（AAA 1973, 18-41）（以下，ASOBAC）において「調査過程」として提示されたものを基礎に置いている。

　ASOBACは，調査過程を「命題の信憑度を確立することを目的にした探究」と定義している。ここで，監査上の命題は常に，会計情報の確立された規準に対する合致の程度を表しており，「財務諸表は財政状態等を会計基準に準拠して適正に表示している」という命題には，会計上の主題（財務諸表）と規準（会計基準）が含まれている。監査人は，調査過程において，ある命題の信憑度を確立するた

1　広辞苑（第7版）によれば，アプローチの意味として，「①接近すること。働きかけること。②学問・研究で，対象への接近のしかた。研究法。」などが示されている。また，Oxford Dictionary of English（3rd ed.）では，「1．ある状況や問題に対処する方法，2．誰かになされる最初の提案や要求，3．誰かまたは何かに距離や時間的に近づいていく行為」が示されている。
2　監査命題については第12章を，財務諸表の適正性概念については第19章を，それぞれ参照されたい。
3　「監査基準」は，監査人が表明する監査意見について，「適正性に関する意見」と「準拠性に関する意見」を識別しているが，本書では適正性に関する意見を念頭に置いて考察している。そこでの議論は，準拠性に関する意見にも適用可能である。

めに適切な探究を行い，かつ，その結果について意見を表明する。この意見は監査人の判断もしくは信念の表明であり，それ自体調査された命題の主張を表している。職業的専門家（熟練した探究者）の主張は，信念に対する適切な根拠により裏付けられたもの（裏付けられた主張）でなければならない（AAA 1973, 19-20）。

この調査過程の一般的体系は，以下のように要約されている（AAA 1973, 39-40）。

> ① 検証されるべき仮説を設定すること。監査上の仮説として適切とされるためには，それは提供されるべき情報（例：財務諸表）とその情報を判断する際に用いられるべき規準（例：会計基準）を含むものでなければならない。
> ② 基本仮説の定義を行うこと。その結果，一連の観察命題が当該基本仮説および適切な小前提から演繹されなければならない。
> ③ 監査人自らが知覚をなすことにより，あるいは供述を利用することによって，観察命題を検証すること。
> ④ 証拠を評価し，観察命題それぞれについて信憑度を決定すること。
> ⑤ 仮定や証明済みの観察命題を用いた論証によって，より一般的な命題の信憑度を決定すること。
> ⑥ 評価されたすべての命題の信憑性を，監査人の全体的な信念の体系に照らして絶えず確かめること。
> ⑦ 最後の段階として，論証によって基本仮説を検証すること。

このようなASOBACの調査過程は，主要仮説を設定し，それから演繹によって観察上の言明を導き，その観察上の言明を証拠によって立証することによって命題の信憑性を評価するという仮説演繹法に基づいている[4]。

(3) 監査命題の立証プロセス

ASOBACが示した仮説演繹法による調査過程を基礎として，適正性命題の立証の基本的プロセスを記述すると，以下のようになる[5]。

---

[4] ASOBACが提示したこのような一般理論は，鳥羽（1983）における意味翻訳による立証プロセスの研究により，財務諸表監査の理論として展開されている。

[5] ASOBACの他に，森（1970），石田（1983），鳥羽（1983），石原（1995），Cushing and Loebbecke（1986）などさまざまな文献を参照して，筆者が整理したものである。併せて，伊豫田・松本・林（2022）も参照されたい。

> ①　財務諸表の適正性命題を,「経営者の主張」という概念を用いて細分化し,個々の主張について監査要点を設定する。
> ②　個々の監査要点を立証するための監査手続(種類・実施時期・実施範囲)を計画する。
> ③　監査手続を実施し,監査証拠を収集,評価する。
> ④　個々の監査要点に対する十分かつ適切な監査証拠が入手されるまで,②と③を繰り返す。
> ⑤　個々の監査要点に対する十分かつ適切な監査証拠を統合し,監査意見形成の基礎を獲得する。

この基本的プロセスは,視点を変えると,次の3つの過程に区分することができる。監査基準では,①のレベルでの適正性命題を立証するためのアプローチ(監査アプローチ)が示されているが,これまでにいくつかの変遷が見られる。

> ①　財務諸表の各構成要素において表現されている経営者の主張に関する適正性を立証する過程
> ②　①の結果に基づき,財務諸表の各構成要素の適正性を立証する過程
> ③　①および②の結果に基づき,財務諸表全体としての適正性を立証する過程

3　監査アプローチの変遷

前節で確認した監査命題の立証プロセスを前提とすると,次に問題となるのは,個々の経営者の主張または監査要点についての監査証拠の収集と評価に関するさまざまな意思決定を導く論理である。

財務諸表監査における監査意見形成の基本的特徴は,被監査会社において内部統制[6]が適切に整備,運用されていることを前提とし,監査手続は試査によることである[7]。監査人は,個々の経営者の主張の立証にあたって,まず当該主張または監査要点に関連する内部統制の有効性を調査,評価し,その評価結果に基づいて監査手続を計画,実施する。したがって,監査意見形成の基本的なプロセスは,企業の内部統制に依拠し,監査手続の種類,実施時期および試査の範囲を決定するプロセスであるといえるが,理論研究の進展や監査環境の変化に伴って監

---

[6]　監査人が調査,評価すべき内部統制の概念は歴史的に変化しているが,本章では,明確に区別する必要がある場合を除いて,「内部統制」という語を統一して用いる。

査アプローチ[8]に変化が見られる。

(1) 試査と内部牽制（内部統制）への依拠

Montgomery (1912, 9) は，監査の形成期と呼ばれる時代には不正および誤謬の発見または防止が主目的であったが，監査に対する需要の変化と，監査人がその需要に対応できるようになったことを背景に，監査の目的の相対的な位置づけが，(1)企業の所有者，経営者または取引銀行などのために企業の財務状況や収益の実態を確かめることと，(2)不正や誤謬を発見することへと変化した，と監査目的の変化に言及し，「監査人は，内部牽制組織が適切であると考えるならば，他の者が実施した業務を繰り返して行わなくてよい。」と適切な内部牽制組織に依拠した監査作業の省略に言及している。

『統一会計』(FRB 1917) は，貸借対照表の監査において内部牽制を検査することを勧告したが，監査の重点の推移およびそれに伴う監査手続の変化を考慮して，1929年に，『統一会計』の改訂版として『財務諸表の検証』(AIA 1929) が公表された。同書の冒頭「一般的な注意事項」では，財務諸表監査における内部牽制組織への依拠と試査による監査手続の実施が認められている (AIA 1929, 1)。

> 「この説明書に示された作業の範囲は，一定日における会社の資産および負債の検証，検討対象期間における損益勘定の検証，および，付随的に，内部牽制の有効性を確かめるための会計システムの検査を含む。（中略）検証の範囲は，各会社の状況に応じて決定される。（中略）内部牽制組織が充実している場合には，テストのみで十分な場合もある。必要な作業の範囲については，監査人が責任を負わなければならない。」

---

[7] 森 (1970, 67-69) は，財務諸表監査における最も基礎的な監査方法は，財務諸表作成の基礎となった会計帳簿および諸記録（内部証拠，ASOBACのいう基礎的会計資料）の収集と評価であるが，この基礎的会計資料について監査証拠としての限界（不正による偽造・改ざんまたは誤謬・脱漏の可能性）を認識することから近代監査が出発したとする。そして，このような基礎的会計資料の限界を補強するために，より直接的な立証方法（会計記録の背後にある事実自体に直接接近する方法）として，いわゆる外部証拠を収集するとともに，より間接的な立証方法であるが，基礎的会計資料の立証力を補強するものとして，内部統制組織の信頼性を評価して，それに依拠して立証を行う方法が採用されるようになった，と指摘する。

[8] 監査手続の計画と実施（監査証拠の収集と評価）に関連して，サイクル・アプローチまたは取引サイクル・アプローチという用語が用いられることがある。サイクル・アプローチは，関連する取引や勘定を1つのセグメントとして監査業務をグループ化し，要証命題の立証とともに，監査業務の管理や統制を効率的に達成しようとする実務上の手法（石原 1995, 18）であり，適正性命題を立証するためのアプローチとは異なる。サイクル・アプローチについては，山浦 (2008, 278) にも詳しい。

試査への志向は信用目的の監査でもみられたが[9]，これは，貸借対照表監査の目的は精査でなくても十分に達成できたこと，および，貸借対照表上の流動性に関連のある項目を抜きだして監査すれば，より合理的な信用目的の監査が行えることを根拠としていた。これに対して，『財務諸表の検証』における監査は財務諸表全体の表示の監査を意図しており，損益計算の過程を追って会計記録および帳簿を監査していくことが重要になる。この会計記録および帳簿の正確性および信頼性に密接な関連を持つものとして，内部牽制組織が認識され，監査人は，内部牽制組織の整備および運用の程度によって試査の範囲を決定することが許容されたのである（森 1970, 25）。

(2) 内部統制アプローチ

監査人は，監査基準に準拠して監査を実施することが求められる。内部統制の信頼性に依拠した試査による監査手続の実施を初めて規定したアメリカの監査基準は，アメリカ会計士協会『監査基準試案』（AIA 1947, 11）の実施基準第二である。

>「内部統制に依拠する根拠として，また，監査手続を限定するテスト範囲を決定する根拠として，現存する内部統制を適切に調査・評価しなければならない。」

河合（1992, 2）は，内部統制に依拠する監査アプローチを「内部統制アプローチ」と呼び，「内部統制アプローチは，内部統制システムの準拠性テストと実質テストを基軸とした監査アプローチであり，四半世紀にわたって財務諸表監査の主流をなした監査手法である。これが伝統的財務諸表監査そのものであり，内部統制依存型の監査と定義されてもよいであろう。」と特徴付けている。

① 内部統制の概念

上述の通り，アメリカでは，1950年代半ばには内部統制に依拠した監査手続の

---

[9] 19世紀末のイギリスにおける監査手続から20世紀初頭までのアメリカにおける監査手続の変化を跡付け，リスク・アプローチ監査の成立過程の端緒を捉えることを目的とした小澤（2005）によれば，19世紀末のイギリスにおいては，理想とする精密監査と現実に実施されていた機械的監査（帳簿記録の突き合わせに終始する監査）との間の大きなギャップが顕在化し，監査人は，「あらゆる不正や誤謬の発見」を第一の目的とする精密監査を志向することを放棄し，監査人の責任範囲を限定する「計算書類の正確性の証明」へと監査の目的観を変化させていった。その結果，監査手続も従来の帳簿監査から変化し，試査の利用と内部牽制への着目が始まった。

実施が監査基準において認識されていた。アメリカでは，訴訟を通じて監査人の責任が厳しく問われるため，監査人が実施した監査プロセスの正当性を客観的に立証するために監査基準への準拠が必要不可欠の要件となる。そのため，監査人が調査・評価の対象とする内部統制の概念と範囲について検討が重ねられた[10]。1949年に公表されたAIA監査手続委員会特別委員会報告書『内部統制』(AIA 1949) では，内部統制をいわゆる会計統制と経営統制を含む広義の概念と定義し，監査人の調査と評価の対象とした。その後，監査人が調査の対象とする内部統制の概念と範囲は，「会計統制および会計記録の信頼性に重要な関係を持つ経営統制」(監査手続書(Statements on Auditing Procedures: SAP) 第33号)，「財務記録の信頼性に関係する内部統制，すなわち内部会計統制」(SAP第49号)，「内部会計統制(内部会計統制環境を識別)」(AICPA 1979) と変化した。

② **基本構造**

石田(1983, 90-91) は，(i)内部統制の調査および評価と(ii)内部統制の信頼性に依拠した監査手続の実施を含めて，アメリカ公認会計士協会(American Institute of Certified Public Accountants: AICPA)が公表する監査基準書(Statements on Auditing Standards: SAS)に規定されている監査意見形成のプロセスを整理し，これを財務諸表項目(個々の勘定残高または取引)ごとの監査意見形成の基本構造として，以下のように示した[11]。

(I) 内部統制の調査と評価
  (a) 内部統制システムの検閲－「システムの検閲」
  (b) 遵守性テスト
(II) 実証性テスト
  (c) 取引および残高の詳細に関するテスト
  (d) 分析的検閲手続

ここで，(I)内部統制の調査と評価の目的は，財務諸表項目に関する実証性テス

---

10 財務諸表監査における内部統制概念の変遷については，例えば，小西(1980) および千代田(1994)を参照されたい。
11 このように整理できる規定内容は，SAP第49号(AICPA 1965)およびSAP第54号(AICPA 1972)により導入されたものである。前者は，内部統制の整備状況の評価を「システムの検討」，内部統制の運用状況の評価を「システムの準拠性テスト」とし，後者は，監査におけるテストとして準拠性テスト(compliance test)と実証性テスト(substantive test)に識別した。

トの種類,実施時期および実施範囲を決定するために,内部統制の信頼性の基礎を確立することであり,(a)内部統制システムにおける定められた手続と方法に関する知識と理解を得るためのシステムの検閲と,(b)内部統制システムが意図されたとおりに整備,運用されていることに関する合理的確信を得るための遵守性テスト[12]からなる。また,(Ⅱ)実証性テスト[13]の目的は,取引および残高の会計処理についての妥当性ないし正当性に関する証拠,あるいは逆に誤謬または不正に関する証拠を入手することである。この実証性テストは,(c)取引および残高の詳細に関するテストと(d)分析的検閲手続からなる。

石田(1983,第5章)は,AICPAのSASが想定しているこのような監査意見形成の基本構造に関する複数の監査文献を検討し,各監査要点の立証には監査手続の組み合わせによる複数の経路があり,監査要点の性質や内部統制の調査と評価の結果に応じて経路の選択が行われると結論づけ,ここに監査計画上の意思決定問題があると指摘している。

なお,この内部統制アプローチは,1982年に発表されたSAS第43号(AICPA 1982)によって,内部統制の調査と評価のプロセスが変更された[14]。SAS第43号は,①内部統制が非常に弱いため,それに依拠することができないと決定する場合と,②遵守性テストの費用がそのテストによって獲得される便益を超過すると結論づけられる場合には,監査人は内部統制に依拠しないと決定できることを明確にした。これによって,監査意見形成における内部統制の調査と評価の最小限度の水準が明らかにされた。この変更は,監査の有効性と効率性の観点から,内部統制の調査および評価と実証性テストとの相互関係を明確にすることが必要であるとの判断に基づくものである。

(3) 監査リスク・アプローチ

アメリカでは,1970年代後半頃から,大規模な粉飾決算や倒産事件に関連して,期待ギャップが顕在化し,監査人の責任の在り方が大きな問題となった。このような厳しい監査環境にあって,監査の有効性と効率性がより一層求められるようになった(例えば,脇田 2000, 116-117)。そこで,1983年に発表されたSAS第47号(AICPA 1983)により,監査上の重要性と監査人が誤った監査意見を表明す

---

12 遵守性テスト(または準拠性テスト)という概念は,その後,「統制テスト」または「統制評価手続」へと変化し,現在は「運用評価手続」と呼ばれている。
13 実証性テストは,現在は「実証手続」(substantive procedures)と呼ばれている。
14 石田(1996)は,変更後のアプローチを「監査戦略的アプローチ」と呼んでいる。

る可能性に着目し，この可能性（リスク）を社会的に認められる合理的な低い水準に抑えることに焦点を合わせたアプローチが導入された。監査リスクの概念や構成要素については，第16章「監査リスク」を参照されたい。

① 基本構造

監査リスク・アプローチ[15]は，監査人が重要な虚偽の表示を看過し，監査意見を適切に限定できない可能性を監査リスクと定義し，監査リスクの評価と統制を通じて合理的な基礎を獲得するための監査手法である。このアプローチによる経営者の主張ごとの監査意見形成の基本構造は，次のように示すことができる（林 2011, 96-97）。この基本構造では，固有リスク，統制リスクおよび発見リスクという監査リスクの構成要素が監査意見形成における重要概念として認識されている。

(Ⅰ) 固有リスクの評価
(Ⅱ) 内部統制の把握
(Ⅲ) 統制リスクの評価
 (a) 統制テスト
(Ⅳ) 発見リスクの評価と統制
 (b) 分析的手続
 (c) 取引および残高の詳細テスト

この基本構造においても，内部統制アプローチと同様に，内部統制の信頼性に基づく試査による監査手続の実施という基本的な考え方は継承されている。しかし，内部統制アプローチは，経営者の主張（assertion）および監査要点（audit objectives）という監査命題の立証プロセスにおける重要な概念がSAS第31号（AICPA 1980）によって監査基準に導入される以前から採用されている手法であり，かつ，内部統制の信頼性と実証性テストの試査範囲とを直接関係づけていた。これに対して，監査リスク・アプローチでは，経営者の主張を立証するための十分かつ適切な監査証拠の入手を目標として，固有リスク，統制リスクおよび発見

---

15 しばしば「リスク・アプローチ」と呼ばれるが，このアプローチの鍵概念は監査リスクと重要性であり，一定の重要性水準のもとでの監査リスクを一定水準以下に統制することを目標とすることから（石原 1995, 29），また，財務諸表監査にはさまざまなリスク概念が関連しており明確化が必要と考えることから，監査リスク・アプローチ（audit risk approach）とする。

リスクの関係に基づき，内部統制の有効性（＝1－統制リスク）だけでなく固有リスクの評価結果を併せて考慮した重要な虚偽表示の発生可能性に応じて発見リスクの目標水準を設定し，この水準を達成できるように監査要点の選択ならびに実証手続の種類・実施時期および実施範囲が決定されるようになったと理解される。

② 意　義

SAS 第47号の貢献は，監査リスクの概念を導入することにより，十分かつ適切な監査証拠や意見表明の基礎の獲得に関する判断規準として，監査人の確信度という概念を導入した点にある。すなわち「1－監査リスク＝監査人の確信度」という関係を措定し，監査リスクの水準が目標水準（合理的に低い水準）に統制されるまで監査証拠の収集と評価を行うことが求められるようになった（千代田 1994, 第9章；石原 1995, 145）[16]。また，監査リスクの定義により，財務諸表の適正性と重要な虚偽の表示との関係，および重要な虚偽の表示に関する監査人の責任が明示されたことも，重要な変化である。さらに，監査戦略思考[17]に基づく監査資源の効率的配分思考も読み取れる。この背景には，訴訟対策のために実施した監査（監査人の判断）の妥当性を説明する論理が求められていたこと，不正による重要な虚偽の表示の発見を巡る期待ギャップが顕在化し，重要な虚偽の表示の発見に関する監査人の責任を拡大・強化せざるを得なかったことがあると考えられる[18]。

(4) 事業上のリスク等を重視したリスク・アプローチ

1990年代の後半頃から，アメリカの監査実務において，リスク・アプローチに

---

[16] 脇田（2000, 116-118）は，「『試査』方式による監査の執行は，例えば売掛金残高の実在性の検証のために『期末残高の何パーセントについて確認を実施するか？』という監査業務執行次元での監査人の判断に止まった。」と問題提起するとともに「『監査業務構築に『リスク評価』方式が採用されるのは，現行の監査基準・準則が，監査人の『正当な注意』の義務を基幹として『通常実施すべき監査手続』を導入した当然の結果である。」と，監査人の判断を導く監査リスク・アプローチの導入を評価している。
[17] 監査戦略は，監査計画の立案において，財務諸表監査を達成するための最も効率的な監査の実施を追求するために代替案を探索し，予測し，評定し，そして決定すること（森 1992, 21-22）や，有限の監査資源をコストとベネフィットとの比較衡量のうえで最も効率的に組み合わせて最も効果的な成果を得る方策を採ろうとする考え方（山浦 2008, 213）と説明される。
[18] 監査リスク・アプローチ導入の意義をどのように捉えるかについては，石原（1995, 138-144）を参照されたい。

おけるリスク評価思考をさらに発展させた，ビジネス・リスク・アプローチと呼ばれる新たな手法が提唱されるようになった（Bell et al. 1997）。このアプローチでは，監査人は，戦略分析，事業プロセス分析，リスク評価，事業の測定，および継続的改善という基本的なプロセスにおいて，被監査会社のビジネス・モデルを想定し，経営者の視線で被監査会社のビジネス・リスクを理解し，評価することが求められている[19]。ビジネス・リスク・アプローチの基本的な考え方は，まず2003年に国際監査基準（International Standards on Auditing: ISA）に採用され，2005年に「監査基準」に導入された[20]。

このアプローチの特徴は，重要な虚偽の表示が発生するリスク（固有リスクと統制リスクの結合リスク）をより効果的に識別・評価するために，重要な虚偽の表示の発生源泉を，被監査会社のビジネス・リスク（会社が事業目的を達成できなくなるリスクであり，究極的には企業の存続や収益性に関連するリスク）に求め，被監査会社の事業内容・経営環境に関する情報を広範囲にわたって収集・分析するところにある。

① 基本構造

このようなビジネス・リスク・アプローチの考え方は，その全部ではなく一部分ではあるが，2005年（平成17年）の改訂によって「監査基準」に「事業上のリスク等を重視したリスク・アプローチ」として導入された。このアプローチによる経営者の主張ごとの監査意見形成の基本構造は，次のように示すことができる（林 2020，187）。

(Ⅰ) 重要な虚偽表示のリスクの評価
(Ⅱ) 内部統制の運用状況の評価
　(a) 運用評価手続
(Ⅲ) 発見リスクの評価と統制
　(b) 分析的実証手続
　(c) 取引種類，勘定残高および開示に対する詳細テスト

19　Bell et al.（1997）に記述されているビジネス・リスク・アプローチの内容については，秋山（2000）および児嶋（2000）を参照されたい。
20　ビジネス・リスク・アプローチの監査実務への適用については，Lemon, Tatum and Turley（2000）に，アメリカ，イギリス，カナダの大規模監査事務所に対する質問票調査とインタビューによる実態調査結果が示されている。

監査人はまず，(I)経営者の主張について重要な虚偽表示のリスク（固有リスクと統制リスクの結合リスク）を評価する。この評価にあたって実施される，企業および企業環境を理解し，重要な虚偽表示のリスクを評価するための監査手続を，リスク評価手続という。次に，統制リスクの評価は，内部統制の有効性の評価にもとづいて行われる（統制リスク＝1－内部統制の有効性）。内部統制の有効性は，内部統制の整備状況と運用状況という2つの側面から評価されるが，これは監査の効率的な実施という観点から，重要な虚偽表示のリスクの当初の評価段階では整備状況のみを評価する。次に，(II)評価した重要な虚偽表示のリスクの水準に対応して，内部統制の運用状況を評価するための(a)運用評価手続と，経営者の主張における重要な虚偽の表示を発見するための実証手続（(b)と(c)の総称）を計画，実施する。ここで，(a)，(b)および(c)は，重要な虚偽表示のリスクの評価水準に対応して計画，実施されるので，リスク対応手続と呼ばれる。

② 意　義

事業上のリスク等を重視したリスク・アプローチと，従来の監査リスク・アプローチの主な相違点は，ISA 315（IAASB 2003）や2005年改訂「監査基準」によれば，以下のとおりである[21]。

- 監査計画の策定にあたって，企業および企業環境に内在する事業上のリスク等がもたらす重要な虚偽表示のリスクを評価すること。
- 重要な虚偽表示のリスクは，原則として，固有リスクと統制リスクの結合リスクとして評価すること。ただし，固有リスクと統制リスクという概念が消滅したわけではなく，固有リスクと統制リスクを別々に評価することが禁止されたわけでもない。
- 重要な虚偽表示のリスクを，個々の勘定残高または取引レベルについてだけでなく，財務諸表レベルについても識別，評価すること。ここで，財務諸表レベルの重要な虚偽表示のリスクとは，財務諸表全般に広くかかわりがあるとともに，経営者の主張の多くに潜在的に影響を及ぼすものをいう。SAS第47号でも，監査リスクは財務諸表レベルと個々の勘定残高または取引レベルの両方で認識されていたが，固有リスクと統制リスクは，個々の勘定残高または取引レベルでのみ認識されていた。
- リスク評価手続の実施により識別，評価した経営者の主張レベルの重要な虚偽表示のリスクに対応して，リスク対応手続を計画，実施すること。また，財務諸表

21　福川（2006）では，先行実証研究の結果を踏まえて，事業上のリスク等を重視したリスク・アプローチの意義，特徴，従来の監査リスク・アプローチとの異同などが論じられている。

レベルの重要な虚偽表示のリスクが存在すると判断した場合には，そのリスクの程度に応じて，全般的な対応（職業的懐疑心の強調，補助者の増員，豊富な経験を有するメンバーの配置など）を講じること。事業上のリスク等を重視したリスク・アプローチでは，リスクの評価と評価済みリスクとの対応の関係性が重視されている[22]。

- 重要な虚偽表示のリスクの中から「特別な検討を必要とするリスク」を決定し，特別な検討を必要とするリスクがあると判断した場合には，そのリスクに個別に対応するためのリスク対応手続を計画，実施すること。特別な検討を必要とするリスクとは，非定型的取引や経営者の判断に依存している事項など，その質的側面により，重要な虚偽表示のリスクのなかでも特別な監査上の検討が必要と考えられるリスクをいう。

③ リスク評価の見直し

　なお，事業上のリスク等を重視したリスク・アプローチは，2020年（令和2年）の「監査基準」改訂により修正された。1つは，重要な虚偽表示のリスクの評価である。2005年改訂時には，固有リスクと統制リスクは実際には複合的な状態で存在することが多いことや，固有リスクと統制リスクを分けて評価することにこだわることによりリスク評価が形式的になり，発見リスクの水準の的確な判断ができなくなるおそれもあること（企業会計審議会『監査基準の改訂に関する意見書』2005年10月28日）から，原則として，固有リスクと統制リスクを結合した重要な虚偽表示のリスクを評価することとなった。しかし，財務諸表項目レベルにおいては，固有リスクの性質に着目して重要な虚偽の表示がもたらされる要因などを勘案することが，重要な虚偽表示のリスクのより適切な評価に結び付くと考えられることから，固有リスクと統制リスクを分けて評価することとされた（財務諸表レベルの重要な虚偽表示のリスクの評価は従来どおり）。もう1つは，特別な検討を必要とするリスクの定義であり，特別な検討を必要とするリスクの識別に一貫性がないという批判を受けて，固有リスクの評価を踏まえた定義に変更された（企業会計審議会『監査基準の改訂に関する意見書』2020年11月6日）。

　改訂後の監査意見形成の基本構造は，次のように示すことができる（林 2022, 190）。

22　個々の勘定残高または取引レベルにおける評価済みの重要な虚偽表示のリスクに対しては，実証手続として分析的実証手続または取引種類，勘定残高および開示に対する詳細テストのいずれかまたは両者を組み合わせて実施することになる。

Ⅰ．重要な虚偽表示のリスクの評価
　(a)　固有リスクの評価
　(b)　内部統制の理解と統制リスクの暫定的評価
Ⅱ．内部統制の運用状況の評価
　(c)　運用評価手続
Ⅲ．発見リスクの評価と統制
　(d)　分析的実証手続
　(e)　取引種類，勘定残高，開示等に対する詳細テスト

④　リスク・アプローチによる監査実施

　事業上のリスク等を重視したリスク・アプローチにもとづく監査実施プロセスは，重要な虚偽表示のリスクの評価と評価した重要な虚偽表示のリスクへの対応という観点から，**図表11-1**のように整理することができる。

図表11-1　■　リスク評価とリスク対応のプロセス

```
                    ┌─────────────────────────────────┐
          ┌─ 企業および企業環境の理解 ──────┐      │
リスク評価 │           ↓                          │ リスク評価手続
          └─ 重要な虚偽表示のリスクの識別と暫定的評価 ─┘
                    ↓           ↓           ↓
          ┌─財務諸表レベルの─┬─特別な検討を─┬─経営者の主張ごと─┐
リスク    │ 重要な虚偽表示の │ 必要とするリスク│ (アサーション・レベル)の │
          │    リスク       │              │ 重要な虚偽表示のリスク │
          └─────────────────┴──────────────┴─────────────────┘
                                  RMM
                    AR = ( IR × CR ) × DR
          ┌──────────┬─────────────┬──────┬──────┐
リスク対応│全般的な対応│ リスク対応手続│運用評価│実証手続│
          │          │              │ 手続  │      │
          └──────────┴─────────────┴──────┴──────┘
```

(凡例)　AR：監査リスク（Audit Risk）
　　　　IR：固有リスク（Inherent Risk）
　　　　CR：統制リスク（Control Risk）
　　　　RMM：重要な虚偽表示のリスク（Risk of Material Misstatement）
　　　　DR：発見リスク（Detection Risk）
(出所)　林（2022），192。

(5) ビジネス・リスク・アプローチの展開

このビジネス・リスク・アプローチの研究を発展させた研究成果と位置づけられる Bell et al. (2005) は，いわゆるサーベインズ＝オックスリー法の制定により，監査基準の改善や監査実務の質に関する監督を通じて公開会社の監査の質に対する要求水準と説明責任が高まっており，これに対応するために，監査専門家は，監査の手法と技術，監査証拠，監査の手順，その他の品質管理メカニズムなどの課題を解決しなければならないという。

例えば，同書第3章では，監査人は監査全体を通じて十分に正当化された信念を得ることが必要であり，そのために，監査業務全体にわたって，証拠に基づく信念改訂型リスク評価（evidence-driven, Belief-based risk assessment）という反復的な（recursive）プロセスに従事するという。これによって監査人は，最終的に，許容可能な低い水準に発見リスクを引き下げるのに有用な追加証拠的を識別することが可能となるとする。ここで同書は，監査証拠を生み出すことのできるすべての監査手続はリスク評価手続であるという興味深い見解を示している。このことは，監査の各段階においてリスク評価を行ったかということとは関係ない。また，「反復的」（recursive）であるということは，監査人が十分かつ適切な証拠を入手し，その結果として十分に正当化された信念を形成することが可能となり，それによって，発見リスクが監査意見の表明を支えることのできるほど十分に低い水準であると監査人が評価するまで，このプロセス（リスク評価プロセス）は繰り返されるものであることを意味している。

また，同書第4章では，財務報告のプロセスが，企業の事業活動の状態（Entity Business States：EBS），経営者の有する情報媒介装置（Management Information Intermediaries：MII），および経営者による事業活動の描写（Management Business Representation：MBR）という三段階に区分されている。そして，EBS，MII および MBR に関する監査証拠にはそれぞれ固有の限界があるので，重要な虚偽の表示がないことについての合理的な保証を得るためには，三位一体（triangulation）となった監査証拠の収集と評価が必要であるとする。また，経営者が不正に関与している状況においては，EBS に関する監査証拠は MII と MBR に関する監査証拠よりも歪曲の可能性が低いため，重要な虚偽表示のリスクの評価をより適切に行うためには，EBS についての理解が特に重要であるとする。そして，ビジネス・リスク・アプローチの特徴を，非サンプリング・リスクを適切な水準まで低減し，もって監査の品質を高めるために，監査人に対して EBS に関する相当

の監査証拠の収集を要求するところにあると指摘している。

　Bell et al. (2005) に示された見解や主張がどの程度監査実務に浸透しているかは不明であるが，監査基準には今のところ反映されていないと考えられる。しかし，監査リスク・アプローチを巡るこれまでの議論を踏まえれば，監査プロセス全体に占めるリスク評価の重要性が質量ともに高まっていると考えられ，「すべての監査手続はリスク評価手続である」という主張には説得力がある。

4　小　　括

　監査命題の立証プロセスには，適正性（適正表示），経営者の主張，監査要点，監査手続，監査証拠などの多くの基礎概念が含まれており，相互の関連性を示している。1973年にASOBACが示した仮説演繹法による調査過程に基づくこの立証プロセスは，今日においても財務諸表監査の基本的考え方として採用されており，監査意見（監査判断）形成理論の構築と発展に大きく寄与している。

　監査アプローチは，監査命題の立証プロセスにおける具体的な監査作業の手順や選択しうる経路に関する意思決定の方針を含む監査の手法であり，重要な虚偽の表示の発見という監査の有効性をいかに効率的に達成するかという観点から精緻化が図られてきた。その過程で，例えば，準拠性テスト，実証テスト，重要性の基準値，手続実施上の重要性，リスク評価手続，リスク対応手続，特別な検討を必要とするリスクなど，基礎概念から派生したさまざまな概念が展開されている。監査アプローチの展開は，財務諸表監査の戦略的実施（あくまでも有効性の追求が主目的）という必要性に根ざした極めて実践的な側面を有しており，財務諸表監査の理論と実践の橋渡しをするものと理解できる。

■参考文献

秋山純一 (2000)「戦略的システムレンズを通しての監査―LSLの監査との関連において―」『商学論纂』41巻2号，73-90頁。
石田三郎 (1978)『監査証拠論』中央経済社。
─── (1983)『監査意見形成論』中央経済社。
石原俊彦 (1995)『監査意見形成の基礎』中央経済社。
─── (1998)『リスク・アプローチ監査論』中央経済社。
小澤康裕 (2005)「19世紀末から20世紀初頭にかけての英国及び米国の監査方法の変化」『経営研究』52号，1-13頁。

───（2008）「財務諸表監査におけるビジネス・リスク・アプローチの具体的適用とその特徴」『立教經濟學研究』61巻4号，247-255頁。
亀岡恵理子・福川裕徳・永見尊・鳥羽至英（2021）『財務諸表監査（改訂版）』国元書房。
河合秀敏（1992）「重要な虚偽記載の監査と監査人の責任」『會計』142巻2号，1-11頁。
児嶋隆（2000）「監査におけるビジネス・リスクの評価」『現代監査』10号，53-62頁。
小西一正（1980）『内部統制の展開』税務経理協会。
千代田邦夫（1994）『アメリカ監査論　マルチディメンショナル・アプローチ＆リスク・アプローチ』中央経済社。
鳥羽至英（1983）『監査証拠論』国元書房。
内藤文雄（1995）『監査判断形成論』中央経済社。
林隆敏（2011）「監査意見形成の基本構造」石田三郎・林隆敏・岸牧人編著『監査論の基礎（第三版）』東京経済情報出版，第7章。
───（2020）「監査意見形成のプロセス」伊豫田隆俊・松本祥尚・林隆敏『ベーシック監査論（八訂版）』同文舘出版，第4章。
───（2022）「監査意見形成のプロセス」伊豫田隆俊・松本祥尚・林隆敏『ベーシック監査論（九訂版）』同文舘出版，第4章。
福川裕徳（2006）「監査実務におけるリスク・アプローチの展開—従来型リスク・アプローチからビジネスリスク・アプローチへ—」『産業経理』66巻1号，83-92頁。
森實（1970）『会計士監査論』白桃書房。
───（1992）『リスク志向監査論』税務経理協会。
山浦久司（1993）『英国株式会社会計制度論』白桃書房。
───（2008）『会計監査論（第5版）』中央経済社。
脇田良一（2000）『財務情報監査』税務経理協会。
American Accounting Association (AAA) (1973), *Report of the Committee on Basic Auditing Concepts, A Statement of Basic Auditing Concepts*, Studies in Accounting Research No. 6 AAA.（青木茂男監訳，鳥羽至英訳（1982）『アメリカ会計学会　基礎的監査概念』国元書房。）
American Institute of Accountants (AIA) (1929), *Verification of Financial Statements (Revised), A Method of Procedure*, Government Printing Office.
─── (1949), Special Report by the Committee on Auditing Procedures, *Internal Control* AIA.
American Institute of Certified Public Accountants (AICPA) (1963), Statements on Auditing Procedure (SAP) No. 33, *Auditing Standards and Procedures*, AICPA.
─── (1965), SAP No. 49, *Reports on Internal Control*, AICPA.
─── (1972), SAP No. 54, *The Auditor's Study and Evaluation of Internal Control*, AICPA.
─── (1979), Special Advisory Committee on Internal Accounting Control, *Report of the Special Advisory Committee on Internal Accounting Control*, AICPA.
─── (1980), Statement on Auditing Standards (SAS) No. 31, *Evidential Matter*, AICPA.
─── (1982), SAS No. 43, *Omnibus Statement on Auditing Standards*, AICPA.
─── (1983), SAS No. 47, *Audit Risk and Materiality in Conducting an Audit*, AICPA.
Bell, Timothy B., Frank O. Marrs, Ira Solomon and Howard Thomas (1997), *Auditing Organizations through a Strategic-Systems Lens, The KPMG Business Measurement Process*,

KPMG LLP.
Bell, Timothy B., Mark E. Peecher and Ira Solomon (2005), *The 21st Century Public Company Audit : Conceptual Elements of KPMG's Global Audit Methodology*, KPMG International.（鳥羽至英・秋月信二・福川裕徳ほか共訳（2010）『21世紀の公開会社監査　KPMG監査手法の概念的枠組み』国元書房。）
Cushing, E. Barry, and James K. Loebbecke (1986), *Comparison of Audit Methodologies of Large Accounting Firms*, Studies in Accounting Research No. 26, AAA.
Federal Reserve Board (FRB) (1917), *Uniform Accounting*, A Tentative Proposal submitted by the Federal Reserve Board, FRB.
International Auditing and Assurance Standards Board (IAASB) (2003), International Standard on Auditing 315, *Understanding the Entity and Its Environment and Assessing the Risk of Material Misstatement*, International Federation of Accountants.
Lemon, W. Morley, Kay W. Tatum, W. Stuart Turley (2000), *Developments in the Audit Methodologies of Large Accounting Firms*, Stephen Austin & Sons Ltd.
Mautz, R. K. and Hussein A. Sharaf (1961), *The Philosophy of Auditing*, AAA.（近澤弘治監訳, 関西監査研究会訳（1987）『監査理論の構造』中央経済社。）

（林　隆敏）

第12章

監査命題

1 はじめに

　一般的に命題（proposition）は，「扱うべき事，仕事，目的，問題」（研究社（1998）『ビジネス英和辞典』）や「対処・考慮すべき問題」「論議・証明のための陳述，主張」，あるいは「真理値（真か偽）を持ち得るような表現形式」（小学館（1997）『ランダムハウス英和大辞典第二版』）を指すとともに，「命題とは立言であり，論理的思考が行われる単位」（AAA 1973, 23；青木監訳 1982, 47）と定義される。この意味から，監査命題（audit proposition）として理解されている概念としては，「監査人が意見形成する基本的命題は，『財務諸表が企業の財政状態および経営成績を適正に表示しているかどうか』」という適正性命題（fairness proposition）であり，その「基本的命題に対する意見は，個々の従属的命題（minor proposition）に対する意見に基づいて形成され」（石田 1978, 103）ることが示される。また同様の理解において，基本的命題を「一般命題」，従属的命題を「個別命題」と称する見解もある（鳥羽 2000, 147）。

　わが国監査基準との関係では，ここにいう「基本的命題」は，監査基準では監査意見の内容としての「監査目的」を指し，また「従属的命題」は，監査要点（audit objective）として規定されている。

　本章では，監査命題として扱われてきた監査目的および監査要点，ならびにそれらを結び付ける監査対象について，どのように当該概念が展開されてきたのかを明らかにしたい。

2 監査要点

財務諸表監査においては,「財務諸表の適正性を監査目的とし,財務諸表を構成する各項目を監査項目とし,さらに監査項目ごとに,いくつかの立証命題をあげることができる」(森 1978, 92)。この場合の立証命題について,1956年(昭和31年)「監査基準」設定の監査実施準則において,「……,従来,まったく準則に出ていなかった監査要点がとりあげられ,それに関する監査手続の大綱が定められ」(江村 1957, 61)た。同様に,「各監査項目には幾つかの立証すべき命題がある。……。これらの立証命題ないし監査目標を『監査要点』と名づける。」(日下部 1962, 111) とあるように,「監査要点」なる用語は,監査基準設定当初より,わが国では監査実施に関する基本的な概念として用いられてきた歴史がある。

財務諸表監査の目的である財務諸表の適正性を直接立証することは不可能であるため,財務諸表を構成する個々の財務諸表項目の立証を積み重ねた結果を,財務諸表全体の観点から総合的に評価することで可能となるという,多段階の立証プロセスを財務諸表監査では経る。つまり「監査手続の実施によって収集される個々の監査証拠が,基本的命題である財務諸表の適正表示の立証に直結するのではない。そこには,財務諸表を構成する多くの従属的な命題が存在し,その各命題に対する監査上の判断がなされ,それらの多くの判断が合成したところの適正性に対する監査意見が形成される」(石田 1978, 103)[1]。このような多段階の立証プロセスのなかで,監査人が直接立証の対象とするものが,財務諸表項目に対して監査人が設定する監査要点ということになる。

この結果,1991年(平成3年)改訂「監査基準」の監査実施準則二では,以下のように監査要点を明らかにした。

> 「監査人は,十分な監査証拠を入手するため,取引記録の信頼性[2],資産及び負債の実在性,網羅性,評価の妥当性,費用及び収益の期間帰属の適正性,表示の妥当性等の監査要点に適合した監査手続を選択適用しなければならない。」

その後,2002年(平成14年)改訂「監査基準」では,その第三 実施基準の一基本原則2において,監査要点の例として,以下を掲記した[3]。

---
1 下位の従属的命題への多段階の演繹的設定プロセスは,内藤(1995)にも詳しい。
2 監査要点としての取引記録の信頼性については,実態監査では識別されても,情報監査としての財務諸表監査では識別され得ない(鳥羽 1994),と理解される。

「監査人は，自己の意見を形成するに足る合理的な基礎を得るために，実在性，網羅性，権利と義務の帰属，評価の妥当性，期間配分の適切性及び表示の妥当性等の監査要点に適合した十分かつ適切な監査証拠を入手しなければならない。」

アメリカでも，「一連の財務諸表に含まれている主張の合計額は考えるべきものであるが，しかしここでのわれわれの関心は，これらの諸命題の本質的性質にある」(Mautz and Sharaf 1961, 80；近澤監訳 1987, 104) として，監査上判断されるべき命題を**図表12-1**のような5つの主張 (assertions) に表わした。

図表12-1 ■ 監査上判断されるべき命題

Ⅰ．存在あるいは非存在に関する主張
A．物的な事項に関して
1．現存するもの
2．現存しないもの
B．非物的な事項に関して
Ⅱ．過去の事象に関する主張
Ⅲ．量的状態に関する主張
A．単純な数量
B．価値判断を含む金額
Ⅳ．質的状態に関する主張
A．明示されるもの
B．暗示されるもの
Ⅴ．数学上の主張
A．単一計算からもたらされるもの
B．複合計算からもたらされるもの

(出所) Mautz and Sharaf (1961)；近澤監訳 (1987)。

一方，財務諸表における経営者の主張（アサーション）を，アメリカ監査基準書 (Statements of Auditing Standards：SAS) 31号は，財務諸表の構成要素に埋め込まれた明示的ないし黙示的な経営者の陳述として定義し，①実在性または発生 (existence or occurrence)，②完全性 (completeness)，③権利と義務 (rights and obligations)，④評価または配分 (valuation or allocation)，⑤表示と開示 (presentation or disclosure) という5つの範疇を示している。その上で，財務諸表における経営者の主張を立証する監査証拠の入手に当たり，監査人は，それぞれの経営者の

---

3 これら6つの一般監査要点は，現行の2020年（令和2年）改訂「監査基準」においても維持されている。

主張に関して特定の監査要点を設定することになる（AICPA 1980）。

このように日米にかかわらず，財務諸表において表明された経営者の主張と，監査人が監査証拠を入手するために適用する監査手続を論理的に結び付けるために，監査要点という概念を導入した（石原 1995, 113），と解される。これら監査要点について，全ての監査に包括的かつ普遍的に設定される一般監査要点（general audit objectives）と，それを経営者の主張それぞれに具体的に適合させる個別監査要点（specific audit objectives）に区別して理解することが重要となる（Arens and Loebbecke 1997, 150）。

そして監査人が設定する監査要点は，基本的命題ないしは監査目的から演繹されるものであるため，監査目的が異なれば，監査人が考案する監査要点も異なることになる。つまり，情報の監査としての財務諸表監査であれば，監査目的は「財務諸表の適正性」に関する意見の表明が手段目的であり，投資者の意思決定に資することを究極的な目的とし，そこでの監査要点は財務諸表を構成する財務諸表項目に込められた経営者の主張から監査人が設定するものとなる。一方，行為の監査としての監査役による取締役の職務の執行（会社法381条1項）の監査では，監査目的は「取締役の職務執行の法令定款への準拠性」について株主総会で明らかにすることが手段目的であり，ひいては株主の議決権行使に資することを究極的な目的とし，そこでの監査要点は，監査役が独自に設定する取締役による個々の職務執行行為の当否ないし妥当性である。

3　監査対象と監査目的

一般に監査の分類として，監査対象を基準として情報の監査と実態（行為）の監査が挙げられる。情報の監査は，企業等の経済主体の活動およびその結果として生じた事象を写像する情報が適切に作成・開示され，情報の前提となる事実関係を正確かつ明瞭に表示しているかどうかを検証するものである。他方，実態（行為）の監査とは，情報の被写体である取引実態ないし行為自体の当否や適否について検証するものと定義される（伊豫田 2015, 7）。

具体的には，企業の実態を表示する情報である財務諸表の適正性を立証命題ないし監査目的とする財務諸表監査が情報の監査の代表例であり，企業の経営管理者および従業員の経営活動の適否や当否，ないしはそれら行為の結果の適否や当否を監査命題とするような，内部監査や監査役による経営監査・業務監査が実態（行為）の監査となる。この場合の実態とは，個々の人々の行為または組織体に

おける協働活動およびその結果として生起した状況を指す。また実態としての行為は，経営者・管理者・従業員などの意思決定および行為としての生産・販売・人事・財務・管理などに関する個々の行為あるいは組織的かつ共同的な活動である。一方，実態としての結果において生起した状況とは，企業の人的および物的な組織構造や士気など，さらには経営活動の結果としての経営成績・財政状態・資金状態およびその他のさまざまな側面としての状況を意味する（森 2007, 598）。

　両監査の具体例とその内容には，2つの側面が含まれている。1つは情報の適正性ないし実態（行為）およびその結果の当否についての結論を伝達する，という監査目的ないし監査の基本的命題の側面と，2つは実際に監査手続を適用する対象を情報，あるいは実態（行為）とするのか，という監査手続適用の側面である。

　両監査の定義として，2つ目の側面である監査手続適用，すなわち検証の対象から見た定義を採ると，「……情報を監査しようとすれば，場合によっては，必然的に実態にまでさかのぼらざるを得ないということであって，この意味において，両者の境界はそれほど明瞭なものではない」（伊豫田，2015, 7），すなわち，両監査の明確な区分けは不可能であり無意味である，という結論に至ってしまう。

　しかしながら，「財務諸表が企業の財政状態および経営成績を適正に表示しているかどうか」という1つ目の側面である基本的命題ないし監査目的は，究極的な監査対象である監査人の結論表明の対象を意識した概念である。このため，監査の分類基準として監査手続の適用対象によるのではなく，監査意見の表明対象，すなわち監査人にとっての究極的な監査対象，と捉えるのであれば，**図表12-2**のように，この分類は意味を持つものとして位置づけられる。このような理解を前提にすれば，「……この意味の会計士監査における監査対象は，いうまでもなく財務諸表である」とし，監査手続の適用対象を「被査項目」と称する見解が認められることになる（田島 1961, 147）。

　上記の監査の分類に対する考え方は，監査契約締結の段階で，依頼人と監査人との間で，何を目的に監査を契約しているのか，という点から重要となる。というのも，依頼人は，もともとどのような監査手続を実施して欲しいかを依頼の前提にするのではなく，何に対して監査人の結論を表明して欲しいかを依頼の対象にしているはずだからである。したがって，究極的な監査対象を含む基本的命題ないし監査目的の観点からすると，両監査の明確な区別は可能であり有意味となる。

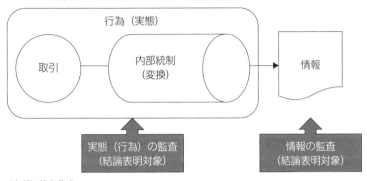

図表12-2 ■ 情報の監査と実態（行為）の監査の関係

（出所）筆者作成。

4　経営者の主張と監査要点

　わが国監査基準と異なり，リスク評価手続を規定した国際監査基準（International Standard on Auditing: ISA）315では，監査要点という概念を用いることなく，監査の過程において監査手続の適用対象として経営者の主張（assertion）を規定し，監査手続と経営者の主張とを結び付けるために監査人が設定する監査要点という概念を捨象している（IAASB 2018；2019）。

　具体的には，経営者の主張の意義として，財務諸表における認識，測定，表示，および開示に関連した明示的ないし黙示的な経営者による陳述であり，それは財務諸表が適用可能な財務報告の枠組みに準拠して作成されていると陳述する経営者に固有の概念とし，経営者の主張があくまでも経営者側の概念であることを明らかにしている。その上で，当該経営者の主張は，監査人が重要な虚偽表示のリスクを識別，評価し，それに対応する際に生じ得る多様な潜在的な虚偽の表示を検討するために用いられる，と規定される。

　しかし，**図表12-3**のように，経営者の主張は財務諸表および財務諸表項目に対して経営者自らが有する黙示的ないし明示的陳述であり，情報監査においては，監査人はそのなかから立証すべき命題として監査要点を選定するという関係にあることから[4]，両者は本来異なる概念と捉えられる必要がある。

4　このような位置づけは，アメリカのSAS 31と80でも「監査目標（監査要点）の考案における経営者の主張（assertion）の利用」として説明されている。

図表12-3 ■ 情報監査における経営者の主張と監査要点の関係

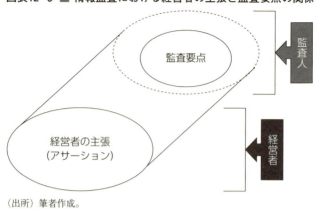

（出所）筆者作成。

監査目的から演繹される監査要点と，経営者が財務諸表とその構成項目に込めた自らの主張という関係から捉えると，**図表12-4**のように纏められる。

図表12-4は，わが国監査基準で示された監査要点を前提に，経営者の主張と監査人が設定する監査要点との関係を示している。

ここで，明示的な経営者の主張は，究極的な主張である財務諸表と個別的な主張である財務諸表項目たる売掛金勘定とそれに対する金額，ならびに当該売掛金に対応した貸倒引当金に関する注記である。また「適正に財務諸表を作成した」というのは，経営者自らが黙示的に財務諸表という書類に込めた究極的かつ黙示的主張であり，その下位の売掛金勘定とその金額に込められた個々の意識は，黙示的な経営者の主張と考えられる。このため，経営者が財務諸表項目に込める主張は，黙示的であるが故に無限に存在すると推定される。

図表12-4では，一般監査要点と個別監査要点の関係は1対1に限らず，1対複数でも捉えられる。例えば，SAS 31号のAppendixでは，棚卸資産について，一般監査要点をヨリ具体的な特定の監査目標，すなわち個別監査要点として細分化し，棚卸資産の実在性という一般監査要点に対し，①貸借対照表に含まれる棚卸資産は物理的に存在していること，②棚卸資産は事業の正常な過程において販売ないし使用のために保有される項目であること，という2つの個別監査要点を挙げて，具体的な実証手続との関係を説明している（AICPA 1980）[5]。

---

5 このAppendixについては，SAS 31を修正したSAS 80でもそのまま維持されている（AICPA 1996）。

図表12-4 ■ 経営者の主張と監査要点の関係（売掛金を例にした場合）

経営者の主張（黙示的）		監査人の対応（明示的）	
財務諸表	財務諸表を適正に作成した。	監査目的（基本的命題）	財務諸表は適正か否か
財務諸表項目		一般監査要点[6]	個別監査要点
売掛金	売掛金は，決算日時点で実際に存在した。	実在性	売掛金は，実際に決算日時点で存在しているか否か。
	売掛金は，全ての得意先に対するものを合計した。	網羅性	売掛金は，全ての得意先に対する金額の合計になっているか否か。
	売掛金は，全て当社に帰属した。	所有権	売掛金は，その全てが被監査会社に所有権のあるものか否か。
			売掛金は，担保に供されているか否か。
	売掛金は，得意先の信用状況を反映して評価した。	評価の妥当性	売掛金は，得意先の信用状況を反映して評価されているか否か。
	売掛金には，当期の実現収益に対応する当期末未回収にした。	期間配分	売掛金には，当期に実現した収益の当期末未回収分であるか否か。
	売掛金に対する貸倒引当金の設定に関して注記した。	表示の妥当性	売掛金に対する貸倒引当金の設定方法が注記されているか否か。
			売掛金について，担保に供されているものが開示されているか否か
	……		——
	……		

(出所) 筆者作成。

　一方，監査人は，監査契約に基づき，究極的な立証対象である財務諸表の適正性を基本的監査命題ないし監査目的とし，当該監査目的を達成するために財務諸表を構成する個別の財務諸表項目としての売掛金について，黙示的な経営者の主張の当否を検証するために一般監査要点とそれを具体化した個別監査要点を設定する。このため情報監査としての財務諸表監査では，**図表12-3**に見たように，黙示的ないし明示的な経営者の主張のうちから，監査人が立証すべき監査要点を選定することになると考えられる。

6　ここでは，一般監査要点を現行監査基準に基づいて掲記しているが，これ以外にも普遍的に適用できる一般監査要点は存在している。例えば，分類の妥当性や計算の正確性といった要点が考えられる。

5 小　括

　本章で検討した監査命題としての監査要点という用語は，監査基準設定当初から用いられてきた基礎概念であり，財務諸表監査の場合，基本的命題（監査目的）である適正性命題から個々の財務諸表項目レベルでの経営者の主張に対応するように，演繹的に設定される従属的命題として理解されてきた。このため監査要点は，**図表12-5**に見られるように財務諸表項目における経営者の主張と監査手続の選択を繋ぐ鍵となる概念であり，安易に捨象してしまえるものではない。このため，わが国監査基準では，設定以来，今日の監査基準に至るまで主要な監査実施上の基礎概念として利用し続けてきたといえる。

　また従属的命題としての監査要点は，基本的命題である監査目的から演繹されるものであるため，基本的命題の構成要素を先ず決定しなければならない。それが監査契約の時点であり，財務諸表監査であれば「財務諸表の適正性に関する結論を表明すること」という形が採られるように，「結論表明対象」×「結論の内容」という形式で事前に監査目的ないし基本的命題が契約上合意される。故に，契約段階で決められた監査目的の2つの構成要素のそれぞれによって，従属的命題としての監査要点も異なることが推察できる。この結果，監査の分類基準として利用される監査対象も，その概念の明確化と従属的命題への演繹を考えると，結論表明対象，すなわち究極的監査対象，として理解することが合理的といえる。

　さらに本章では，わが国監査基準の規定する財務諸表監査における一般監査要点に基づいて検討した。これら監査要点が，SAS 31号を参考にした（三澤 1993, 69）とされることから[7]，リスク対応手続のうちの実証手続の選択を前提にしたものと捉えられる。このため，実証手続以外の監査手続選択においても，同じ監

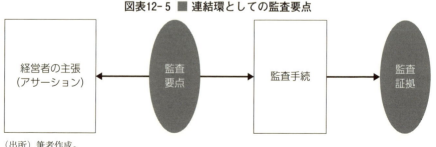

図表12-5 ■ 連結環としての監査要点

（出所）筆者作成。

査要点が立証命題として適切なものかどうかが，確かめられねばならない。

■参考文献

石田三郎（1970）「監査命題と監査証拠」『商学論究』（関西学院大学）18巻1号，73-95頁。
―――（1978）『監査証拠論』中央経済社。
―――（2007）「監査要点」神戸大学会計学研究室編『第6版　会計学辞典』同文舘出版。
石原俊彦（1995）『監査意見形成の基礎』中央経済社。
伊豫田隆俊（2015）「監査のフレームワーク」伊豫田隆俊・松本祥尚・林隆敏『ベーシック監査論（七訂版）』同文舘出版，第1章。
江村稔（1957）「監査実施準則解説」黒澤清・飯野利夫・江村稔『監査基準・監査実施準則・監査報告準則詳解』41-62頁。
―――（1963）『財務諸表監査―理論と構造』国元書房。
日下部與市（1962）『新会計監査詳説』中央経済社。
黒澤清・飯野利夫・江村稔（1957）『監査基準・監査実施準則・監査報告準則詳解（「企業会計」第9巻第2号別冊特別附録）』中央経済社。
田島四郎（1961）『監査証拠論』同文舘出版。
鳥羽至英（1983）『監査証拠論』国元書房。
―――（1994）『監査基準の基礎（第2版）』白桃書房。
―――（2000）『財務諸表監査の基礎理論』国元書房。
―――（2009）『財務諸表監査　理論と制度（基礎篇）』国元書房。
内藤文雄（1995）『監査判断形成論』中央経済社。
三澤一（1977）『会計士監査論』税務経理協会。
―――（1993）『監査の基礎理論』中央経済社。
森實（1967）『近代監査の理論と制度』中央経済社。
―――（1978）『監査要論』中央経済社。
―――（1992）『体系　監査論演習〔全訂版〕』税務経理協会。
―――（2007）「実態監査」神戸大学会計学研究室編『第6版　会計学辞典』同文舘出版。
山浦久司（2006）『会計監査論《第4版》』中央経済社。
American Accounting Association (AAA) (1973), The Committee on Basic Auditiong Concepts, *A Statement of Basic Concepts*, AAA．(青木茂男監訳・鳥羽至英訳（1982）『基礎的監査概念』国元書房。)
American Institute of Certified Public Accountants (AICPA) (1980), Statement on Auditing Standards (SAS) 31, *Evidential Matter*, AICPA.
――― (1996), SAS 80, *Amendment to Statement on Auditing Standards No. 31, Evidential Matter*, AICPA.
Arens, A.A. and J.K. Loebbecke (1997), *Auditing : An Integrated Approach 7th ed.*, New York :

7　SAS 31では，"Use of Assertions in Developing Audit Objectives and Designing Substantive Tests" というタイトルの下に監査要点が説明されている。

Prentice-Hall.
International Auditing and Assurance Standards Board (IAASB) (2018), International Standard on Auditing (ISA) 315 (Revised): *Identifying and Assessing the Risks of Material Misstatement through Understanding the Entity and its Environment*, International Federation of Accounts (IFAC).
―――― (2019), Exposure Draft ISA 315 (Revised) 1 – Revised Definitions, Main Agenda Item 2-B at June meeting, IFAC.
Mautz, R.K. and H.A. Sharaf (1961), *The Philosophy of Auditing*, American Accounting Association.（近澤弘治監訳, 関西監査研究会訳（1987）『監査理論の構造』中央経済社。）

（松本 祥尚）

第13章 監査証拠

1 はじめに

　財務諸表監査において，監査証拠は最も重要な概念の1つであり，アメリカではその意義や分類などについてすでに1940年代から議論が進められていた。また，わが国においても監査証拠の分類についてさまざまな主張がなされており，「監査証拠論」と題する研究書がいくつも公表されている。これらの議論では，しばしば，証拠によって裏づけられる監査要点あるいはアサーション，さまざまな種類の監査手続，監査証拠と内部統制との関係，監査証拠に基づく監査人の判断，あるいは監査証拠から導かれる意見形成の理論など，監査証拠を中心としながらも，そこに関連した多様な議論が展開されている。ここで，本章では，監査証拠の基礎概念として，監査証拠そのものの概念および監査証拠あるいは証拠資料の属性にとくに焦点を当てて検討していくものである。具体的には，監査証拠の概念，監査証拠の分類，そして監査証拠の属性の議論について歴史的に文献を紐解いてその展開を示していくとともに，現代における議論とその特徴を明らかにしていく。

2 監査証拠の概念

　監査証拠そのものを説明した非常に早期の文献として，まず Mautz and Sharaf (1961) が挙げられる。彼らは，証拠の定義として，「証拠は，証明のもととなるものであり，これによって合理的信念の形成に寄与するものと考えられるであろう。そして信念は，命題に対する態度を有することとして捉えられよう」

(Mautz and Sharaf 1961, 74) と説明する。彼らは，監査証拠を証明のもととなるものとして，監査の立証活動を中心として監査証拠を位置づけている。

次に高田（1974）は，監査証拠を「比較行為」（検証活動）を通じて形成されるものである，とする基本認識を示している。そして「監査証拠は，その監査の性質ないし特色に関連ある諸条件・問題が熟知された上で行われる検証行為を通じて形成されるものであり，特定の制約条件の範囲内で検証を経た事実の存在あるいは事実そのものが証拠となる。換言すれば，この検証によって事実としての記録や財貨，行為の存在は証拠に転化する」と定義している（高田 1974, 112）。この定義を図式したものが**図表13-1**となる。

一方，鳥羽（1983）は，「証拠とは，要証命題に関する監査人の信念の基礎であり，その実質は，要証命題の確からしさについて，監査人が証拠資料に基づいて感得・形成した心証である」と説明した上で，「証拠とは，ある要証命題の立証に関連して入手した証拠資料に，監査技術を適用することによって立証または反証された命題である」（鳥羽 1983, 103）と定義する。すなわち監査人によって形成された心証を証拠と定義している。

そして証拠資料は，かかる心証を形成するのに用いられた証明の材料をいい，一般にわれわれの五感によって知覚しうるものであり，例えば，元帳，会計帳簿，伝票，各種明細表，証憑等の文書あるいは現金，有価証券，棚卸資産の物理的形態をとるものは，ここでいう証拠とはいえない。証拠は心証であり，証拠は常に命題の立証者（監査人）の内的過程のみに存在する，と位置づけている。その意味で，証拠は非常に心理的，個人的，そして主観的である（鳥羽 1983, 91-104）。この概念を表したものが**図表13-2**であり，また記号で示したものが**図表13-3**である。

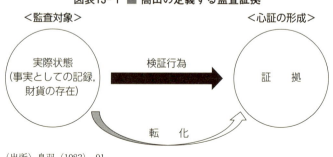

図表13-1 ■ 高田の定義する監査証拠

（出所）鳥羽（1983），91。

図表13-２ ■ 鳥羽の定義する監査証拠

＜監査対象＞
＜心証の形成＞
要証命題
検証行為
証　拠
転　化

（出所）鳥羽（1983），91。

図表13-３ ■ 監査人の立証作用：要証命題Ｘの証拠への転化過程

要証命題
証拠資料への
監査技術の適用
証　拠
X
(e/t)
X (e/t)
転　化

（出所）鳥羽（1983），104。

そして内藤（1995）は，監査人の判断言明の真実性に対する心証は，十分な根拠すなわち合理的な基礎を拠り所にしなければならず，この合理的な基礎を構成するものが「監査情報」であるとする。そして「監査情報は，情報の選択・収集・適用というプロセスを経て，監査証拠になる」と位置づけている。さらに，監査情報の多様性は，その質と量の２つの側面から心証形成に影響を与えるとし，監査情報の質は，目的適合性（監査情報が監査人の心証形成に与える影響と効果の程度）および客観的判断基準（監査人がその情報をどの程度確実なものとして信頼できるかという程度）で評価される。監査情報の量は，ある監査対象に関連して潜在的に存在する監査情報の全体数のうち，実際に利用した監査情報の数として規定される。監査情報の評価規準をプロセス的に体系化すれば，**図表13-４**となる（内藤1995，55-64）。

現行の監査基準では，監査基準報告書（以下，監基報）200「財務諸表監査における総括的な目的」において，監査証拠（Audit Evidence）を「監査人が意見表明の基礎となる個々の結論を導くために利用する情報をいう」と定義し，そして「監査証拠は，財務諸表の基礎となる会計記録に含まれる情報およびその他の情

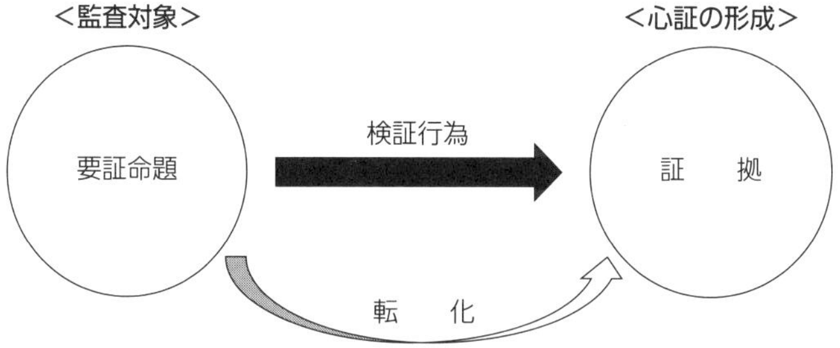

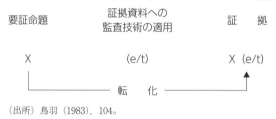

図表13-4 ■ 内藤の定義する監査証拠

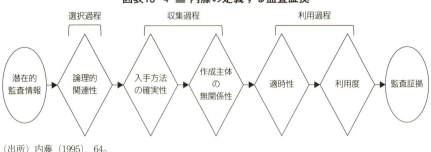

(出所) 内藤 (1995), 64。

報からなる」と説明している（日本公認会計士協会 2023a, 12項）。そして監査証拠の入手に関して，監基報500「監査証拠」は，「監査証拠には，会計記録をテストすることによって入手するものがある。例えば，分析や検討，財務報告の作成プロセスで実施されている手続の再実施，及び複数の用途に利用される同一情報の照合・調整がある。監査人は，そのような監査手続の実施を通じて，会計記録が相互に整合しており，財務諸表と合致していると判断することがある。また監査人が監査証拠として利用する，企業から独立した情報源からの情報としては，第三者に対する確認，アナリストのレポート，及び同業他社とのデータ比較（ベンチマーク用のデータ）を含むことがある」（日本公認会計士協会 2023b, A7項およびA9項）と説明している。現代における監査証拠の捉え方は，会計記録のテストのみならず，外部からの報告や同業他社とのデータ比較などさまざまな情報が対象となっている。これは，監査証拠がアサーションを裏づけるために用いられるということに限定されず，重要な虚偽表示リスクを評価するために収集し評価される情報も監査証拠として位置づけられているためであると思われる。

さらに2022年に公表されたアメリカの監査基準（AICPA 2022）では，証拠の概念はより広がりを見せている。そこでは，監査証拠を「監査人の意見の基礎となる結論に至るために監査人が用いる情報」（para.06）と定義し，そして「通常は当期の監査の過程における監査手続が適用される情報である」としながらも，リスク評価手続の計画と実施の一部として監査人が入手する情報，被監査会社に対する監査人の過去の経験および過年度の監査で実施された監査手続で入手された情報，およびクライアントの関係や監査契約の締結または継続に関連して入手した情報も監査証拠の対象に含められている（para.A5）。加えて，「情報がないこと」も監査証拠を形成することとしており，これは例えば保証引当金に関連し

て問題となっている製品の売上戻りがないことが経営者のアサーションを裏づける監査証拠となると説明している (para.A7)。

監査証拠の概念は，当初は，立証活動を対象として，監査命題を裏づけるために収集され検証されるものと捉えられていた。そしてその捉え方も時代を経てより厳密となっていったことが本節では明らかとなった。Mautz and Sharaf (1961) は，監査証拠概念を単に「証明のもと」として捉えており，その後，高田 (1974) は，実際状態（現代でいえば証拠資料）を検証することで監査証拠が形成されるとし，さらに内藤 (1995) は，より広く「監査情報」を起点として，その選択，収集，利用の過程を通じて監査証拠に転化するものと捉えている。一方で鳥羽 (1983) は，監査証拠を監査人が形成した心証という視点で捉えており，要証命題が証拠資料と監査技術による検証によって証拠に転化すると説明している。しかし監査基準では，監査証拠の概念をより広く捉え，監査人の意見表明の基礎として用いられる情報をすべて監査証拠に含めている。そこでは監査人による検証作業，すなわち監査手続が実施される情報のみならず，単に入手された情報も監査証拠と認めている。また監査証拠の入手対象となる監査プロセスも，かつては立証活動のみが対象であったものから，リスク評価手続，監査契約の締結や継続，そして過年度の監査の経験も含まれている。監査人の意見表明のために用いられる情報は，それが立証と直接結びつくものであれ，間接的あるいは極めて補足的なものであれ，また検証や裏づけ作業がなされず単に外部から入手したものであれ，すべて監査証拠として識別されており，監査証拠の概念は，歴史が進むにつれて広がりを見せているといえるであろう。

3　監査証拠の分類

おそらく最も早い段階で監査証拠の議論を展開しはじめたのは Broad (1942) であろう。彼は，監査証拠の分類に関して，意見形成の基礎となる証拠を大きく「利用可能な証拠」と「必要な証拠」に二分して捉えている。まず，監査人にとって「利用可能な証拠」は，外部の（独立した）源泉および内部の源泉からもたらされる。独立した源泉からの証拠は，監査人が個人的な接触によって入手する証拠（棚卸資産，有価証券，現金，保険証券，リース契約等），およびクライアント外部のその他の人物から入手する証拠（受取勘定，銀行残高，融資その他の確認）に分けられる。内部源泉からの証拠は，会計帳簿と直接的に関連し，そして帳簿に現れる記入が展開される手続や方法と直接的に関連している。この証拠は(1)関連

する文書に対応する入力（帳簿記入）に対する試査（例えば，支払済小切手，仕入送り状，受領荷札等）および(2)内部統制の有効性のレビュー（帳簿記入が実施される方法，その作成に関与した担当者の人数，そして相互チェックが実施される範囲のレビュー）によって信頼性が検証される（Broad 1942, 29-30）。

つぎに，利用可能性ではなく，意見形成の基礎として求められるべき証拠である「必要とされる証拠」は，項目の重要性，重要な誤謬や不正の相対的リスク，および合理的費用という3つの側面から分類される。「重要な項目」（material item）は，重要性のより小さな項目よりも，より注意を必要とし，そしてより強固な証拠を必要とする。「相対的に重要な誤謬（error）や不正（irregularity）のリスク」には，項目自体の脆弱性（vulnerability）および重要な損失の可能性が含まれる。第3の要因は，「合理的費用」の側面であり，証拠の入手コストは，それを入手した結果として提供される便益や保護（protection）との合理的な関係を生み出すものでなければならないというものである（Broad 1942, 29-32）。これらの関係をまとめたものが**図表13-5**となる。

一方，Mautz（1958）による監査証拠の分類は，真の証拠，供述証拠および間接的な証拠という3つに分けられており，それぞれ以下のように説明されている。なお，そこでは，最も信頼性が高い証拠は真の証拠であり，供述証拠はその次であり，そして間接的な証拠は最も弱いものと説明されている（Mautz 1958, 43-44）。

- 真の証拠（real evidence）は，推論の必要なく，命題の真実性の1つを確信させる物（material）である。もしある者が棚卸資産を見たとき（実査），彼はそれが存在することを知る，もし彼が少額の現金資金を手に取り計算すれば（count），彼はその存在の証明を有する。
- 供述証拠（testimonial evidence）は，他者からの言明を通じて入手され，そして監査人による推論を必要とする。監査において，供述証拠は，監査人による要請に応える形で生じる。
- 間接的な証拠は，非常に多様な情報を構成する，「その他すべての」分類である。監査業務のかなりの部分は，ビジネス文書をはじめとするさまざまな文書をレビューすることで構成され，それらの文書から記録された事実の信憑性が推論される。子会社の記録も同様に推論され，そしてそれらの存在や性質は財務諸表に関する結論を導く上で監査人によって検討される。

次にMautz and Sharaf（1961, 68-69）は，証拠を次の3つで分類している。

第13章 監査証拠　219

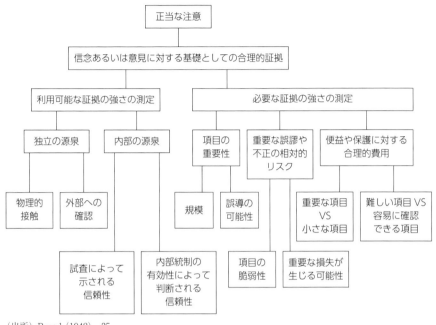

図表13-5 ■ Broadによる監査証拠の分類

(出所) Broad (1942), 35.

- **自然上の証拠** (natural evidence)：われわれの周囲の至る所に存在するものであり，入手可能な最も確信の持てる証拠
- **創造された証拠** (created evidence)：われわれの周りに自然に存在するものではなく，実験や分析を通じてえることができる証拠
- **合理的論証** (rational argumentation)：自然上の証拠や創造された証拠の観察から直接的に生じるものではなく，観察された事実から精神的努力によって論理的に導かれる証拠

その上で，彼等は，論理学の視点から証拠を5つに分類し，それぞれの特徴および具体的な証拠の種類について以下のように示している (Mautz and Sharaf 1961, 92-97)。

- **権威主義**：他人を利用しないといけない，信用することが必要な状況において，バイアスがある，あるいは不適格な人でない限り，相手の証言は自分自身の証言と同等におかれるべきである。相手が不正直あるいは評判が悪い場合にはその証

言は受け入れられない。具体的には，他者の証言に基づく証拠。
  - 人々の証言
    - 独立した第三者の陳述（確認）
    - 役員および従業員の陳述（説明）
  - 文書による証言
    - 被監査会社の外で作成された文書
    - 被監査会社の中で作成された文書
    - 補助記録または内訳明細記録
- **神秘主義**：信仰者の霊感のように，注意を促す第六感によって監査人がある状況下で不正に気づくこと。これは直感的にえられた証拠であり，素質と想像力と経験の結合である。
  - 走査
    - 帳簿と記録
    - 文書
  - 他者の証言の批判的レビュー
- **合理主義**：全般的命題から個々の命題に推論することからなる。それはとくに数学や純粋論理学の適用と同じであり，普遍的に適用される認められた仮説からスタートし，そこから結論を推論する。
  - 監査人による再計算
  - 内部統制の存在
  - 記帳手続のリトレース
- **経験主義**：知覚した経験に基づいて知識を基礎づけることからなる。数多くの事例を観察し，それらのなかにある種のパターンを見いだすことで，自身の経験から普遍や一般的概念を推論するものであり，知覚による経験が証拠となる。
  - 実査と実算（count）
- **プラグマティズム**（実用主義）：首尾良く作動するものは真であり，上手く作動しないものはいかなるものも真ではないという考え方が基礎となる。実用可能性（practicability）や実行可能性（workability）が評価の尺度となる。プラグマティズムは，命題を検証するための手段であり，将来のある時点で彼等にもたらされる帰結によって信念を検証する。例えば，決算日後に受け取った送金額を決算日における売掛金の回収可能性についての証拠と見なすこと。
    ・被監査会社，役員，従業員，得意先等による決算日後の活動

　わが国では，最も早い段階で証拠論の研究を体系化したのは田島（1961）であろう。彼は，まず，証拠を「会計証拠」と「監査証拠」に分類し，財務諸表の作成者と財務諸表の検証者がそれぞれ用いる証拠に違いがあることを指摘する。まず，「会計原則のなかには，実証性の原則があり，会計記録はすべての客観的な

取引証憑書類によって支えられていなければならないことが求められている。取引が発生したということの立証手段，これが正しく帳簿に反映されていることを立証する資料，財務諸表が明瞭正確かつ適正に作製されていることを立証する資料は，すべて会計証拠（Accounting Evidence）である」（田島 1961, 46）として会計証拠を説明する。この会計証拠という用語は，Montgomery（1940）が用いていたものである。彼は，会計証拠について，財務諸表で示されている数値や記述を裏づける基礎的なデータを示すものであると説明し，会計帳簿，仕訳帳，小切手，送り状，銀行取引明細書，そして契約，リース，合意書あるいは信書といった書類，取締役会や株主総会の議事録，さらにクライアントの役員や従業員による口頭または文書による説明や陳述が含まれると説明している（Montgomery 1940, 35）。

そして田島（1961）は，この会計証拠は監査人が表明する会計意見の成否や適否を立証するときの基礎資料として，証憑突合，帳簿突合あるいは勘定分析などにおいて用いられるが，監査人は，要証事実についての確信を形成するには，会計証拠だけを利用するものではなく，独自の立場から特別の手段を選び適用して，監査人自らに直接に会計組織の外部からの証拠を求めるものと説明する。監査証拠は，これら外部証拠と内部証拠（会計証拠）が該当する。そして彼は，監査証拠の大部分は，会計証拠に利用されるものであるが，会計証拠で監査証拠として利用されないものが多数あると同時に，監査証拠としてのみ収集され，会計証拠とならなかったものもありうる（田島 1961, 46-48），として以下の**図表13-6**のようにその位置づけを示している。

図表13-6 ■ **会計証拠と監査証拠の位置づけ**

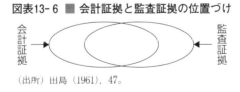

(出所) 田島（1961），47。

さらに彼は，5つの視点から監査証拠を分類している（田島 1961, 53-67）。

- **直接証拠と間接証拠**：財務諸表の成否や適否を直接的・端的に立証するものであるか，または間接的に推論せしむべき他の事実を立証するものであるかということによる区別
- **内部証拠と外部証拠**：証拠の入手場所が，被監査会社の会計組織の内部か外部か

の相違による分類
- **物理的証拠・文書的証拠・口頭的証拠**：物理的性質ないし形態を基礎とした分類。「物理的証拠」(physical evidence) は，物の存在をもって立証資料としたもの，「文書的証拠」(documentary evidence) は，文書の記載内容をなす思想内容の意義を証拠とするもの，「口頭的証拠」(oral evidence) は，人が口頭で供述する思想内容，すなわち口頭による供述の意義を証拠とするもの
- **第一位証拠・第二位証拠**：証拠のもつ証明力が強いか弱いかを基準とする分類。「第一位証拠」(primary evidence) は，要証事実に対して最大の確実性を与える証拠であり，一方でこの程度に達しえない証拠はすべて「第二位証拠」(secondary evidence) という。
- **主たる証拠・補強証拠**：ある事実を証明するとき，Ａの証拠だけではその事実の真否や存否についての十分な心証をえても，その事実を認定することができず，あるいは心証をえるに必要かつ十分でないとき，それを補充または強化すべき同一事実についてＡと異なる他のＢなる証拠を必要とするとき，このＡを主たる証拠，Ｂを補強証拠という。

　監査基準において監査証拠の分類を非常に早い段階で示しているのは，AICPA (1964) の監査基準書第33号「監査基準と監査手続」である。まず，証拠資料は「基礎的会計資料」(underlying accounting data) と「確証的情報」(corroborating information) に分けられる。「基礎的会計資料」は，原始記入帳簿，総勘定元帳および補助元帳，会計便覧および非公式的かつ覚書き的記録（原価配分，計算，調整などを立証する運算表のようなもの）が挙げられ，それ自体では財務諸表を十分に立証するものとは考えられないが，これらの適否を十分に考慮しなければ財務諸表に対する意見は全く根拠のないものとなってしまう。「確証的情報」は，小切手，送り状，契約書，議事録のような文書的資料，確認および知識を持つ人の文書による表明，質問，観察，検閲および実査によって得られた情報，および監査人が正しい論理を通じて結論するときに監査人が作成したかあるいは利用できたその他の情報が含まれる。

　高田 (1970) は，財務諸表の背後にある経営諸活動は3つの層からなると考え，諸記録そのものおよびその相互関係に関してあげられる諸証拠（第3次証拠），財運動の確認およびそれと記録との相互関係についての諸証拠（第2次証拠），財運動を生ぜしめた経営者，従業員の行為およびそれと記録ないし財運動との関係についての諸証拠（第1次証拠）の3種に分類することができるとして，以下のようにそれぞれの種類の証拠を説明する（高田 1970, 69-76）。

- **第3次証拠（記録証拠）**：実質的な財運動や行為を写し取った諸記録。作成者や保管場所のいかんに関係なく、記録として財務諸表項目の正当性の立証に役立つ会計諸帳簿，証憑書類，領収書，預金通帳，電子計算機におけるテープ，ディスク，議事録等を意味する。これらの記録が書類としての形式的な諸要件を充足し，完全であるかどうか，その記録と他の記録とが内容的に関連しているかどうかが確認されれば，これらの個々の記録は証拠となりうる。証憑突合，帳簿突合，計算突合，勘定突合あるいは通査，閲覧等で入手される。
- **第2次証拠（実体証拠）**：実質的な財運動に関連する。会計記録の正当性を立証するための有用な現金や諸債権，棚卸資産，有形無形の固定資産，諸債務の存在，移動の事実，決算日以降の出来事などがこの証拠になり得る。確認，実査，立会，勘定分析などの技術を通じて入手される。
- **第1次証拠（人的証拠）**：第2次，第3次の証拠を補充するものであり，一種の外部証拠。資産や負債の変動をもたらした経営者や従業員の行為ないし意思決定について，その理由，意図，実施方法などを質問や閲覧などの技術によって確認し，その行為があったことの証拠をえて，さらにその財運動の結果あるいは記録と照合する。

Toba（1975）は，まず証拠資料について，事実ないしはアサーションが構成ないしは認知される素材であり，また事実あるいはアサーションの代替物（surrogate）であるとして，物的証拠資料，口頭的証拠資料および文書の証拠資料に分類している。そして証拠を「確立された命題に関する信念を形成するないし結論を導くための基礎」として定義し，証拠は証拠資料と非常に密接に関連しているが，それらは厳格に区別されなければならないと指摘する。また，証拠の概念を「確証的証拠」と「補強的証拠」の2つに分割し，前者は，最終的な命題が確立されることによる証拠であり，後者は，命題を確立するものではないが単により擁護できる（tenable）という証拠であるとする。そして両者の違いを記号を用いて以下のように説明している（Toba 1975, 8-9）。

「命題 p と証拠 q および可能性の測定値 P が与えられ，p が q によって裏付けられる程度を P(p|q) として表現するものとする。証拠 q は，それが十分に確立されており（well-established），p ではない（p̄）よりも p により高い可能性を与える場合には，確証的証拠となり，次のように記号化されうる。

$$P(p|q) > P(\bar{p}|q)$$

また，証拠 q が与えられることによって命題 p に対する過去の可能性よりも大きくなる場合には，証拠 q は命題 p に対する補強的証拠（補強力を有している）となり，

以下のように記号化される。

$$P(p \mid q) > P(p)$$

　Bell et al.(2005)では，国際監査基準に従って，監査証拠を「監査意見の基礎となるさまざまな結論を導く過程において監査人が利用するすべての情報である」と定義する。そして，監査証拠は有形の場合もあり，監査調書に添付することも容易であるが，監査証拠は無形の場合もあり，例えば財務報告において利益捻出型の姿勢を採っていることを示唆する経営者の態度や行為も，ここにいう監査証拠に含まれると説明する（Bell et al. 2005, 20）。その上で，監査証拠は，相互に補強し合う関係にある3つの基本的な源泉（EBS, MII, MBR）から入手されるべきものであるとし，これを三元的証拠入手法と呼んでいる。三元的に入手された証拠は，監査人が十分に正当化された信念を形成し，またそれを改訂するのに役立つ。公開会社の財務報告プロセスとは，より具体的には，「企業を取り巻く事業状況」(Entity Business States：EBS)を起点とし，それが「経営者が設定した情報処理媒体」(Management Information Intermediaries：MII)を経て，最終的に「事業活動に関する経営者の言明」(Management Business Representations：MBR)に変換されるプロセスである。ここで，EBSとは，被監査会社とその経済的ネットワークに関係する事業戦略，状況，プロセス，経済活動と経済事象，および他の事業体との関係を意味している。MIIとは，適用される財務報告の枠組みおよび内部統制の枠組み，コンピュータ・ネットワークおよび情報システム，文書の作成と管理，ならびにそれらに携わる人々や方針といった情報処理媒体を意味している。MBRとは，仕訳帳や元帳，電話会議，財務諸表，インタビュー，経営者による討議と分析，プレゼンテーション，および新聞発表といった形での，選択されたEBSに関する経営者の言明を意味している（Bell et al. 2005, 3-4）。これらの関係を表すと**図表13-7**のようになる。

　最後に2022年に改訂されたアメリカの監査基準では，監査証拠を形態的属性から以下の4つに分類している（AICPA 2022, para.A11）。

- ●**口頭的情報**：経営者あるいは外部の情報源への質問に対する口頭による回答を通じて入手される
- ●**視覚情報**：立会や観察を通じて入手される
- ●**紙の文書**：文書形式で入手される
- ●**電子情報**：電子文書の形式で入手される文書，および事業体のITシステムに保存されているデータ，あるいは外部の情報源から電子的に入手されたデータ

図表13-7 ■ 証拠の源泉と三元的証拠入手法

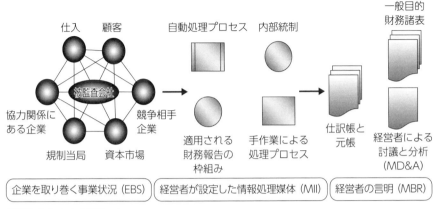

(出所) Bell et al. (2005), 4.

　このように, 情報の入手経路がこれまでとは異なる視点で分類されており, また電子情報が新たな証拠の一分類として加えられているところに特徴が見いだされる。そして同基準は, 監査証拠の情報源を以下の3つに分類している (para. A12)。

- **経営者**: 経営者は, 開示を含め, 財務諸表を作成するために用いられた, 財務報告プロセスから入手された情報 (例えば, 事業体の会計記録), および総勘定元帳および補助元帳の外 (例えば, 事業体の経営システムや販売機能) から得られた情報を監査人に提供する。
- **外部の情報源とその他の外部関係者**: 経営者または監査人は, 外部の情報源およびその他の外部関係者から入手した情報を用いる (例えば, 会計上の見積りを展開するために用いられる予測やモデルにインプットされる情報, あるいは産業の動向を分析するために監査人が蓄積した情報)。
- **監査人**: 監査人は, 監査証拠として用いられる情報を展開する。例えば, 監査人は, 自らまたは専門家を利用して, その産業に属する事業体の監査において用いられる産業の傾向を蓄積し分析する (例えば会計上の見積りの合理性を評価するための監査人が独自の見積りを展開すること)。

　監査証拠の源泉は, 企業内部 (経営者) と企業外部 (外部の情報源) のみならず, 監査人自らが蓄積し分析した情報の展開も1つの分類として明示され識別されていることが注目に値するであろう。これは, 将来予測の側面を有する会計上の見積りの合理性を裏づけることの重要性が一段と増してきたことを受け, 監査人自

らの分析が監査意見を形成するための主要な監査証拠として識別されてきていることを受けているものと思われる。

4 監査証拠の属性

監査証拠の属性に関して，非常に早期の段階での議論は田島（1961）である。彼は，証明力を評価するための6つの要素から監査証拠を識別し，その特徴を以下のように説明している（田島 1961, 27-142）。

- **適合性**（関連性：relevancy）：監査証拠が，特定の要証事実について何らかの説明ないし描写をしているかどうかということ。求めた証拠資料が，要証事実とまったく関係がないものであれば，いかにその証拠資料が信憑性を有していても証明力を持ち得ない。
- **証拠内容の真偽**：証拠が関連事実について，どの程度真実を物語るものであるかを検討することが，証拠の証明力を判断する上で重要である。ここでの評価は，①証拠内容それ自体について，その成立過程を追跡し検討して，事実を不自然に描写し，また物語っていないかを検討する。②その証拠に関連する別個の事実によって吟味する。例えば，文書的証拠については，当該文書を作成した人の信憑性やそれを作成した動機や目的および作成時の状況等について検討すること。
- **証拠の決定性**：証拠は，監査人の心証を形成するための基礎資料として，決め手になりうるものかどうかを判定すること。求めた証拠が決定性を持ちえないということが判明した場合，補強証拠を求めて証明力を補強する，あるいは監査範囲を広げて監査手続を拡張して求める証拠の量を増大する等の措置をとらなければならない。
- **内部統制の整備度**：証拠の証明力は，証拠のおかれている環境または証拠の成立を支配した諸事情によって証明力に違いが生じてくる。とくに被監査会社の内部統制の整備状況の程度はそれに該当する。
- **証拠収集の態度**：監査人は，証拠の収集にあたって，公正不偏の態度をもってしなければならない。公平な立場から求められた証拠は，初めて客観的な信憑力をもちうることとなる。
- **証拠入手のタイミング**：証拠の証明力は，それが入手された時期の適否如何によって相当な相違がある。例えば，有価証券の実査によって実在性と同一性についての証拠を求める場合，有価証券の実在性は実査日現在のそれであって，貸借対照表日現在のそれではない。したがって，貸借対照表日現在の実在性が確信できるようなタイミングで実査を求めなければならない。

そして彼は「要証事実に対して，必要かつ十分な証拠能力を持つ証拠が合理的

に入手できたとき，その証拠は適格性（competence）をもつ」（田島 1961, 146）と説明する。この証拠の適格性は，以下の5つの側面から評価される（田島 1961, 146-161）。

- **被査項目の証拠要求度の強弱**
- **証拠のもつ証明力の大小**
- **証拠の適合力**
- **証拠の経済性**：いかに証明力が大きくまた適合力に富んだ監査証拠といえども，それを入手するために多くに費用を要し，しかもそのために得られる効果がそれに伴わなければ，その収集を断念しなければならなくなる，という経済性の問題
- **証拠の合理性**：いかにその証拠に証明力があり，適合力があっても，それを収集することが技術的に不可能でありまた合理的でないものは，証拠としての資格がない。いわゆる合理的証拠（reasonable evidence）とは，与えられた事情の下において，入手可能でありかつ合理的でなければならない

　AICPA（1963）の監査基準書第33号「監査基準と監査手続」は，監査証拠の属性として，上位概念に「適格性」と「十分性」を置き，まず監査証拠の適格性（competence）について，それを有するためには，有効性（validity）と適合性（relevance）の両方が備わっていなければならないとする。証拠資料の有効性は，入手した状況によって影響され，企業外部の独立した源泉から得られる場合，良好な内部統制の下で会計資料が入手される場合，および独立監査人が実査や立会を通じて直接的に知識を得た場合には強いものとなる。さらに証拠資料の十分性（sufficiency）について，監査意見を裏づけるために必要な証拠資料の量と種類は，検証する項目の性質，誤謬と不正の重要性，内部統制の適切性と横領・改竄・虚偽表示に対する受容性に依存したリスクの程度によって決定されるとし，監査人は，重要な疑義が解消されるまで十分な証拠資料を入手しなければならないことを強調する（AICPA 1963, paras.3-15）。

　Lee（1986）による監査証拠の属性の分類は，以下のように8つの属性からより詳細に監査証拠を説明している（Lee 1986, 155-157）。

- **有用性**（Utility）：監査証拠は，会計情報の信用性に対する意見を形成するために監査人にとって役立つものであれば，それは有用となろう。すなわち，そのプロセス，取引，手法および手続にとって適格なもの（relevant）であろう。それは，また，それらの要因にとって影響力が強いものであろう。
- **適合性**（Relevance）：情報を適切に裏づけることのできる証拠のみが適格な証拠

である。このため，監査人は，評価を行っている証拠が意見表明の基礎となるデータや情報に実際に適格性を有していることを確かめなければならない。換言すれば，監査証拠は，監査上の問題に対して関係を有するものでなければならない。
- **十分性**（Sufficiency）：監査人は，監査意見を確証するあるいは裏づけるために必要な監査証拠を提供するために，十分な証拠資料を蓄積しなければならない。
- **信頼性**（Reliability）：監査人にとって有用であるためには，監査証拠は，信頼しうるものでなければならない。すなわち，それは，責任を有しそして信頼しうる源泉から入手されたものとして，監査人によって受け入れられるものでなければならない。
- **客観性**（Objectivity）：証拠資料は，会計活動を裏づける上でバイアスのないものでなければならない。
- **技術性**（Technicality）：監査人は，通常，情報処理，測定および伝達といった，高度に技術的なプロセスを扱っており，証拠資料は同様に技術的である。
- **高価性**（Expensiveness）：監査におけるほとんどの証拠資料は，収集し評価するには高価となる傾向がある。なぜなら，それらの作業を実施するためには時間や人手かかるためであり，しばしば監査人の特定のニーズに合致するように再整理されなければならない形式の証拠資料を伴っている。
- **決定的**（Conclusiveness）：非常にしばしば，ある特定の証拠資料の項目は，それ自体で，監査人が確立しようとするポイントを証拠づける上で決定的に十分なものとはならない。それゆえ，それを裏づける別の源泉からの証拠資料が求められることとなろう，そして監査人がすべての起こりうる警戒をとらなければならないような事態となるとき，監査人は，監査意見を裏づけることが十分に決定的ではない特定の項目に過度に信頼を置くことはない。

一方，Porter et al.（2014）は，まず，監査証拠の属性を以下の5つで説明する（Porter et al. 2014, 273-274）。

- **証拠の適格性**：監査人が達成しようと試みている特定の目的に，その証拠がどれほど密接に関連しているかについて言及するもの。例えば，立会は，実在性を検証するためには有用な手続である，しかし有形資産の所有権については有用ではない。所有権を検証するためには，購入に関する適格な文書が検証される必要がある。
- **証拠の信頼性**：その証拠が検証される事項の事実を反映しているものと監査人がどれほど確信できるのかについて言及するもの。一般に，監査証拠は以下の場合により信頼できるものとなる。
    - 監査人（監査チーム）によって直接入手された監査証拠は，内部統制の運用について事業体の職員に質問を行うよりもより信頼しうる監査証拠を提供する。
    - 事業体の内部よりも外部の独立した源泉から入手された監査証拠

- 監査証拠が，紙媒体，電子媒体あるいはその他の媒体であれ，文書の形式で存在すること。
- コピーやファックスよりも原本から入手された監査証拠
- クライアント内部で作成された証拠に対して，関連する内部統制が有効に運用されている場合
- **証拠の利用可能性**：監査人は，どれほど容易に証拠を入手することができるかに言及するもの。例えば，監査人は，事業体の銀行勘定の残高を含め，クライアントの会計記録の入手は容易である。関係する銀行宛に文書を送付してそれらの残高を確認することによって得られた，これらの残高の有効性に関する証拠は，それほど容易に利用可能ではない。
- **証拠の適時性**：証拠がどれほど速やかに入手されたかに言及するもの。例えば，監査人は，クライアントが環境規制に違反することに関する事案が裁判所で判決を下されるときに，その事案によって生じる偶発債務の金額が明らかとなることに気づくであろう。しかしながら，その事案が数ヶ月先送りされれば，監査人はその証拠の入手を控えることを判断し，そして見積金額に依存するであろう。
- **証拠のコスト**：監査人は，一般に，例えば内部統制が準拠しているかどうか，あるいは財務諸表の金額が適正に表示されているかどうかを結論づけるために用いられる証拠を選択する。このため，ある特定の証拠を入手するコストは，その便益と比較衡量されなければならない。すなわち，内部統制の準拠レベル，ないしは財務諸表の金額の真実性と適正性に関する意見を形成する監査人は，証拠の貢献度を検討することになろう。

そして彼らは，証拠の3つの源泉が，それぞれ監査証拠の信頼性，利用可能性，適時性そしてコストとどのような関係にあるのかについて，**図表13-8**として示

図表13-8 ■ 証拠の源泉とその属性

証拠の属性 \ 例	証拠の源泉 直接的に入手した個人の知識	クライアント外部	クライアント内部
	・観察 ・再実施	・第三者からの確認 ・第三者からの文書（例；送り状）	・会計記録 ・クライアントの職員による質問の回答
・信頼性	高い水準の信頼性	高から中の信頼性	低い水準の信頼性
・利用可能性	直ちに利用可能	それほど直ちに利用可能ではない	直ちに利用可能
・適時性	適時に利用可能	適時に利用可能ではない	適時に利用可能
・コスト	高いコスト	高から中のコスト	低いコスト

（出所）Porter et al.（2014），275.

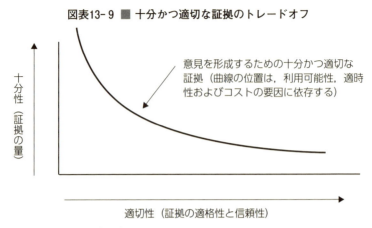

図表13-9 ■ 十分かつ適切な証拠のトレードオフ

(出所) Porter et al. (2014), 277.

している。証拠の源泉が観察や再実施など監査人が直接入手した監査証拠ほど信頼性は高く評価され，同時にコストも高くなり，逆に監査証拠の入手がクライアントの内部であるほど信頼性は低く評価されるが，低いコストで入手可能となると説明している。

　さらにPorter et al. (2014) は，与えられた状況において，必要とされる証拠の量（十分性）およびその適合性と信頼性（適切性）との間にはトレードオフが存在すると説明する。証拠の適格性と信頼性が大きくなるほど，監査人が財務諸表の真実性と適正性に関する意見を形成するために必要となる証拠の量は少なくなる。このトレードオフは**図表13-9**で描かれている。この曲線は，すべてのポイントにおいて「十分かつ適切な」という要請を満たす証拠の質と量の組み合わせを表しており，監査人が選択する特定の組み合わせは，証拠の利用可能性，適時性そしてコストといった要因を検討することによって影響される。監査人は，想定される最も低い総コストにおいて，合理的な時間内で，求められている目的に関連した，信頼できる十分な証拠の量を提供する組み合わせを探求する (Porter et al. 2014, 276-277)。

　Messier et al. (2017) は，監査証拠の適切性は監査証拠の質の尺度であると説明し，そして適格性と信頼性の両方の情報を提供するときに証拠は適切であると見なされるとした上で，証拠の「信頼性」を決定づける次の5つの属性を著している (Messier et al. 2017, 136-137)。

- **事業体外部の独立した源泉**：事業体外部の独立した源泉から監査人が入手した証拠は，通常，事業体内部から入手した証拠に比べて，通常はより信頼できるものと捉えられている。
- **内部統制の有効性**：監査人が内部統制を有効である（すなわち，統制リスクが低い）と評価した場合，この会計システムが生み出す証拠は信頼しうるものと捉えられる。
- **監査人の直接的な個人的知識**：監査人が直接入手した証拠は，より信頼しうるものであると考えられる。
- **文書的証拠**：監査証拠は，それが紙，電子あるいはその他の媒体のいずれであろうと，文書の形態で存在する場合にはより信頼できるものである。
- **原始文書**：原始文書で提供された監査証拠は，コピーやファックスで提供された監査証拠よりもより信頼できるものである。

Knechel and Salterio (2017) は，監査証拠の適格性について，監査人は，発見リスクに対する監査人の目標を達成するためにその証拠がどれだけの適格性を要するかを判断するとして，適格性の重要性を位置づけている。そして，発見リスクが低い場合には，非常に多くの適格な実証的証拠が必要とされ，発見リスクが高い場合には，限られた取引のみが検証される，あるいは幾分効果の低い監査手続が実施されると説明する。その上で，監査証拠の適格性に備わる属性として，以下の6つを挙げている（Knechel and Salterio 2017, 76-78）。

- **有用性の程度**：監査手続から入手した証拠は，検証されるアサーションにとって有用であるか。監査人が，棚卸資産の実在性を検証する場合，その最善の方法は，棚卸資産を手に取って実査し，そしてその項目を数えることである。もちろん，実査は，倉庫にあるその項目が実際にクライアントが所有するものであるかどうかを監査人に教えることはないであろう。
- **証拠提供者の独立性**：証拠の提供者は会社から独立しているか，あるいはそれは会社によって操作されている可能性があるか。クライアントの会社の外部にいる人物から入手された情報は，通常，会社内部の者から受け取った情報よりも優れていると見なされる。外部の人物は，監査の結果に関心を有してはいないと仮定されているが，一方で内部の人物は自分たちの目標に近づくように監査意見を変えようと試みるであろう。
- **監査人が有する直接的な知識の程度**：監査人は証拠の情報源について直接的に観察可能であるか。「百聞は一見に如かず」という諺は見事に監査人に当てはまる言葉である。再度，棚卸資産の実在性を判断する最善の方法は，その現物を実際に見ることである。仕入先からの送り状は，クライアントがどれほど多くの棚卸

資産の項目を取得したのかを示すであろう．しかしこの種の文書的証拠は，棚卸資産を直接的に実査することに比べると次善のものである．
- **情報提供者の資格**：証拠の情報源は，その証拠が正確であることを示す資格を有しているか．別の人物から証拠を入手した場合，監査人は，その人物の適格性を検討しなければならない．例えば，年金計画に関して監査人に情報を提供する最善の人物は，おそらく保険数理士である．同様に，不動産の評価額に関する情報を提供する最善の人物は，不動産鑑定士である．
- **客観性の程度**：その証拠は曖昧なものであるか，あるいは多様な解釈を有するものであるか．監査証拠がアサーションを明確に裏づける，ということはまれである．このような状況は，とくに評価のアサーションに当てはまっている．例えば，ある得意先の勘定に対して，借方の売上と貸方の現金に関する非常に多くの証拠を会社が提供するかもしれない．しかしながら，純額の残高が実際に回収可能であるかどうかを監査人はどのように判断すれば良いのであろうか．顧客が過去にその債務を返済したという証拠は，その顧客が債務の返済をこれからも続けていくことを意味するのであろうか．このような証拠の評価は，計上された受取勘定の価額に直接的に関係するものであるが，潜在的には曖昧なものである．
- **社内の記録管理の質**：会社の会計システムから生み出された証拠はどれほどの信頼性を有しているのか．監査人は，クライアント内の記録管理システムを非常に多く利用している．どの監査においても，取引記録の突合は多くの勘定領域において一般的に実施される監査手続であり，とくに実在性と完全性に関するアサーションに用いられている．しかしながら，監査の結論を裏づけるために用いる会社内の文書は，それらの文書が正確であることが前提となる．このシステムが脆弱であり，社内の文書が潜在的に不正確である場合，監査人は，いくつかのアサーションに対して別の形の証拠を入手することが必要となろう．

Arens et al.（2017）では，監査意見を裏づけるためには証拠の説得性（persuasiveness）が求められており，それを決定づける2つの要因として証拠の「適切性」と「十分性」を位置づけている．ここで，証拠の適切性は，証拠の質の尺度であり，取引クラス，勘定残高および関連する開示に対する監査目的に合致するその適格性と信頼性を意味している．証拠が相当程度適切であると見なされる場合，それは財務諸表が適正に表示されていると監査人に説得する上で非常に助けとなる．証拠の適切性は，選択された監査手続だけを対象としていることに注意しなければならない．適切性は，サンプルサイズを大きくとることあるいは異なる母集団の項目から選択することでは改善されない．証拠は，それが適切である前に監査人が検証している監査目的に関連するあるいは適格でなければならない．例えば，監査人は，クライアントが顧客に発送した商品の代金請求を怠ったことに

関心を有していると仮定すれば（取引の完全性に関する目的），もし監査人が複写した送り状の1つをサンプルとして選択し，そして関連する積荷書類と突合したならば，この証拠は完全性の目的とは関連するものではなく，このためこの目的にとっては適切な監査証拠とはいえない。適格性を有する手続とは，商品の発送がそれぞれ請求されたかどうかを判断するために，積荷書類のサンプルを複写した送り状と照合することである。証拠の信頼性は，証拠が信用できるものあるいは信頼に足るものであることの程度に関連している。さらに，適格性と同様に証拠の説得性に重大な影響を及ぼす要因として信頼性を挙げ，以下の6つの属性から説明している（Arens et al. 2017, 182-184）。

- **証拠提供者の独立性**：事業体外部の源泉から入手された証拠は，事業体内部から入手された証拠よりもより信頼しうるものである。
- **クライアントの内部統制の有効性**：クライアントの内部統制が有効である場合，入手された証拠は，その内部統制が有効でない場合よりもより信頼できるものである。
- **監査人の直接的な知識**：実査，立会，再計算および視察を通じて監査人が直接入手した証拠は，間接的に入手した情報よりもより信頼できるものである。
- **情報を提供する個人の資質**：情報源が独立していても，その情報を提供する個人がそれを行う資質を有していなければ，その証拠は信頼できるものとはならないであろう。このため，顧問弁護士からの伝達や銀行の確認状は，ビジネスに精通していない人物から入手した売掛金の確認状よりも，典型的にはかなり信頼できるものと見なされる。
- **客観性の程度**：客観的証拠は，それが正確かどうかを決定するために相当の判断が要求される証拠よりも，より信頼できるものである。証拠の客観性の例としては，売掛金や銀行残高の確認，有価証券や現金の実査，そして総勘定元帳の残高と一致するかどうかを確かめるために買掛金のリストを加算していくことが挙げられる。
- **適時性**：監査証拠の適時性は，入手の時期あるいは監査の対象となる時期に関係している。通常，証拠は，できる限り貸借対照表日に近い時点で入手されたときに，貸借対照表の勘定に対してより信頼しうるものである。

Louwers et al.（2018）では，監査基準が示す監査証拠の適切性，十分性，適合性および信頼性について，発見リスクに結びつけてそれらの構成を明確に示している。監査人は，「十分かつ適切な」証拠を収集することが要請されており，そこで「適切」（appropriate）と見なされるためには，証拠は信頼しうるもの（reliable）でなければならず，また監査チームに適合する（relevance）情報を提供す

るものでなければならない。「適合性」（relevance）は，監査証拠によって提供される情報の性質に関するものであり，例えば，監査人が売掛金について顧客に確認するとき，この監査手続は，その勘定が正しい（すなわち，その売上は実際に発生した）という証拠を提供している，しかしその勘定が最終的に回収可能であるとの証拠を提供するものではない。証拠によって提供される情報の性質は，経営者のアサーションに応じて異なることとなる。適切性（appropriateness）は，証拠の「質」に関連しており，十分性は証拠の「量」に関連している。証拠の十分性と適切性は，必要とされる発見リスクの水準に反映される。発見リスクは，監査チームが実施する実証的手続が重要な虚偽表示の発見に失敗するリスクを示している。監査人は，より質の高い証拠を求めるほど（低い発見リスク），より適合性と信頼性のある証拠を収集し（適切性），そしてより多くの取引や構成要素を評価しなければならない（十分性）（Louwers et al. 2018, 52-53）。この構図は以下の図表13-10として示される。

　そして現行の監査基準では，監査証拠の属性として，十分性と適切性を上位概念として置いている。監査証拠の「十分性」（Sufficiency）は，監査証拠の量的尺度をいい，必要とされる監査証拠の量は，評価した重要な虚偽表示リスクの程度および監査証拠の質によって影響を受ける。一方，監査証拠の「適切性」（Appropriateness）は，監査証拠の質的尺度をいい，意見表明の基礎となる監査証拠の適合性と証明力をいう（日本公認会計士協会 2023a，12項）。さらに，監査証拠の適切性は，監査人の意見の基礎となる結論を裏づけるための「適合性」（relevance）と「信頼性」（reliability）で構成される（FRC 2017, para.5）。監査人は，監査手続を立案し実施する場合には，監査証拠として利用する情報の適合性と信頼性を考慮しなければならず（日本公認会計士協会 2023b，6項），すべての監査証拠の質は，監査証拠の基礎となる情報の適合性と信頼性により影響される（日本公認会計士協会 2023b，A26項）。

　適合性は，監査手続の目的，および適切な場合には検討中のアサーションとの

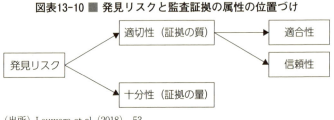

図表13-10 ■ 発見リスクと監査証拠の属性の位置づけ

（出所）Louwers et al.（2018），53．

論理的な関連性または影響を扱う。監査証拠として利用する情報の適合性は，手続の目的によって影響される。例えば，監査手続の目的が買掛金の実在性または評価の妥当性に関して過大計上の有無を確かめることである場合，帳簿に計上された買掛金を検討することが目的に適合する監査手続となることがある。一方，買掛金の網羅性に関して過小計上の有無を確かめる場合，帳簿に計上された買掛金の検討は目的に適合しておらず，期末日後の支払，未払の請求書，仕入先の支払通知書，不一致がある検収報告書などの情報の検討が目的に適合することがある（日本公認会計士協会 2023b，A27項）。

監査人は，企業が作成した情報を利用する場合には，当該情報が監査人の目的に照らして十分に信頼性を有しているかどうかを評価しなければならない。これには，個々の状況において必要な以下の事項が含まれる（日本公認会計士協会 2023b，8項）。

- 企業が作成した情報の正確性および網羅性に関する監査証拠を入手すること
- 企業が作成した情報が監査人の目的に照らして十分に正確かつ詳細であるかどうかを評価すること

また，監査人は，以下のいずれかの場合，問題を解消するためにどのような監査手続の変更または追加が必要であるかを判断し，監査の他の側面に与える当該事項の影響があればその影響を考慮しなければならない（日本公認会計士協会 2023b，10項）。

- ある情報源から入手した監査証拠が他の情報源から入手した監査証拠と矛盾する場合
- 監査人が監査証拠として利用する情報の信頼性に関して疑義を抱く場合

監査証拠として利用する情報の信頼性，ひいては監査証拠自体の証明力は，情報源および情報の種類，ならびに関連する場合には情報の作成と管理に関する内部統制を含む情報を入手する状況によって影響される。したがって，さまざまな種類の監査証拠の証明力については一般化することはできるが，重要な例外が存在する。監査証拠として利用する情報が企業の外部から得られる場合であっても，入手する状況によって情報の信頼性に影響する。例えば，独立した情報源から入手した監査証拠であっても，その情報源が十分な知識を有していない個人または組織である場合，あるいは経営者の利用する専門家が客観性を欠いている場合に

は，信頼できないことがある。監査証拠の証明力は，例外はあるものの，一般的には以下のとおりである（日本公認会計士協会 2023b，A31項）。

- 監査証拠の証明力は，企業から独立した情報源から入手した場合には，より強くなる。
- 企業内部で作成される監査証拠の証明力は，情報の作成と管理に関する内部統制等，関連する内部統制が有効な場合には，より強くなる。
- 監査人が直接入手した監査証拠（例えば，内部統制の運用について観察により入手した監査証拠）は，間接的にまたは推論に基づいて入手する監査証拠（例えば，内部統制の運用について質問により入手した証拠）よりも，証明力が強い。
- 監査証拠は，紙媒体，電子媒体またはその他の媒体にかかわらず，文書化されたものの方が，口頭で得たものよりも，証明力が強い（例えば，議事録は，会議の後の口頭による議事説明よりも証明力が強い）。
- 原本によって提供された監査証拠は，コピーやファックス，フィルム化，デジタル化その他の方法で電子媒体に変換された文書によって提供された監査証拠よりも，証明力が強い。原本以外の文書の信頼性は，その作成と管理に関する内部統制に依存することがある。

さらにアメリカの監査基準においては，監査証拠の適合性は，監査証拠とアサーションとの相互関係，あるいは監査証拠と検証されている内部統制の目的との相互関係に言及するものである，と説明されている。監査証拠の適合性は以下に依存する（PCAOB 2010, para.7）。

- アサーションあるいは内部統制を検証するために用いられる監査手続の策定，とくに，それが(1)アサーションあるいは内部統制を直接検証するように立案されているか，そして(2)過小表示あるいは過大表示を検証するために立案されているか
- アサーションあるいは内部統制を検証するために用いられる監査手続の実施時期

監査証拠の信頼性は，当該証拠の性質および情報源，ならびに証拠を入手した状況に依存する。例えば，一般に，以下の状況が当てはまる（PCAOB 2010, para.8）。

- 会社から独立した情報源から入手した証拠は，会社内部の情報源のみから入手した証拠よりも信頼性が高い
- 会社が内部で作成した情報の信頼性は，当該情報に対する会社の内部統制が有効である場合に高くなる

- 監査人が直接入手した証拠は，間接的に入手した証拠よりも信頼性が高い
- 原本によって提供された証拠は，コピーやファックス，あるいはフィルム化，デジタル化またはその他の方法で電子媒体に変換された文書によって提供された証拠よりも信頼性が高い。なお，それら原本以外の文書の信頼性は文書の変換や維持に対する統制手続に依存する[1]。

5 小　括

　本章は，監査証拠の概念について，監査基準の規定，最近の監査テキストにおける監査証拠の捉え方，および1942年における Broad の論文から始まる監査理論の展開について概観した。監査証拠は，その定義において，記録や財貨の存在といった実際状態の検証行為によって形成されるという考え方，要証命題が検証行為を通じて証拠に転化するという考え方，あるいは現在の監査基準が示すように，意見表明の基礎となるさまざまな情報を広く監査証拠として捉えるという考え方といったように多様な議論が展開されてきている。また，監査証拠の性質においても，現行の監査基準のように「十分性」と「適切性」を上位概念として，その他の属性が示されているが，ここに至るまでには「入手可能性」「経済性」「有効性」「適合性」あるいは「重要性」といったさまざまな属性が論じられており，証拠概念の多様性と複雑性が理解されるであろう。

　アサーションを裏づけるために入手される証拠は，「証拠力」という属性，そしてそこに関連する証拠の源泉の議論が，検討されるべき監査証拠の概念の中心になるかと思われる。それらの構造を説明し，これまでの監査証拠論の議論を1つの構図として適切に位置づけるためには，証拠の有する属性をより理解することが求められると思われる。近年の IT 技術や AI を駆使した監査手続が進展する中で，監査証拠概念を改めて再検討することが求められるであろう。

1　ごく最近の議論として，2022年10月に公表された国際監査基準の公開草案（コメント期限2023年4月24日）は，監査証拠として用いられる情報の「信頼性」を5つの属性で説明している。それは，「正確性」（事象や状況を反映する情報にエラーがないこと），「完全性」（その情報は事象や状況を据えて反映していること），「信憑性」（情報源が情報の提供を認められていること），「バイアス」（情報が故意または無意識のバイアスを受けていないこと）および「信頼性」（情報源は信頼しうるものであること）である（IAASB 2022, para.A56）。信頼性の属性にバイアスの有無を識別しているところが新しい視点として指摘できるものである。

■参考文献

高田正淳（1970）「監査証拠の系列と体系」『国民経済雑誌』122巻4号, 64-76頁。
―――（1974）「監査基本問題の研究（九）」『會計』106巻4号, 111-121頁。
田島四郎（1961）『監査証拠論』同文館出版。
鳥羽至英（1983）『監査証拠論』国元書房。
内藤文雄（1995）『監査判断形成論』中央経済社。
日本公認会計士協会（2023a）監査基準報告書200「財務諸表監査における総括的な目的」, 1月12日。
―――（2023b）監査基準報告書500「監査証拠」1月12日。
森実（1965）「監査証拠論の課題について」『香川大学経済論叢』38巻1号, 93-112頁。
American Institute of Certified Public Accountants (AICPA) (1963), Statements on Auditing Procedure No. 33, *Auditing Standards and Procedures*, AICPA.
――― (2022), Codification of Statements on Auditing Standards, AU-C Section 500, *Audit Evidence*, AICPA.
Arens, Alvin A., Randal J. Elder, Mark S. Beasley and Chris E. Hogan (2017), *Auditing & Assurance Services : An Integrated Approach 16th edition*, Pearson.
Bell, Timothy B., Mark E. Peecher and Ira Solomon (2005), *The 21st Century Public Company Audit*, KPMG.（鳥羽至英・秋月信二・福川裕徳監訳（2010）『21世紀の公開会社監査』国元書房）。
Broad, Samuel J. (1942), The Need for a Statement of Auditing Standards, *Journal of Accountancy*, Vol. 74, No. 1, pp.25-35.
Financial Reporting Council (FRC) (2017), International Standards on Auditing (UK) 500, *Audit Evidence*, FRC.
International Auditing and Assurance Standards Board (IAASB) (2022), Proposed International Standard on Auditing 500, *Audit Evidence*, International Federation of Accountants.
Knechel, Robert W., and Steven E. Salterio (2017), *Auditing : Assurance and Risk, 4th edition*, Routledge.
Lee, Tom (1986), *Company Auditing 3rd edition*, Van Nostrand Reinhold.
Louwers, Timothy J., Allen D. Blay, David H. Sinason, Jerry R. Strawser and Jay C. Thibodeau (2018), *Auditing & Assurance Services 7th Edition*, McGraw-Hill.
Mautz, R. K. (1958), The Nature and Reliability of Audit Evidence, *Journal of Accountancy*, Vol. 105, No. 5, pp.40-47.
Mautz, R. K. and Hussein A. Sharaf (1961), *The Philosophy of Auditing*, American Accounting Association.（近澤弘治監訳, 関西監査研究会訳（1987）『監査理論の構造』中央経済社）。
Messier, William F. Jr., Steven M. Glover and Douglas F. Prawitt (2017), *Auditing & Assurance Services : A Systematic Approach 10th edition*, McGraw-Hill.
Montgomery, Robert T. (1940), *Auditing : Theory and Practice, 6th edition.*, The Ronald Press Company.
Public Company Accounting Oversight Board (PCAOB) (2010), Auditing Standard No. 15, *Audit Evidence*, PCAOB.

Porter, Brenda, John Simon and David Hatherly (2014), *Principles of External Auditing*, 4th edition, Wiley.
Toba Yoshihide (1975), A General Theory of Evidence as the Conceptual Foundation in Auditing Theory, *The Accounting Review*, Vol. 50, No. 1, pp.7-24.

(永見 尊)

第14章

監査技術と監査手続

1 はじめに

　財務諸表に対する監査実施論にはいくつもの監査上の概念が用いられているが，そのなかで非常に曖昧とされているのが「監査技術」と「監査手続」であろう。後述するように，わが国では，監査技術という用語はすでに1930年代から用いられており，また1950年に最初に設定された「監査基準」（経済安定本部企業会計基準審議会 1950）では監査手続が主として監査の実施を説明する用語として用いられていた。そして両者の概念を明確に峻別した Moyer の論文（Moyer 1952）は1950年代に公表され，その後わが国における監査技術と監査手続の議論が活発に行われることとなった。しかしながら，監査基準の創設から70年が経過した現在においても，わが国では両者の峻別は監査基準上いまだ曖昧なままとなっている。それは，以下に示したように，監査基準報告書（以下，監基報）における日本公認会計士協会による監査手続の用語の定義に表れている（日本公認会計士協会 2022）。

　「監査手続：監査人が監査意見を形成するに足る基礎を得るための監査証拠を入手するために実施する手続をいい，実施する目的により，リスク評価手続とリスク対応手続（運用評価手続又は実証手続）に分けられる。監査の手法としての監査手続には，記録や文書の閲覧，有形資産の実査，観察，質問，確認，再計算，再実施，分析的手続等があり，これらを単独又は組み合わせて実施する。」

　日本公認会計士協会の定義では，監査手続にはリスク評価手続とリスク対応手続が含まれるものとされ，また閲覧，実査あるいは質問等，通常は監査技術とし

て識別されている監査手法も監査手続として説明されている。さらにこれら監査手法を単独または組み合わせて実施するというように，監査手続はプロセスとしても言及されている。本章では，監査における基礎概念として監査技術と監査手続に焦点を当て，監査基準の展開を追いながら監査技術と監査手続の定義と両者の関係，監査技術と監査手続の分類，監査手続の対象の広がり，そして監査技術と監査証拠との関係を主題としてわが国の議論を紐解いていくものである。

2 監査技術と監査手続の定義とその対象

監査技術についてわが国ではじめて明確にその概念を識別したのは野本（1931）であろう。そこでは「監査技術」と題する独立の章を設け，「監査契約後初めて監査人がその技術を開始するものである。以下，監査技術の重なるものを説明するであらう。」（野本 1931, 76）とし，証憑書類の照合，転記の照合，合計額の照合，勘定分析，実地棚卸，帳簿棚卸，確認検証，瞥見検査およびテストなどを識別している（野本 1931, 76-85）。なお，現在では監査技術には該当しない「実地棚卸」と「帳簿棚卸」という表現がここには含まれている。しかしその内容は，前者については，資産につき，実地にその数量・品質・状態を検査して適当なる評価を行うこととし，具体的には，例えば材料や製造品等の手許品について，依頼人の作成した棚卸表を受けて，1つひとつ実地に数量・品質状態・評価を照合すること（野本 1931, 83-86）と説明され，また後者は「帳簿記載の残高を証憑書類や原始簿等によって照合して，そのものが有する価額を決定すること，銀行預金や売掛金が対象」（野本 1931, 86）と説明されているように，資産の実査や帳簿突合を意味するものであると解される。

監査技術と監査手続について，それぞれに明確な定義を最初に示したのは，Moyer（1952）であろう。そこでは，それぞれについて以下のように説明し，監査証拠入手のための手段として，また監査技術を適用するプロセスとして監査技術と監査手続を明確に峻別している（Moyer 1952, 687）。

「監査技術とは，適格な証拠資料（evidential matter）を入手するために監査人が利用することのできる方法または手段である。監査手続とは，特定の監査における特定の局面に監査技術を適用することである。監査手続は，所与の監査状況と条件に適応すべく監査技術を展開する過程である。監査技術と監査手続とは密接な関係を有しているが，両者の間には重要な差異がある。どの監査技術一つをとってみても，それは証拠を入手するための手段として監査人にとって広い範囲で有用であるが，それを使

用する方法や範囲は各監査状況それぞれによって異なる。」

　Moyer（1962）が示した定義は，その後のわが国の監査研究者に大きな影響を及ぼした。監査技術と監査手続に関する定義の内容は，おおよそ Moyer の示す内容と同じ形で展開されていった。まず，佐藤（1956, 3）は両者の違いについて，「監査技術とは，監査目的の達成上に必要で有効な証拠を入手するため，監査に特有の合目的手段であり，監査手続とは，監査技術を実際に使用し，これを特定の条件と状態に適用する方法及び過程である。」と説明する。しかしここで，異なる点として注目すべきは，Moyer の定義において監査技術は「証拠資料」を入手するための手段として捉えているのに対して，佐藤の定義は「証拠」を入手するための手段として捉えている。佐藤のように理解する立場は，以下に列挙されるように多くの学者によって採用されている（太字は筆者による）。

「『監査技術』とは，監査人の意見表明の基礎となるべき**証拠を求める手段**をいう。『監査手続』は，特定の局面において監査技術を適用する方法または過程をいい，特定の監査項目とその項目に係る証拠の入手手段とを結びつけた監査技術の展開過程である。」（日下部 1975, 162）

「監査手続とは，種々の監査技術を個々の監査対象ないし監査項目の特定の状況に適用して，証拠を入手する方法と過程をいう。監査技術は，監査人が**証拠を入手する手段**であり，入手しようとする証拠の種類に応じて，証憑突合，帳簿突合，計算突合，実査，立会，確認，勘定分析，質問などの技術がある。」（大野・小西・友杉 1975, 63）

「監査手続は，監査人が一定の監査対象について監査技術を適用したものであり，その監査対象の正否，適否等を確かめることにより**証拠を入手する行為**である。」（三澤 1984, 98）

「監査手続とは，監査人が監査意見を形成するに足る基礎の獲得に必要とする量的，質的な監査証拠を入手するための具体的手段である監査技術の組み合わせである。したがって監査手続は監査意見形成を行うための個々の監査要点や監査証拠との関連性を常に考慮に入れたものである。それに対して監査技術は，**監査証拠を入手するための方法または手段**に過ぎないものと理解することができる。」（藤岡 2011, 111）

「監査手続とは，監査人が監査意見を形成するに足る基礎を確かめるために監査証拠を入手するために実施する手法である。監査技術は，**監査証拠を入手するための『手段・用具』**とされ，監査手続はその監査技術の選択，適用した『プロセス』として両者を区別して議論することがある。」（中里 2020, 279-281）

監査技術の意味について，監査証拠の入手ではなく「情報の入手」という側面から説明している立場として，石原（1998）がある。そこでは，監査手続と監査技術の概念の違いについて次のように述べている。

「監査手続という概念には，監査人が立証しようとする具体的な要証命題との関連性や，監査人が監査計画の立案に際して必要とする情報との関連性が常に前提として認識されている。ところが，監査技術という概念には，監査証拠や監査計画に必要な**情報を入手するための技術的な監査用具**という意味だけが識別されており，監査技術は具体的な要証命題や必要とされる情報に関連付けて認識されているわけではないのである。つまり，監査手続を実施する監査人には，要証命題の立証あるいは監査計画の立案に必要な情報の入手という目的が明確に認識されているが，監査技術は単に監査証拠や情報を入手する手段であって，このような目的は認識されていないのである。」（石原 1998, 169）

一方で，田島（1961）は，監査技術について「入手した資料の証拠としての適格性を決定し，意見を基礎づける資料として必要にして十分であることを**確かめるための手段**」（田島 1961, 166）と定義づけている。ただ，同書では「監査技術は，監査人が表明すべき意見を形成する基礎として，適格性ある**証拠資料を入手するために利用される諸手続**のことである」（田島 1961, 167）あるいは「監査技術は，それ自体が証拠ではなく，監査意見を表明しようとする事実について，必要にして十分な**資料を監査人に入手せしめる手段**である」（田島 1961, 173）（いずれも太字は筆者による）としており，監査技術を証拠資料の入手手段としても定義づけている。さらに田島（1961, 179）は，監査技術のようにみえるが監査技術ではないものとして，試算表や明細表の作成，内部統制組織の調査，および試査や標本法などを挙げ，「似而非監査技術」と呼んだ。とくに内部統制の調査は，監査期間中の諸取引が，全部漏れなくしかも適正に記録計算されたことに対する合理的保証を入手するために行われる手続であり，いわば会計記録の信頼度を判定する手続とみなされるため，監査証拠入手手段ではないと主張していた。試算表や明細表の作成，そして試査や標本法などは確かに監査技術としては説明できないものではあるが，内部統制の調査（あるいは評価）についても監査技術の対象から外しているところに，当時の監査技術あるいは監査手続の対象が実証的手続に限定して理解されていたことがうかがえる。

監査技術を確かめる手段とした位置づけをより明確にしたのは鳥羽（1983）であろう。そこでは監査技術について「ある特定の立証目的をもった批判行為もしくは批判行為の方法・手段をいう」（鳥羽 1983, 213）と定義づけている。この定

義は，監査技術を「比較・批判行為」として明確化している。このことから，監査技術は証拠を得るための手段であり，証拠資料を入手する手段ではないという意義もそこに内包されている。鳥羽（1983）は，監査技術概念は，証拠の形成に関係づけて理解されるべきであり，証拠資料の入手の次元で捉えるべきではないと主張する。もっとも，確認のように証拠資料の入手がまずもって重要な場合もあり，また質問のように証拠資料の入手と証拠の形成がほとんど同時という場合もある。しかしその場合であっても，確認の本質は確認回答書と帳簿との間の照合であり，また質問の本質は役員や従業員の供述内容の批判的判断とみるべきであろうと説いている（鳥羽 1983, 214）。この定義のもう1つの特徴は，監査技術にはある特定の立証目的がすでに与えられていること，逆に言えば，立証目的が特定化されていない比較行為は監査技術として見なされないことにある。このように厳格に立証目的に結びつけていることから，吟味，照合，検討，調査等を監査技術として認識すべきではないとする立場を採っている（鳥羽 1983, 213）。

監査手続について，鳥羽（1983）は，「証拠の形成あるいは転化過程の遂行に関連して，直接的あるいは間接的に行われる監査人の立証作用の総称である」（鳥羽 1983, 215）と定義づけている。また，その後，鳥羽（1994）は，監査手続と監査技術を次のような定義でより明確化し，そして両者の関係を**図表14-1**のように表している。鳥羽（1994）は，監査要点を証拠資料と監査技術で裏づけることによって監査証拠に転化するという証拠概念を採用しているが，少なくとも監査手続は監査技術の適用を含む一連の立証プロセスとして説明していることが理解される。

「監査手続とは，監査の主題に関連して設定された監査要点を立証するために，監査人が，入手した証拠資料（e）に監査技術（t）を適用することによって，当該監査要点が成立する（または成立しない）蓋然性について心証（監査証拠）を形成するプロセスと定義される。監査技術とは，監査要点について監査証拠を形成するために，監

図表14-1 ■ 監査技術と監査手続の位置づけ

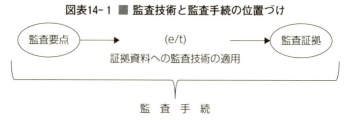

（出所）鳥羽（1994），217。

査人が適用した比較行為（照合）の手段をいう。」（鳥羽 1994, 217-218）

　そして監査手続の対象は，要証命題（監査要点）を設定すること，被監査会社の内部統制を調査・評定し，あるいは被監査会社の実態把握を行うこと，立証活動に必要な資料を作成すること，要証命題の立証に関連ある証拠資料を入手すること，およびそれに適切な監査技術を適用すること，というこれら一連の手続が対象となる（鳥羽 1983, 214-215）としてより監査手続が広範に捉えられている。また田島（1976）は，監査手続の対象をこれよりもさらに広く捉えている。同書では，監査手続について「特定の会社に対する監査において，監査人が特定の局面例えば現金や売上勘定につき，選ばれた監査技術を適用して，監査証拠を求める過程すなわち実際に監査を行う方法のことをいう。」（田島 1976, 87）と説明する。その上で，「監査手続は，広義には，監査技術，監査手続ならびに内部統制の調査検討から，監査計画の立案，監査報告書作成事務にいたるまでの全手続，すなわち監査契約の締結から監査報告書の提出までのすべての手続を指称する。それゆえ，監査事務とでもいうべきものに該当する。」（田島 1976, 88）としている。

3　監査手続に関連した監査基準の展開

　わが国の「監査基準」の嚆矢は，経済安定本部企業会計基準審議会が1950年（昭和25年）7月に設定した監査基準・監査実施準則の中間報告となる。同基準は，監査手続について以下のように説明している（経済安定本部企業会計基準審議会 1950）。

「監査実施基準
二　監査人は，財務諸表に関する意見を表明するためこれに必要な限度において，証憑突合，帳簿突合，実査，立会，確認又は質問等そのときの事情に応じて使用しうる監査手続を選択適用し，その意見を保証するに足る合理的な証拠を確かめなければならない。
監査実施準則
一　監査手続の選択　ここに監査手続とは，職業的監査人が，財務諸表に関する自己の意見に対して，合理的な基礎を与えるため証拠を求める手段をいい，証拠の性質によって，これを証憑突合，実査，確認その他の手続に分類することができる。」

　わが国最初の「監査基準」では，監査手続を証憑突合や実査などを挙げて監査

技術と同義で扱っており，とくに監査実施準則では「証拠を求める手段」と説明していたことがわかる。そしてこの6年後の1956年（昭和31年）12月，大蔵省企業会計審議会は，監査手続に関する説明の見直しを行い，次のように基準を改訂した（大蔵省企業会計審議会 1956）。

「監査実施準則
一　監査手続の意義及び種類　ここに監査手続とは，職業的監査人が，財務諸表に関する自己の意見を保証するに足る合理的な基礎を与えるため，証拠を求めて会計記録の正確性又は妥当性を確かめることをいう。」

改訂された基準では，監査手続を「証拠を求めて会計記録の正確性または妥当性を確かめる**こと**」（太字は筆者による）と修正している点に特徴がある。渡邊(1957)は，この改訂によって，監査手続は監査技術のみを指す用いられ方から，監査技術ならびにその選択と適用の3つを含むものを意味するものとなったと解説している（渡邊 1957, 53）。田島(1961)は，この点について，監査手続と監査技術の関係が曖昧であり，むしろ両者が監査手続という概念で雑然混用されていると批判している（田島 1961, 168）。この基準改訂において監査技術という用語はどこにも用いられなかったが，この基準改訂の経緯について，江村(1957)は次のように解説している。

「監査技術という概念を用いることは必ずしも時機が熟しているとはいいがたく，また，これによって監査手続を定義することは決して容易ではない。しかも，監査技術という概念を導入すると，一般監査手続と個別監査手続という分類は明確になるが，『準則』が最大の任務としている正規の監査手続（従ってその他の監査手続）の定義に重大な問題が生じ，かつ，従来，監査手続の選択と適用とを区別すべきであるとして強く主張されてきたところを，別の説明をもって明らかにしなければならなくなる可能性もある。理論的には，このことは不可能ではないが，限られた時間，ならびに，現在の監査論の水準では，このことを充分に行うわけにはいかなかったのである。かくして，『準則』に監査技術という概念を導入することは，今回は見送られたのであるが，この結果，監査手続の意義と分類には従来通りの問題が残ったばかりではなく，一方，監査手続が証拠を求めて会計記録の妥当性を確かめる『こと』とした点において，手続きを明記しない『正規の監査手続』が列挙されることともなった。」（江村 1957, 47-48）

この解説で言及された理由は，正規の監査手続に関連した文言の整理の問題に加えて，監査技術という概念を用いるだけの時機が熟していないことにあった。監査制度が導入されて間もないこの当時において，理論上はすでに前節で言及し

てきたように明確な峻別が論じられてはいたが，監査技術という用語の使用が実務として根付くにはまだ難しかったと判断されたのであろう。

1965年（昭和40年）に実施された「監査基準」の改訂では，「監査実施準則」が重点的に審議され，それまでの準則の全文が改訂されることになった。しかしそこでは，一転して監査手続に関する説明が削除されている。このことについて企業会計審議会第三部会長であった佐藤は，「今回の改正作業に当たって，私は，でき得る限り，啓蒙的・教示的・教本的・定義的・直訳的・官設的・便覧的な規制や色彩を少なくするため，『総論』の部についても，例えば，監査手続の意義や定義，正規の監査手続なる名称＜中略＞等を削除・廃止・排除した」（佐藤 1965, 56）と説明している。監査実施準則の第一「総論」では，これまで監査手続の定義が記載されていた部分が削除され，「監査手続は，『通常の監査手続』と『その他の監査手続』とから成る。」との説明のみとなった（大蔵省企業会計審議会 1965）。

その後，1990年に至るまで「監査基準」における監査手続の意義に関する記述は改訂されることはなかった。しかし1991年（平成3年）12月に改訂された「監査基準」では，日本経済の飛躍的発展に伴う企業規模の急速な拡大，経営活動の複雑化や多様化，そして証券・金融市場の国際化など，1965年以降の監査環境の変化に対応するために，「監査基準」，「監査実施準則」および「監査報告準則」の全般的な見直しが行われた。この監査基準では，監査手続は以下のように規定された（大蔵省企業会計審議会 1991）。

「監査実施準則
二 監査人は，十分な監査証拠を入手するため，取引記録の信頼性，資産及び負債の実在性，網羅性，評価の妥当性，費用および収益の期間帰属の適正性，表示の妥当性等の監査要点に適合した監査手続を選択適用しなければならない。
監査実施準則
三 監査人が選択適用すべき監査手続には，実査，立会，確認，質問，視察，閲覧，証憑突合，勘定分析，分析的手続等がある。監査手続の適用は，原則として試査による。」

そこでは，監査手続は，実査，立会あるいは確認といった監査技術と同義として説明され，また同時に監査要点に適合した手続を実施するプロセスとしても説明されていることがわかる。鳥羽（1994）は，「今回の『監査実施準則』の改訂にあたっては，監査手続と監査技術とは厳密に峻別せず，監査手続を時には監査技術の意味で，また別の時には監査技術の展開過程を指示する概念として使い分

けているように思われる」（鳥羽 1994, 228）と解説する。ただ，「実務の立場だけを考慮すると，両者を厳密に峻別することの意味はほとんどないかもしれない」（鳥羽 1994, 228）と加えている。なお，この監査基準における監査手続の対象は，設定した監査要点に対する実証手続を意味しており，まだこの段階では狭義としての監査手続が示されていた。

そして2002年（平成14年）に改訂された「監査基準」は，これまでのスタンスが大幅に変更された。これまで，監査手続については，改訂前の「監査実施準則」において，実査，立会，確認，質問，視察，閲覧，証憑突合，帳簿突合，計算突合，勘定分析および分析的手続等として個々の監査の手法を列挙していた。しかし改訂「監査基準」では，監査手続を統制リスクを評価するために行う「統制評価手続」と監査要点の直接的な立証のために行う「実証手続」という概念に区分した上で，監査人が選択する具体的な監査の手法の例示が削除された（企業会計審議会 2002）。監査手続に関する規定は，同基準の実施基準において次のように示されている。

「第三 実施基準 一 基本原則
3 監査人は，十分かつ適切な監査証拠を入手するに当たっては，原則として，試査に基づき，統制リスクを評価するために行う統制評価手続及び監査要点の直接的な立証のために行う実証手続を実施しなければならない。」

この実施基準は，監査手続を統制評価手続と実証手続の2分類としている。これについて，山浦（2002）は，リスク・アプローチを基準設定の基本枠とし，そのうえでリスク評価と監査手続をリンクして基準化するための措置であったと解説する。すなわち，監査手続を機能面から分類し，内部統制の機能評価を行うための統制評価手続による統制リスク評価を受けて，監査要点を直接に立証する実証手続の種類，適用範囲，実施時期を決定するという仕組みを取り入れているのである（山浦 2002, 30）。なお，山浦（2008）は，従来の監査基準では，監査手続を，監査証拠を入手するための個々の監査手法という意味で用いたり，あるいはそれらの個々の監査手法の適用方法や手順をも含めて意味したり（広義の監査手続），さらには監査実務において監査人が実施する監査行為のすべて（最広義の監査手続）を意味して用いたりと，概念的に混乱があり，この三者に明確な線引きがあるわけではなかったと説明した上で，この基準について，とくにこの間の概念を整理しているわけではないと述べている（山浦 2008, 196-197）。

現在の「監査基準」（2020年（令和2年）11月6日改訂）では，以下のようにリ

スク・アプローチの監査手法を主軸として監査手続について言及するものである（企業会計審議会 2020）。

「実施基準　一　基本原則
　4　監査人は，十分かつ適切な監査証拠を入手するに当たっては，財務諸表における重要な虚偽表示リスクを暫定的に評価し，リスクに対応した監査手続を，原則として試査に基づき実施しなければならない。
実施基準　二　監査計画の策定
　2　監査人は，監査計画の策定に当たり，景気の動向，企業が属する産業の状況，企業の事業及び組織，経営者の経営理念，経営方針，内部統制の整備状況，情報技術の利用状況その他企業の経営活動に関わる情報を入手し，企業及び企業環境に内在する事業上のリスク等がもたらす財務諸表における重要な虚偽表示のリスクを暫定的に評価しなければならない。
　4　監査人は，財務諸表項目に関連して暫定的に評価した重要な虚偽表示のリスクに対応する，内部統制の運用状況の評価手続及び発見リスクの水準に応じた実証手続に係る監査計画を策定し，実施すべき監査手続，実施の時期及び範囲を決定しなければならない。」

　現行の「監査基準」では，明示されている監査手続の対象はリスク対応手続であり，リスク評価あるいは事業上のリスクの評価については監査手続として言及されていないが，内部統制の運用状況の評価手続は，監査手続として言及されている。また，既述のように監基報における日本公認会計士協会による監査手続の用語の定義では，監査手続にはリスク評価手続とリスク対応手続が含まれるものとされ，また閲覧，実査あるいは質問等，通常は監査技術として識別されている監査手法も監査手続として説明されている。さらにこれら監査手法を単独または組み合わせて実施するというように，監査手続はプロセスとしても言及されている。1956年の「監査基準」改訂において，正規の監査手続に関連した文言の整理の問題，および監査技術という概念を用いるだけの時機が熟していないという問題が認識されてからすでに65年が経過した現在において，これらの問題はすでに解消されているといえるであろう。しかしながら，依然として監査技術という用語は監査基準では明示されず，監査手続という用語にいくつもの意味が混在している状況が続いている。監査技術概念を明示する必要がある理由について，三澤（1973）は，監査手続を論理的に形成するためであると主張する。「実査」や「立会」などを監査手続とすれば，「現金を実査する」という現金の監査手続とも等しい監査手続となり，監査手続の概念またはその性格が著しく不明瞭となり，また監査手続を論理的に説明することは不可能となると主張している（三澤 1973, 83）。

また，田島（1976）は，監査手続はいろいろな監査技術が組み合わさって成立するものであるため，監査技術と監査手続の間には著しい違いがあり，決して混同されるべきではないことを強調している（田島 1976, 88-89）。

4 監査技術と監査手続の分類

(1) 監査技術の分類

　監査技術は，その適用による証拠の入手手段や証拠力などの属性に応じてさまざまに分類されている。まず，提供する証拠力の強度によって，監査技術は第一位技術と第二位技術に分類される。前者は，高度に信頼することができる証拠を入手することができる技術と説明され，物理的検査，書式による確認，および証憑突合が該当する。そして後者は，証拠のもつ証明力の強度において，第一位技術に及ばないものを提供する技術と説明され，口頭質問，勘定分析，比較，事務の検証，瞥見検査などが該当する（Moyer 1952, 687-688；田島 1961, 171-172）。次に証拠の源泉による分類として，一般監査技術と個別監査技術に分けられる。前者は，内部証拠を求める手段であり，主として内部証拠は帳票組織から求められる。ここに分類される監査技術として，証憑突合，帳簿突合，計算突合等があげられる。後者は，外部証拠を求める手段であり，特殊の被査項目や特定の勘定の記録計算についてのみ妥当するものである。ここに分類される監査技術として，実査，立会，確認，質問等があげられる。（田島 1961, 169-170）。証拠の入手手段による分類は，実査，計算調べ，簿記手続の再追跡などの実質証拠入手手段，確認および質問が該当する供述証拠入手手段，そして証憑検査，瞥見検査，補助記録の検査，関連情報との相互関係を検証する間接証拠入手手段に分けられる（田島 1961, 172-173）

　また，三澤（1973）は，監査証拠との関係によって「基本的監査技術」と「補助的監査技術」に分けて監査技術を詳細に分類している。基本的監査技術は，監査意見の形成の基礎となるほか監査上の証拠資料が要求されるすべての場合に証拠力が認められる証拠である基礎的監査証拠を入手するために適用される監査技術である。監査人がいかなる企業の財務諸表監査の監査計画においても，通常は当然に実施を予定すべき監査手続の主たる構成要素たるべきものである。さらに，本質的にすべての監査項目に共通して適用される監査手続である「一般監査技術」と，監査項目の性質および監査計画設定時または監査手続実施時に監査人の

判断によって一定の監査項目に適用が決定される監査手続である「個別監査技術」に分類される。そして補助的監査技術は，基本的監査技術を補助するものであり，監査計画においてフォーマルな補足的監査手続を形成するために，また監査人の適切な判断によって随時監査手続を形成するためにも適用することが可能である（三澤 1973, 85-87）。このような分類に応じて監査技術を体系づけたものが**図表14-2**で示されている。

そして高田（1979）は，監査技術をその役割に応じて3つに分類している。第1と第2の分類は，一般的技術として称される監査実施の主要部分を担当する監査技術である。その中で，第1の分類は取引記録の監査において中心となる監査技術であり，突合が該当する。第2の分類は，主として財務諸表の残高項目の監査に適用されるものであり，実査，立会および確認が該当する。第3の分類は，発見のための監査技術であり，予備調査において適用されるものであり，質問，勘定分析，比較および視察が該当する。これらは，また，他の監査技術で不足す

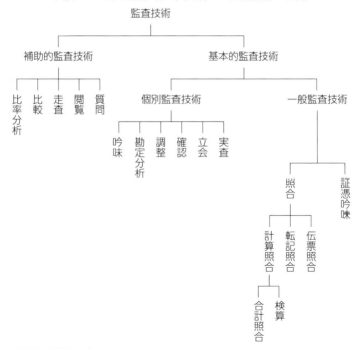

図表14-2 ■ 監査証拠と関連付けた監査技術の分類

（出所）三澤（1973），84。

る場合の最終的な補足や確信を受けるための吟味を行う監査技術でもあり，監査実施後においても適用される（高田 1979, 173-174）。これらの関係を表したものが**図表14-3**となる。

図表14-3 ■ 監査技術の役割に応じた分類

	予備調査	取引記録の監査	財務諸表項目の監査	
			残高項目の監査	名目勘定および補足的総括
突　合		◎	○	
実　査		○	◎	
立　会		○	◎	
確　認		○		
質　問	◎	○	○	◎
勘定分析	◎			◎
比　較	◎			
視　察	◎			◎

（出所）高田（1979），174。

(2) 監査手続の分類

　監査手続の分類は，主に監査基準の主導で行われていた。ただ，ここで意味する監査手続は，前節において明らかにしてきたように，監査技術を包含する概念として用いられているため，部分的には監査技術を分類しているものと読み替えることもできるものもある。まず，1956年に設定された「監査基準」では，監査手続を「正規の監査手続」と「その他の監査手続」に分類している。前者は，政府その他の権威ある団体が，実務上発達した慣習の中から，通常実施すべき監査手続として選定したものであって，実施可能にして合理的である限り，省略してはならないものと位置づけられている。正規の監査手続は，さらに「一般監査手続」と「個別監査手続」に分類される。一般監査手続は，内部証拠を求めて，会計記録の正確性または妥当性を確かめる手続であり，個別監査手続は，一般監査手続を補充するため，勘定分析を行う，または外部証拠を求めて会計記録の正確性または妥当性を確かめる手続である。そして後者の「その他の監査手続」は，監査人がその時の事情に応じて，必要と認めた一切の手続をいい，監査人の判断によって適当に選択されたものとなる（大蔵省企業会計審議会 1956）。

　1965年に改訂された「監査基準」では，表現の変更が行われ，「通常の監査手続」

と「その他の監査手続」という分類となった。前者は，財務諸表監査において監査人が通常実施すべき監査手続であって，実施可能にして合理的である限り省略してはならないものと説明される。そして後者であるその他の監査手続は，さらに「補足的監査手続」と「代用的監査手続」に分類され，前者は通常の監査手続によって十分な証拠を入手することができない場合に監査人が実施して自己の意見を保証するに足る合理的な基礎を得るものであり，そして後者はまた通常の監査手続が実施不可能あるいは実施することが合理的でない場合に実施して十分な証拠を入手するものである（大蔵省企業会計審議会 1965）。1991年に改訂された「監査基準」では，「通常実施すべき監査手続」に一本化された。通常実施すべき監査手続は，監査人が，公正な監査慣行を踏まえて，十分な監査証拠を入手し，財務諸表に対する意見表明の合理的な基礎を得るために必要と認めて実施する監査手続の総称である（大蔵省企業会計審議会 1991）。なお，通常実施すべき監査手続は，監査手続をマニュアル的に規定し，教育的，啓蒙的な役割を担ってきた「通常の監査手続」に代わるものであり，実践的，実務的規範については，日本公認会計士協会に委ねることとなった（岩崎 2003, 127）。

　2002年に改訂された「監査基準」は，これまでの監査手続の分類を大きく変え，前節においても言及したように「統制評価手続」と「実証手続」に分類するものとなった。統制評価手続は内部統制の状況を把握して統制リスクを評価する手続であり，また実証手続は監査要点の直接的な立証のために行う手続である（企業会計審議会 2002）。これにより監査手続の対象がリスク評価にまで拡張することとなった。なお，「通常実施すべき監査手続」という枠組みは，一定の定型的な監査手続が存在するかのような印象を与えることを危惧して，この改訂において削除された（山浦 2002, 30）。そして現行の「監査基準」では，前節において言及したように，監査手続は「リスク評価手続」と「リスク対応手続」に分類されている（企業会計審議会 2020）。監基報における日本公認会計士協会の用語の定義では，リスク評価は，内部統制を含む，企業および企業環境を理解し，不正か誤謬かを問わず，財務諸表全体レベルの重要な虚偽表示リスクと，アサーション・レベルの重要な虚偽表示リスクを識別し評価するために実施する監査手続と説明される。またリスク対応手続は，監査リスクを許容可能な低い水準に抑えるために，識別したアサーション・レベルの重要な虚偽表示リスクに対応して，立案し実施する監査手続であり，運用評価手続と実証手続で構成されるものと説明される（日本公認会計士協会 2022）。このように，監査手続におけるリスク評価の対象は，クライアントの内部統制のみならず，企業および企業環境をはじめとす

図表14-4 ■ 現行の監査基準による監査手続の分類

```
監査手続 ─┬─ リスク評価手続
         └─ リスク対応手続 ─┬─ 運用評価手続
                          └─ 実証手続 ─┬─ 実証的な分析的手続
                                      └─ 詳細テスト
```

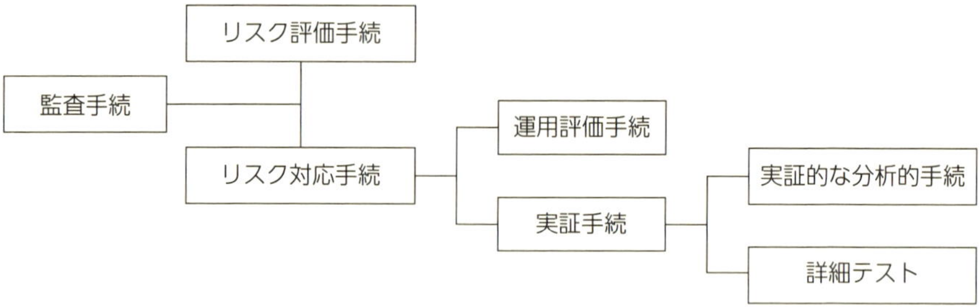

(出所) 林 (2020), 188。

るビジネス・リスクにまで拡張し，外部要因や企業の事業活動，そして事業上のリスクや財務業績の測定など幅広い情報を入手して，財務諸表全体レベルおよびアサーション・レベルの双方において重要な虚偽表示リスクを識別し評価することが求められるようになった。リスク対応手続においては，経営者のアサーション・レベルの重要な虚偽表示を防止または発見・是正する内部統制について，その運用状況の有効性を評価するために計画し実施する「運用評価手続」と，経営者のアサーションごとの重要な虚偽の表示を発見するために実施される監査手続である「実証手続」に分類される。実証手続は，さらに「実証的な分析的手続」と「詳細テスト」に分類され，前者はクライアントの数期間にわたる金額の変化の分析や財務諸表項目の比率比較とともに，合理性テストや回帰分析などが含まれる。また詳細テストは，実査，立会，確認といった監査技術をはじめとするほとんどすべての監査技術を適用して実施されるものである（林 2020, 233-236）。現行の「監査基準」による監査手続の分類は**図表14-4**として表される。

5　監査技術と監査証拠との関係

　最後に監査技術の種類に応じて監査証拠にどの程度の影響を及ぼしているのか，つまり監査技術と監査証拠との関係について，ごく最近のアメリカにおける監査書を中心として検討していくこととする。まず，Arens et al. (2017) は，実査，確認，閲覧，分析的手続，質問，再計算，再実施および立会といった監査技術が，証拠の適切性 (appropriateness of evidence) すなわち適格性 (relevance) と信頼性 (reliability) とどのような関係を有しているのかを詳細に示している。彼らは，証拠提供者の独立性，クライアントの内部統制の有効性，監査人の直接的な知識，

証拠提供者の資質,および証拠の客観性という5つの属性からそれぞれの監査技術を評価している。そこでは,クライアントの内部統制の有効性は,ほとんどの種類の証拠の信頼性に重大な影響を及ぼすとし,有効な内部統制を有した会社から入手した内部文書は,正確である可能性がより高いため,明らかにより信頼できるものである。逆に,データを生み出す内部統制が不正確な情報を提供する場合,分析的手続は信頼できる証拠とはならないものとなる。また実査と再計算は,監査人が利用する状況は大きく異なる監査技術ではあるが,どちらも内部統制が有効な場合はかなり信頼できる証拠を入手することができるという特徴がある。そして質問は,通常,それだけでは監査目的を満たす適切な証拠を十分に提供するものではないことが言及されている(Arens et al. 2017, 190-191)。そしてこれらの関係を表で表したものが**図表14-5**となる。

図表14-5 ■ 監査技術と監査証拠の適切性との関係

証拠の種類	適切性を決定する規準				
	提供者の独立性	クライアントの内部統制の有効性	監査人の直接的な知識	提供者の資質	証拠の客観性
実査	高い(監査人が実施した場合)	多様	高い	通常は高い(監査人が実施した場合)	高い
確認	高い	適用されない	低い	多様(通常は高い)	高い
閲覧	多様(外部文書は内部文書よりも独立性が高い)	多様	低い	多様	高い
分析的手続	高い(監査人が実施)/低い(クライアントの回答)	多様	低い	通常は高い(監査人が実施/クライアントの回答)	多様(データの信頼性に依存する)
クライアントに対する質問	低い(クライアントが提供)	適用されない	低い	多様	多様(低いから高いまで)
再計算	高い(監査人が実施した場合)	多様	高い	高い(監査人が実施した場合)	高い
再実施	高い(監査人が実施した場合)	多様	高い	高い(監査人が実施した場合)	高い
立会	高い(監査人が実施した場合)	多様	高い	通常は高い(監査人が実施した場合)	中程度

(出所)Arens et al. (2017), 190.

Knechel and Salterio (2017) は，証拠の適格性（competence）に関連づけて監査技術を分類している。彼らは，検証されるアサーションに対する有用性の程度，情報提供者の独立性，監査人が証拠の情報源について有する直接的な知識の程度，情報提供者の資格，証拠が曖昧あるいは多様な解釈を有するといった属性を意味する客観性の程度，そして社内の記録管理の質といった観点から監査技術を最善の証拠，良い証拠そして弱い証拠の3つに分けて説明している。概して，監査人は，あるアサーションに対して求められる発見リスクが低い場合には，より的確な証拠を入手することを試みることとなり，実査，確認あるいは外部記録の検査といった監査技術が想定されることとなる。また発見リスクが中程度あるいは高い場合には，通常，監査人は，「良い」と思われる証拠で満足することとなり，そこでは内部記録や文書の検査，分析的手続あるいは質問が選好されることとなる（Knechel and Salterio 2017, 77-78）。**図表14-6**は，上述の属性に基づいた証拠の典型的な階級を示したものである。

図表14-6 ■ 監査技術と監査証拠の階級

最善の証拠	良い証拠	弱い証拠
●有形資産の実査 ●確認 ●再計算と再実施 ●外部の記録あるいは文書の検査	●内部記録あるいは文書の検査（良い内部統制） ●分析的手続（良い内部統制） ●立会（視察） ●クライアントに対する質問（把握する事実において矛盾を発見するために，厳格な計画に従って監査上の問題についてクライアントの職員に正式に質問すること）	●内部文書および記録の検査（脆弱な内部統制） ●分析的手続（脆弱な内部統制） ●クライアントに対する質問（把握する事実において矛盾を発見するために厳格な計画を立てることなく監査上の問題についてクライアントの職員に非公式に質問すること）

（出所）Knechel and Salterio (2017), 78.

Porter et al. (2014) は，入手される監査証拠を「直接的に入手した個人の知識」，「クライアント外部」および「クライアント内部」の3つの源泉で分類し，その分類ごとに監査技術を「信頼性」，「利用可能性」，「適時性」および「コスト」の属性から評価している。監査チームのメンバーが直接的に個人の知識によって入手した証拠は，最も信頼できるものであり，一般に適時ベースで直ちに利用可能であるが，入手するコストは非常に高いものである。それと極端に対となるものとして，クライアント内部の源泉から入手した証拠は，信頼性は最も低いものであるが，一般に適時ベースで直ちに利用可能であり，そして入手コストは最も低

いものである。クライアント外部の源泉から入手した証拠は，信頼性とコストに関しては中間に位置するものであるが，他の２つの源泉から入手した証拠に比べて，しばしば利用可能性はより小さく，そして入手の適時性はより低いものである（Porter et al. 2014, 275）。これらの関係を示したものが**図表14-7**である。

図表14-7 ■ 監査技術と監査証拠の源泉との関係

証拠の属性 \ 例	直接的に入手した個人の知識	クライアント外部	クライアント内部
例	・観察 ・再実施	・第三者からの確認 ・第三者からの文書（例；送り状）	・会計記録 ・クライアントの職員による質問の回答
・信頼性	高い水準の信頼性	高から中の信頼性	低い水準の信頼性
・利用可能性	直ちに利用可能	それほど直ちに利用可能ではない	直ちに利用可能
・適時性	適時に利用可能	適時に利用可能ではない	適時に利用可能
・コスト	高いコスト	高から中のコスト	低いコスト

（出所）Porter et al.（2014），275.

そしてMessier et al.（2017）は，監査技術を証拠の種類による信頼性（reliability）の階層で分類している。有形資産の実査，再実施，および再計算は，監査人がそれらについて直接的に知見を有するため，概して高い信頼性があると考えられる。記録および文書の実査，確認，分析的手続および走査は，概して中程度の信頼性があると考えられる。記録と文書の実査の信頼性は，主として文書が内部源泉か外部源泉かに依存し，また分析的手続の信頼性は，データの利用可能性および信頼性によって影響されるためである。そして立会および質問は，概して低い信頼性の種類の証拠である。なぜなら，どちらも監査人によるさらなる裏づけを必要とするためである（Messier et al. 2017, 142）。これらの関係を示したものが**図表14-8**である。

図表14-8 ■ 監査技術と監査証拠の信頼性

一般的な信頼性の関係	証拠の種類
より高い ↕ より低い	・有形資産の実査　・再実施　・再計算 ・記録と文書の実査　・確認　・分析的手続　・走査 ・立会　・質問

（出所）Messier et al.（2017），142.

6 小　括

　実査，立会，確認，質問，視察あるいは閲覧といったさまざまな監査技術は，基本的監査技術と補足的監査技術，一般監査技術と個別監査技術，あるいは予備調査のための監査技術と監査実施の主要部分を担当する一般的技術等，その属性に応じてさまざまな分類方法が議論されている。また，監査手続についても，正規の監査手続とその他の監査手続，あるいは通常の監査手続とその他の監査手続といった分類が規定されていた。現在では，監査手続の対象は重要な虚偽表示リスクを評価するためのさまざまな手続まで拡張されて，リスク評価手続，リスク対応手続，運用評価手続，実証手続，実証的な分析的手続，そして詳細テストといったいくつもの概念によって類型化されている。しかしながら，これまでに強く指摘してきたように，実務を導く監査基準は，監査手続について，時には個々の監査技術を対象とし，時には実証手続を意味し，そして時には監査手法を組み合わせて実施するプロセスとして言及している。おそらく実務上は監査手続の概念を厳密にすることに意味はないものと認識されているようであるが，三澤（1973）や田島（1976）が指摘してきたように，監査技術や監査手続を理論的に形成し発展させていくためには，両者の峻別は不可欠であろう。

　このことは，近年における高度な情報技術を用いた監査技術の進展において特に重要な課題になってくるものと思われる。

　例えば，有限責任あずさ監査法人では，AI・機械学習を用いた「不正リスク検知 SUN モデル」を開発し，2019年8月より法人内で利用を開始している。このモデルは，不正が発生している蓋然性が高い財務諸表の識別と適切な監査手続の実施の支援を目的として，統計的手法や AI・機械学習を活用したアルゴリズムを構築し，人では捉えきれない大量のデータから，財務諸表に表れた不正の特徴を常に同一水準で把握し，自動的に不正リスクをスコア化するものである（有限責任 あずさ監査法人 2019）。EY 新日本有限責任監査法人は，会計仕訳の異常検知を行うアルゴリズムを開発し，2018年6月に特許を取得した。異常検知技術（アルゴリズム）は，仕訳データから被監査会社の取引パターンを学習し，パターンから乖離する仕訳を自動的に識別するもので，同法人はこの技術を用いて会計仕訳の異常検知を行うシステム「Helix GL Anomaly Detector (GLAD)」を開発し，会社の特性に応じたリスクの識別や，人間の思い込みの排除が可能となり，検出精度の向上に貢献している（EY 新日本有限責任監査法人 2019）。そして PwC あら

た有限責任監査法人は，人工知能（AI）が会計データから異常仕訳を自動的に抽出する「AI会計仕訳検証システム」を開発し，2018年4月から試験運用を開始している。このシステムは，PwCのデータ監査ツール「Halo for Journals」の仕訳データ全件を対象に，機械学習によって一定の法則性を読み取り，個々の仕訳がそれに合致するかを評価することによって，異常な仕訳を抽出するものである（PwCあらた有限責任監査法人 2018）。

このように，各監査事務所は最先端のテクノロジーを監査に取り込むための投資を積極的に行っており，AIを駆使した技術開発を進めている。その活用の対象は，主として重要な虚偽表示リスクを評価しアサーション・レベルでその原因を洗い出すためのリスク評価手続であり，さらに今後はリスク対応手続としての実証的な分析的手続としても活用されるであろう。また，証憑突合，確認，再計算あるいは実査といった実証手続においてもAIや自動処理の活用が想定されている。例えば，実査では，画像認識により在庫の数量カウントを実施し，在庫の異常を検知して警告を発することは可能とされている（日本公認会計士協会 2019, 26-29）。このような実証手続におけるAIの活用を監査技術としての側面からその有効性や限界を議論することと，自動処理や大規模データの検証といった監査手続としての有効性を議論することは，視点や目的が大きく異なるものである。これら最先端のテクノロジーを発展させ，それらを適切に監査実務で活用するなかで，より複雑化するAIシステムのブラックボックス化の問題（AICPA and CPA Canada 2020, 6-8）が監査実務に及ぼす重大な影響を含め，テクノロジーの進化が監査人の責任をいかに変容させていくのかを議論するためにも，監査技術と監査手続の概念的な峻別と明確化が強く求められていくであろう。

■参考文献

石原俊彦（1998）『リスク・アプローチ監査論』中央経済社。
岩崎健久（2003）『現代会計監査論』税務経理協会。
EY新日本有限責任監査法人（2019）「AIによる会計仕訳の異常検知技術の特許取得」（https://www.eyjapan.jp/newsroom/2019/2019-01-18.html）。
江村稔（1957）「監査実施準則解説」，黒澤清・飯野利夫・江村稔『監査基準・監査実施準則・監査報告準則詳解』中央経済社，41-62頁。
大蔵省企業会計審議会（1956）中間報告「監査基準」・「監査実施準則」12月25日。
─── （1965）「監査基準」・「監査実施準則」 9月30日。
─── （1991）「監査基準」・「監査実施準則」12月26日。

大野公義・小西一正・友杉芳正（1975）「監査手続と監査技術」高田正淳編『監査論』有斐閣双書。
企業会計審議会（2002）「監査基準の改訂に関する意見書」1月15日。
―――（2020）「監査基準の改訂に関する意見書」，11月6日。
日下部與市（1975）『新会計監査詳説〔全訂版〕』中央経済社。
経済安定本部企業会計基準審議会（1950）経済安定本部企業会計基準審議会中間報告「監査基準　監査実施準則」，7月14日。
有限責任 あずさ監査法人（2019）「AI・機械学習を用いた不正リスク検知 SUN モデル」『KPMG Insight：KPMG Newsletter』vol. 39（KPMG,https://assets.kpmg.com/content/dam/kpmg/jp/pdf/2019/jp-balanced-random-forest-20191115.pdf）。
佐藤孝一（1956）「近代的監査の監査手続について」『早稲田商学』123号，1-16頁。
―――（1965）「新実施準則の項目別解説：総論」『企業会計』17巻11号，56-64頁。
高田正淳（1979）『最新監査論』中央経済社。
田島四郎（1961）『監査証拠論』同文舘出版。
―――（1976）『新講会計監査論』中央経済社。
鳥羽至英（1983）『監査証拠論』国元書房。
―――（1994）『監査基準の基礎【第2版】』白桃書房。
日本公認会計士協会（2019）IT 委員会研究報告第52号「次世代の監査への展望と課題」1月31日。
―――（2022）監査基準報告書（序）「監査基準報告書及び関連する公表物の体系及び用語」7月21日。
野本悌之助（1931）『会計監査研究』森山書店。
林隆敏（2020）「リスク評価，リスク対応および監査の完了」伊豫田隆俊・松本祥尚・林隆敏『ベーシック監査論（八訂版）』同文舘出版，第6章。
PwC あらた有限責任監査法人（2018），「AI が機械学習により異常な仕訳を抽出」（https://www.pwc.com/jp/ja/press-room/halo-for-journals180416.html）。
藤岡英治（2011）「監査証拠と監査手続」石田三郎・林隆敏・岸牧人『監査論の基礎【第3版】』東京経済情報出版，第8章。
三澤一（1973）「監査手続の理論的形成」『會計』103(4)，80-94頁。
―――（1984）『会計監査の理論【改訂版】』中央経済社。
中里拓哉（2020）「実施基準とリスク・アプローチ」，盛田良久・蟹江章・長吉眞一編著『スタンダードテキスト監査論【第5版】』中央経済社，第7章。
山浦久司（2002）「『実施基準』の構成と意図」『企業会計』54巻5号，28-33頁。
―――（2008）『会計監査論【第5版】』中央経済社。
渡邊實（1957）「監査基準，監査実施準則及び監査報告準則における若干の問題点」『企業会計』9巻2号，52-55頁。
AICPA and CPA Canada (2020), *The Data-Driven Audit: How Automation and AI are Changing the Audit and the Role of the Auditor.* (https:// us.aicpa.org/content/dam/aicpa/interestareas/frc/assuranceadvisoryservices/downloadabledocuments/the-data-driven-audit.pdf)

Arens, Alvin A., Randal J. Elder, Mark S. Beasley and Chris E. Hogan (2017), *Auditing & Assurance Services : An Integrated Approach 16th edition*, Pearson.

Knechel, Robert W., and Steven E. Salterio (2017), *Auditing : Assurance and Risk, 4th edition*, Routledge.

Messier, William F. Jr., Steven M. Glover and Douglas F. Prawitt (2017), *Auditing & Assurance Services : A Systematic Approach 10th edition*, McGraw-Hill.

Moyer, C. A., (1952) Relationship of Audit Programs to Audit Standards, Principles, Techniques, and Procedures, *The Journal of Accountancy*, 94(6), 687-691.

Porter, Brenda, John Simon and David Hatherly (2014), *Principles of External Auditing, 4th edition*, Wiley.

(永見 尊)

第15章

監査調書

1　はじめに

「監査調書」とその査閲は，財務諸表監査プロセスの完了と品質管理において重要な意味を有しており，監査プロセスに関する他の概念と密接に関連するものである。しかし，「監査調書」という概念そのものに対して，直接的に研究の焦点が当てられることは少なくなっている。「監査調書」については実務上のツールとしての性質が強く，査閲については業務プロセスとしての性質が強いため，概念としては，特段議論を必要とするものではないという認識があったのかもしれない。

本章では，あらためて，財務諸表監査における「監査調書」の役割および機能は何か，という問題意識のもと，「誰が」，「何を」，「なぜ」，「どのように」，監査調書を作成し査閲するのか，に関する議論の整理を通じて，「監査調書」の財務諸表監査における位置づけを明確化することを目的とする。

2　監査調書

本節では，財務諸表監査における「監査調書」の位置づけを明確化するため，基準上の説明と学界における説明について，(1)定義・種類，(2)目的・役割・機能，(3)記載内容・要件，(4)所有権・保存，の観点から整理を行い，「監査調書」に関して残された論点を検討する。

(1) 定義・種類

① 基準上の説明

　現行の「監査基準」の「第二　一般基準」は,「5　監査人は,監査計画及びこれに基づき実施した監査の内容並びに判断の過程及び結果を記録し,監査調書として保存しなければならない」と規定している。そして,監査基準報告書（以下,監基報）230「監査調書」（日本公認会計士協会 2023c）は,監査調書を「実施した監査手続,入手した関連する監査証拠及び監査人が到達した結論の記録」（5項）と定義づけ,監査ファイルを「紙媒体,電子媒体等に記録された特定の監査業務に関する監査調書を取りまとめたファイル」（5項）と定義づけている。

② 学界における説明

　野本（1950）は,「監査報告書作成の資料となすために,監査人が自ら作成し又は他より求めたる監査手続実施上の書類」（3）として定義づけている。そして,「予備的考察の結果を認めた書類より報告書の下書までを含むところの監査調書を必要とする」（3）として,監査調書に含められるものについて,監査の依頼を受けた時に行う予備的考察から監査の終局の手続である監査報告書の作成までのプロセスにあわせて説明を行っている。

　松本（2007）は,「監査調書とは,監査実施中に監査人自身が作成した各種の書類や被監査会社その他の第三者から入手した諸資料を総称したもので,監査報告書作成の基礎資料となるものである。監査調書を監査手続書または監査執務書ということもある」（237）として定義づけ,呼称の説明を行っている。また,「監査調書は,作成者を基礎として,①監査人自身が作成した資料,②被監査会社から入手した資料,③第三者から入手したものに分けられる。また,その記載内容および利用可能期間の長短により永久綴込調書と当座綴込調書とに分けることができる」（238）として,監査調書の分類に関する説明を行っている。

　大野（2007）は,監査調書について,「監査執務書ともいう。監査人が,監査契約の当初から最終的な監査報告書作成までの過程で入手したり自ら作成した資料,調査・検証の記録やメモ,監査人の検討内容や監査報告書の草案等いっさいの書類を体系的にファイルしたものである」（218）と呼称の説明と定義づけを行っている。また,「監査調書は監査期間中はもとより監査終了後も,参照の必要に備えて適切に整理し,見出しや索引を付けて厳正に保管しなければならない。一般に,長期にわたりその記録内容が変化せず,次期以降の監査にも利用できるも

のを永久綴込調書とし，＜中略＞当座綴込調書は，毎期監査のつど新しく作成したり入手したりする書類」(218)として，監査調書の分類に関する説明を行っている。

山浦(2008)は，監査調書の定義については当時の監基報を引用したうえで，「近年の情報処理技術や通信システムの普及・発達により，コンピュータを通して入力され，電磁媒体等で保存，さらに利用される監査調書が一般化してきた」(210)として形態についての言及を行っている。そして，「監査基準」の一般基準において監査調書に関する規定を行っている点について，「監査業務が訴訟リスクにさらされる可能性も高くなってきたことからも，文書化の意義が従前よりも増している。このような事情に鑑み，監査業務における監査人の基本的な行為要件として監査調書の記録と保存を求めるという，監査実務界からの要望を取り入れた，実践的な一般基準である」(168)と評している。

鳥羽(2009b)は，「監査調書とは，監査契約の締結から監査契約の終結に至るまでの過程において，監査人が被監査会社との間で取り交わした監査契約関連書類，監査計画の策定に際して入手した資料や情報，監査手続を通じて監査人が被監査会社から入手した資料，被監査会社の取引先や外部の関係者から入手した資料，監査人自身が作成した備忘記録，監査法人内の第三者審査を受けるために作成した書類など，一定の方式・体系に従って整理された書類のファイルを総称したものである」(30)として，監査調書に含められる書類や資料についても言及した定義づけを行っている。また，永久監査調書と当座監査調書という伝統的な分類に加えて，「監査人が作成・入手した一切の監査資料を，『監査業務の管理』と『監査意見の形成』という観点からそれぞれ分類・整理し，監査業務管理調書（audit administrative papers）と監査証拠調書（audit evidence papers）に分ける立場もある」(31)という監査調書の分類に関する説明を行っている。

伊豫田(2022)は，「監査調書とは，監査人が監査契約の当初から最終的な監査報告書作成までの過程で入手したり，自ら作成した資料，調査・検証の記録やメモ，監査人の検討内容や監査報告書の草案などの一切の書類を体系的に編纂したものをいう」(111)と定義づけている。

(2) 目的・役割・機能

① 基準上の説明

1965年（昭和40年）に改訂された「監査実施準則」では，「第一 総論」に「六 監査人は，職業的専門家としての正当な注意をもって監査を実施したことを立証す

るため，かつ，監査報告書を作成するのに必要な資料とするために，監査調書を作成しなければならない」と規定していた。

1991年（平成3年）に改訂された「監査実施準則」では，「八　監査人は，監査の実施とその管理を行うため及び次期以降の監査の合理的な実施を図るための資料として監査調書を作成しなければならない。監査調書は，また，監査人が職業的専門家としての正当な注意をもって監査を実施し，監査報告書を作成したことを立証するための資料となる」と規定していた。

監基報230「監査調書」（日本公認会計士協会 2023c）は，監基報の要求事項を満たす監査調書は，(1)監査人の総括的な目的の達成に関する監査人の結論についての基礎となる証拠と，(2)一般に公正妥当と認められる監査の基準および適用される法令等に準拠して監査計画を策定し監査を実施したという証拠を提供すると説明している（2項）。

また，監基報230は，監査調書を作成する目的について，(1)監査計画を策定する際及び監査を実施する際の支援とすること，(2)監査責任者が，指示，監督及び査閲を実施する際の支援とすること，(3)実施した作業の説明根拠にすること，(4)今後の監査に影響を及ぼす重要な事項に関する記録を保持すること，(5)監査業務に係る審査，審査ではない他の形式の業務のレビュー及び監査事務所の品質管理システムにおけるモニタリング活動を可能にすること，(6)法令等に基づき実施される外部による検査の実施を可能にすることと説明している（3項）。

② 学界における説明

岩田（1950）は，監査調書を監査人が正当な注意をもって保存しなければならない理由として，「監査事務能率の増進という監査技術の便宜のためと，および監査範囲の物的証拠を残して監査人の責任を明らかにするため」(11) という監査調書の機能に言及している。

野木（1950）は，監査調書の効果として，「依頼人の帳簿書類と監査人の報告書とを結ぶべき連鎖（Connecting link）としての効果」(3) と「報告書の成否如何を立証すべき唯一の証拠物（Sole evidence）としての効果」(3) の2点を挙げている。

富田（1957）は，監査調書の基本的職能を「監査報告書の作成資料提供職能」としたうえで，帳簿記録と報告書との連結環という比喩的表現が含む意味について論考を行っている。そして，「元来会計士の監査は，企業側の財務諸表に不満な個所が発見された場合，単にその旨を表明することで能事終るとするものでは

ない。そのような個所があれば，これを修正すべきことを企業に対し助言勧告し，かくてでき上った満足な財務諸表について，それが適正である旨の意見を表明するのが本旨である」(62)とし，かかる意見に値する財務諸表をえるための証拠資料を収集し作成することこそが監査の実質的内容を意味しており，監査調書とはこれらの収集作成された資料にほかならないという理解から，「監査調書は財務諸表を批判する費料たるのみならず，より以上に，財務諸表を作成するための資料としての役割を果たしてきた」(65)と論じている。

　守永(1967)は，当時の「監査実施準則」が監査人による監査実施の立証性を要求するという外部目的において監査調書を要求しているが，監査調書の作成は「一　監査報告書を作成する資料である。二　監査計画と，監査実施の結果を記録した監査調書を対比することにより監査業務の円滑な進行をはかる。三　下級監査人の監査実施を監督する資料となる。四　監査補助者の監査実務を指導するための手段として役立つ。五　同業他社，同一企業の本支店間，他部門の監査実施に際して参考資料となる。六　次回の監査に重要な事項を伝達し，その監査の参考資料となる。特に，継続調書はこれに役立つ。七　監査人相互および監査手続相互における連絡協調の機能を持つ」(119)という内部諸目的の達成に意義が存在するとしている。

　碓氷(1976)は，「監査調書の主要機能は，監査目的に関連する機能と監査の管理に関連する機能からなる」としている。監査目的に関連する機能については，監査意見の基礎をなすものと監査範囲の限定に関するものが包含されるとしている。また，監査の管理に関連する機能については，計画化，組織化，指揮，統制の中で考えられなければならず，品質管理と能率管理が包含されるとしている。

　戸田(1993)は，1991年に改訂された「監査実施準則」の規定から，①監査業務の質的管理機能，②次期以降の監査の合理的実施機能，③正当な注意義務遂行の立証機能，④監査報告書作成機能の4点を挙げている(53-55)。

　松本(2007)は，監査調書の役割ないし機能として，「(1)監査報告書作成のための基礎資料を提供する。＜中略＞(2)監査行為の妥当性を立証する資料となる。＜中略＞(3)監査の永久的記録となり，次回以降の監査の参考資料となる。(4)監査業務の円滑な進行を図り，補助者を監督する手段ともなる」(237-238)という4点を挙げている。

　大野(2007)は，監査調書の主要な機能として，「(1)監査の計画的で円滑な遂行を図り，組織的・効率的な監査の実施とその管理に役立つ。(2)監査責任者が監査補助者を指導・監督する際の手段として役立つ。(3)監査計画の立案から監査手

続の実施を経て監査意見の表明に至るまでの一連の監査の過程を明らかにし，監査意見の表明の根拠となる。(4)監査人が一般に公正妥当と認められる監査基準に準拠して，職業専門家としての正当な注意をもって監査を実施したことを立証する資料となる。(5)次期以降の監査の合理的な実施を図る資料となる」(218)という，1999年に公表された監基報第16号（中間報告）「監査調書」（日本公認会計士協会1999）の4項に記載されている5点を挙げている。

山浦（2008）は，廃止された「監査実施準則」八に言及し，監査調書の目的について，「(1)監査の計画的で円滑な遂行を図り，組織的・効率的な監査の実施と管理のため，(2)監査責任者が監査補助者を指導・監督する際の手段として利用するため，(3)監査意見の形成根拠を提供するため，(4)正当な注意をもって監査を実施したことの立証のため，(5)次期以降の監査の合理的な実施を図るための有用な資料とするため」(210) という5点を挙げている。また，「監査人は，実施した監査の過程で得た重要な資料，ならびに監査の過程と結果を記録として残すこと，すなわち文書化（documentation）の対象としての監査調書（audit files，またはworkpaper）の作成が，自らの監査業務の管理目的にも，また監査責任を明らかにするためにも重要となる」(209) という説明を行っている。

鳥羽（2009b）は，監査調書の機能として，「第1の機能は，監査人が収集した監査証拠，その分析結果，監査判断の過程，結論（所見）を記録する，という固有の機能である。第2の機能は，監査担当者の実施した監査手続の内容とその結果を上司の監査人に伝達・報告する，という機能である。＜中略＞第3は，監査調書に収録された重要な情報は次期の監査計画を策定する際に利用し，あるいは十分に斟酌しなければならないという意味において，監査計画策定のためのデータベースとしての機能である。最後に，監査調書には，万一監査人の責任が問われる事態に至ったときに，自己の監査業務が監査基準に準拠して適切に実施されたことを証明する資料としての機能を有している」(31) という4点を挙げている。

伊豫田（2022）は，一般に監査調書が有しているとされる機能として，「(1)監査報告書作成の基礎資料であり，監査報告書に記載される事項や表明される意見の根拠となる。(ii)監査業務の統制に役立ち，業務の進行・監査手続の選択適用・監査証拠の入手の状況などを明らかにし，また補助者の業務を指導監督する手段となる。(iii)監査人がその業務に関して責任を問われた際に，監査人の行為の正当性を立証する証拠となる。(iv)次期以降の監査の参考資料となり，監査計画の作成や監査契約上の見積りの基礎を提供する。(v)被監査会社に対する監査人の助言・勧告の資料として役立つ」(111-112) という5点を挙げている。

以上の文献レビューから，監査調書の目的・役割・機能として，監査目的に関連する機能と監査業務の管理・支援に関連する機能が識別される。監査目的に関連する機能は，監査報告書作成のための基礎資料としての監査調書が監査意見形成の根拠を提供するという点で果たされる。監査業務の管理・支援に関連する機能は，監査基準に準拠して監査計画を策定し監査を実施したという証拠としての監査調書が補助者を指導・監督する際の手段となり，次期以降の監査において有用な参考資料となるという点で果たされる。

(3) 記載内容・要件

① 基準上の説明

1965年に改訂された「監査実施準則」では，「第一 総論」に「六 ＜中略＞監査調書は，完全性，秩序性，明瞭性その他の諸要件を具備する必要がある」と規定していた。当該規定は，1998年（平成10年）に改訂された「監査実施準則」まで引き継がれている。日本公認会計士協会監査第一委員会が公表した「監査マニュアル」（その一）（日本公認会計士協会監査第一委員会 1981）では，完全性，秩序性，明瞭性について次のように規定している。完全性について「監査調書には，監査項目ごとに必要かつ十分な監査が実施されたことが明瞭に記載され，結論として監査の結果発見された指摘事項とこれに関する所見が漏れなく記載されていること」(22) と規定している。秩序性について「監査事項の記載事項は，秩序整然と記載され，相互に関係のある事項については，その間の関連が明らかにされていること」(22) と規定している。明瞭性について「監査調書の記載事項は，作成者以外の者によって正しく，かつ，容易に理解できるように記載されていること」(22) と規定している。そして，「監査マニュアル」（その一）では，真実性の要件が明示的に追加された。真実性について「監査調書の記載内容，すなわち実施した監査手続，数量，金額等の数値，取引の概要等は真実に即して正しく記載されていること。また，推定や見積による記載を行う場合には，その旨を明らかにしておくとともに，必要に応じその妥当性を検討しておくこと」(22) と規定している。

監基報第16号（中間報告）（日本公認会計士協会 1999）では，「監査実施準則」が規定している要件に正確性と経済性を加えた5つの質的要件が規定されている。完全性について「監査意見を形成するに足る合理的な基礎を得るために，立案した監査計画，実施した監査手続，入手した監査証拠等の重要事項が漏れなく記録されていること」（5項(1)）と規定している。秩序性について「監査要点，試査

の範囲，実施した監査手続，事実の認定及びその判断結果等が，適切に理解できるように秩序整然と記録され，一定の体系のもとに配列・整理されていること」（5項(2)）と規定している。明瞭性について「監査調書の作成者以外の監査従事者でも，実施した監査の内容及び意見の形成過程が適切に理解できるように，簡潔明瞭に記録されていること」（5項(3)）と規定している。正確性について「客観的事実に即して正しく記録されていること」（5項(4)）と規定している。経済性について「上記の要件を阻害しない限りにおいて必要な事項のみが記録されていること」（5項(5)）と規定している。

監基報230は，監査調書の記載内容とその記載内容が有しておくべき要件として，(1)一般に公正妥当と認められる監査の基準及び適用される法令等に準拠して実施した監査手続の種類，時期及び範囲，(2)監査手続を実施した結果及び入手した監査証拠，(3)監査の過程で生じた重要な事項とその結論及びその際になされた職業的専門家としての重要な判断について，経験豊富な監査人が以前に当該監査に関与していなくとも理解できるように，監査調書を作成しなければならないと説明している（7項）。

② 学界における説明

碓氷（1976）は，監査調書の監査目的に関連する機能から，「監査意見形成の基礎とそれを基礎づける証拠を含まなければならない。また，監査範囲の限定とそれを基礎づける証拠を含まなければならない」（175）とし，監査調書の内容について，各監査項目に関する監査計画ないし監査手続書が構成していなければならず，また，実施された監査の内容が調書に記録されなければならないとしている。そして，監査調書作成の原則として，完全性の原則，正確性の原則，明瞭性および報告性の原則，秩序性の原則，連絡性の原則，簡潔性の原則，迅速性の原則を示している（176-181）。

松本（2007）は，監査調書の作成に当たって守る必要がある諸要件として，「監査意見の形成に必要な事項をすべて網羅する完全性，作成者以外の者でもわかるよう文字や数字を明確に記載する明瞭性，関連項目および関連調書との結び付きを明らかにする連絡性，調査した事項を各項目ごとに整理しておく秩序性，その他真実性，経済性，能率性など」（238）を挙げている。

大野（2007）は，監基報第16号の5項の記載に基づき，「監査調書の作成にあたっては，完全性，秩序性，明瞭性，正確性，経済性の条件を備えていることが求められる」（218）としている。

山浦（2008）は，廃止された「監査実施準則」八の目的に資するために，「完全性（網羅性），秩序性（秩序整然とした記録，体系的配列・整理），明瞭性（理解が容易なように），正確性（事実に則した正しい記録），経済性（経済的な方法による必要な事項のみの記録）といった要件が備わる必要がある。むろん，監査調書は守秘義務の対象となるので，機密性の保持は不可欠」(210) であるとしている。

　鳥羽（2009b）は，監査調書は，それを作成した監査担当者が理解できれば十分というものではなく，監査調書の作成については，「①完全性：監査調書には，監査人が行った証拠活動の内容と責任の範囲を明らかにする情報をすべて漏れなく記載していなければならない。②秩序性：監査調書は，誰が利用しても，実施した監査手続の内容と範囲が理解できるよう，一定の体系のもとに整理され，かつ，相互参照（cross reference）ができるように作成されていなければならない。③明瞭性：監査手続を実施した監査人はもちろんのこと，それ以外の監査人やしかるべき第三者でも，実施した監査の内容と範囲が理解できるように，監査調書は，的確な表現と理解可能な言葉で，明瞭そして簡潔に記載しなければならない。④真実性：監査調書には，実施した監査の内容や範囲を偽ることなく，正確に記載しなければならない。なお，監査終了後の監査調書の改ざんなどを防ぐため，連番を付すなど，監査調書の真正性を担保するための手段を講じる必要がある」(30) という4つの要件をまず満たすことが必要であるとしている。

　伊豫田（2022）は，「今日のように，企業が大規模化し，経済活動が複雑化してくると，監査人の作業が増大する。また，高度な判断も要請されるようになるため，それらの作業や判断の質を管理するためにも，監査調書の果たす役割は重要になってくる。さらに，監査に対する社会的期待が高まる中，監査人は，自らの責任を問われるような事態に対処し，正当な注意を行使したことについて立証責任を果たすことが必要になる。そのため，監査計画の策定から意見の形成に至るまでの監査全体について，判断の過程も含めて記録を残すことが必要になる」(112) として，2002年（平成14年）の「監査基準」改訂において監査調書に関する規定が一般基準として明示されたことに言及している。

　以上の文献レビューから，監査調書の記載内容が備えるべき重要な要件として，完全性，秩序性，および明瞭性が識別される。前項で確認した監査調書の目的・役割・機能との関連から，監査目的に関連する機能を果たすために監査調書が備えるべき要件として，監査意見を形成するに至るまで監査人が行った必要な事項をすべて網羅する完全性が挙げられる。また，監査業務の管理・支援に関連する機能を果たすために監査調書が備えるべき要件として，作成者以外の監査人やし

かるべき第三者といった誰が利用しても実施した監査の内容と範囲が理解できる秩序性および明瞭性が挙げられる。

(4) 所有権・保存

① 基準上の説明

1950年（昭和25年）に公表された「監査基準」（経済安定本部企業会計基準審議会 1950）の「第一 監査一般基準」は，「四 監査人は，業務上知り得た事項を正当な理由なく他に漏洩し又は自ら窃用してはならない。監査調書は，慎重な注意をもって整理し，相当の期間これを保存しなければならない。前項の書類は，依頼人の許可なくして，その全部又は一部を他人に示してはならない」と規定している。1956年（昭和31年）に改訂された「監査基準」（企業会計審議会 1956）では「第一 監査一般基準」に，「四 監査人は，業務上知り得た事項を正当な理由なく他に漏洩し又は自ら窃用してはならない。特に，監査調書は，慎重な注意をもって整理し，相当の期間これを保存し，依頼人の許可なくしてその全部又は一部を他人に示してはならない」と変更され，守秘義務に関する特書として規定している。

1965年に改訂された「監査基準」では，監査調書の保存に関する規定は「監査実施準則」に移され，「第一 総論」に「六 ＜中略＞監査人は，慎重な注意をもって監査終了後も相当の期間監査調書を整理保存し，依頼人の許可なくして，その全部又は一部を他人に示してはならない」と規定している。当該規定は，1998年に改訂された「監査実施準則」まで引き継がれている。

2002年に改訂された「監査基準」（企業会計審議会 2002）では，監査調書の保存に関する規定は「第二 一般基準」に移され，「5 監査人は，監査計画及びこれに基づき実施した監査の内容並びに判断の過程及び結果を記録し，監査調書として保存しなければならない」と規定している。当該規定は，現行の「監査基準」まで引き継がれている。

公認会計士法第49条は，「公認会計士又は監査法人が他人の求めに応じて監査又は証明を行うに際して調製した資料その他の書類は，特約のある場合を除くほか，公認会計士又は監査法人の所有に属するものとする」として，監査調書の所有権について規定している[1]。

また，財務諸表等の監査証明に関する内閣府令第6条は，「公認会計士又は監査法人は，監査等の終了後遅滞なく，当該監査等に係る記録又は資料を当該監査

---

1 公認会計士法に当該規定が追加される経緯については，村瀬（1953）を参照されたい。

等に係る監査調書として整理し，これをその事務所に備えておかなければならない」と規定している。

② 学界における説明

岩田（1950）は，「監査調書は監査人にとって将来の監査に必要な資料であるとともに，監査人の監査執行に関する責任が問題となる場合の重要な証拠物件でもある。従ってこれは監査人の所有に属するのであって，自己の利益のために整理保存しなければならない」（95-96）として，監査調書を保存することの意味について説明している。

津田（1979）は，当時の「監査実施準則」が監査調書の管理義務と保存に関する慎重な注意義務を課している点について，監査人の所有物として認められている監査調書の所有権の行使への制限という見解を示している。そして，「法規範的に監査人は監査調書の所有権者とされているものの，その所有権は部分的に制限され完全ではなく，また，被監査側もその所有権が潜在化させられることによって，完全な寄託者の地位に立てないという，一方の所有権の他方の所有権への干渉が見られるのであるが，この状況を認識するところから監査人と被監査人との間で生ずる監査調書をめぐる問題は解決される」（83）としている。

松本（2007）は，「監査調書の所有権は公認会計士法49条の定めにより公認会計士または監査法人にあるが，その保存期間については特別の定めがない。そこで，商業帳簿に関する商法上の要保存期間10年ということになるが，被監査会社ごとに10年間保存するには多大な保存スペースを要することになる。したがって，監査調書の内容や重要度に応じて，永久保存・10年間保存・5年間保存・3年間保存というように分けて規定すべきである。なお，電子データによる監査調書を電磁媒体によって保存するときは，バックアップ等特に配慮しなければならない」（238）として，保存期間についての言及を行っている。

大野（2007）は，「監査調書の所有権は監査人に属することが認められているが，その内容には被監査会社の財務および業務全般に関わる情報が含まれていることから，これを他の目的に利用したり，正当な理由なく他人に漏らしてはならない」（218-219）として，守秘義務について言及している。また，2002年12月に改正された監基報第16号の内容に基づき，「監査調書そのものの保存状態に関して，長期保存期間の10年を短縮もしくは延長するのが適当であると判断されるものがあること，データのバックアップや暗号化，データの訂正・加除の履歴の確保等，監査証拠としての証明力に問題が生じないように特別の対応が必要であり，加え

て，電子的に保存する監査調書を再生するのに必要な機器やソフトウェアの保存についても留意すること」(219) に言及している。

山浦 (2008) は，前述の要件の中で，「監査調書は守秘義務の対象となるので，機密性の保持は不可欠である」(210) としていたが，「コンピュータを利用した監査調書の場合，保存，書き込みや改ざんや外部侵入に対する適切な管理システム（例えば，データのバックアップや暗号化や定期更新，パスワードなどのアクセス管理，履歴管理など）の整備，確立がなければ，前述の諸目的に支障が生じる可能性がある」(210) という課題を指摘している。

鳥羽 (2009b) は，「監査調書の所有権は監査人にあり，被監査会社ではない。＜中略＞監査調書の取り扱い・整理保存には，職業的専門家としての正当な注意が必要であり，監査の品質管理においても重要な位置を占めている。＜中略＞状況によっては監査調書の閲覧を第三者に認めなければならないことも起こりうる。＜中略＞その場合においても，その旨を被監査会社に事前に伝えておくことは職業的専門家としての配慮であろう」(32-33) としている。

伊豫田 (2022) は，「監査調書には被監査会社の機密書類が数多く記載されていること，および監査調書等を通じた機密漏洩の生じる可能性があることなどから，監査調書の保管には慎重な取扱いが求められる。そのため，監査事務所においては，責任者を定めて情報の一元的管理を行い，定期的に保管状況を視察し，不備があれば改善を行うといった対応が必要になる」(112) としている。

以上の文献レビューから，監査調書の所有権について監査人に属するということが識別される。そして，監査調書には機密情報が含まれることから守秘義務の対象となり，保存についての正当な注意の必要性が指摘されている。

(5) 残された論点の整理

飯野 (1956) は，「監査調書は誰のものか。このようなすでに解決ずみの問題をとりあげたのは，従来，ともすればたんに抽象的，観念的にのみ取扱（わ：筆者追加）れがちであった会計士業務の独立性や秘密保持の義務など，監査に関する基本的にして，一般的な基準を，具体的に展開することによって，その具体的理解に資せんとする意図にもとづくものにほかならない」(17) として，監査調書を通じて，監査を具体的に理解しようと試みている。そして，「調書の所有権といい，その処分権という，それらはすべて，会計士業務の実質的内容，それにともなっておこる会計士の権限と義務という実質的なものにてらして，そのような観点から一元的に解決され，綜合的に理解されなければならない」(17) と指

摘している。
　森田（1965）は，「いま実施準則が監査調書の作成について内容的にあまりにも動きのつかない規制をすることは，会計士に無駄（waste）を強いることになり，これは監査料金にも影響して遂には監査が，被監査会社と監査人の双方にとって煩はしいものとなる虞がある」(37)として，監査調書に関する規制の在り方と監査のコスト・ベネフィットに関する指摘を行っている。
　久保田（1967）は，「監査調書の取扱い方をめぐる問題にしぼつて，その内容がいかなるものからなつているとか，整理の仕方をどうすればよいのかなどを問題にしているぐらいであれば，この小文で述べているアメリカの監査調書の問題点の歴史的経過だけからでも明らかであるように，それは監査人の立場からの監査実務の都合から出た問題の研究にとどまる。＜中略＞わが国における監査制度の一環としての監査調書の確立とは，なにか。これに関する意味の究明を研究課題にせねばならぬことを痛感して，記述している次第である」(22)として，監査調書に関する研究の必要性および在り方についての指摘をしている。
　以上のような指摘をふまえ，以下では，「監査調書」に関して残された論点についての整理を行う。

① 法的手続における重要性

　富田（1956）は，訴訟において，監査調書が「(1)実施された監査手続の質的，量的内容　(2)監査計画および監督の適否　(3)内部統制組織とその運営状態に関する調査範囲，および会計士がこれを信頼した程度　(4)質問を行った範囲，および依頼人の陳述を信頼した程度　(5)会計士は当然疑念を起して監査手続を拡張すべきであった，と原告が主張する事項　(6)全体として，一般に認められた監査基準への準拠　(7)公開しなかったため報告書が誤解を招いた，と原告が主張する事項　(8)報告書の意見に対する会計士の所信の真実性が問題とされるときは，当該意見の叙述に当っての会計士の思考」(74)といった係争点に関係あるものと考えられ，会計士にとって不利な証拠ともなれば抗弁の材料ともなるだろうとしている。
　弥永（2021）は，「裁判において，監査証明に係る書類について証明することについて『故意又は過失がなかったこと』または，会計監査報告に記載し，もしくは記録することについて『注意を怠らなかったこと』を公認会計士または監査法人が証明するための証拠，または，会計監査人が任務懈怠について故意または過失がなかったことを証明するための証拠の中核を成すと考えられるのは監査調書である」(139)としている。そして，「裁判所は，『一般に公正妥当と認めら

る監査に関する基準及び慣行』に従って,監査が実施されたかという判断基準によっているところ,監査調書以外に監査がどのように実施されたのかを具体的に裏付けるものは想定しにくいように思われる」(140) としている。公刊されている裁判例における事実認定からの推測として,「監査調書自体の信頼性が争われることはほぼ皆無のようであり,かつ,裁判所も監査調書の証拠力は高いものと位置付けているようである」(140) としている。

② 守秘義務

岩田(1950)は,「監査調書は監査人に所有権が認められているが,その内容は依頼人のことが記録されているのであるから依頼人の許可がないかぎりこれを秘密にすることは,依頼人の利益のために,必要欠くべからざることである。これを濫りに他人に漏らすようでは,依頼人は安んじて監査を委せることはできない。秘密保持は監査人が守るべき最も重要な職業的倫理の一つである」(96) としている。

2022年に改正された「倫理規則」(日本公認会計士協会 2022) 114.1 A1項は,会員の守秘義務が解除される正当な理由があるときとして,次のように規定している。

「(1) 業務上知り得た秘密の開示が法令等によって要求されている場合
　① 訴訟手続の過程で文書を作成し,又は証拠を提出するとき。
　② 法令等に基づく,質問,調査又は検査に応じるとき。
　③ 法令等に基づき,法令違反等事実の申出を行うとき。
(2) 業務上知り得た秘密の開示が法令等によって許容されており,かつ,依頼人又は所属する組織から了解が得られている場合
(3) 業務上知り得た秘密の開示が法令等によって禁止されておらず,かつ,職業上の義務又は権利がある場合
　① 本会の品質管理レビューに応じるとき。
　② 会則等の規定により本会からの質問又は調査に応じるとき。
　③ 訴訟手続において会員の職業上の利益を擁護するとき。
　④ 本規則を含む,技術的及び職業的専門家としての基準に基づくとき。」

114.1 A2項は,守秘義務が解除され,業務上知り得た秘密を開示することが適切かを判断するに当たり,会員が,状況に応じて考慮すべき要因として,次のように規定している。

「(1) 業務上知り得た秘密を開示するに当たり,依頼人又は所属する組織から了解が

得られている場合でも，その利益に影響を受ける可能性のある第三者も含めた当事者の利益が不当に損なわれるおそれがないかどうか。
(2) 実務上可能な限り，全ての関連する情報が把握され，裏付けが取られているかどうか。この判断に影響を及ぼす要因には，次のものが含まれる。
① 根拠のない事実
② 不完全な情報
③ 根拠のない結論
(3) 業務上知り得た秘密を開示する伝達方法及び伝達先
(4) 業務上知り得た秘密を開示する相手が，伝達先として適切かどうか。」

弥永（2021）は，「監査人である公認会計士等が訴訟において被告または被告人となる場合に，自らが損害賠償責任を負わないことまたは無罪であることを主張立証するために，監査調書を証拠として提出することは，『訴訟手続において会員の職業上の利益を擁護する』ためであると位置づけられることになるのであろう」(141)としている。その根拠として，「監査調書を証拠として提出できなければ，公認会計士等が訴訟において十分に防御できないような場合にまで，そのような監査調書の提出を禁止する趣旨を公認会計士法や『監査基準』は含んでいないと考えられる」(141)という点を挙げている。

③ 文書提出命令

弥永（2021）は，「監査調書については，監査契約において特段の定めをすれば，格別，被監査会社（ましてや被監査会社の株主や債権者・投資者）は公認会計士等に対し，その引渡しまたは閲覧を求めることができないし，監査調書が被監査会社（ましてや被監査会社の株主や債権者・投資者）の利益のために作成され，または被監査会社（ましてや被監査会社の株主や債権者・投資者）と公認会計士等との間の法律関係について作成されたとはいえないので，民事訴訟法220条2項または3項には当たらないと考えられる」(141-142)としている。

④ 引き継ぎ時の処理

亀岡ほか（2021）は，「監査調書の閲覧に関して最も難しい問題は，監査法人の交代における監査業務の引き継ぎに際して生じる。＜中略＞なぜ監査人の交代（監査契約の変更）の場合には，新旧監査法人の間での被監査会社情報の引き継ぎが監査規範化され，場合によっては監査法人の責任が問われなければならないのであろうか。会計プロフェッショナルの職業上の道義の域にとどまっている間は

よいが，それが監査規範化され，監査の引き継ぎが適切に行われなかった場合において新旧監査法人の責任が問われる事態に至った場合には，この実務を支える法的環境やルールが整備されなければならないように思われる。とりわけ，会社側による解任理由の開示とこれについての監査法人側の意見の開示，監査人の交代に伴う監査の引き継ぎについて主たる責任を負うべき監査法人の特定，監査調書の閲覧ないしコピーに応ずる際の旧監査法人の法的責任の解除，コーポレート・ガバナンス関係者による了承などの点について制度の整備が必要であろう」(280-281) という指摘を行っている。

⑤ IT化への対応

IT委員会研究報告第48号「ITを利用した監査の展望～未来の監査へのアプローチ～」(日本公認会計士協会 2016) は，「被監査会社が使用する記録媒体が電子データに移行することや，被監査会社と監査人との間の情報のやり取りの方法が変化することに伴って，紙による資料を入手する機会は確実に減少し，電子データで入手することがほとんどとなることが想定される。そのような状況においては，監査調書は，ほぼ全て電子データ化されると考えられる。書面の調書を保管するためのコストは大幅に削減される一方で，例えば，監査調書とはしなかったものの次年度以降で分析に利用するために保管しておきたい電子データをいかに保存するかなど，入手したデータのうち，監査調書としたものと，しなかったが保存するもの，監査調書にもせず，保存もしないものといった区分ごとの取扱いのルール等の検討が必要となろう」(31-32) として，近年のテクノロジーの進化が与える監査調書への影響について言及している。

3　査　　閲

本節では，財務諸表監査における監査調査の「査閲」の位置づけを明確化するため，基準上の説明と学界における説明について，(1)実施者，(2)考慮事項，(3)目的・機能の観点から整理を行い，「査閲」に関して残された論点を検討する。

(1) 実　施　者

① 基準上の説明

現行の「監査基準」は，「監査人は，自らの組織として，全ての監査が一般に公正妥当と認められる監査の基準に準拠して適切に実施されるために必要な質の

管理（以下「品質管理」という。）の方針と手続を定め，これらに従って監査が実施されていることを確かめなければならない」（第二 一般基準6）と規定している。そして，「監査に関する品質管理基準」（企業会計審議会 2021）は，「監査実施の責任者は，監査事務所の定める方針又は手続を遵守し，補助者の指揮，監督及び監査調書の査閲を適切に行い，監査調書が適切に作成及び保存されているかを確かめなければならない」（第八 業務の実施，一 監査業務の実施，2）と規定している。

これを受けて，監基報220「監査業務における品質管理」（日本公認会計士協会 2023b）は，「監査責任者は，本報告書の要求事項に関連する手続又は業務の立案や実施を監査チームの他のメンバーに割り当てることにより，本報告書の要求事項を遵守しようとする場合，業務を割り当てられた監査チームの他のメンバーへの指揮，監督及びその作業の査閲を通じて，依然として監査業務の品質の管理と達成に対する全体的な責任を負わなければならない」（15項）と規定している。そして，品質管理基準報告書第1号「監査事務所における品質管理」（日本公認会計士協会 2023a）は，「監査チームの指揮及び監督の内容，時期及び範囲，並びに作業の査閲が，業務の内容及び状況，監査チームに割り当てられた資源に基づき適切であること。また，経験の浅い監査チームのメンバーが行う業務については，より経験のある監査チームのメンバーが指揮，監督及び作業の査閲を行うこと」（31項(2)）と規定している。

② 学界における説明

山浦（2008）は，「近年，監査業務の品質管理をわが国公認会計士業界が重要な課題として取り組んできているが，監査現場ならびに監査事務所での品質管理の鍵となるのが，上級管理者ならびに監査事務所での査閲部門による監査調書の査閲であり，これが徹底されねばならないことはいうまでもない」（211）としている。

鳥羽（2009a）は，「統制評価手続であれ実証手続であれ，実施した監査手続の内容，監査要点に関して形成した証拠の評価および検出結果は，監査調書の形で文書化され，監査調書作成者以外の監査スタッフ──通常，上司にあたる上級会計士・主査会計士・総括会計士──によって順次査閲される」（264）としている。この点について，「個別証拠の形成は，監査調書の作成をもって完了するのではない。監査担当者Aが『適切で十分である』と判断した証拠（正の証拠であれ負の証拠であれ）であっても，監査担当者の判断が誤っている場合もあるからである。

あるいは，不注意な監査手続や粗雑な監査手続がなされているかもしれない。個別証拠の評価は，その証拠を入手した監査担当者Aのレベルだけではなく，その監査手続に従事していない監査人B（上司）によっても，注意深く行われる必要がある。その場が監査調書のレビュー（査閲）である。監査調書のレビューによって，現場の監査担当者Aが形成した監査証拠（心証）は，監査調書のレビューを行った監査人Bに移され，監査人Bの作成した監査調書のレビューの結果，監査人Bの心証はさらに上位の監査人Cに移され，最終的には監査意見を表明する監査人Zに移され，監査人Zの監査意見の表明を支える『合理的な基礎』（総合証拠）を形成することとなる」(292-293) との説明を行っている。

千代田 (2020) は，「個々の監査人が職業的懐疑心を発揮して監査を実施したかは監査調書を見ればわかる。監査調書は，当該監査人の監査が要証命題を充足するに足る十分かつ適切な監査証拠を入手しているか，監査人の判断が当該状況下において妥当であるかなどについて示しているからである。さらに，監査チームの上司は，部下の監査調書をレビューする。そこに示されている検出事項が重要であるならば，パートナーを含みチーム全体で議論する。場合によっては監査法人の審査部門やさらに上位の審査会でも検討する」(196) として，組織的なチェックについて言及している。

亀岡ほか (2021) は，「個々のアサーションについて形成されたジュニア会計士の結論と信念（個別信念）は，基本的には監査調書のレビューを通じて監査チーム内の上位者（例えばシニア会計士）によって客観的に評価され，その評価結果（個別信念）はさらに上位の者（マネジャー）によって評価される。このようなプロセスを経て，個々のアサーション・レベルで形成された監査スタッフの結論と信念（個別信念）は統合され，最終的には財務諸表の適正表示についての監査人の監査意見の表明を支える『合理的な基礎』（総合信念）に統合されていく」(275) としている。

以上の文献レビューから，監査調書の査閲の実施者について，監査調書作成者以外の上位の会計士，場合によっては監査事務所の査閲部門やさらに上位の審査会といった組織的なチェック体制が識別される。

(2) 考慮事項

① 基準上の説明

監基報220「監査業務における品質管理」のA88項および品質管理基準報告書第1号「監査事務所における品質管理」のA76項は，監査調書の査閲を行う場

合には，以下の事項を考慮するように規定している。

> - 監査事務所の方針又は手続，職業的専門家としての基準並びに適用される法令等に従って作業を行っているかどうか。
> - 重要な事項を詳細に検討しているかどうか。
> - 専門的な見解の問合せを適切に実施しており，その結論を文書化し，かつその結論に従って業務を実施しているかどうか。
> - 監査手続の種類，時期及び範囲を変更する必要があるかどうか。
> - 到達した結論は，実施した作業によって裏付けられているか，またそれが適切に監査調書に記載されているかどうか。
> - 入手した監査証拠は，意見表明の基礎となる十分かつ適切なものであるかどうか。
> - 監査手続の目的は達成されているかどうか。

② 学界における説明

　鳥羽（2009a）は，監査調書の査閲における考慮事項について，「『SEC会計連続通牒』や『会計・監査執行通牒』で取り上げられている監査の失敗や不十分な監査の原因のほとんどが，監査調書のレビューが適切に行われていなかったこと，監査調書のレビューの結果必要と判断されたフォローアップ手続が忘れられ，あるいは無視されていた，という非サンプリング・リスクに関係していたことを示している。試査を採用しているため，財務諸表の虚偽表示につながる取引などが，試査範囲に含まれないというサンプリング・リスクの存在は否定できない。しかし現実には，監査調書のレビューをもっと厳密に実施していれば，財務諸表の虚偽表示につながる糸口は監査調書上にあった，という場合が多いのではなかろうか。監査調書のレビューの際には，財務諸表の虚偽表示につながる手掛かりが，この監査調書にあるのではないかという視点を強めることが必要である。これも，監査における懐疑主義の１つの表現である」(264) として，懐疑主義の表現と関連づけた説明を行っている。また，重要性判断との関連において，「監査調書には，監査担当者が『なぜ，特定の項目（対象）を重要と考えて，特定の監査手続を選択・適用したか』，その思考のプロセスが明らかにされていなければならない」(278) としている。

　亀岡ほか（2021）は，「『どのような証拠を実際に入手し，どのように評価したのか』，『実施した監査手続は，その質と範囲において十分であるのか』，そして『財務諸表の適正表示に影響を与えるような齟齬・矛盾・不整合が検出されているか』についての一連の証拠判断は，監査調書のレビューにおける最も重要な監査

判断である」(275) としている。

以上の文献レビューから，監査調書の査閲における考慮事項として，財務諸表の虚偽表示につながるような事項がないかどうかという視点を強め，「なぜ」「どのように」判断・評価したのかについてのプロセスが明らかにされているかという点を考慮することの重要性が識別される。

(3) 目的・機能

① 基準上の説明

現行の『監査に関する品質管理基準』は，「監査事務所は，より質の高い監査の実施を目指すために，監査業務の実施に関する品質目標を設定しなければならない。当該品質目標には，(1)監査実施の責任者及び監査業務に従事する補助者による責任ある業務遂行，(2)補助者に対する適切な指揮，監督及び監査調書の査閲，(3)職業的専門家としての適切な判断並びに懐疑心の保持及び発揮，(4)監査業務に関する文書の適切な記録及び保存に関する目標を含めなければならない」(第八 業務の実施 一 監査業務の実施 1) と規定している。

これを受けて，監基報220「監査業務における品質管理」は，「監査責任者は，監査報告書日以前に，監査調書の査閲及び監査チームとの討議を通じて，到達した結論と監査意見を裏付けるのに十分かつ適切な監査証拠が入手されたかを判断しなければならない」(32項) と規定している。そして「(1)重要な事項 (監査基準報告書230「監査調書」7項(3)参照)，(2)監査の実施中に識別された，専門性が高く，判断に困難が伴う事項や見解が定まっていない事項を含む重要な判断並びに到達した結論，(3)監査責任者が職業的専門家として監査責任者の責任に関連すると判断したその他の事項を含む監査調書について，監査責任者は，監査業務の適切な時点で査閲しなければならない」(31項) と規定している。

② 学界における説明

鳥羽 (2009a) は，監査調書の査閲の機能について，「監査調書のレビューは，監査人の証拠形成プロセス全体が適切に行われていることを会計事務所内部で自己評価する品質管理の一部にほかならない。監査の失敗の多くは，監査人が選択し抽出した取引のなかに問題となる取引が含まれていなかったという『サンプリング・リスク』(sampling risk) に起因するよりも，むしろ，監査証拠の事後評価 (監査調書のレビュー) をないがしろにしたことや，監査調書のレビューの結果，問題点が検出されていたにもかかわらず，それをそのままに放置していたこと，

経営者の説明を鵜呑みにし，その後の追跡調査や裏づけを怠っていたことなど，『非サンプリング・リスク』(non-sampling risk) に起因している場合が多い，とも指摘されている」(293) として，監査人の証拠形成プロセスに関する事務所レベルでの品質管理の観点から説明を行っている。また，「監査証拠プロセスは，監査補助者の段階で収集された監査判断を含む監査証拠を，監査人の証拠判断に同化させるプロセスと考えるべきである。監査証拠の同化を図る場が『監査調書のレビュー』であり，これを通じて上司は部下の下した『重要性判断』の内実を評価し，一方，部下は監査調書のレビューを受けることを通じて，自己のなした重要性判断に対する実践教育を受ける（経験と蓄積を重ねる）ことができる」(278) として，監査調書の査閲を監査証拠の同化を図る場として位置づけ，実践教育の機能についての説明を行っている。

　鳥羽 (2009b) は，「監査調書といえば，作成・保存といった側面が強調されるが，監査証拠プロセスにおいて最も重視すべきものは監査調書のレビュー（査閲）である。監査調書は，監査人が入手した監査証拠が質的にも量的にも十分であるか，監査手続の追加や監査計画の修正を必要とする重要な問題やその端緒が検出されていないかどうか，そして行使した監査判断が当該監査状況のもとで合理的であったかどうかを見直すという機能を果たしている。換言すれば，監査証拠の事後評価を行う場が監査調書のレビューである」(31) として，監査調書の査閲が有する監査証拠の事後評価の場という側面を強調している。そして，「監査調書のレビューは補助者を指導・監督する際の重要な手段となる。補助者の指導・監督の中心は，監査調書を通じて現場教育におかれなければならない。補助者とはいえ，彼らの作成した監査調書には，不正な財務報告を示す『氷山の一角が』検出されている場合がある。監査調書のレビューをしないことは，補助者への監査の丸投げであり，補助者の指導・監督にならないだけでなく，監査人にとって極めて危険である。監査調書のレビューは監査証拠の事後評価の場である，という認識が不可欠である。監査調書のレビューにはさまざまな目的があるが，これを1つに集約するとすれば，実施した監査が一般に公正妥当と認められる監査の基準に準拠しているかどうかを確かめる，ということになる」(31-32) とし，監査調書の査閲の目的として，実施した監査が一般に公正妥当と認められる監査の基準に準拠しているかどうかを確かめるという点を強調している。この点について，「監査調書のレビューは，監査担当者が得た監査証拠の価値を事後評価する場であり，この場を通じて，監査人の試査判断，証拠判断，重要性判断など，監査手続の過程でなされたさまざまな監査判断が再度見直されることとなる」(234) と

も説明している。また,「監査調書に記載された検出事項や問題点や疑問を上司が検討することによって,重要な虚偽表示を検出するための手掛かりを見出すことができる。また,監査調書のレビューを通じて補助者はしかるべき教育・監督を受けることができる。監査調書のレビューは,監査補助者にとって最も重要な「現場教育」(on the job training) の機会を提供する」(234) として,現場教育という面についても指摘している。

亀岡ほか (2021) は,監査調書の査閲の究極的な目的を,「監査が一般に公正妥当と認められる監査の基準に準拠して実施されていることを,監査人自身が確かめることにある」(274) としている。その理由として,「監査報告書の監査意見の根拠区分において,『一般に公正妥当と認められる監査の基準に準拠して監査を行った。』との事実の記載をすることが求められている。監査訴訟において監査人が原告に対してまず主張し立証しなければならないことは,監査チームの実施した監査が一般に公正妥当と認められる監査の基準に準拠していたことである。この挙証責任は,例えば金融商品取引法監査においては,監査人に転換されている」(274) と説明を行っている。また,監査認識プロセスにおいて,「③監査手続の結果得られたアサーションについての監査人の信念が当該状況のもとで適切で合理的なものであるかを評価すること……監査調書の査閲,④監査人が設定したすべてのアサーションの確からしさについて監査人が形成した信念が財務諸表全体の適正表示についての意見の表明を支えるのに十分であるかどうかを総合的に評価すること……監査調書の査閲・第三者審査」(194) として監査調書の査閲を位置づけたうえで,監査調書の査閲が監査認識プロセスにおいて果たす機能について,「監査手続を通じて形成された個別信念が十分かつ適切であるか,また個別信念の総体が全体として『合理的な基礎』を形成しているかどうかを事後に評価すること」(279) としている。この点について,「監査調書は,とりわけ監査スタッフの実施した監査手続の内容とその結果を監査チーム内の上位者に伝達・報告するという極めて重要な機能を果たす。監査人は,監査スタッフの作成した監査調書をレビュー(査閲)することによって,そこに記録されている当該監査スタッフの判断結果などを自己の信念に転化し,それを通じて財務諸表の適正表示についての監査意見の基礎を少しずつ固めていく。その転化のプロセスが監査調書のレビューにほかならない。監査認識プロセスにおいて監査計画の策定とともに,最も重視すべきものは監査調書のレビューである。監査調書のレビューは,監査人に対して,監査スタッフが入手した監査証拠が質的にも量的にも十分であるか,監査手続の追加や監査計画の修正を必要とする重要な問題やそ

の端緒が検出されていないかどうか，そして監査スタッフの行使した監査判断が当該監査状況のもとで合理的であったかどうかを見直す機会を提供する。監査調書のレビューは監査証拠の事後評価を行うことにほかならない」(273) として，監査調書の査閲が有する監査証拠の事後評価の側面を強調している。

以上の文献レビューから，監査調書の査閲の目的・機能として，実施した監査が一般に公正妥当と認められる監査の基準に準拠しているかどうかを確かめる監査証拠の事後評価という主たる目的・機能が識別される。この目的・機能を果たす過程で，監査補助者に対する現場教育・実践教育という機能も有していることが指摘されている。

(4) 残された論点の整理

千代田 (2020) は，「このようなチェック・システムは，職業的懐疑心を，個々の監査人の『心の状態』としてではなく，監査チーム全体の，そして，監査法人全体の問題として捉えていることを意味するのである。＜中略＞問題は，わが国の場合，そのチェック・システムが有効に機能しているかである。特に第1のディフェンスである監査チームのチェックである。ジュニアの監査調書をシニアの会計士がレビューし，シニアの監査調書をマネージャーがレビューし，マネージャーの監査調書をパートナーがレビューするという組織的チェック体制が機能しているかである。各階層における上司のレビューが弱体化しているのではないか？」(196) として，査閲の有効性に関する問題提起を行っている。

亀岡ほか (2021) は，「監査スタッフが監査手続を通じて形成した特定のアサーションの確からしさについての信念の程度は同じではないことには注意をしなければならない。確からしいとの強い信念を形成する場合もあれば，反対に，確からしくないとの信念を形成する場合もあり，あるいは，そのいずれとも判断できない場合もある。監査スタッフが当該アサーションについて形成する信念の程度は，当該監査スタッフ自身の個人的な特性 (traits) だけでなく，その担当者を取り巻く状況によっても影響される。＜中略＞どの程度アサーションを立証できたかという『認識の程度』(信念の程度) は個人的 (personal) である。そして，この監査認識における『個人性』がしばしば監査の失敗に結びついているのである」(275-276) としている。この指摘は，査閲による信念の転化の場面においても当てはまるものと考えられ，査閲実施者における個人性の影響は残された論点である。

4 小　括

　本章では，「監査調書」という概念を取り上げた。「監査調書」とその査閲は，監査意見形成プロセスおよび監査の品質管理において，重要な役割・機能を有していることを確認した。しかし，林（2022）において，「監査調書は，監査業務を適切に実施するために，あるいは適切な監査を実施したことを事後的に説明するために重要な資料であるが，監査業務の品質管理基準の整備や第三者による検査の強化に伴って，監査調書の作成・整備の負担が高まっているといわれている」（267）と指摘されている。「監査調書」とその査閲のあり方については，監査の有効性の観点からだけではなく，効率性や経済性の観点をふまえた議論についても必要であると思われる。また，テクノロジーの発展により監査手続が変容し，ローテーション制度やグループ監査など監査主体が複雑化していく中で，監査の目的および機能の観点から，「監査調書」の財務諸表監査における位置づけを導出する作業が必要であると考える。

■参考文献

飯野利夫（1956）「監査調書は誰のものか：アメリカにおける判例を中心として」『産業経理』16巻8号，12-17頁。

伊豫田隆俊（2022）「監査規範の意義とわが国の監査基準」伊豫田隆俊・松本祥尚・林隆敏『ベーシック監査論（九訂版）』同文舘出版，第3章。

岩田巖（1950）「ワーキング・ペイパーズ（監査調書）の機能」『税務会計』3巻1号，9-12頁。

────（1954）『会計士監査』森山書店。

碓氷悟史（1976）「監査調書」『亜細亜大学経営論集』12巻1・2号合併号，165-182頁。

大野公義（2007）「監査調書」神戸大学会計学研究室編『第六版　会計学辞典』同文舘出版。

亀岡恵理子・福川裕徳・永見尊・鳥羽至英（2021）『財務諸表監査（改訂版）』国元書房。

企業会計審議会（1956）「監査基準・監査実施準則　監査報告準則」，12月25日。

────（2002）「監査基準の改訂に関する意見書」，1月25日。

────（2021）「監査に関する品質管理基準の改訂に係る意見書」，11月16日。

久保田音二郎（1967）「監査制度における監査調書の確立」『企業会計』19巻11号，15-22頁。

経済安定本部企業会計基準審議会（1950）「監査基準・監査実施準則（中間報告）」，7月14日。

千代田邦夫（2020）「アメリカ監査基準書に見る「職業的懐疑心」の展開：「心の状態」の「見える化」」『同志社商学』71巻6号，169-196頁。

津田秀雄（1979）「監査調書の保存に関する注意義務について」『企業会計』31巻1号，78-83頁。

戸田容弘（1993）「監査調書の意義と役割」『国士舘大学政経論叢』5巻1号，49-68頁。

鳥羽至英（2009a）『財務諸表監査理論と制度　基礎篇』国元書房．
―――（2009b）『財務諸表監査理論と制度　発展篇』国元書房．
富田忠雄（1956）「＜資料＞会計士の法的責任と監査調書」『國民經濟雜誌』94巻5号，73-76頁．
―――（1957）「会計士監査調書の發達と職能」『國民經濟雜誌』95巻2号，49-66頁．
日本公認会計士協会（1999）監査基準委員会報告書第16号（中間報告）「監査調書」，3月31日．
―――（2016）IT委員会研究報告第48号「ITを利用した監査の展望～未来の監査へのアプローチ～」，3月28日．
―――（2022）「倫理規則」，7月25日．
―――（2023a）品質管理基準報告書第1号「監査事務所における品質管理」，1月12日．
―――（2023b）監査基準報告書220「監査業務における品質管理」，1月12日．
―――（2023c）監査基準報告書230「監査調書」，1月12日．
日本公認会計士協会監査第一委員会（1981）「監査マニュアル（その一）」『JICPA NEWS 臨時増刊』289号．
野本悌之助（1950）「監査調書について」『監査』1巻8号，2-11頁．
林隆敏（2022）「リスク評価，リスク対応および監査の完了」伊豫田隆俊・松本祥尚・林隆敏『ベーシック監査論（九訂版）』同文舘出版，第6章．
松本公文（2007）「監査調書」安藤英義・新田忠誓・伊藤邦雄・廣本敏郎編『会計学大辞典（第五版）』中央経済社．
村瀬玄（1953）「監査調書の所有権並びに監査人の証言拒絶権に関する若干の考察」『企業会計』5巻12号，59-64頁．
森田源一郎（1965）「監査計画と監査調書は監査実施準則で規制すべきものか」『産業經理』25巻8号，33-37頁．
守永誠治（1967）「監査調書に関する一考察」『會計』92巻3号，115-127頁．
弥永真生（2021）『監査業務の法的考察』日本公認会計士協会出版局．
山浦久司（2008）『会計監査論（第5版）』中央経済社．

（松尾　慎太郎）

第16章

監査リスク

1 はじめに

　本章の課題は，監査リスク概念を明らかにすることである。監査リスク，あるいは監査リスク・アプローチが，公式に監査の基準として明らかにされたのは，1983年，アメリカ公認会計士協会の監査基準書 (Statement on Auditing Standards : SAS) 第47号『監査の実施における監査リスクと重要性』(AICPA 1983) である。確率概念としては，試査概念の精緻化があるが，そのような個々の監査手続のレベルではなく，監査の計画から実施，報告（監査意見の形成）までを含む一気通貫の監査方法としてリスク・アプローチが導入されたのは，SAS第47号がはじめてであった。

　その後，大きな流れとしては，1990年代後半から今世紀初頭にかけて，世界の産業界の動向を反映してビジネス・リスク・アプローチが採用された。また，個別の監査手続のレベルでは，監査リスクを構成する構成要素リスク（固有リスク，統制リスク，発見リスク）の識別・評価方法に変遷が見られる。さらに最近では，2019年に改正された国際監査基準 (International Standard on Auditing : ISA) 315 (IAASB 2019b) により，重要な虚偽表示リスクの識別を特に重視した監査方法が導入され，監査実務に大きな変化をもたらしている。

　本章では，ISAや監査実務指針である日本公認会計士協会の監査基準報告書（監基報）におけるリスク概念が，互いに異なるいくつかの考え方に分けられることを示す。まず，一般的なリスク概念の分類を参照し，監査において，どのようなリスク概念が用いられているかを明らかにする。これにより，監査では，事象と確率の概念が混在していることを明らかにする。

さらに，ISA 315（IAASB 2019b）により導入された固有リスク評価の方法と重要性との関係を明らかにする。この ISA 315は，固有リスクを，虚偽表示の発生可能性と影響の度合いという2つの次元で評価することを求めているが，このような2つの次元での評価が示されたのは，監査の基準上，初めてのことである。従来，監査におけるリスクは，あくまで可能性であって，影響の度合いまでは含まれていなかった。むしろ，影響の度合いは「重要性」として整理されていたと考えられる。本章では，この影響の度合いと重要性の関係を明らかにする。

以上，これらにより，本章では，監査においては，事象，確率，そして事象と確率の組みといった，さまざまなリスク概念が使い分けられていることを示す[1]。

2 監査リスクとその主要な構成要素

(1) 監査基準等における監査リスクとその主要な構成要素

監査リスクとその構成要素に関する基本的な内容は，SAS 第47号（AICPA 1983）から，多少の表現の揺れはあるが，本質的に変わっていない。監査リスクとその構成要素である固有リスク，統制リスク，そして発見リスクはその例である。その後，重要な虚偽表示リスク（risk of material misstatement）や特別な検討を必要とするリスク（significant risk）などが加わり，リスク・アプローチの適用領域もより広範になり，また，精緻化されるようになった。

まず，わが国の監査基準は，監査リスクを「監査人が，財務諸表の重要な虚偽の表示を看過して誤った意見を形成する可能性をいう」（企業会計審議会，2002）としており[2]，監基報200は，「監査人が，財務諸表の重要な虚偽表示を看過して誤った意見を形成する可能性をいう」（日本公認会計士協会 2022a，12項(5)）としており差はない[3]。

この点，ISA は，"Audit Risk — The risk that the auditor expresses an inappropriate audit opinion when the financial statements are materially misstated"

---

1 なお，本章における監査の基準上のリスク概念の検証は，一般的なリスク概念から推定される関係性の検証であって，監査実務指針を解説することは意図しておらず，また，監査実務指針の設定主体が意図するリスク概念とは限らないことは留意されたい。一般論としてのリスク概念から推定されるものと異なるリスク概念を使用するのであれば，その説明責任は監査実務指針の設定主体に帰せられるべきものである。
2 当時の改訂監査基準の前文の三3(2)①に示された定義について，その後の改訂において指摘がないため，現在まで維持されているものと解釈している。

と定義している（IAASB 2022a, p.11）。わが国の基準ではリスクを「可能性」として定義しているが，ISA は，risk とはしているものの，必ずしも可能性とは呼んでいない。もっとも，ISA の定義における risk が，（事象でなく）可能性あるいは確率を示していることは明らかであるので，日本と ISA との間に本質的な差異はないものと考えてよいだろう。いずれにせよ，監査リスクとは，誤った意見を形成するリスクをいい，ここでいうリスクとは可能性のことをいうこととする。

次に，監査リスクは，重要な虚偽表示リスクと発見リスクに，また，重要な虚偽表示リスクは固有リスクと統制リスクに分けられる。リスク・アプローチをはじめて監査の基準に導入した SAS 第47号[4]は，監査リスクを構成するこれらのリスクを，構成要素リスク（component risks）と呼んでいる（AICPA 1983, para.20）。本章においても，これらを構成要素リスクと呼ぶことにする。

現在の監基報（序）（日本公認会計士協会 2022b）の「付録5：監査基準報告書及び関連する公表物の用語集」に従って，監査リスク，重要な虚偽表示リスク（固有リスクと統制リスクを含む），特別な検討を必要とするリスクを整理したものが，**図表16-1**である。

なお，この**図表16-1**に見られるように，現在では特別な検討を必要とするリスクは，基本的に，固有リスクとして整理されている。これは ISA 315 (revised 2019) によるものであり（IAASB 2019b, 12項⑴)，わが国の監査基準（企業会計審議会 2020, 第三 実施基準 二 監査計画の策定 5）および監基報315（日本公認会計士協会 2021b, 11項⑽）にも反映されている。

また，重要な虚偽表示リスクは，財務諸表全体レベルとアサーション・レベルに分けられる。ISA 200は，"The risk of material misstatement may exists at two levels." としており，それぞれ，"The overall financial statement level" および "The assertion level for classes of transactions, account balances, and dis-

---

[3] 厳密に言うと，国際監査・保証基準審議会（International Auditing and Assurance Standards Board：IAASB）による定義は，不適切な監査意見（inappropriate audit opinion）であって，これを「誤った意見」のように解してよいかは，別に検討が必要かもしれない。

[4] すでに SAS 第39号（AICPA 1981）の付録（Appendix）において監査リスク・モデルに相当するものが紹介されているが，それはサンプリングという限られた領域である。SAS 第47号は，監査リスクを「監査人が，重要な虚偽表示のある財務諸表に関して自己の意見を適切に限定し損なうリスク」（第2項）と定義しており，最終的なリスクを意見の形成段階まで含めている。本章では，リスク・アプローチとは，サンプリングという監査手続の一部でなく，監査の計画，実施および意見形成を包括する監査方法と捉えており，その意味で，SAS 第47号をリスク・アプローチを始めて採用した監査の基準と解している。

図表16-1 ■ 監査基準報告書における監査リスクおよび構成要素リスクの定義

リスクの種類	定　　義
監査リスク	監査人が，財務諸表の重要な虚偽表示を看過して誤った意見を形成する可能性をいう。監査リスクは，重要な虚偽表示リスクと発見リスクの2つから構成される。
重要な虚偽表示リスク	監査が実施されていない状態で，財務諸表に重要な虚偽表示が存在するリスクをいい，誤謬による重要な虚偽表示リスクと不正による重要な虚偽表示リスクがある。 アサーション・レベルにおいて，重要な虚偽表示リスクは以下の2つの要素で構成される。 ① 固有リスク―関連する内部統制が存在していないとの仮定の上で，取引種類，勘定残高および注記事項に係るアサーションに，個別に又は他の虚偽表示と集計すると重要となる虚偽表示が行われる可能性をいう。 ② 統制リスク―取引種類，勘定残高および注記事項に係るアサーションで発生し，個別に又は他の虚偽表示と集計すると重要となる虚偽表示が，企業の内部統制によって防止又は適時に発見・是正されないリスクをいう。 なお，重要な虚偽表示リスクの識別は，関連する内部統制を考慮する前に実施される（すなわち，固有リスク）。
発見リスク	虚偽表示が存在し，その虚偽表示が個別に又は他の虚偽表示と集計して重要になり得る場合に，監査リスクを許容可能な低い水準に抑えるために監査人が監査手続を実施してもなお発見できないリスクをいう。
特別な検討を必要とするリスク	識別された以下のような重要な虚偽表示リスクをいう。 ① 固有リスク要因が，虚偽表示の発生可能性と虚偽表示が生じた場合の影響の度合い（金額的および質的な影響の度合い）の組合せに影響を及ぼす程度により，固有リスクの重要度が最も高い領域に存在すると評価された重要な虚偽表示リスク ② 各監査基準報告書の要求事項にしたがって特別な検討を必要とするリスクとして取り扱うこととされた重要な虚偽表示リスク

（出所）日本公認会計士協会（2022b）をもとに筆者作成。

closures"である（IAASB 2019a, A36）。監基報200では，「重要な虚偽表示リスクは，以下の二つのレベルで存在する可能性がある」とし，それぞれ財務諸表全体レベルとアサーション・レベルとしている（日本公認会計士協会，2022a, A33項）。なお，「監査基準」においては，アサーション・レベルでなく，財務諸表の項目レベルとしている（企業会計審議会 2005, 二　主な改訂点とその考え方 3）。

財務諸表全体レベルのリスクについて，ISA 200は，"risks of material misstatement that relate pervasively to the financial statement as a whole and potentially affect many assertions"（IAASB 2019a, A37）としており，また，監基報200は，「財務諸表全体に広く関わりがあり，多くのアサーションに潜在的に影響を及ぼす」（A34項）とする。他方，アサーション・レベルの重要な虚偽表示の

リスクについては，ISA 200は，"Risks of material misstatement at the assertion level are assessed in order to determine the nature, timing and extent of further audit procedures necessary to obtain sufficient appropriate audit evidence"（A38）とし，監基報200は，「監査人は，十分かつ適切な監査証拠を入手するために必要なリスク対応手続の種類，時期及び範囲を決定するため，アサーション・レベルの重要な虚偽表示リスクを評価する」（A35項）とする。

(2) 監査研究における監査リスク概念

リスク・アプローチとその適用については，わが国やアメリカの監査研究で積極的に取り上げられている。Stringer（1961），Mautz and Sharaf（1961），Carmichael（1968），Elliott and Rogers（1972）などに見られるように，SAS 第47号（AICPA 1983）が公開されるまでは，リスクではなく，サンプリングに関連した用語として信頼性（confidence, reliability），確率（probability）という用語が使われていた（Colbert 1987, 50-52）という主張もあるが，それ以前に，カナダ勅許会計士協会（CICA）は『監査手続の拡張』（CICA 1980）において，監査意見レベルでの全般リスク（今日の監査リスク）が，固有リスク，統制リスク，監査リスク（今日の発見リスク）によって分解されることを示している。

その後の研究としてよく引用されるのはGraham（1985）である。Grahamは，「SAS 第47号は，われわれが実施する監査の方法に包括的，劇的な変化を起こしたわけではない」（Graham 1985, 12）が，その理解が難しいのは，基本的にSAS 第47号が「概念的である」（Graham 1985, 15）ことに求め，監査リスクと構成要素リスクの考え方，監査手続における位置づけを示している。また，同じ1985年には，Mock and Vertinsky（1985）が，カナダ公認一般会計士（CGA）研究財団の研究報告書として『会計及び監査におけるリスク評価』をまとめている。同報告書には，確率の簡単な定義から心理学的な側面，当時の会計と監査に関するリスク概念が整理されている。もっとも，彼らが明らかにしようとしたのは，リスクというよりも確率概念（客観確率と主観確率）であり，その心理学的側面，つまり，意思決定者の限定合理性や心理学的なバイアスを議論している。

1980年代は，アメリカでは，学生や公認会計士を被験者とした実験研究が多く行われた時期である。そのため，監査リスクの概念それ自体に関する研究は稀である。数少ないリスク概念研究としては，例えば，数学者 Shafer の Dempster-Shafer Theory を応用した研究がある（Shafer and Srivastava 1990；Srivastava and Shafer 1992）。Shafer らによる研究は，主観確率に関する数学的な表現を体系化

したものであり，これを応用した実験研究も行われている（Krishnamoorthy, Mock and Washington 1999；Fukukawa and Mock 2011）。アメリカにおける研究はどちらかというと，実学的な（practical）研究が多いものの，リスク概念や他の領域におけるリスクとの比較研究は行われていないようである。

わが国では，リスク・アプローチに関する規範的な研究が数多く行われた。純粋に概念的な研究としては，鳥羽（2000）がある。鳥羽は，SAS 第39号「監査サンプリング」と第47号「監査実施上の監査リスクと重要性」によって，監査における証拠形成が，それまでアメリカ会計学会『基礎的監査概念報告書』（ASOBAC）に代表される実証主義から，反証主義に転じたとしている（198-201）。論理学的に言えば，実証主義は単純に「後件肯定の錯誤」という誤った推論であり，反証主義は，論理学的に妥当な推論である。例えば，ネイマン・ピアソン流の仮説検定における帰無仮説も同様の論理に寄っている（瀧，2014）。また，福川（2012, 4章）は，監査基準には監査リスクを確率と捉える見方とそれとは相容れない見方が混在していることを指摘し，信念関数によるリスク評価の意義を論じている。

このようなリスク・アプローチを監査の立証プロセスに位置づけるという発想は，後述するように，現在の ISA 315 の考え方を理解するのに極めて重要である。あるいは，こうした反証主義をどこまで実務で採り入れるかが，リスク・アプローチ自体の発達につながっているともいえる。この点を含め，監査におけるリスク概念を次節で検討する。

3 監査におけるリスク概念

(1) リスク概念の多様性

かつて，Knight（1921）は，既知のものをリスク，未知のものを不確実性と定義した。ただし，現在では，リスクはさまざまな領域でさまざまに定義されている[5]。保険論では，ペリル（事故），ハザード（事故の発生原因，発生の基礎となりうる種々の危険事情），リスク（事故により金銭的入用が生じる可能性）などと定義している（近見ほか 2006, 30）。また，工学分野では，リスクとは，hazard と uncertainty を組み合わせたもの（Bedford and Cooke 2001, 10），確率と結果の組み合わせからなるシナリオ（Kaplan and Garrick 1981）というように，確率と損害等の結果（その規模，影響度）を組み合わせたものとして定義されることが多いようである。そもそも，原子力発電所の事故など大規模な事故や災害がもたら

す社会的な被害とその原因の特定，そして対策を目的としていることから，損害の規模と確率をリスクとしているのであろう。

また，金融の領域では，期待値に対する分散の大きさをリスクと呼んでいる。一般に，リスクは好ましくない事象に対して用いられるが，金融では，ポジティブな結果・ネガティブな結果に関わらず，期待値からの分散の大きさが大きければリスクは大きいと表現する。また，市場の価格変動リスク等にさらされている金融資産の金額や比率は，エクスポージャーと呼ばれる[6]。監査では，好ましくない事象に関してリスクという用語が用いられていることから，以下の議論では，このようなネガティブなリスクについて議論する。

(2) リスクの定義

リスクにはさまざまな定義があるが，例えば，次のような分類がある（Hansson 2022, 2-4；相松 2018, 39-40）。

(i) 生じうる望まれない事象（例．肺がんは喫煙者に及ぶ主要なリスクの１つである）
(ii) 生じうる望まれない事象の原因（例．喫煙は先進国における極めて重大な健康リスクである）
(iii) 生じうる望まれない事象の確率（例．喫煙者の寿命が喫煙関連疾患により短縮されるリスクは約50％である）
(iv) 生じうる望まれない事象の統計的な期待値（例．原発事故のリスクは10^{-4}人死亡/炉年である）
(v) 意思決定が既知の確率の条件下でなされること（本稿では省略する）

---

5 『リスク学事典』（日本リスク研究学会 2019）には，さまざまな領域におけるリスクやその評価がまとめられている（残念ながら，監査のリスク・アプローチについては取り上げられていない）。また，監査論では取り上げられていないリスク・コミュニケーションも解説されている。監査には監査のリスクへの考え方や対応方法があることは認めるものの，それだけで良いのか，社会の理解を得られるのかについては，読者（監査の実務家や研究者，学徒）にも一度考えて欲しいと思う。原子力分野における決定論的安全評価と確率論的リスク評価，フォールト・ツリーとイベント・ツリーによる分析など，監査におけるさまざまな手法の組み合わせや，データ・アナリティクスなどの正当性を議論できる話題を提供しうると感じている（確率論的リスク解析については，Bedford and Cooke（2001）やラスムッセン報告書（USNRC 1975）がある。その他，現在の状況については，B. John Garrick Institute for the Risk Sciences and NRRC（2017）が詳しい）。また，ベイズ推定は，工学分野や応用分野では積極的に利用されているし，現在のAIを含む機械学習は，ベイジアンを抜いて考えることはできない（Pearl and Mackenzie 2018）。

6 リスク・マネジメントの規格を定めるISO31000は，「目的に対する不確かさの影響」とリスクを定義している。ここで「影響」とは，「期待されていることから乖離」することを指し，好ましいもの，好ましくないものの両面が存在するとしている。

上記の5つの定義，とくに「生じうる（may or may not occur）」に見られるように，リスクは，確率的な概念である[7]。
　(i)と(ii)は事象，(iii)と(iv)は確率・期待値といった数値である[8]。(v)は，確実性下の意思決定，狭義のリスク下の意思決定，不確実性下の意思決定（竹村 2012）のうち，2つ目の狭義のリスク下における意思決定であろう。もっとも，ここで問題としているのは，リスクという用語が意味する概念であって意思決定の前提条件ではないし，そもそもリスクという概念は，何らかの判断や意思決定を前提にしている。その意味で，概念としてのリスクは，事象か確率・期待値となると思われるので，ここでは，(v)は除外する。
　さて，リスクが不確実性や確率の概念であることは論を俟たないが，分析の仕方によって，さまざまな概念に分かれるようである。例えば，稲垣（2009, 7）は，次の5種類に分類している。

① 事故・災害・危難など個人の生命や健康に対して危害を生じさせる事象
② 危険な事柄，あるいは損失が生じる確率
③ 損失の大きさとその発生確率との積
④ 事故とその発生確率の組み（事故，発生確率）
⑤ ④の一般形として，
　　｛（事象 1．発生確率 p_1），…，（事象 n．発生確率 P_n）｝
　　ただし，（事象 n．発生確率 P_n）は離散型確率分布

　①は，先の Hansson（2022）による分類の(i)と(ii)に，②は(iii)，③は(iv)に相当する。④と⑤については対応するものはない。冒頭の例でいえば，Bedford and Cooke（2001）や Kaplan and Garrick（1981）もこの例であろう。さらに ISO31000は，リスクを「目的に対する不確かさの影響」と定義し，リスクは，「一般に，リスク源，起こりうる事象，およびそれらの結果ならびに起こりやすさ，として表される」としているが，これもやはり，事象とその確率の組みと理解することがで

---

[7] Hansson（2022）は Probability と表現しているが，それが数学的な確率をいうのか，それとも，もっと広い意味で可能性（Likelihood）を言うのかは明示していない。実際，リスク・マネジメントの領域では，いわゆる客観確率を示す frequency（頻度）や一般的な可能性を示す likelihood が用いられることが多い。監査においても，ISA 315（IAASB 2019b）は可能性（likelihood）を用いている（例えば第31項）。
[8] ただし，Hansson（2022, 3）は，ラスムッセン報告書（USNRC（1975））などを引用していることから，確率論でいう期待とは異なるようである。あくまで，過去の統計的に基づく，例えば1年あたりの平均値をいう。確率論でいう，すべての確率変数とその発生確率の加重平均という意味ではない。

きよう。このようにリスクは，事象とその確率の組みと表現されることが多い[9]。

ここで，これまでのHansson（2022）と稲垣（2009）の2つの分類方法をまとめると次のようになるであろう。なお，Hansson（2022）の(v)を除き，稲垣（2009）の④と⑤をそれぞれ(vi)および(vi')としている。

(i) 生じうる望まれない事象（例．肺がんは喫煙者に及ぶ主要なリスクの1つである）
(ii) 生じうる望まれない事象の原因（例．喫煙は先進国における極めて重大な健康リスクである）
(iii) 生じうる望まれない事象の確率（例．喫煙者の寿命が喫煙関連疾患により短縮されるリスクは約50％である）
(iv) 生じうる望まれない事象の統計的な期待値（例．原発事故のリスクは10^{-4}人死亡/炉年である）
(vi) 生じうる望まれない事象とその発生確率の組み（事象，発生確率）
(vi') (iv)の一般形として，
$$\{(事象1．発生確率 p_1),…,(事象 n．発生確率 P_n)\}$$
ただし，（事象 n．発生確率 P_n）は離散型確率分布

(3) 監査におけるリスク概念

監査においては，実は，従来からリスクという用語を多義的に用いている。このことは，監査実務でも研究でもこれまで指摘されていないが，上記のような(i)から(vi')までの観点に基づいて明らかにしてみよう。

監基報における監査リスク，重要な虚偽表示リスク，固有リスク，統制リスク，発見リスク，特別な検討を必要とするリスク，事業上のリスクの定義を，上記のリスク概念にしたがって分類してみると，**図表16-2**のようになる。

定義を見る限りでは，監査リスクとその構成要素リスクは，リスクを『可能性』を置き換えることが可能であり，(iii)生じうる望まれない事象の確率に相当する。他方，特別な検討を必要とするリスクや事業上のリスクのように，(i)生じうる望まれない事象をいうと考えられる場合がある。定義において，すでに確率なのか事象なのかという意味での混乱がある。

さらに，重要な虚偽表示リスクは，**図表16-2**のように定義上は確率であるが，

---

9 ただし，⑤については，事象の深刻度（severity）を連続的に捉えることであれば，必ずしも離散型になるとは限らない。確かに，被害の程度を死傷者数で捉えれば離散型になるかもしれないが，金額で捉えることになれば連続型になる。いったん，ここでは離散型とするが，次項の考察では離散型と連続型を区別せずに扱う。

図表16-2 ■ 監査基準報告書における監査リスク等の定義とリスク概念

リスクの種類	定　　義	該当するリスク概念
監査リスク	監査人が，財務諸表の重要な虚偽表示を看過して誤った意見を形成する可能性をいう。	(iii)生じうる望まれない事象の確率
重要な虚偽表示リスク	監査が実施されていない状態で，財務諸表に重要な虚偽表示が存在するリスク	(iii)生じうる望まれない事象の確率
固有リスク	関連する内部統制が存在していないとの仮定の上で，取引種類，勘定残高および注記事項に係るアサーションに，個別に又は他の虚偽表示と集計すると重要となる虚偽表示が行われる可能性をいう。	(iii)生じうる望まれない事象の確率
統制リスク	取引種類，勘定残高および注記事項に係るアサーションで発生し，個別に又は他の虚偽表示と集計すると重要となる虚偽表示が，企業の内部統制によって防止又は適時に発見・是正されないリスクをいう。	(iii)生じうる望まれない事象の確率
発見リスク	虚偽表示が存在し，その虚偽表示が個別に又は他の虚偽表示と集計して重要になり得る場合に，監査リスクを許容可能な低い水準に抑えるために監査人が監査手続を実施してもなお発見できないリスクをいう。	(iii)生じうる望まれない事象の確率
特別な検討を必要とするリスク	識別された以下のような重要な虚偽表示リスクをいう。 ① 固有リスク要因が，虚偽表示の発生可能性と虚偽表示が生じた場合の影響の度合い（金額的および質的な影響の度合い）の組合せに影響を及ぼす程度により，固有リスクの重要度が最も高い領域に存在すると評価された重要な虚偽表示リスク ② 各監査基準報告書の要求事項にしたがって特別な検討を必要とするリスクとして取り扱うこととされた重要な虚偽表示リスク	(i)生じうる望まれない事象 ※「識別された」とあること，また①および②の内容から事象と分類している。
事業上のリスク	企業目的の達成や戦略の遂行に悪影響を及ぼし得る重大な状況，事象，環境および行動の有無に起因するリスク，又は不適切な企業目的および戦略の設定に起因するリスクをいう。	(i)生じうる望まれない事象

（出所）日本公認会計士協会（2022）をもとに筆者作成。

ISA 315の標題は「重要な虚偽表示リスクの識別と評価」となっている。識別の対象としては事象であり，評価の対象としては確率と考えられるので，この時点ですでに混在した概念となっている。

さらに，例えば，「内部統制の無効化は予期せぬ手段により行われるため，不正による重要な虚偽表示リスクであり，それゆえ特別な検討を必要とするリスクである」（監基報240（日本公認会計士協会 2021a，第30項））という表現があり，内

部統制の無効化が「原因としてのリスク」となっている。つまり，内部統制の無効化が原因となって，重要な虚偽表示が生じる可能性があるという意味である。これは，(ii)生じうる望まれない事象の原因に当たる。

また，現行の監基報315は，固有リスクについて，発生可能性と影響の度合い[10]という2つの次元で評価することとしている（30項）。これは，(vi')に近い。近いというのは，固有リスクについては，離散型でなく，連続型であることを想定しているからである（5項は，「境界線がなく無段階に連続的に変化する固有リスクの分布」と表現している）。この点は，上記の(vi')は修正が必要であるかもしれない。次の項で検討するように，監査でなく，他の分野においても連続型の分布となっているからである。

以上をまとめると，監基報では，リスクという用語を，確率（可能性）と事象という2つの意味で用いている。また，2019年に改正されたISA 315および適合修正（ISA 200）ならびにこの改正を受けた改訂「監査基準」および改正監基報315では，新たに，事象と発生確率の組み合わせという概念を用いている[11]。

(4) リスクと重要性の関係

① リスク・カーブとリスク・マトリクス

上述のように，リスクは，事象と確率の組み合わせとして示されることが多い。端的なものが**図表16-3**のリスク・カーブである。これは，上記のリスクの分類でいえば，(vi')の事象と確率の組みの一般形を，離散的でなく連続的に示したものと考えることができる。

また，リスク・マネジメントの領域では，リスク・マトリクス（またはリスク・マップ）と呼ばれる図表が使われることがある（**図表16-4**）。これは，横軸（または縦軸）に特定のリスクの規模，影響度または深刻度などをとり，縦軸に（または横軸）にその確率または頻度をとり，リスクの程度を明らかにするものである。マトリクスの場合には，(vi')の事象と確率の組みの一般形を，区分を設けて示し

---

[10] ISA 200によれば，影響の度合い（magnitude）は，重要であること（Being material）と同値である（A16項）。監基報200（A12-4項）でも同様である。ただし，本当にそうであるなら，なぜ，重要性と呼ばず，わざわざ「影響の度合い」という新たな概念を採り入れたのか。

[11] なお，そもそも監査では，確率と事象の組み合わせとしてきたと考える向きもあるかもしれない。本文でも指摘したように「重要な虚偽表示の識別と評価」といっている時点で，両者が混ざっていることは明確であるし，本文中の記述をみれば，事象の識別と可能性の評価が区別されずに使用されているからである。

図表16-3 ■ リスク・カーブの例

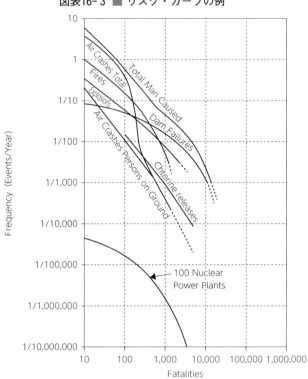

（出所）USNRC（1975），119.

ているということができる。

なお，ISA 315（IAASB 2022b）は，固有リスクについて，**図表16-5**のように軸を反対に示し（縦軸に規模，横軸に確率），また，マトリクスのように区分を設けるのではなく，「スペクトラム（spectrum）」と呼び，連続的な分布としている。また，日本の監基報315において，同様の図を提示している。

図表16-4 ■ リスク・マトリクス（リスク・マップ）の例

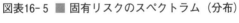

（出所）U.S. Federal Aviation Administration（2007），12.

図表16-5 ■ 固有リスクのスペクトラム（分布）

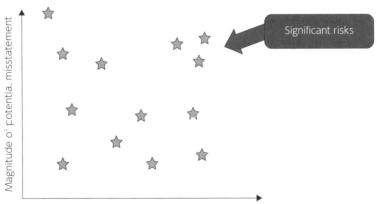

（出所）IAASB（2022b），27.

② リスクと重要性の関係

監査におけるリスクは，前節で見たように，事象としてのリスク（事業上のリスク，特別な検討を必要とするリスクなど），特定の事象の確率（監査リスク，発見リスク）がある。これに対して，重要な虚偽表示リスクは，少し意味が異なる。リスクの対象として明示的・直接的に虚偽表示の重要性がある。先の例で言えば，事象の深刻度に相当する。つまり，重要な虚偽表示リスクは，明示的に，規模と確率の組み合わせである。

その意味では，図表16-6～図表16-8のような説明が可能であろう[12]。例えば，特定の会社の財務諸表の監査で，ある項目についてある金額の重要性を決定したとしよう（図表16-6）。その金額以上の虚偽表示があるかどうかを監査人は検証することになる。つまり，監査人は，そのような「重要な虚偽表示」が存在する可能性を探るわけである。なお，ここでは説明の便宜上，金額的重要性を取り上げているが，質的重要性であっても，概念的には同じことである[13]。

もしも監査人が，財務諸表の項目レベル（アサーション・レベル）で，重要な虚偽表示が存在する可能性が高いと評価した場合（図表16-7），その領域に重点的に監査資源を配分して監査を実施する。

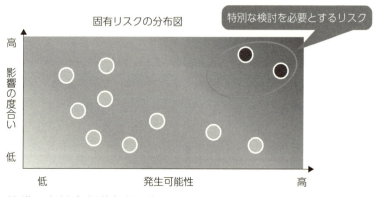

図表16-6 ■ 固有リスクの分布（監査基準報告書）

（出所）日本公認会計士協会（2022b），42頁。

---

12 なお，ここでは，マトリクスにおける表現が，区分を設けるか設けないかには拘らない。ここでは重要性の基準値を事例としてあげているが，虚偽表示の重要性は，金額的だけでなく，質的なものもある。また，それが不連続か連続かについては，ケースバイケースであろうし，そもそも，このモデルの本質的な議論の対象ではないので，区分を設定するかどうかは考えない。

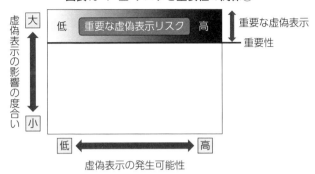

図表16-7 ■ リスクと重要性の関係①

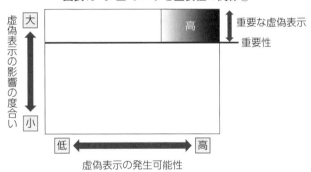

図表16-8 ■ リスクと重要性の関係②

　上記の重要な虚偽表示リスクに対応して、監査手続を計画して実施した結果、そのような重要な虚偽表示リスクの存在を反証できたとしよう。それはとりも直さず、重要な虚偽表示の可能性が十分に低いと判断したことを意味する（**図表16-8**）。この意味でも、前節で述べたように、リスク・アプローチは反証主義的なのである。**図表16-7**という仮説を証拠によって反証し、**図表16-8**を導出するわけである。

13　後述する「特別な検討を必要とするリスク」についても同様である。監基報315は、「特別な検討を必要とするリスク」の定義において「固有リスク要因が、虚偽表示の発生の可能性と虚偽表示が生じた場合の影響の度合い（金額的及び質的な影響の度合い）」と表現しており、影響度について質的なものを含めている。もともと、ISA 315（IAASB 2022b, para12(1)(ii)）では、質的な影響は明示していないものの、固有リスク要因において、「こうした要因は量的でもあれば質的でもありうる」としているため同様に考えても良いと思われる。

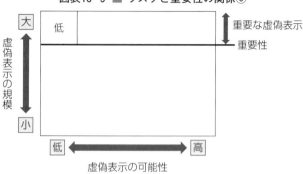

図表16-9 ■ リスクと重要性の関係③

(出所) 筆者作成

③ 固有リスクの評価

　監基報315の固有リスクの分布は，先述の**図表16-6**の通りである。監基報315においては，重要な虚偽表示リスクの識別は，固有リスクの評価の中で行われ，監査人は，まず重要な虚偽表示リスクをアサーション・レベルで識別した上で，そのアサーションに関する固有リスクを評価するという建て付けになっている（30項）。そして，監査人は，固有リスクの評価において，固有リスク要因（複雑性，主観性，変化，不確実性，経営者の偏向またはその他の不正リスク要因が固有リスクに影響を及ぼす場合における虚偽表示の生じやすさ）の影響を考慮した上で，虚偽表示の発生可能性と影響の度合いの組合せの重要度（the significance of the combinations）[14]を職業的専門家としての判断に基づいて決定する（A194項）。この組合せの重要度が高ければ，そのアサーションの固有リスクの評価は高くなり，低いほど固有リスクの評価は低くなる（198項）。

　例えば，先の**図表16-6**において，監基報315のいうこの組合せの重要度（＝固有リスクの評価）は，基本的には，右上に行くに従って高くなり，左下に行くに従って低くなるというモデルを考えることができる。これを示したのが**図表16-10**である。

　このモデル（左下から右上にかけて組合せの重要度と固有リスクが上昇する）の場合，特別な検討を必要とするリスクが右上部に来ることは説明しやすい。実際，**図表16-5**，**図表16-6**の分布図では，特別な検討を必要とするリスクは右上に示

14 　監基報315は，ISA 315を訳す中で，material[ity] と significant[ce] の両方に重要という日本語を割り当てている。本章では混同を避けるため，materiality の意味ではない重要性については，significant[ce] で用いていることを明示している。

図表16-10 ■ 組合せの重要度の例

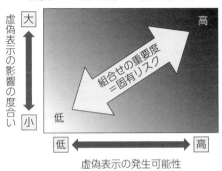

（出所）筆者作成

されている。**図表16-10**のようなモデルを前提していることは明らかである。

　しかし，それ以外の部分について，固有リスクをどのように判断すべきであろうか。虚偽表示の影響度の度合いの低いもの（重要性の低いもの）については，それほど問題にならないかもしれない。しかし，虚偽表示の影響度の高いもの（重要性の高いもの）で発生可能性の低いものはどうか。監基報315は，「発生可能性と影響の度合いの両方が高いと評価された場合にのみ固有リスクが高いと評価されるわけではない。発生可能性と影響の度合いの組合せはさまざまであり，例えば，虚偽表示の発生可能性は低くても，影響の度合いが非常に大きいと想定される場合には，固有リスクは高いと評価されることがある」としている（A199項）。これは，例えば，**図表16-11**のように示すことができる。

　ところで，このように考えると，特別な検討を必要とするリスクを右上に限定したISA（**図表16-5**）と監基報（**図表16-6**）との関係が曖昧になってくる。これについて，次の④で論じることにする。

図表16-11 ■ 発生の可能性は低いが固有リスクを高く評価する

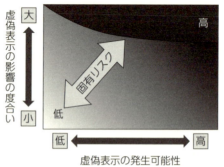

（出所）筆者作成

④ リスク・マトリクスの課題と特別な検討を必要とするリスク

　もともと、リスク・マトリクスについては、非常に多くの領域で用いられている一方で、さまざまな問題が指摘されている（Cox 2008）。確かに、損害の規模と可能性が共に高い場合と共に低い場合について、それぞれリスクが高い、低いと判断してよいであろう。例えば優先順位について意思決定する場合に、状況に応じてどちらを選択するかはある程度自明である。損害の規模が大きく発生の可能性が高いものについて、リスクをより高く評価し、より効果的な対策を施すのは当然である。

　しかし、問題は、損害の規模は小さいが発生の可能性が高いもの、あるいは、損害の規模は大きいが発生の可能性は小さいもの、それぞれのリスクをどう判断するかは、このモデル自体で決着をつけることは難しいことである。残念なことに、先のリスク・カーブで見たように、多くのリスクは、規模と可能性は負の相関を示している。つまり、現実の問題は、左上と右下（軸を入れ替えても同じ）で起きている。

　例えば、図表16-4のアメリカ連邦航空局（FAA）の事例は、発生の可能性が低くても（extremely improbable）、損害の程度が大きいもの（catastrophic）をHigh Risk領域としている。人命のかかっている対策を講じる場合であれば当然であると言える。他方、監査はどうであろうか。

　特別な検討を必要とするリスクについて、ISA 315は、虚偽表示が発生している可能性と潜在的な虚偽表示の規模の組み合わせに固有リスク要因が影響しており、それによって、固有リスクが、その分布の最高限（the upper end of the spectrum）近くに達しているために、重要な虚偽表示リスクが高いとき、そのような

重要な虚偽表示リスクを固有リスクとするとしている。これについて，ISAや監基報はリスク・マトリクスで，右上の領域として示している（**図表16-5**および**図表16-6**）。

しかし，虚偽表示の影響の度合いが非常に大きい一方で発生可能性が低い場合に，それを特別な検討を必要とするリスクとしなくてよいかどうか。監基報315のA199項の引用に見られるように，発生可能性が低くても，影響の度合いが非常に大きいと想定される場合には，固有リスクを高く評価することはありうる。

他方，このような例が，特別な検討を必要とするリスクとなる可能性はないのか。これについて，IAASBは，2022年に公表したISA 315の『初度導入ガイド』の中で，次のように述べている。すなわち，「…特別な検討を必要とするリスクは，発生可能性は低いが，いったん発生すれば影響の度合いが非常に大きくなるものもありうる…こうしたリスクは，（発生可能性と影響の度合いの双方が高い場合のリスクに比べると）特別な検討を必要とするリスクとはなりにくいと考えられるが，明示的に除外されているわけでない」（IAASB 2022b, para.87(a)）。

ここから文理上推測されるのは，発生可能性が低くても影響の度合いが非常に大きいと想定されるものについて，固有リスクを高く評価することがありうる。しかし，固有リスクが高いといっても，これを特別な検討を必要とするリスクとするかどうかは話は別である。定義に忠実にしたがえば，特別な検討を必要とするリスクは，分布の最高限に属するものである。上記のIAASBの説明によれば，特別な検討を必要とするリスクとなる可能性は低いが，明示的に除外されているわけでもないので，ケースバイケースということになる。

図表16-12はそのようなモデルを示している。基本的には，領域Bから右上を固有リスクが高い領域とする。そして，領域Aはその中でも最高限に属しており，特別な検討を必要とするリスクとするということである。しかし，場合によっては，領域B以上を特別な検討を必要とするリスクとする場合もありうる（明示的に排除されているわけではない）ことは，上記のIAASBの説明の通りである。

なお，ここまではリスク評価という側面から，重要な（significant）取引種類，勘定残高または注記事項を論じているが，監基報315では，関連するアサーションを認識していない（重要な虚偽表示リスクを識別していない）が重要性のある（material）取引種類，勘定残高または注記事項については，必ず実証手続が求められる[15]（A220項）。したがって，リスク評価という観点から，特別な検討を必要とするリスクでない，あるいは，発生可能性が相対的に低い場合であっても，重要性が高ければ，リスクの多寡にかかわらず，相応の監査手続が要求されている。

図表16-12 ■ 固有リスクの高い領域と特別な検討を必要とするリスク

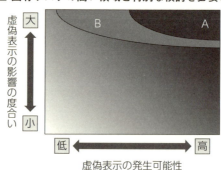

(出所) 筆者作成

4 小　括

　本章では，監査（特に監査実務指針）におけるリスク概念を明らかにした。リスク概念については，さまざまな領域で定義され検討されてきている。監査におけるリスク概念は，事象，事象の原因，確率，事象と確率の組みといういくつかの概念が混在しており，実務的には，どの意味で用いられているかを読者が文脈から判断するようになっている。

　また，本章では，2019年に改正されたISA 315とそれに基づいて改正されたわが国の監基報315で導入された固有リスクの評価方法，すなわち，虚偽表示の発生可能性と影響の度合いという2つの次元による固有リスクの評価方法の検討を行った。リスク評価の技法として，このような2つの次元が導入されたのは，監査の基準上ははじめてであるが，本章で紹介したように，そもそも重要性とリスクは，そのような2つの次元に対応している。固有リスクは，それを固有リスクの評価という側面に採用した，そういうことである。IAASBも日本公認会計士協会も，本章で示したようにリスク・マップで説明しているが，発生可能性と影

15　ただし，監基報330（日本公認会計士協会 2021c, A41-2項）は，当該事項のすべてのアサーションについて実証手続を実施する必要はなく，「仮に虚偽表示が発生した場合に当該虚偽表示が重要である合理的な可能性があると判断したアサーションを考慮して，それに対して実施すべき手続の適切な種類，時期及び範囲を決定することがある」としている。つまり，当該事項については，重要性があるため実証手続を強制しつつも，盲目的にすべてのアサーションを検証するのでなく，可能性のある虚偽表示に対応するように監査を実施すべきことを要求している。

響の度合いの組合せの重要度（the significance of the combination）は，単純なマッピングでないケースもありうる（**図表16-11**および**図表16-12**）。

　こうした概念の混在は，具体的な監査手続を講じたり，監査人の責任を画すという意味で，あまり好ましいことではない。また，リスク・コミュニケーションの観点から見ても，監査業界以外の人々に対して，監査における独自のリスク概念を明らかにすることは意義深い。今後は，監査におけるリスク概念の精緻化が望まれる。

■参考文献

相松慎也（2018）「リスク概念の規範性」『論集』（東京大学哲学研究室），第37号，38-51頁。
稲垣敏之（2009）「リスクを見つけて制御する」（鈴木勉編著『リスク工学シリーズ2　リスク工学概論』コロナ社，1 -20頁）。
企業会計審議会（2002）「監査基準の改訂に関する意見書」。
――――（2005）「監査基準の改訂に関する意見書」。
――――（2020）「監査基準の改訂に関する意見書」。
瀧博（2014）「監査上の立証構造における職業的懐疑心の役割」『現代監査』24号，42-49頁
竹村和久（2012）「リスク認知の基盤」（中谷内一也編『リスクの社会心理学』有斐閣，3 -21頁）。
近見正彦・吉澤卓哉・髙尾厚・甘利公人・久保英也（2006）『新・保険学』有斐閣。
鳥羽至英（2000）『財務諸表監査の基礎理論』国元書房。
日本公認会計士協会（2021a）監査基準報告書240「財務諸表監査における不正」，6月8日。
――――（2021b）監査基準報告書315「重要な虚偽表示リスクの識別と評価」，6月8日。
――――（2021c）監査基準報告書330「評価したリスクに対応する監査人の手続」，6月8日。
――――（2022a）監査基準報告書200「財務諸表監査における総括的な目的」，6月16日。
――――（2022b）監査基準報告書（序）「監査基準報告書及び関連する公表物の体系及び用語」，7月21日。
日本リスク研究学会（編）（2019）『リスク学事典』丸善出版。
福川裕徳（2012）『監査判断の実証分析』国元書房。
American Institute of Certified Public Accountants (AICPA) (1981), Statement on Auditing Standards (SAS) No. 39, *Audit Sampling.*
―――― (1983), SAS No. 47, *Audit Risk and Materiality in Conducting an Audit.*
Bedford, T. and R. Cooke (2001), *Probabilistic Risk Analysis : Foundations and Methods.* Cambridge University Press. （金野秀敏訳（2006）『確率論的リスク解析　基礎と方法』シュプリンガー・ジャパン。）
B. John Garrick Institute for the Risk Sciences, University of California, Los Angeles and The Nuclear Risk Research Center, Central Research Institute of the Electric Power Industry (Tokyo) (2017), *Risk-Informed Decision Making : A Survey of United States Experience.*（カリフォルニア大学ロサンゼルス校，B. John Garrickリスクサイエンス研究所及び電力中央

研究所原子力研究センター（NRRC）『リスク情報を活用した意思決定：米国の経験に関する調査』。）

Canadian Institute of Chartered Accountants (CICA) (1980), *Extent of Audit Testing.* Tront：CICA.

Carmichael, D. R. (1986), Tests of transactions – Statistical and otherwise. *Journal of Accountancy,* Vol. 125 No. 2, pp.36-40.

Colbert, J. L. (1987), Audit risk – Tracing the evolution. *Accounting Horizons.* 1(3), 49-57.

Elliott, R. K. and Rogers, J. R. (1986), Relating statistical sampling to audit objectives. *Journal of Accountancy,* Vol. 134 No. 1, pp.46-55.

Fukukawa, H. and T. J. Mock (2011), Audit risk assessments using belief versus probability. *Auditing : A Journal of Practice & Theory,* Vol. 30 No. 1, pp.75-99.

Graham, L. E. (1985) Audit risk – Part I. *The CPA Journal.* 55 (August), 12-21.

Cox, L. A. Jr. (2008), What's wrong with risk matrices? *Risk Analysis.* 28(2), 497-512.

Hansson, S. O. (2022) Risk. *The Encyclopedia of Philosophy (Winter 2022 Edition),* Edward N Zalta & Parul Nodelman (ed.)
(URL=https://plato.stanford.edu/entries/risk/)

International Auditing and Assurance Standards Board (IAASB) (2016), International Standards on Auditing (ISA) 240. *The Auditor's Responsibilities Relating to Fraud in an Audit of Financial Statements.* International Federation of Accountants (IFAC)

――― (2019a), ISA 200. *Overall Objective of the Independent Auditor and the Conduct of an Audit in Accordance with International Standards on Auditing.* IFAC.

――― (2019b), ISA 315. *Identifying and Assessing the Risks of Material Misstatement.* IFAC.

――― (2022a), *Handbook of International Quality Management, Auditing, Review, Other Assurance, and Relazed Services Pronouncements, 2022 Edition Volume 1.* New York：IAASB.

――― (2022b), *ISA 315. Identifying and Assessing the Risks of Material Misstatement. First-Time Implementation Guide.* IFAC.

Kaplan, S. and B. J. Garrick (1981), On the quantitative definition of risk. *Risk Analysis.* 1, 11-27.

Knight, F. H. (1921), *Risks, Uncertainty and Profit.* Houghton Mifflin Company, Boston：NY.

Krishnamoorthy, G., Mock, T. and Washington, M. T. (1999), A comparative evaluation of belief revision models in auditing. *Auditing : A Journal of Practice & Theory,* Vol. 18 No. 2, pp.105-127.

Mautz, R. K. and H. A. Sharaf (1961), *The Philosophy of Auditing.* American Accounting. Association.

Mock, T. J., and I. Vertinsky (1985), *Risk Assessment in Accounting and Auditing. Research Monograph No. 10.* Vancouver, B.C.：The Canadian Certified General Accountants' Research Foundation.

Pearl, J and D. Mackenzie (2018), *The Book of Why : The New Science of Cause and Effect.* Basic Books.（松尾豊監修・解説，夏目大訳（2022）『因果推論の科学 「なぜ？」の問いにどう答えるか』文藝春秋。）

Shafer, G. and R. P. Srivastava (1990), The bayesian and belief-function formalism: A general perspective for auditing. *Auditing: A Journal of Practice & Theory* 9 (Supplement), 110-137.

Srivastava, R. P. and G. Shafer (1992), Belief-function formulas for audit risk, *The Accounting Review* 67 (April), 249-283.

Stringer, K. W. (1961), Some basic concepts of statistical sampling in anditing. *Journal of Accountancy* Vol. 112 No. 5, pp.63-69.

U.S. Federal Aviation Administration (2007), *Introduction to Safety Management Systems (SMA) for Airport Operations (Advisory Circular). February 28, 2007.* Washington, D.C.: U.S. Department of Transportation.

U.S. Nuclear Regulatory Commission (1975), *Reactor Safety Study: an Assessment of Accident Risks in U.S. Commercial Nuclear Power Plants*, WASH-1400, NUREG-75/014.

(瀧 博)

第17章

監査上の重要性

1　はじめに

　本章では，監査上の重要性概念を取り上げる。監査上の重要性は，「監査計画の策定と監査の実施，監査証拠の評価ならびに意見形成のすべてに関わる監査人の判断の規準」（2002年「監査基準」前文，三，4）である。リスク・アプローチを採用する現在の監査において，「監査人は，監査リスクを合理的に低い水準に抑えるために，財務諸表における重要な虚偽表示のリスクを評価し，発見リスクの水準を決定するとともに，監査上の重要性を勘案して監査計画を策定し，これに基づき監査を実施」（2020年「監査基準」第三，一，1）することが要求されている。このように，監査上の重要性概念は，監査の全般にわたり重要な役割を果たす。そこで本章では，この概念がどのように定義されるのか，そしてどのような論点が存在するのかを考察する。

　本章の構成は，以下のとおりである。まず，第2節では監査上の重要性に関する現行の監査規範の規定を確認した上で，そのような規定が置かれることになった経緯を，主要な先行文献に基づいて整理する。次に，第3節では監査の計画段階および実施段階における監査上の重要性に関する論点について整理する。さらに，第4節では監査意見形成段階における監査上の重要性に関する論点について整理する。最後に，第5節では本章の要約と残された課題を示す。

2 監査上の重要性概念の整理

(1) 現行の監査規範における規定

はじめに，現行の監査規範における重要性概念に関する規定を確認する。監査基準報告書320「監査の計画及び実施における重要性」では，財務諸表の作成と表示における重要性概念についての一般的見解として，次のような説明が示されている（日本公認会計士協会 2023a，2項）。

「脱漏を含む虚偽表示は，個別に又は集計すると，当該財務諸表の利用者[1]の経済的意思決定に影響を与えると合理的に見込まれる場合に，重要性があると判断される。」

この説明は，国際監査・保証基準審議会（International Auditing and Assurance Standards Board：IAASB）が設定している国際監査基準320「監査の計画および実施における重要性」（International Standard on Auditing (ISA) 320, Materiality in Planning and Performing an Audit）における重要性概念の説明と整合するものである（IAASB 2009, para.2）。

"Misstatements, including omissions, are considered to be material if they, individually or in the aggregate, could reasonably be expected to influence the economic decisions of users taken on the basis of the financial statements."

また，アメリカの公開会社会計監視審議会（Public Company Accounting Oversight Board：PCAOB）が設定している監査基準2105「監査の計画および実施における重要性の検討」（Auditing Standard (AS) 2105, Consideration of Materiality in Planning and Performing an Audit）では，重要性概念について次のように説明されている（PCAOB 2010, para.02）。

---

[1] 監査基準報告書320では，財務諸表利用者として以下のような者を想定している（日本公認会計士協会 2023a，第4項）。
 「(1) 事業活動，経済活動及び会計に関する合理的な知識を有し，真摯に財務諸表上の情報を検討する意思を有している。
 (2) 財務諸表が重要性を考慮して作成，表示及び監査されることを理解している。
 (3) 見積り，判断及び将来事象の考慮に基づく金額の測定には，不確実性が伴うものであることを認識している。
 (4) 財務諸表上の情報を基礎に，合理的な経済的意思決定を行う。」

"In interpreting the federal securities laws, the Supreme Court of the United States has held that a fact is material if there is "a substantial likelihood that the... fact would have been viewed by the reasonable investor as having significantly altered the 'total mix' of information made available.""（連邦証券法の解釈において，アメリカ最高裁判所は，「合理的な投資者が，ある事実を入手可能な情報の『総合的な組み合わせ』を著しく変えるものとして見る可能性が相当高い」場合，当該事実は重要であると判断している。）

その上で，AS2105では，財務諸表に重要な虚偽の表示がないかどうかについての合理的な保証を得るために，個別または他の虚偽の表示と組み合わせて，財務諸表に重要な虚偽の表示をもたらす虚偽の表示を発見するために監査手続を計画し，実施することを監査人に求めている（PCAOB 2010, para.03）。

以上のように，現行の主要な監査規範における重要性概念は，いずれも虚偽の表示に引き付けて説明されている。すなわち，現行の監査規範では，監査上の重要性概念を「財務諸表を信頼する合理的な人間の経済的意思決定に影響を及ぼす可能性がある虚偽の表示の大きさを意味し，監査人が発見しなければならない虚偽の表示の識閾を示す概念」（林 2022, 184）であると捉えているのである。したがって，この意味で用いられる監査上の重要性は「虚偽の表示の重要性」と言い換えることができよう。

(2) 監査上の重要性概念の起源

前述のとおり，ある虚偽の表示が重要であるかどうかは，当該虚偽の表示が，個別に，または集計したときに，財務諸表利用者の経済的意思決定に影響を及ぼすと合理的に見込まれるかどうかによって判断される。このような考え方は，会計上の重要性概念に由来するものであり，さらにさかのぼれば，その起源を法の領域に見ることができる[2]。

Reininga(1968, 31)によると，重要性概念に関する議論が盛んになる契機となったのは，アメリカの1933年証券法第11条における登録届出書の重要な事実の不実記載に関する規定であった[3]。当該規定は，当時のアメリカ会計士協会（American Institute of Accountants）の法律顧問であった Spencer Gordon 氏により，アメリ

---

[2] 本項で取り上げる重要性概念の展開については，例えば久保田（1968），酒居（1981），前山（2005），前山（2011）を参照されたい。

[3] ただし，それ以前の文献にも，重要性に関連する表現を用いているものはある（例えば，Dickinson 1908）。また，酒居（1981）は重要性に関連する19世紀後半のイギリスの判例を紹介している。

カ法律協会の契約法に関するリステートメントから不正と不実表示に関する内容を移植する形で定められたものであった（Gordon 1933）。しかし，登録届出書に含まれる書類に財務諸表も含まれていたことから，財務諸表の重要な不実記載の問題として，財務諸表における重要性の問題を取り上げざるを得なくなった。そして，この規定の制定をきっかけとして，会計に関する種々の公表物において「重要性」という用語が頻繁に用いられるようになった。

その後，1950年代に入ると，会計基準や監査基準などの整備が進むとともに，重要性に関する問題も次の段階に進む動きが見られた。前山（2005）によると，この時期の主な論点は，①重要性の定義の明確化と②重要性基準の明確化であった。特に，前者について特筆すべき文献として，Dohr（1950）が挙げられる。Dohr（1950）は，重要性という用語についての定義がほとんど示されていないことを指摘するとともに，次のような重要性の定義を提案した（Dohr 1950, 56；訳は前山 2005, 72）。

> "A statement, fact, or item is material, if, giving full consideration to the surrounding circumstances, as they exist at the time, it is of such a nature that its disclosure, or the method of treating it, would be likely to influence or to "make a difference" in the judgment and conduct of a reasonable person."（「周囲の環境に対する十分な検討を所与として，あるステートメント，事実，または項目の開示，もしくは処理方法が，合理的な人間の判断と行為において影響を及ぼしそうか，あるいは『違いをもたらし』そうな場合，そのステートメント，事実，もしくは項目は，重要である。」）

さらに，1960年代からは重要性に関する多くの研究成果が示されるようになった。その理由の1つは，重要性の基準に関する議論をさらに前進させるために，実態調査ならびに実証研究が必要とされたことである。それに加えて，1968年に下されたバークリス事件に対する判決で，裁判所が重要性に関する1つの判断を示した，という社会的背景も存在している[4]。前山（2005）は，当該判決が，「単に裁判所が法的判断を示したということを超えて，会計プロフェッション以外か，会計上の指針が明確に存在しないところで，独自に会計判断を下したという点で，会計プロフェッションに重要性の判断指針の明確化を強く認識させた」（74）のではないかと考察している。

これらを背景として，その後，アメリカの財務会計基準審議会（Financial Accounting Standards Board: FASB）で重要性に関する討議資料が作成され，1980年に公表された財務会計概念書第2号「会計情報の質的特性」（Statements of Financial Accounting Concepts (SFAC) No. 2, Qualitative Characteristics of Accounting

Information) における以下の会計上の重要性概念の定義へとつながっていくこととなる (FASB 1980, para.132；訳は広瀬 2002, 124)。

> The omission or misstatement of an item in a financial report is material if, in the light of surrounding circumstances, the magnitude of the item is such that it is probable that the judgment of a reasonable person relying upon the report would have been changed or influenced by the inclusion or correction of the item. (「周囲の状況からみて，ある項目が財務報告書において記載または訂正されているならば，財務報告書に依存する合理的な人間の判断が，変更されたり，または影響を受けるおそれがあるほど当該項目が大きい場合に，当該財務報告書から当該項目を省略または誤表示することは重要である。」)[5]

そして，1983年にアメリカ公認会計士協会 (American Institute of Certified Public Accountants：AICPA) が公表した監査基準書第47号「監査の実施における監査リスクおよび重要性」(Statement on Auditing Standards (SAS) No. 47, Audit

---

[4] バークリス事件は，アメリカの1933年証券法第11条に基づいて，取締役，引受業者，監査人の責任を認定した最初の判決である。この判決では，監査人であった Peat Marwick Mitchel 会計事務所に対して，1960年度の貸借対照表における誤り（流動資産の過大表示と流動負債の過小表示）について過失が認定された。そしてその中で，裁判所が，①誤った金額によって計算される流動比率187％自体が既に相当に低い数値であるにもかかわらず，正しい金額によって計算される流動比率158％とさらに低下すること，および②成長性配慮を第一主義とする証券購入者にとっても，会社の財政状態の開示の誤りが重要となる限界点が存在することは間違いない，との理由から，この誤りが重要であるとの判断を示した。

当該事例の詳細については，例えば熊野ほか (1973) を参照されたい。また，監査人による重要性判断が問題となった事例を取り上げた他の研究としては，例えば前山 (2003)，前山 (2007) などがある。

[5] 2010年に公表された SFAC 第 8 号「財務報告の概念フレームワーク」(SFAC No. 8, Conceptual Framework for Financial Reporting) の第 3 章「有用な財務情報の質的特性」(Chapter 3：Qualitative Characteristics of Useful Financial Information) では，会計上の重要性の説明文が次のように変更されていた (FASB 2010, para.QC11)。

"Information is material if omitting it or misstating it could influence decisions that users make on the basis of the financial information of a specific reporting entity." (情報の脱漏または虚偽表示が，特定の報告企業の財務情報に基づいた利用者の意思決定に影響を与える可能性がある場合，当該情報は重要である。)

この説明文は，国際会計基準委員会 (International Accounting Standards Committee：IASC) が1989年に公表し，国際会計基準審議会 (International Accounting Standards Board：IASB) によって2010年に改訂された概念フレームワークにおける会計上の重要性の説明文とほぼ同じである (IASC 1989, para.30；IASB 2010, para.QC11)。

その後，IASB 概念フレームワークにおける説明文は，2018年に一部の文言が修正されただけで大きな変更はなかった (IASB 2018, para.2.11) が，SFAC 第 8 号の説明文は，同じく2018年に行われた改訂で1980年時のものに戻っている (FASB 2018, para.QC11)。

Risk and Materiality in Conducting an Audit) では，上記の SFAC 第 2 号における重要性概念の定義が参照されるようになった（AICPA 1983, para.06）[6,7]。

(3) 会計上の重要性概念と監査上の重要性概念の比較

以上のように，「虚偽の表示の重要性」としての監査上の重要性概念は，法の領域を起源とする会計上の重要性概念を参照する形で説明されている。そのため，監査上の重要性は，財務諸表利用者の経済的意思決定に影響を及ぼすかどうかをもって重要かどうかを判断する点で，会計上の重要性と共通している。しかし，2つの重要性概念は全く同じものであると言えるのだろうか。この問いに対する多くの研究者の見解は，「誰の視点に立つかによって，重要性の見方が異なる」というものである（河合 1971；守永 1974；古賀 1982；大石 1983；滝田 1984；Leslie 1985；石原 1997；前山 1999；藤岡 2001；松本 2009）。

両者の大きな相違点として，以下の3つが挙げられる。第1に，重要性の決定者の違いである。会計上の重要性は，財務諸表の作成に責任を有する経営者が決定するものである。これに対して，監査上の重要性は，財務諸表の監査に責任を有する監査人が決定するものである。

第2に，重要性の検討対象の違いである。会計上の重要性は，ある財務諸表項目または財務情報が財務諸表利用者の経済的意思決定に影響を及ぼすかどうかを検討するために利用される。これに対して，監査上の重要性は，個別にまたは集計された虚偽の表示が財務諸表利用者の経済的意思決定に影響を及ぼすかどうかを検討するために利用される。

そして第3に，重要性の利用目的の違いである。会計上の重要性は，経営者がある財務諸表項目または財務情報の処理および表示を詳細に行うのか，あるいは簡便的に行うのかを判断するために利用される。これに対して，監査上の重要性は，監査計画の策定，監査手続の実施，識別した虚偽の表示が監査に与える影響の評価，未修正の虚偽の表示が財務諸表ならびに監査意見の形成に与える影響の評価など，監査人が実施する監査業務のさまざまな局面で利用される[8]。

図表17-1 は，上述の両者の共通点と相違点をまとめたものである。このよう

---

6 SAS 第47号については，例えば河合（1984），石原（1990），盛田（1990）などで詳細に検討されている。

7 AICPA の SAS 第47号が公表された2年後，カナダではカナダ勅許会計士協会の研究調査書シリーズの1つとして，重要性の概念と監査実務への適用についてまとめられた書籍が公表されている（Leslie 1985）。同書では第2章において重要性の定義が示されているが，それは FASB の定義と基本的に同じ内容となっている。

図表17-1 ■ 会計上の重要性と監査上の重要性の比較

	会計上の重要性	監査上の重要性
重要かどうかの判断基準	財務諸表利用者の経済的意思決定に影響を及ぼすかどうか	
誰が決定するのか	経営者	監査人
何を対象に利用されるのか	財務諸表項目または財務情報	個別のまたは集計された虚偽の表示
どんな判断に利用されるのか	処理・表示を詳細に行うか、または簡便的に行うか	監査業務のさまざまな局面における監査人の判断

(出所) 筆者作成。

に、2つの重要性概念は、重要であるかどうかの判断基準は共通しているが、それを誰の立場から捉えるかによって内容が異なっている[9]。

3 監査の計画段階および実施段階における監査上の重要性

(1) 入手すべき監査証拠を決定する要因としての監査上の重要性

前述のとおり、監査人は監査上の重要性を勘案して監査計画を策定しなければならない。監査計画の策定とは、監査人が各監査対象項目について入手すべきと考える監査証拠を入手するために、それらに適合する監査手続ないし監査技術を選択する行為である。したがって、監査計画段階における監査上の重要性は、監査人による監査手続ないし監査技術の選択に影響を及ぼす要因であり、さらに言えば、監査人が入手すべき監査証拠を決定づける要因であると言える。

---

[8] 例えば、大石 (1983, 98) は会計上の重要性と監査上の重要性の間の相違について、次のように説明している。
　「監査上の重要性概念と会計原則上の重要性概念との間には、一点だけ明らかな相違がある。まず、会計原則においては、重要性の小さい項目に対して簡便法を用いることによって財務諸表作成コストを引き下げるという経済的合理性の思考がみられ、それゆえにそこでは、経済的合理性を持った誤りのみが対象とされている（中略）。
　これに対して、監査上の重要性概念では、そのような誤りのみならず、不注意による誤り、不正といったすべての種類の誤りが対象とされている。しかし、簡便法に基づく誤りも、適正であると認められる範囲を超えれば不正の仲間入りをする。」
[9] 松本 (2009, 136) は、2つの重要性の捉えられ方について、会計上の重要性は「どちらかというと消極的な側面から」、監査上の重要性は「どちらかというと積極的な側面から」、それぞれ重要性が捉えられていると表現している。

Broad（1942, 31-32）は，監査人が必要と考える証拠の強さ（strength of evidence）を決定する要因として，監査上の重要性，相対的危険性，および証拠の入手にかかる費用対効果の合理性の3つを挙げている。このうち，監査上の重要性については次のように説明している。すなわち，重要な項目は，重要でない項目に比べて，より注意を払い，より強力な証拠を必要とする。そして，ここで「重要な項目」として想定しているものは，量的（金額的）な観点から相対的に重要であるもの，および，もしその項目が誤って記載された場合，それに依拠した人々に損害を与える可能性があるような誤解を生む記載になりうるものである，と。

　この Broad（1942）の主張は，1947年にアメリカ会計士協会（American Institute of Accountants: AIA）から公表された「監査基準試案：一般に認められた意義と範囲」（AIA 1947, 20）に反映され，そして1954年に AICPA から公表された「一般に認められた監査の基準：その意義と範囲」（AICPA 1954, 25）へと引き継がれていった。さらに，アメリカの監査規範を基礎として設定されたわが国の監査規範にも取り入れられ[10]，多くの研究者が Broad（1942）の主張に基づいて監査証拠と監査上の重要性の関係を説明している（田島 1961；日下部 1975；石田 1978；久保田 1978；鳥羽 1983；森 1984）。

(2) 監査上の重要性の量的側面と質的側面

　監査上の重要性を検討する際，監査人は2つの側面からそれを検討する必要がある。1つは量的側面，もう1つは質的側面である。

　量的側面から見た監査上の重要性は，量的重要性または金額的重要性と呼ばれる。そこでは，虚偽の表示の金額に着目し，監査人が発見した虚偽の表示が，個別に，または集計した場合に，事前に決定した金額以上になれば重要であると判断され，反対にその金額に満たない場合は重要ではないと判断される。監査計画の立案時点では，いかなる質の虚偽表示が財務諸表に含まれているかが必ずしも

---

[10] 例えば，1950年「監査基準」の第二　監査実施基準には，監査手続の選択に関連させる形で，以下のような規定が置かれていた。
　「三　監査手続の選択は，監査さるべき項目の重要性又は誤謬発生の危険の程度を考慮して，これを決定しなければならない。」
　また，1956年「監査基準」の第二　監査実施基準では，証拠の入手にも関連させる形で，以下のような規定が置かれていた。
　「二　監査人は，財務諸表に対する意見を表明するため，監査さるべき項目の重要性又は誤謬発生の危険の程度を考慮して，その時の事情に応じて使用しうる監査手続を選択適用し，合理的な証拠を確かめなければならない。」

明らかでないことから，監査人は量的側面を考慮して重要性を決定し，それを踏まえて監査計画を策定する（蟹江ほか 2022, 243；南ほか 2022, 31）。

これに対して，質的側面から見た監査上の重要性は，質的重要性と呼ばれる。そこでは，量的または金額的側面からの重要性の判断とは別に，当該虚偽の表示の性質を考慮に入れて重要であるかどうかを判断する[11]。例えば，監査の過程で識別した虚偽の表示を評価する際，監査人は，虚偽の表示の金額が事前に設定した量的重要性の金額を下回っていたとしても，状況によってはその虚偽の表示に重要性があると評価することがある（日本公認会計士協会 2023a, 6項）。つまり，量的には重要ではないと判断された虚偽の表示が，質的側面から重要であると判断される場合が生じることになる[12]。

なお，質的重要性については，Broad（1942）が挙げた相対的危険性がこれに相当すると指摘する論者もいる。例えば，久保田（1978, 74）は，相対的危険性には①被監査側が誤りやすいおそれのある項目や経理操作などの危険がある項目については，その取引記録または会計記録の監査には十分にして立証力の強い証

---

11 監査基準報告書450「監査の過程で識別した虚偽表示の評価」では，重要性の質的側面の例として，例えば次のようなものを上げている（日本公認会計士協会 2022, 第A20項）。
  ・虚偽表示が，法令遵守に影響を与えている。
  ・虚偽表示が，借入に係る財務制限条項又はその他の契約条項の遵守に影響を与えている。
  ・虚偽表示が当年度の財務諸表に与える影響は重要ではないが，翌年度以降の財務諸表に重要な影響を与える可能性が高い会計方針の不適切な選択又は適用に関連している。
  ・虚偽表示があることによって，一般的な経済情勢や産業動向に基づいた利益又は他の趨勢の変化を認識できない状況になっている。
  ・虚偽表示が，企業の財政状態，経営成績又はキャッシュ・フローの状況の評価に使用する比率に影響を与えている。
  ・虚偽表示が，セグメント情報に影響を与えている（例えば，企業の事業活動や収益力に重要な役割を果たしていると認識されているセグメントに対して虚偽表示が重要である。）。
  ・虚偽表示が，経営者の報酬を増加させている（例えば，虚偽表示により，報酬や賞与の要件を満たしている場合）。
  ・虚偽表示が，既に公表した業績見込み等の財務諸表利用者に示された情報に照らして重要である。
  ・虚偽表示が，特定の当事者との取引に関係している（例えば，経営者に関連する関連当事者との取引）。
  ・開示に関する規則等において特に定められている事項のほか，財務諸表利用者が企業の財政状態，経営成績又はキャッシュ・フローの状況に関して適切な判断を行うために必要と監査人が判断する事項が注記されていない。
12 重要性の考慮が量的重要性に偏ってしまわないために，「監査基準」は，質的重要性を重視した「特別な検討を必要とするリスク」というリスク概念を導入している（林 2022, 186）。

拠が求められるという意味と，②財務諸表の利用者が誤解する危険のある項目については，その取引記録または会計記録の監査には十分にして立証力の強い証拠が求められるという意味があると指摘する。その上で，後者の意味での相対的危険性は，監査上の重要性の1つと考えるべきであると主張している。また，河合（1981, 94-95）は，ある項目の内容（会計処理）に代替性が認められている（会計処理担当者の自由裁量が認められている）場合や，不正や誤謬の発生する危険性があり，健全な会計実務がとられていない可能性がある場合を考慮することが重要性の質的側面であると説明する。その上で，誤謬や不正の発生する危険性の高い項目は，監査の立場からすれば重要性が高いということになるため，質的重要性は相対的危険性原則の一環，もしくはその内容の1つをなすものと考えることができると主張している。

(3) 重要性の基準値とその配分

　監査人は，監査計画の策定段階において，監査上の重要性の判断基準となる金額を決定する。この金額には，設定対象に応じて次の3つの種類がある。

　第1に，「重要性の基準値」である。これは「監査計画の策定時に決定した，財務諸表全体において重要であると判断する虚偽表示の金額」（日本公認会計士協会 2023a, 8項(1)）のことである。監査人は，監査の基本的な方針を策定する際，重要性の基準値を決定しなければならない（日本公認会計士協会 2023a, 9項）。

　第2に，「特定の取引種類，勘定残高又は注記事項に対する重要性の基準値」である。これは「企業の特定の状況において，特定の取引種類，勘定残高又は注記事項に関する虚偽表示が重要性の基準値を下回る場合でも，財務諸表の利用者が財務諸表に基づいて行う経済的意思決定に影響を与えると合理的に見込まれる特定の取引種類，勘定残高又は注記事項がある場合に，当該特定の取引種類，勘定残高又は注記事項について適用する重要性の基準値」（日本公認会計士協会 2023a, 8項(2)）のことである。企業によっては，例えば，関連当事者との取引，取締役および監査役等の報酬，高い見積りの不確実性を伴う公正価値の測定について行われる感応度分析，製薬会社における研究開発費，セグメントまたは重要な企業結合に関する注記事項といった，財務諸表利用者が高い関心を寄せる事項を有している場合がある（日本公認会計士協会 2023a, A8項）。そうした事項は，たとえ虚偽の表示の大きさが財務諸表全体に対する重要性の基準値を下回る場合であっても，財務諸表利用者の経済的意思決定に影響を与えると合理的に見込まれる場合がある。したがって，監査人は，こうした特定の取引種類，勘定残高ま

たは注記事項について適用する重要性の基準値を，財務諸表全体に対する重要性の基準値とは別に設定しなければならない（林 2022, 186）。

そして第3に，「手続実施上の重要性」である[13]。これは「未修正の虚偽表示と未発見の虚偽表示の合計が重要性の基準値を上回る可能性を適切な低い水準に抑えるために，監査人が重要性の基準値より低い金額として設定する金額」（日本公認会計士協会 2023a，8項(3)）のことである。重要性の基準値とは別に手続実施上の重要性を設定する理由は，個別に重要な虚偽の表示を発見することのみを意図した監査計画を策定すると，個別には重要ではないが集計すると重要な虚偽の表示となる場合があること，さらに，未発見の虚偽表示が存在する可能性があることを考慮していないことになるからである（日本公認会計士協会 2023a, A10項）。そこで監査人は，重要な虚偽表示リスクを評価し，リスク対応手続の種類，時期および範囲を決定するために，手続実施上の重要性を決定しなければならない（日本公認会計士協会 2023a, 10項）。

図17-2は，上記3つの判定基準のうち，重要性の基準値と手続実施上の重要性の関係を示したものである[14]。この例では，財務諸表全体において重要であると判断する金額を20,000に設定し，それをまず，監査手続により発見することを想定する部分（16,000）と，監査手続を実施しても発見できないと想定する部分（4,000）に配分している。そして，前者をさらに財務諸表上の勘定科目ごと（例えば，勘定科目Aに1,000）に配分し，最後に各勘定科目に対して設定される監査要点ごと（例えば，監査要点aに300）に配分している。

監査人は，こうして配分された重要性の判断基準となる金額に基づいて，重要な虚偽表示リスクを評価し，リスク対応手続の種類，実施時期および実施範囲を決定する。また，監査人は，監査の実施過程において，当初決定した重要性の基準値を改訂すべき情報を認識した場合には，重要性の基準値を改訂しなければならない。その際，監査人は，重要性の基準値（設定している場合は，特定の取引種類，勘定残高又は注記事項に対する重要性の基準値）について，当初決定した金額よりも小さくすることが適切であると決定した場合には，手続実施上の重要性を改訂する必要があるか，さらに，リスク対応手続の種類，時期および範囲が適切であ

---

[13] 2010年公表の監査基準委員会報告書第42号「監査の計画及び実施における重要性（中間報告）」以前は，「重要性の値」と称されていた。
[14] 林（2016）は，2014年8月31日時点でロンドン証券取引所の主市場にプレミアム上場している企業から無作為抽出した300社をサンプルとして，実際の監査実務における重要性概念の適用に関する開示実態を調査し，分析を行っている。

図表17-2 ■ 重要性の基準値と手続実施上の重要性の関係

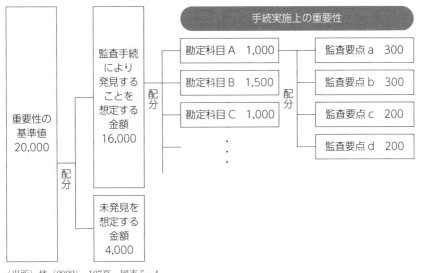

(出所) 林 (2022), 187頁, 図表5-4。

図表17-3 ■ 日本基準と国際基準の用語のズレ

日本基準	国際基準	(日本語訳)
重要性の基準値	Materiality for the financial statements as a whole	財務諸表全体に対する重要性
財務諸表全体に対する重要性の決定における指標の利用	Use of benchmarks in determining materiality for the financial statements as a whole	財務諸表全体に対する重要性を決定するための基準の利用
特定の取引種類, 勘定残高又は注記事項に対する重要性の基準値	Materiality level or levels for particular classes of transactions, account balances or disclosures	特定の取引種類, 勘定残高または開示項目に対する重要性の水準
手続実施上の重要性	Performance materiality	手続実施上の重要性

(出所) 筆者作成。下線は筆者による。

るか判断しなければならない (日本公認会計士協会 2023a, 11-12項)。

最後に, これら3つの用語については, 監査基準報告書320とISA 320の間で翻訳が対応していないものがあるため, **図表17-3**にまとめておく。

4 監査の意見形成段階における監査上の重要性

(1) 監査意見の種類と監査上の重要性

　監査上の重要性の判断は，監査の最終局面である意見形成段階でも行われる。2002年「監査基準」前文によると，監査意見の形成にあたっては，以下の判断を行う規準も監査上の重要性を構成するものとして位置づけられている。

> - 会計方針の選択やその適用方法，あるいは財務諸表の表示方法について不適切な事項がある場合に，当該事項を除外した上で適正とするか，または財務諸表を不適正とするか
> - 監査を実施する上で一部の監査手続を実施できなかったり，必要な証拠の提供を得られないなどの制約を受けた場合に，当該事実が影響する事項を除外した上で意見を表明するか，または意見の表明をしないか

　上記の意見に関する除外および監査範囲の制約に関する判断については，2010年の「監査基準」の改訂により，それ以前は「重要な影響」として一括りにされていたものが，「重要性」と「広範性（pervasiveness）」という2つの要素に分けられることとなった。すなわち，監査人は，十分かつ適切な監査証拠を入手した結果，虚偽の表示が財務諸表に及ぼす影響が，個別に，または集計した場合に，重要であるが広範ではないと判断される場合には限定付適正意見を，重要かつ広範であると判断される場合には不適正意見を，それぞれ表明しなければならない。また，監査人は，無限定適正意見表明の基礎となる十分かつ適切な監査証拠を入手できず，かつ，未発見の虚偽表示がもしあるとすれば，それが財務諸表に及ぼす可能性のある影響が，重要であるが広範ではないと判断される場合には限定付適正意見を表明しなければならず，重要かつ広範であると判断される場合には意見を表明してはならない（日本公認会計士協会 2023b，6-9項）。

　監査意見の種類と監査上の重要性について，久保田（1969）は，不適正意見または意見不表明（当時は意見差控）の場合の重要性の判断と，限定付適正意見（意見限定および範囲限定）の場合の重要性の判断は性質を異にしていると主張する。久保田（1969）は，財務諸表利用者の意思決定との関係から見た場合，不適正意見または意見不表明はいずれも財務諸表利用者の意思決定を裏返すほどの影響力を持つ事項または事実が結論表明の決め手である点で共通しているのに対して，

限定付適正意見は財務諸表利用者の当初の意思決定に影響するほどではない（例えば，投資家であれば自身の投資額の増減に影響があるかもしれない）事項または事実が結論表明の決め手であると指摘する。そしてこのことから，監査人は，前者の場合は「本来的な（質的な）重要性」の観点から判断を下しているのに対して，限定付適正意見を表明する場合は量的な重要性の観点で判断を下しており，「表現の上では，同じ重要性ではあるとはいえ，監査人の判断の思考においては，系列の違っている重要性も問題にしている」(10) と主張している。

(2) 監査意見形成段階における量的重要性の判断

　意見に関する除外の場合も監査範囲の制約の場合も，まずは虚偽の表示の重要性に関する判断が監査人によって行われることになる。そして，この局面における重要性の判断では，通常の場合，まずは量的重要性が適用され，これに質的重要性が加味されるという過程をたどる（亀岡ほか 2021, 313）[15]。これに関連して，以下では監査意見の形成段階における虚偽の表示の量的重要性に関する判断について理論的に考察を行っている，Anderson (1977) の所論を取り上げたい[16]。

　Anderson (1977) は，財務諸表上の誤り（errors）[17]を，その確実性の程度に基づいて次の3種類に分類している。第1に，「既知の誤り（known errors：KE）」である。これは，監査人が監査の過程において実際に遭遇し，かつ経営者によって修正されていない誤りである。これらは監査人によって直接観察されているため，その存在を疑う余地はない。第2に，「最も可能性の高い誤り（most likely errors：MLE）」である。これは監査人によってその存在が決定的に証明されたわけではないが，入手した監査証拠に基づいて，存在する可能性が最も高い誤りであり，かつ経営者によって何らの処置も行われていないものが含まれる。MLEの金額には，KEの金額が含まれている。これらは，そこに含まれているKEの金額を除き，監査人によって直接観察されたわけではないが，監査人はそれが存

15　これに対して，例えば，監査人が発見した虚偽の表示が意図的な会計操作あるいは経営者による財産不正（横領）に関係している場合のように，質的重要性を優先して適用すべき状況もある（亀岡ほか 2021, 313）。

16　Anderson (1977) の所論については，例えば石田 (1983) などを参照されたい。

17　Anderson (1977) は"(monetary) error"という用語を用いている。同文献ではこれを「監査人の判断において，財務諸表の虚偽の表示につながるあらゆる種類の誤りを指す」(289) と定義し，その原因には例えば(a)偶発的な誤り，(b)判断を要する事項に関する意見の相違，(c)故意の虚偽表示（deliberate misrepresentation），あるいは(d)不正（fraud）などが含まれると説明している。したがって，ここでは「誤謬」と訳さず，単に「誤り」と訳すこととした。意味上は，虚偽の表示と同じであると考えられる。

在する可能性が高いことを示す証拠を入手している。

　そして第3に,「可能性のある誤り(possible errors：PE)」である。これは,可能性は高くないものの,入手した監査証拠によって,かつ監査で要求される保証水準の制約の中で,その存在が指摘される誤りである。PEの金額には,MLEの金額が含まれている。この種の誤りの一般的な例として,Anderson (1977, 291) は統計的サンプリングの結果の予測から生じるものを挙げている。すなわち,ある会計データの母集団におけるPEの金額(誤りの上限)とは,特定のサンプリング・リスクの水準において,当該会計データの母集団から抽出された代表的なサンプルで実際に検出される誤りの割合(proportion)が低いことを考慮した上で,特定のサンプリング・リスクの水準において誤りとなりえるもののうち,最も割合の高いものをいう。

　財務諸表上の誤りをこのように分類した上で,Anderson (1977) は,これらの誤りの1つ以上が重要性の基準値に抵触すると判断される場合として,**図表17-4**のような5つの事例を挙げている。事例Aは,KEが重要性の基準値に抵触

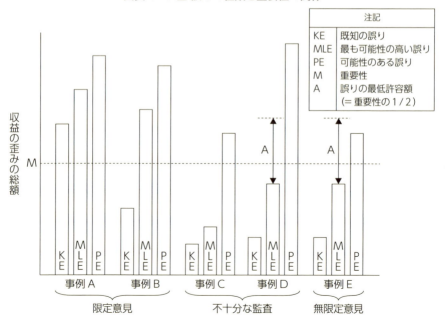

図表17-4 ■ 誤りの種類と重要性の関係

(出所) Anderson (1977), p.292, Figure 11.c.

しており，それらが修正されない場合，一般的に監査人は限定意見を表明することになる。事例 B は，KE は重要性の基準値に抵触していないが，MLE が重要性の基準値に抵触している。この場合，監査人は「（確実な知識に基づくものではないが）財務諸表には重要な誤りが存在する」と推定するのが最善である。この推定が他の監査証拠によって反証されない限り，一般的に監査人は限定意見を表明することを検討する。しかし，通常はその前に，監査人は重要な誤りが存在することを合理的な保証をもって立証するために追加的な手続を行わなければならない。

事例 C と事例 D は，KE と MLE は重要性の基準値に抵触していないが，それらを含む PE が重要性の基準値に抵触している。PE の金額の大部分は，存在する可能性は高くはないが，監査人が無視できるほどに小さいというわけでもない。したがって，これらの予測がその他の監査証拠によって反駁されない限り，一般的に監査人は，明確な監査意見を表明できるとは考えない。その一方で，KE や MLE の金額は重要性の基準値よりも低いことから，監査人が限定意見を表明することも不適切であると考えられる。つまり，この2つの事例は，監査が不十分であることを示しており，監査人は PE の可能性を確認するため，あるいは否定するために，追加の監査証拠を入手しなければならない。

事例 E も，KE と MLE は重要性の基準値に抵触していないが，PE が重要性の基準値に抵触している。さらに，事例 E では MLE が重要性の基準値とほとんど同じ水準に達している。このような場合，監査人はまず，経営者に対して誤りを修正するように説得を試みる。その結果，経営者が誤りを修正して PE が重要性の基準値に抵触しなくなれば，監査人は無限定意見を表明することになる。他方，経営者が誤りの修正に応じなければ，監査人は追加的な監査手続を実施することになるが，事例 E の問題点は，MLE と PE の差が非常に小さいため，監査人がサンプルの拡大によって PE の金額を十分に小さくすることができる実用的な方法がないことである。そこで，Anderson（1977）は，実際の監査手続において，このような未発見の誤りの可能性に対して，一定の最小許容額（a certain minimum allowance）を認める必要があると指摘する。Anderson（1977）は，重要性の基準値の半分を最小許容額として提案しており，その結果として PE が提案された許容額に収まることから，事例 E において無限定意見を表明することが正当化されると説明している。

5　小　　括

　本章では，監査上の重要性概念について，先行研究に基づいて過去の議論を整理した。第2節では，現行の監査規範において規定されている監査上の重要性概念が会計上の重要性概念を参照したものであること，そして監査人は，ある虚偽の表示が財務諸表利用者の経済的意思決定に影響を及ぼすかどうかを判断するためにそれを利用していることを改めて指摘した。また，第3節および第4節では，監査の計画段階と実施段階，ならびに監査意見形成段階において，監査人が監査上の重要性をどのように利用するのかという観点から，個別の論点について過去の議論を整理した。

　最後に，本章の内容に関する今後の課題を示したい。それは，監査上の重要性概念を再定義するかどうかというものである。本章では，現行の監査規範の規定に即して，監査上の重要性概念を虚偽の表示を対象としたものに限定して考察を行った。これに対して，いくつかの先行研究では，会計上の重要性とは性質の異なる，監査に固有の重要性の問題が存在することが指摘されている。例えば，前山（2002, 123）は，監査人による重要性判断の対象として，虚偽記載の大きさ以外に，①内部統制の欠陥の大きさ，②監査範囲の制限の大きさ，および③ゴーイング・コンサーン監査における企業の存続能力を挙げている。こうした指摘がある中で，監査上の重要性概念を，従来通り虚偽の表示に対象を限定して定義し続けるべきであるのか，あるいは虚偽の表示以外を対象に含めることができるように再定義すべきであるのか。この点については検討の余地があると考える。

■参考文献
石田三郎（1978）『監査証拠論』中央経済社。
―――（1983）『監査意見形成論』中央経済社。
石原俊彦（1990）「財務諸表監査における監査危険と重要性―SAS第47号を中心として」『京都学園大学論集』19巻3号，67-81頁。
―――（1997）「監査意見形成の基礎概念としての金額的重要性」『産研論集』24号，17-31頁。
大石勝也（1983）「監査意見形成と重要性概念」『産業経理』43巻2号，90-99頁。
蟹江章・井上善弘・栗濱竜一郎（2022）『スタンダードテキスト監査論（第6版）』中央経済社。
亀岡恵理子・福川裕徳・永見尊・鳥羽至英（2021）『財務諸表監査　改訂版』国元書房。
河合秀敏（1971）「監査行動と重要性」『産業経理』31巻3号，69-72頁。

―――（1981）『現代監査の論理（第 5 版）』中央経済社。
―――（1984）「監査リスクと重要性」『企業会計』36巻 8 号, 4 -11頁。
日下部與市（1975）『新会計監査詳説＜全訂版＞』中央経済社。
久保田音二郎（1968）「監査理論としての重要性思考の展開」『産業経理』28巻 9 号, 6 -13頁。
―――（1969）「監査報告書における重要性の理論」『企業会計』21巻 9 号, 4 -10頁。
―――（1978）『会計監査』同文舘出版。
熊野実夫・松田安正・桝田圭児（1973）「登録届出書の虚偽記載と重要性の判断―バークリス事件の分析」『企業会計』25巻 6 号, 128-136頁。
古賀智敏（1982）「監査における重要性判断の特質と課題―米国における重要性の概念的フレームワークと制度化への課題」『龍谷大学経済経営論集』22巻 3 号, 54-69頁。
酒居叡二（1981）「監査上の重要性概念に関する一試論」『彦根論叢』208号, 35-61頁。
滝田輝己（1984）「監査における重要性の原則」『経済経営論叢』19巻 3 号, 122-144頁。
田島四郎（1961）『監査証拠論』同文舘出版。
鳥羽至英（1983）『監査証拠論』国元書房。
日本公認会計士協会（2010）監査基準委員会報告書第42号「監査の計画及び実施における重要性（中間報告）」 2 月23日。
―――（2022）監査基準報告書450「過去の過程で識別した虚偽表示の評価」10月13日。
―――（2023a）監査基準報告書320「監査の計画及び実施における重要性」 1 月12日。
―――（2023b）監査基準報告書705「独立監査人の監査報告書における除外事項付意見」 1 月12日。
林隆敏（2016）「財務諸表監査における重要性概念の適用：イギリス上場会社の監査報告書を手掛かりとして」『商学論究』63巻 3 号, 477-503頁。
―――（2022）「監査リスク・アプローチと監査戦略」伊豫田隆俊・松本祥尚・林隆敏『ベーシック監査論（九訂版）』同文舘出版, 第 5 章。
藤岡英治（2001）「監査における重要性概念と情報提供機能」『甲子園大学紀要　B　経営情報学部編』29号, 71-80頁。
前山政之（1999）「監査人の重要性判断の構造についての一考察」『新潟大学経済学年報』23号, 133-148頁。
―――（2002）「財務諸表監査における監査人の重要性判断の多面性」『會計』161巻 1 号, 115-130頁。
―――（2003）「監査人の重要性判断の事例研究：アーサー・アンダーセン会計事務所によるウェイスト・マネジメント社の財務諸表監査の事案から」『横浜経営研究』24巻 1 ・ 2 号, 99-111頁。
―――（2005）「米国における会計および監査上の重要性概念の展開―1930～70年代前半におけるJournal of Accountancy 誌の議論から―」『横浜経営研究』26巻 1 号, 71-76頁。
―――（2007）「監査事例に見る監査人の重要性判断と監査判断プロセス」『産業経理』67巻 3 号, 76-85頁。
―――（2011）「監査上の重要性概念と監査判断」千代田邦夫・鳥羽至英責任編集『体系　現代会計学［第 7 巻］会計監査と企業統治』中央経済社, 第 6 章。
松本祥尚（2009）「監査過程における重要性の操作化」『商経学叢』56巻 1 号, 135-146頁。

南成人・中里拓哉・高橋亮介（2022）『財務諸表監査の実務〈第4版〉』中央経済社。
森實（1984）『監査要論＜改訂版＞』中央経済社。
盛田良久（1990）「重要性と監査リスク—SAS47号の検討」『大阪学院大学商学論集』第16巻第2号，41-55頁。
守永誠治（1974）「会計監査における重要性の原則」『會計』第105巻第4号，63-72頁。
American Institute of Accountants (AIA) (1947), *Tentative Statement of Auditing Standards : Their Generally Accepted Significance and Scope*, AIA.
American Institute of Certified Public Accountants (AICPA) (1954), *Generally Accepted Auditing Standards : Their Significance and Scope*, AICPA.
――― (1983), Statement on Auditing Standards No. 47, *Audit Risk and Materiality in Conducting an Audit*, AICPA.
Anderson, R. J. (1977), *The External Audit 1 : Concepts and Techniques*, Pitman Publishing, Toronto.
Broad, S. J. (1942), The Need for a Statement of Auditing Standards, *The Journal of Accountancy*, Vol. 74, No. 1 (July), pp.25-35.
Dickinson, A. L. (1908), Accounting Practice and Procedure, *The Journal of Accountancy*, Vol. 7, No. 1 (November), pp.7-18.
Dohr, J. L. (1950), Materiality—What Does It Mean in Accounting?, *The Journal of Accountancy*, Vol. 90, No. 1 (July), pp.54-56.
Financial Accounting Standards Board (FASB) (1980), Statements of Financial Accounting Concepts (SFAC) No. 2, *Qualitative Characteristics of Accounting Information*, Financial Accounting Foundation.（広瀬義州訳（2002）「財務会計諸概念に関するステートメント第2号　会計情報の質的特徴」平松一夫・広瀬義州監訳『FASB財務会計の諸概念＜増補版＞』中央経済社。）
――― (2010), SFAC No. 8, *Conceptual Framework for Financial Reporting, Chapter 3, Qualitative Characteristics of Useful Financial Information*, Financial Accounting Foundation.
――― (2018), SFAC No. 8 (As Amended), *Conceptual Framework for Financial Reporting, Chapter 3, Qualitative Characteristics of Useful Financial Information*, Financial Accounting Foundation.
Gordon, S. (1933), Accountants and the Securities Act, *The Journal of Accountancy*, Vol. 56, No. 6, pp.438-451.
International Accounting Standards Board (IASB) (2010), *The Conceptual Framework for Financial Reporting*, International Financial Reporting Standards (IFRS) Foundation.（IFRS財団編，企業会計基準委員会・公益財団法人財務会計基準機構監訳（2010）「財務報告に関する概念フレームワーク」『国際財務報告基準（IFRS）2011』中央経済社。）
――― (2018), *The Conceptual Framework for Financial Reporting*, IFRS Foundation.（IFRS財団編，企業会計基準委員会・公益財団法人財務会計基準機構監訳（2019）「財務報告に関する概念フレームワーク」『国際財務報告基準（IFRS）2019』中央経済社。）
International Accounting Standards Committee (IASC) (1989), *The Framework for the Preparation and Presentation of Financial Statements*, IASC Foundation.（日本公認会計士協会国

際委員会訳(2001)「財務諸表の作成及び表示に関するフレームワーク」『国際会計審議会国際会計基準書2001』同文舘出版。)

International Auditing and Assurance Standards Board (IAASB) (2009), International Standard on Auditing (ISA) 320, *Materiality in Planning and Performing an Audit*, International Federation of Accountants.

Leslie, D. A. (1985), *Materiality : The Concept and Its Application to Auditing*, Canadian Institute of Chartered Accountants.

Public Company Accounting Oversight Board (PCAOB) (2010), Auditing Standard 2105, *Consideration of Materiality in Planning and Performing an Audit*, PCAOB.

Reininga, W. (1968), The Unknown Materiality Concept, *The Journal of Accountancy*, Vol. 125, No. 2, pp.30–35.

(堀古 秀徳)

Reporting Audit Results

第 Ⅳ 部

監査結果の報告

　財務諸表監査の結果を報告する監査報告書は，監査人と財務諸表利用者を結び付ける唯一の手段である。第18章では，「オピニオン・レポート」と「インフォメーション・レポート」という2つの視点から監査報告書の機能を検討している。第19章では，財務諸表の適正性概念の歴史的変遷やGAAP準拠性との関係，総合意見と個別意見，適法性意見から適正性意見への変更，実質的判断および準拠性について論じている。第20章では，監査意見の種類に関するわが国の監査基準等の規定の変遷を確認し，総合意見と個別意見，意見差控・意見不表明の位置づけ，限定事項，除外事項，留保事項および条件事項，ならびに無意見監査報告書，断片的意見，「概ね適正」意見について，わが国の監査論研究者の文献を基に整理している。第21章では，監査意見以外の記載事項として監査報告書に何をどのように記載すべきかという問題意識のもと，わが国における監査報告書の情報提供機能に関する議論を概観し，補足的説明事項，特記事項，追記情報および監査上の主要な検討事項に関する基準設定の経緯と学界における議論の整理を通じて，監査意見以外の記載事項に関する課題を検討している。

第18章

監査報告書の機能

1 はじめに

　財務諸表を含む財務情報の開示は，もともとは資金委託と資金受託に起因した明示的・黙示的契約関係を前提に，受託者が委託者に対して負う受託責任と説明責任を委託者が解除することに役立てることを目的とする。契約に基づく資金の受委託である以上，当該契約関係を更新ないし変更して組織の存続を図るためには，円滑な受託責任・説明責任の賦課と解除という仕組みは不可欠である。そしてもし当該責任の解除が不可能ということになれば，委託者が契約関係から退出するか，受託者を交替させるか，という選択肢が行使される。これが株式会社制度であれば，株主総会の場において顕在化することが想定できる。

　受託・説明責任を解除すること，すなわち委託者と受託者との間の利害対立を解消することを目的とする情報開示を，利害調整会計（岡部, 2007, 1186）と称し情報開示と監査の起源とされている。ここでの問題は，情報優位にある受託者によって情報が作成される点にあり，受託者による恣意性を排除し委託者の利害調整（配当決定や役員の選任等）を支援するために，委託者の代理人としての監査人による監査ないし保証が必要となる。利害調整の場である株主総会において，監査の結果が委託者に対して開示されることにより，委託者と受託者との間での受託・説明責任履行に関する双方向でのやりとりが促進され利害対立の解消が図られるよう意図される。

　一方，契約関係のない不特定多数の当事者に対し情報を開示することによって，それらの意思決定と行動を誘引することを目的にする会計があり，これは資金提供等を受けるための会計といえる。これを意思決定会計と称するが，ここで作

成・開示される情報も情報優位にある当事者側による恣意性や相対性が内在するため，情報劣位にある利用者の意思決定が誤った情報によって誤導されないように，第三者としての職業監査人による監査ないし保証が要請される。これが監査の果たすもう1つの目的としての意思決定支援である。

このような契約関係のない想定利用者に対して情報が開示される場合の監査の目的は，誤った情報が経営者から開示され，当該誤った情報によって利用者（投資者）がその意思決定を誤導され不測の損害を蒙らないようにすることにあるので，既存の利害対立を解消するといった観点は存在しない。

契約関係のない投資者に対する監査報告書と財務諸表の提供は，監査報告書が財務諸表の依拠可能性を明らかにすることで，投資者の財務諸表利用を促進しその意思決定を支援することに繋がっている。この場合，投資者はその投資意思決定に当たって参考となる主たる情報として財務諸表を利用するが，その財務諸表への依拠の程度を決定するために監査報告書を用いている。しかし情報の受け手である投資者には，委託者である株主と異なり，監査報告書での監査人の意見に従って財務諸表を修正するように経営者に要求する権利はなく経営者と投資者との間での双方向のやりとりはない。つまりこの場合の監査報告書は，あくまでも財務諸表を利用できるかどうかを決定するための従たる情報にすぎない。

これら2つの機能から情報開示とその監査を捉えるならば，利害調整を目的にした情報開示は資金を提供した当事者に対するものであり，監査は現在の当該当事者を保護するために行われる。他方，意思決定支援を目的にした方は，資金を提供してもらう当事者に対するものであり，将来の資金提供者を保護するためのものと解される。

以上のことから，利害調整支援目的の監査であれば，経営者と株主との間での権利義務関係に基づく経営者からの財務諸表の提供と，株主による修正要求ないしは受容というプロセスにおいて監査報告書が必要となるのに対し，意思決定支援目的の監査においては，経営者が作成した財務諸表に投資者が依拠するか否かを決定するために監査報告書が不可欠となる。本章では，財務諸表監査の基礎概念として監査報告書を採り上げることから，以下では意思決定支援の観点から監査報告書の機能について検討することにしたい。

2　監査報告書の捉え方

監査報告書が利用者にとって唯一入手可能な監査に関する情報であるから，利

用者のニーズや知識水準等を考慮してその形態が検討されねばならない（森 1974, 67-72）。このような監査報告書の機能について，オピニオン・レポートとする考え方とインフォメーション・レポートとみる考え方の2つの捉え方がなされてきた[1]。

　財務諸表監査における監査報告書は，監査人と想定利用者である投資者を結び付ける唯一の手段である。有価証券等の取引の安全性や流動性を確保し，資本市場における有価証券等の公正な価格形成を図り投資者を保護するという金融商品取引法の目的のために，監査報告書が添付された財務諸表を含むディスクロージャー制度が整備されている。

　「監査基準」は，証券取引法に基づく財務諸表監査だけに限られたものでなく「その本質においては，およそ会計士監査ならびに外部監査としての財務諸表監査一般に対する根本原則」として設定されてはいるが，1948年（昭和23年）証券取引法監査の導入と軌を一にしていたことから，先ずは公認会計士による正規の財務諸表監査に対応するものとして設定された（黒澤, 1957a, 1-2）。それが故に，1956年（昭和31年）設定の「監査基準」においても，想定される利用者は資本市場における投資者である。当該基準では，「監査報告書は，監査の結果として，財務諸表に対する監査人の意見を表明する手段であるとともに，監査人が自己の意見に関する責任を正式に認める手段」として定義され，その記載のあり方についても「その内容を簡潔明瞭に記載して報告するとともに責任の範囲を明確に記載して意見を表明すること」（大蔵省企業会計審議会「監査基準の設定について」）とされた。この定義からわかるように，監査報告書には簡潔性と明瞭性が要求されており，そこで想定される利用者は，投資者のうちでも会計や監査に関する専門知識の乏しい一般投資者であることが推測される。

　投資者にとって重要な一次的意思決定情報は，財務諸表等の会計情報であり，あくまでも監査報告書は当該情報に利用者が依拠できる程度を明らかにし保証する副次的情報にすぎないという理解があった。このような一次的意思決定情報に対する副次的情報という役割と想定利用者が専門知識を欠く一般投資者という前提は，20世紀初頭の大恐慌を経験した後に証券市場向けのディスクロージャー制度と法定監査を世界に先駆けて導入したアメリカの資本市場に起因している。

　当時，大恐慌による株価の大暴落により，情報収集能力に劣り，かつ専門知識を欠く個人投資者が相対的に大きな損害を蒙ったとされる（Galbraith 1997；村井

1　本章は，松本・町田・関口（2020）に加筆・修正を加えたものである。

訳 2008)。これが故に，個人投資者ないしは一般投資者に大口投資者や機関投資者と等しいタイミングで情報入手の機会を与え，誤った情報による不測の損害から保護するという目的で法定監査を含むディスクロージャー制度が導入された。つまり，この段階で想定された保護すべき財務諸表および監査報告書の情報利用者は，不特定多数の専門知識を持たない一般投資者であり，彼等の理解可能性こそが監査報告書に求められる必須の要件だったことになる。

(1) オピニオン・レポート

「監査基準の設定について」における監査報告書の定義は，意見表明手段であると同時に責任認定手段であるというものであり，これは監査人の視点で定義されている。「監査基準」が監査人にとっての規範性を有すると同時に，一般大衆に対する啓蒙性を期待されることから，現在においても監査報告書に関する定義は必然的に監査人にとってのオピニオン・レポートとして位置づけられてきた。

監査報告書をこのようなオピニオン・レポートとして理解した場合，かつての監査の概要を記載した範囲区分や注記された後発事象を再掲する補足的説明事項，さらには現在の追記情報のような，監査人の結論（意見区分）部分以外の記載事項は，全て「情報」の提供であるという理解[2]がなされる。そして，このような理解が一般的な見解として定着しており，意見以外の記載をもって監査報告書における情報提供機能の発現と理解する。

監査報告書がオピニオン・レポートである限り，記載事項のなかで最も重要なものは監査人の結論としての監査意見であり，それ以外の記載事項は監査意見に対して補足的な「情報」として捉えられる。もちろんそれらの「情報」同士も一律に同質と理解されるものではなく，監査の概要に相当する記載は監査意見の基礎的前提であり，両者は因果的な密接不可分の関係にある。これに対して，補足的説明事項や付記事項は，監査意見とは関係なく，あくまでも財務諸表利用者が財務諸表を利用する際の誤解を防ぐという観点から注意喚起のための補足的な記載と理解されてきた。このような見解を監査報告書の構造として図示すると，**図表18-1**の左側（監査人の認識）のようになる。

「監査基準」の設定と公表にあたっては，監査人に対して，その責任範囲を明確にすることと任務の最低限度として遵守させることが，また利用者に対しては，監査の標準的な業務内容を告知することで，監査の社会的な信頼性を確保するこ

---

2 このように意見と情報という二分法的理解の端緒が，黒澤 (1957) である。

図表18-1 ■ 監査報告書の構造

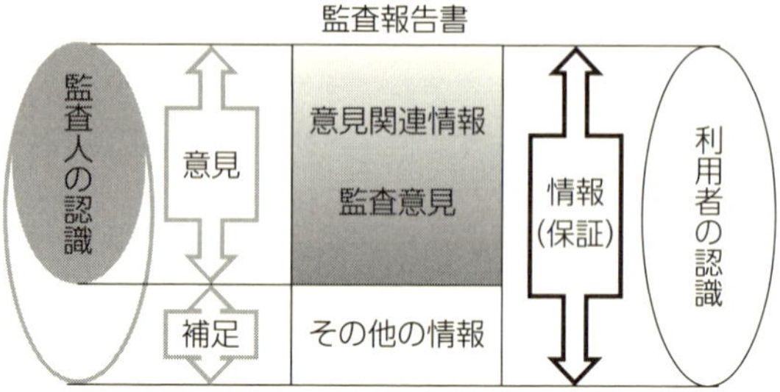

```
           監査報告書
┌─────┬────┬─────────┬────┬─────┐
│ 監  │    │ 意見関連情報 │    │ 利  │
│ 査  │ 意見│         │ 情報│ 用  │
│ 人  │ ↕  │ 監査意見  │(保証)│ 者  │
│ の  │    │         │ ↕  │ の  │
│ 認  │    │         │    │ 認  │
│ 識  │ 補足│ その他の情報│    │ 識  │
└─────┴────┴─────────┴────┴─────┘
```

（出所）筆者作成。

とが期待されている。要するに，監査人にとっての行為規範としての規範性と，監査の目標や基本的な仕組みを利用者に理解させるという啓蒙的な役割が期待されたのである。このように規範的な役割として監査人の視点から監査報告書を規定し，「監査基準」の啓蒙的役割として当該理解を社会一般に対して周知することの重要性は現在も変わるものではない。しかし逆に言えば，利用者が監査および監査人に対して，実際にどのような期待を有しているか，ということを想定したものとはなっていない。

そしてもし監査報告書をオピニオン・レポートとして位置づけるのであれば，監査の結論のみを簡潔明瞭に記載する方が，構造的には遙かに意見表明手段かつ責任認定手段という監査報告書の属性に沿ったものとなる。故にこの立場に立って監査報告書の構造を捉え直すと，監査報告書は「＜前略＞財務諸表の信頼度の判定のみにふれた，『監査し，財務諸表の適正性を認めた』といった形式の監査報告書にまで，圧縮することも可能なように思われる」(森 1967, 187)。

このような圧縮された監査報告書の例として，イギリスでは監査報告書の記載内容が冗長で理解しづらいという批判に対応する形で，用語の単純化と記載文言の短縮化が図られ，1967年会社法第14条第4項を受けたイングランド・ウェールズ勅許会計士協会（Institute of Chartered Accountants in England and Wales: ICAEW）は，監査報告書として以下のような監査意見のみの雛型を推奨した。

図表18-2 ■ 圧縮された監査報告書

監査報告書

X株式会社株主御中
　私達の意見では、この年次報告書の__頁から__頁までに記載されている財務諸表は、__年__月__日現在における当会社の財政状態および、同日に終わる事業年度の利益（または損失）を真実かつ適正に表示しており、かつ、1948年および1967年会社法に適合している。
　　　　　　　　　　　　　　　　　　　　　会計事務所名_____
　　　　　　　　　　　　　　　　　　　　　住所　職業的資格_____
　　　　　　　　　　　　　　　　　　　　　　　　　　__年__月__日

(出所) 日下部 (1972), 72；高柳 (1980), 289-290。

　このICAEWの雛型では、監査の概要に関する記載を含め監査意見以外の記載事項は存在していない。「会社法によって監査の対象が定まっており、採用すべき監査手続に関し、一定の規範が存在している限りでは、限定事項のない場合であれば、このように、意見区分のみで構成される監査報告書の姿こそが、簡明にして理解しやすい理想形態である」(高柳 1980, 291) と評価される。つまり、一般に認められた監査基準に従い、特定の法規に従って実施されることが予定されているのであれば、オピニオン・レポートとしての監査報告書には監査意見の記載のみで十分であり、監査意見に影響を及ぼすような限定事項が記載されない限り、意見以外の記載は必要とされないのが合理的といえる。

(2) インフォメーション・レポート

　利用者からすれば、監査意見とそれ以外の記載の情報内容には差異が認められるとしても、監査報告書は一体として財務諸表を利用する際の保証情報としての役割が期待されているはずである。両記載は、財務諸表を利用するに当たって必要な情報であり、両者を敢えて区別して捉えることは、そもそも利用者からすると必要ではない。このため、利用者からすると、監査報告書は、「財務諸表による情報が、利害関係者によって誤解されることのないように、合理的に利用されるようにするはたらきをもち、財務諸表に対する単なる判定書ではなく、それ以上の役割を持つもの」(森 1967, 187) と捉えられるのである。

　このような理解は、監査報告書に誤り（虚偽記載）があったケースを想起すれば、ヨリ明確になる。監査人側からすると、監査報告書は意見表明手段であるから、意見以外の部分については責任を問われる謂れはないし、両記載で責任の程度も異なってしかるべきと考えるかもしれない。一方、利用者は、監査意見であろう

とその他の記載事項であろうと，監査報告書の記載に誤りがあり，当該記載に起因して被害を蒙れば，両記載区分にかかわりなく虚偽記載に基づく賠償責任を追及することになろう。財務諸表監査が，情報劣位にある不特定多数の一般投資者を保護するために行われる職業的専門家の独占業務であることに鑑みると，果たして監査意見とそれ以外の記載事項とで監査人が負わされる賠償責任の程度や範囲に区別を認め，善意の利用者にとって不利な判定がなされることは合理的とはいえない。

　以上の結果，利用者側から見れば，意思決定のための主たる情報である財務諸表の信頼性を保証してくれる従たる情報として監査報告書全体を捉えた上で，財務諸表に依拠するに当たって役立つ情報は須く監査報告書において提供して欲しいと期待する。すなわち，利用者が開示して欲しい情報は，意思決定に影響する情報価値のある有益な情報である。ここに監査報告書をインフォメーション・レポートとして理解する考え方（森 1967, 184-193；高柳 1980, 303-307）が認められることになる。**図表18-1** に示したとおり，監査報告書を作成者である監査人側から見れば，オピニオン・レポートであり，受領者である利用者側から見れば，インフォメーション・レポートと理解され，両理解は立場による違いであるが，どの立場で監査報告書を捉えるかによって記載すべき内容は異なると考えられる。

3　情報提供の拡張

　監査報告書は，利用者にとって唯一入手可能な監査に関する情報であるから，利用者のニーズや知識水準等を考慮してその形態が検討されねばならない（森 1974, 67-72）。このため，制度的にはオピニオン・レポートとして捉えた上で，想定される利用者のニーズや知識水準等の観点から，監査報告書の形態は現在まで短文式による標準化がなされてきた。

　一般に監査報告書を短文式で標準化する根拠として，利用者の知識水準等と監査人による責任回避への配慮が挙げられる。すなわち，前者は，利用が想定される一般投資者が専門的知識を欠くことが多いために，その理解可能性を高める目的でわかりやすく簡潔かつ明瞭に記載することを要求するものであり，後者は，監査人が将来の責任を回避する目的で，いたずらに難解な文言を使って利用者を惑わせたり，必要な記載を省略するようなことがないように配慮するというものである。この結果，一般目的の監査報告書については，その記載要件につき一定の基準を設け，監査人にこれを守らせる必要があると解される。この制度として

の短文式の監査報告書が，現在のような形態に至った経緯を振り返ると以下の通りである。

1917年，わが国「監査基準」が範としてきたアメリカの連邦準備制度理事会（Federal Reserve Board：FRB）が小冊子『統一会計（Uniform Accounting）』において，それまで統一されていなかった監査報告書の形態を標準化した短文式のものにすることを提言した。そこでは，法的拘束力は持たないものの，「監査証明書は，可能な限り短文かつ簡潔を要し，事実の正確な報告書でなければならない。」（AIA 1917，430）とし，短文式の監査報告書の雛型が勧告された。具体的な雛型としては，下記のものが示された。

図表18-3 ■ FRBによる監査報告書

> 私は，Blank & Co. の……から……までの期間の諸勘定を監査し，上記の貸借対照表と損益計算書は，連邦準備制度理事会が指示し勧告した方法に従って作成されていたこと，ならびに，私の意見によれば，それらは当会社の……現在の財政状態と当該年度の経営成績を表示していることを証明する。
>
> 　　　　　　　　　　　　　　　　　　　　　　　　　　　（署名）　A.B.C.

（出所）AIA（1917），430．

この20世紀初頭の時期は，企業の資金調達が金融手形の割引による間接金融によっており，融資申請時に企業から金融機関に提出される貸借対照表の様式を統一するとともに，それに対する監査として信用目的の貸借対照表の監査，いわゆる信用監査が導入され，これに対する監査報告書の標準化を指向した[3]。このほぼ10年後，信用目的の貸借対照表監査を超える監査を可能とするため，『財務諸表の検証（Verification of Financial Statements）』をアメリカ会計士協会（American Institute of Accountants：AIA）が公表する。そこでの監査報告書の雛型は，下記のようなものであった。

図表18-4 ■ AIAによる監査報告書

> 私は，……から……までの期間の……社の諸勘定を検査した。
> 私の意見によれば，添付の貸借対照表と損益計算書は，……現在の当該企業の財政状態と当該期間における経営成績を表示していることを証明する。

（出所）AIA（1929），350．

3　当時の信用監査の位置付けについては，松本（1995）を参照されたい。

1929年の大恐慌によってアメリカの証券市場は崩壊し，証券価額の大暴落は多数の投資者に莫大な損害をもたらした。この恐慌の実質的な原因は，生産過剰，物価下落，購買力減退によるものとされるが，これらに拍車をかけたものとして，企業の経済実態を正確に反映すべきであった決算報告制度の不備，投資者の無知や無理解，監査人の責任の曖昧さなどが挙げられた。特に1931年にニューヨーク州最高裁で判決された Ultramares 事件[4]や1932年の Kreuger & Toll 事件によって，小口の投資者が多数，多額の損害を蒙る事態が生じ，証券市場向けのディスクロージャー制度，ことに情報劣位にある一般投資者向けの情報開示の重要性が認識された。

　この結果，証券市場を通じて資金調達を行う企業の経営成績や財政状態を，正確に証券市場に伝達させる必要性が広く是認されることとなった。ニューヨーク証券取引所（New York Stock Exchange：NYSE）では，既に1866年から証券発行企業に対して財務諸表を要求していたが，1909年には上場申請する全ての企業に対して，財政状態および経営成績に関する年次報告書の公表を義務づけた。さらに NYSE は，1926年に上場企業に対して，財務諸表を含む年次報告書を公表し，株主総会前の少なくとも15日以前に株主に提出することを要求した。

　その後，経済恐慌を機に NYSE は，1932年から33年にかけての AIA との共同調査活動により，適正な会計方針と独立した会計監査が投資者の不測の損害を回避できるとの認識に至る[5]。そして，(1)上場申請の認可要件として独立した公認会計士の監査証明書の添付を要求する取引所の声明書（1933年1月）と，(2) AIA 作成による会計方針に関する提案の取引所による採用（同年10月）をもたらしたのである（May 1948, 11）。

　こういった経済的・社会的背景のなかで，Roosevelt, F.D. 大統領によるニューディール政策の一環として，連邦レベルで1933年証券法（Federal Securities Act）と1934年証券取引所法（Federal Securities and Exchange Act）（以下，証券二法）を中心とする証券関連諸法が制定され，法令による強制的な情報開示とその信頼

4　本ケース（Ultramares Corp. v. Touche, Niven & Co., 255 N.Y. 170, 174 N.E. 441, 1931）は，この後，監査人が第三者に対して損害賠償責任を負うべき範囲を確定する際に，最も引証される判例となる。詳細は，松本（1992）を参照されたい。

5　この時期のアメリカにおける監査の法制度化は，多くの文献で紹介されている。例えば，大矢知（1965）が詳しい。証券二法による会計士に対する恩恵は大きかったものの，この全上場企業に決算書を含む年次報告書の公表を義務付けた NYSE 上場規制により，既に1930年代中葉までには NYSE 上場企業の90％以上が監査を受けていた（Allen and McDermott 1993, 73）。

性の確保策としての法定監査が導入されることになった。この監査の法制化によって，それまで間接金融目的で任意に行われていた信用監査から，契約関係を前提としない一般投資者を含む投資者のための監査が世界ではじめて導入されたことになる。この時点で，わが国証券取引法が範とした証券二法は，情報劣位にある不特定多数の一般投資者を保護することを主旨としていたのである。

投資者向けの法定監査が導入されるまでは，会計士のサービスは契約関係を前提にクライアントの便益のために提供されることが一般的にも認知されていたため，契約関係の外にいる偶発的な監査済み財務諸表の利用者を保護すべきとは考えられなかった。しかし制定後，証券市場の安全性や流動性を確保することで投資者を保護すべきとする思考は，監査人や経営者にとって予見不可能な第三者による財務諸表と監査報告書の利用者を登場させることになる。経済恐慌下に限らず，大口の株主や機関投資者は，自らの交渉力によって必要な情報を入手する機会が与えられるため，情報入手において後手に回り損害回避が遅れるのは小口の株主ないしは一般投資者である。このため，公法である証券関連法規が保護すべき対象が，情報劣位にある一般投資者となるのは自然の流れと解された[6]。

このような一般投資者に代表される世間一般の不特定多数の利用者にとって，監査固有の言い回しが適切には理解され難いという問題があった。例えば，監査人が一定の手続を実施可能ではあるが，合理的な手続とは考えず省略した理由を，十分に監査報告書に記載し説明したとしても，それは読者をかえって混乱させるものになりかねない。実際，一般的な監査報告書の読者は，当該手続の省略を正当と認められるものか否かを自ら判定できないであろう。このため，実施した手続を監査報告書に記載することで，その実施の範囲が適切であるか否かについて読者に判断させるとしても，それは有益な結果を招くことにはならないと考えられた（Staub 1942；大矢知訳 1966）。

このためAIAによる短文式の標準雛型が公表されて後，必ずしも専門知識を有さない一般投資者に対して，どのような事項を監査意見以外に記載する必要があるか，という問題が生じる。1934年にNYSEとAIAが共同研究の成果として公表した『企業会計の監査（Audits of Corporate Accounts）』において，監査の概要（範囲区分）と監査意見（意見区分）からなる監査報告書の雛型が提示される。これに対し，規制当局の証券取引委員会（Securities and Exchange Commission：

---

6 もちろん一般投資者を保護するための法政策は，衡平な投資意思決定を誘導するものであり，大口の機関投資者も投資者として保護の対象となるのはいうまでもない。

SEC）は，1938年に発覚し監査手続の強化に結び付く McKesson & Robbins, Inc. 事件の後，会計連続通牒（Accounting Series Release：ASR）19号を発出し，AIAに対して実施した監査手続の詳細を記載する方向で監査報告書の雛型に改良を求めた。このSECからの要請を受けて，AIAは1941年に監査手続書（Statements of Auditing Procedure：SAP）5号「『会計士の証明書』に関する改訂SECルール」（AIA 1940）を公表し，

> 「我々の意見によれば，我々の検査は当該情況のもとで適用可能な一般に認められた監査基準に準拠して実施され，そこには我々が必要と認めた全ての手続が含まれる」

という文言を挿入することとなった。この段階での「一般に認められた監査基準」は，ASR 19号（SEC 1940）によると，(1)一般に認められた正当な監査手続に加えて，適切に訓練されたものが職業的能力をもってそれを適用すること，(2)監査手続によって入手されるべき証拠の質と量を規制する監査の基本的原則というべきものであった。

このSECによる「一般に認められた監査基準」という概念を受けて，AIAは1947年に『監査基準試案：一般に認められた意義と範囲（Tentative Statement of Auditing Standards：The Generally Accepted Significance and Scope）』（AIA 1947）を公表し，翌1948年に監査基準として正式に規定した。そしてこのAIA監査基準試案が，わが国で最初の「監査基準」の範となったのである[7]。つまり，従来のAIAが提案した監査実施の旨と監査意見からなる二区分監査報告書はそのままにして，実施の旨に加えて監査基準への準拠を記載させることで，対外的に監査の標準を示す文言がなかった当時，SECとAIAは監査の質を一定以上に確保することを意図し，監査人を牽制することを志向したと解される。このような監査が実施された旨と監査基準準拠の旨を記載する方法は，監査手続の詳細を記載することがかえって専門知識に乏しい利用者の理解を混乱させかねない，という批判に対応するものでもあった。この段階で，短文式監査報告書の標準雛型は，一応の完成を見る。この標準雛型は，1956年のわが国「監査基準」でも標準雛型として採用され，1991年改訂まで長く用いられることとなる。

---

7 アメリカ監査基準とわが国「監査基準」との関係については，大矢知（1989）が詳しい。

4　小　　括

　オピニオン・レポートとして監査報告書を捉えつつ企業側が不開示の事項を監査人が代わりに付記事項的な記載を含む補足的説明事項として記載させる（飯野 1957, 88-89）という1956年設定当時の「監査基準」は，「わが国の現状では，アメリカ式のオピニオン・レポートをそのまま採用することは，やはり時期尚早と思われるので，意見表示に主眼を置きつつも，情報提供的な色彩や役目をある程度まで加味した折衷方式を採らざるを得ない」という考え方に基づいていた。また監査報告書の記載内容については，その簡潔性や精細性，意見表示と情報提供の調整問題も，利用者の立場（必要性）とその観察能力の限界等によって決定される（佐藤 1966, 128）ことが，当時から指摘されていた。

　わが国「監査基準」は，その設定当初より**図表18-5**のように，監査意見部分と情報提供部分[8]という2つから構成されることを意図した。そこで提供されるべき情報は，意見表明の対象ではなく，財務諸表の読者に企業の財政状態および経営成績について誤解を与えることなく，さらにはヨリ良くそれらの事項を理解させるのに役立つ事項であり，財務諸表に記載がないものもその記載対象とする幅広いものが想定されていたことになる。

　この財務諸表に関連する会計上の情報に関して，財務諸表に記載されないものを監査人が経営者に代わって記載することを「監査基準」が求めたことから，付記事項のなかには「本来監査人が監査報告書で付記事項としてではなく，本文のなかに適正表示の付加的説明事項として記載すべきものであったり，逆に，企業が財務諸表の脚注で十分に説明すれば，あえて監査報告書で付記事項とする必要もない事項もあった」[9]（髙田 1975, 159）。

　「監査基準」設定当初から現在に至るまで，オピニオン・レポートとしての属

図表18-5　■　わが国監査基準の意図した監査報告書の構成

監査意見 （広義）	範囲区分
	意見区分（狭義）
情報提供 （広義の補足的説明事項）	補足的説明事項（狭義）
	付記事項

（出所）筆者作成。

8　意見表明と情報提供に関する議論の詳細は，第21章に詳しい。

図表18-6 ■ オピニオン・レポートの情報化経路

（出所）筆者作成。

性を変更することなく，監査意見，監査意見の基礎的前提としての啓蒙的情報，財務諸表に記載済みの注意喚起情報といった意見以外の情報提供へと拡張されてきた。そして2018年（平成30年），「監査基準」改訂により「監査上の主要な検討事項（Key Audit Matters：KAM）が導入されたことで，従前のような利用者を啓蒙するための言わずもがなの情報や財務諸表上の情報の再掲による注意喚起的な情報とは異なり，利用者にとって全く新規の監査人オリジナルの監査上の情報の提供が求められるようになった。オピニオン・レポートにおける情報化の経路を会計上の情報を含めて図示したものが，**図表18-6**である。

　この結果，監査人オリジナルの監査上の情報といった監査意見以外に情報内容のある記載を求めることで監査報告書自体の情報価値を高め，利用者の財務諸表利用における目的適合性と有用性を向上させることに繋がる。特に利用者は，監査人が監査に当たって注意すべきと看做した財務諸表上の事項を捕捉するとともに，監査人の手続や発見事実・所見を入手でき，その分析に役立てることができる。このように財務諸表に記載されるべき会計上の情報ではなく，監査人が監査の実施過程で独自に入手した監査上の情報を提供する以上，二重責任の原則に抵触する余地はない。これまでブラック・ボックスとなっていた監査業務の一部を利用者は知ることができるという効果もある。

9　付記事項の内容が，適正表示の付加的な事項や財務諸表の脚注に記載されるべき事項となっていたものの実例は，佐久間（2018）を参照されたい。

監査報告書をインフォメーション・レポートと捉えるならば，利用者にとって情報価値を持つ情報は，会計上の情報や監査上の情報についてその区別なく監査人の責任で須く記載されるべきといえる。このように利用者指向で監査意見以外の情報記載が監査報告書に増えれば増えるほど，監査人指向のオピニオン・レポートとの差が表面上，縮小されていくことになると考えられる。

■参考文献

大矢知浩司（1965）「有価証券諸法と会計監査制度」『彦根論叢』（滋賀大学）113・114号。
―――（1989）「財務諸表監査と監査基準」『彦根論叢』（滋賀大学）255・256号。
岡部孝好（2007）「利害調整会計」神戸大学会計学研究室編『第六版　会計学辞典』同文舘出版，1186頁。
日下部與市（1972）『海外の会計と監査実務』中央経済社。
黒澤清（1957b）『監査基準の解説』森山書店。
飯野利夫（1957）「監査報告準則解説」黒澤清・飯野利夫・江村稔「監査基準・監査実施準則・監査報告準則詳解」中央経済社，63-92頁。
黒澤清（1957a）「監査基準解説」黒澤清・飯野利夫・江村稔「監査基準・監査実施準則・監査報告準則詳解」『企業会計』9巻2号別冊特別附録，中央経済社，1-40頁。
佐久間義浩（2018）「補足的説明事項の改正経緯にみる監査人からの情報提供」『東北学院大学経営学論集』10巻。
佐藤孝一（1966）「監査報告基準・準則の改正問題―監査基準および準則の改正」『産業経理』26巻1号。
髙田正淳編（1975）『監査論』有斐閣。
高柳龍芳（1980）「第7章　監査報告書の機能とその改良」高田正淳編『体系　近代会計学Ⅸ　財務諸表の監査』中央経済社。
松本祥尚（1992）「CPA不可責性の対人範囲―ネグリジェンスに対する『防壁』の効能」『香川大学経済論叢』65巻3号。
―――（1995）「職業会計士の発展における信用監査の位置付け」『研究年報』（香川大学）34号。
松本祥尚・町田祥弘・関口智和（2020）『監査報告書論―KAMをめぐる日本および各国の対応』中央経済社。
森實（1967）『近代監査の理論と制度』中央経済社。
―――（1974）『現代監査の構造と発展』中央経済社。
―――（1976）「第2章　監査基準」青木倫太郎編『近代会計学大系Ⅷ』中央経済社。
American Accounting Association (1973), *A Statement of Basic Auditing Concepts.*（青木茂男監訳，鳥羽至英訳（1982）『基礎的監査概念』国元書房）。
American Institute of Accountants (AIA) (1917), Uniform Accounting, *The Journal of Accountancy*, Vol. 23 No. 6.
――― (1929), Verification of Financial Statements, *The Journal of Accountancy*, Vol. 47 No. 5.

—— (1940), Statements on Auditing Procedure No. 5, *The Revised S.E.C. rule on "accountants' certificates,"* AIA.

—— (1947), *Tentative Statement of Auditing Standards : The ir Generally Accepted Significance and Scope*, AIA.

Allen, D.G. and K. McDermott (1993), *Accounting for Success : A History of Price Waterhouse in America 1890-1990*, Boston : Harvard Business School Press.

May, G.O. (1948), *The Economic and Political Influences in the Development of the Accounting Profession, Fifty Years of Service 1898-1948*, New Jersey : New Jersey Society of Certified Public Accountants.

Galbraith, J.K. (1997), *The Great Crash 1929*, Boston : Houghton Mifflin Harcourt Publishing Company.（村井章子訳（2008）『大暴落1929』日経 BP 社。）

Securities and Exchange Commission (SEC) (1940), Accounting Series Release No. 19, *In the Matter of McKesson & Robbins, Inc.*（八田進二訳（1998）「会計連続通牒第19号」鳥羽至英・村山徳五郎編『SEC「会計連続通牒」1 —1930-1960年代』中央経済社。）

Staub, W.A. (1942), *Auditing Developments during the Present Century*, Cambridge : Harvard University Press.（山下勝治監修・大矢知浩司訳（1966）『会計監査発達史』中央経済社。）

Ultramares Corp. v. Touche, Niven & Co., 255 N.Y. 170, 174 N.E. 441, 1931.

（松本　祥尚）

第19章

監査意見

1 はじめに

わが国では，現在，監査基準において適正性意見と準拠性意見の表明が規定されている。準拠性意見については，2014年の監査基準の改訂において新設されたもので，多様な監査ニーズに対応するために導入されたといわれている。準拠性意見の導入は，会計基準に準拠するという準拠性意見と，適正性意見がどのように異なるのかという問題を明確に呈示することとなった。

しかしながら，わが国においては，かつて株式会社の監査等に関する商法の特例に関する法律（以下，商法特例法）の下での会計監査人監査において，適法性監査が実施されてきており，また，証券取引法の下での公認会計士または監査法人による監査においても，2002年（平成14年）「監査基準」改訂までは，3つの個別意見とそれを踏まえての総合意見の表明という形式が採られていた。

本章では，このような歴史的経緯，およびかつて主にアメリカにおいて，監査人の責任との関係で適正性意見と一般に認められた会計原則（Generally Accepted Accounting Principles: GAAP）準拠性との関係が問われた際の議論を基に，監査意見について検討していくこととする。

なお，本章では，他の章で取り扱われる予定の監査意見に対する除外事項の問題や，会計基準および監査基準の国際的な相違による問題（例えば，歴史的には，わが国において1990年代に大きな問題となったレジェンド問題等）については対象としない。

2 適正性

(1) 適正性概念の歴史的経緯

財務諸表監査では,「全ての重要な点において適正に表示しているものと認める」旨の意見が表明される。これを適正意見と称している。

適正性の概念は,英米の監査領域で生成したものであるが,英米の影響を受けて世界各国の制度にも採り入れられ,今や英米固有の概念というよりは,国際的に共通の概念となっている。

「適正性」は,イギリスの "true and fair view",アメリカにおける "present fairly" の用語に相当する。前者は「真実かつ公正な概観」と訳され,後者は「適正に表示している」と訳されている。

イギリス[1]では,世界的にはじめて民間企業に財務表(貸借対照表)の監査を義務づけたとされる1844年の会社登記法 (Joint Stock Company Registration Act) において,完全かつ真実 (full and true) に関する意見表明が行われていたが,その後1856年会社法(附則B表)では "true and fair view" に変更され,1929年の会社法134条(1)において,諮問委員会(コーエン委員会と称される)の報告書(The President of the Board of Trade to Parliament by Command of His Majesty 1945) に基づいて,はじめて "true and fair view" 概念が導入された。この概念の導入について,同委員会では,公開会社に対して,1931年のロイヤルメイル社事件 (Royal Mail Steam. Packet Company Case) によって社会問題化していた秘密積立金を原則禁止する等の真実性を要求するとともに,監査人に対して,計算書類が単に会計慣行や開示規定に従うだけではなくそれを最低限の要求事項として,利用者を誤導させない公共性を担保すべきだとしたものとされている。すなわち,"correct" や "full" ではなく,"fair" の概念を導入して法定するとともに,勅許・公認の会計士にのみ監査人の資格を限定したのが,当時の会社法改正の経緯であったという (山浦 1993, 244 ; 千葉 1991, 330)。

イギリスにおいて長く用いられてきた "true and fair" の概念は,主にEU諸国において受け入れられ,国際監査基準 (International Standards on Auditing :

---

[1] イギリスの "true and fair view" の導入の議論については,山浦 (1993, 233-299) および千葉 (1991, 315-368) を参照している。

ISA）においても，明記されてきた。しかしながら，近年，イギリスにおいては，"true and fair" という概念に代えて，アメリカ同様に "present fairly, in all material respects" という用語を用いるべきだという提言も示されている（Brydon 2019, 2.3.2, 11.9）。

一方，アメリカにおいては，1933, 34年のいわゆる証券二法によって財務諸表開示制度とその一環としての法定監査が施行された。"present fairly" の文言は，1933年にニューヨーク証券取引所から当時の会計プロフェッション団体であったアメリカ会計士協会（American Institute of Accountants：AIA）に宛てた書簡[2]においてはじめて用いられたものである。そこでは，それまでの実務慣行，すなわち，それまでは，監査人が「監査証明書（Audit Certificate）」において「正確（correct）であることを証明」していたものの，監査人の責任の観点から適切ではないとして，かわって "present fairly" という監査人の判断を中心とした表現を用いた監査報告書の標準形式が示された。AIA はその標準形式を採用し，実務上，適正性概念が定着していったのである。

その後，適正性概念は，1947年の AIA の『監査基準試案』（AIA 1947）に導入され，その後の監査基準へと引き継がれていった。そのような制度上の展開過程において，適正性概念は GAAP 準拠性と同義であるという認識が会計プロフェッションに広く受け容れられていったという（鳥羽 1983, 126-132）。この認識の背景には，当時の会計プロフェッションが監査人の責任を限定することを目的として，GAAP 準拠性以外の事項，とくに不正の問題等についてはほとんど関与しないという立場をとっていたことがあるといえよう。

ところが，1969年，コンチネンタル・ベンディング・マシン社事件（The Continental Vending Machine Corporation Case）の判決において，そのような会計プロフェッションの認識が否定された。適正性概念は GAAP 準拠性だけによっては構成されないという判断が示されたのである。この判決を契機として，適正性概念の議論，とくに GAAP 準拠性との関連性についての議論が高まりを見せるとともに，会計プロフェッションによる制度的な対応が迫られることとなった。

AIA の後継団体であるアメリカ公認会計士協会（American Institute of Certified Public Accountants：AICPA）が採ったアプローチは，GAAP を従来の認識よりも広義に解釈して適正性概念の意味内容を拡大する一方，GAAP の枠組みの中

---

2 この書簡は，『会社会計の監査』（Audit of Corporate Accounts）として1934年に公表されているほか，May（1936, 72-85；同訳書，74-88）にも所収されている。

に適正性概念を位置づける点は変更しないというものであった。すなわち，GAAP準拠性を基礎として，そこにGAAP適用に関する監査人の判断が介在するものととらえられることとなったのである。この立場は，1975年の監査基準書（Statement on Auditing Standards: SAS）5号「独立監査人の監査報告書における『一般に公正妥当と認められた会計原則に準拠して適正に表示している』という文言の意義」（AICPA 1975）に示された。

さらに，1975年のエクイティ・ファンディング社事件（Equity Funding Fraud and the Auditor's Responsibility for Fraud Detection Case）と，その後のAICPAの特別委員会（通称，コーエン委員会）での議論等を背景として，1977年にSAS16号「誤謬や不正の摘発についての独立監査人の責任」（AICPA 1977a）とSAS17号「依頼人による違法行為」（AICPA 1977b）が公表された。これらによって，財務諸表に影響を及ぼす重大な不正や誤謬，違法行為についても，適正性概念に関連する考慮事項として，新たに適正性概念の枠組みに位置づけられたのである（岡嶋 2018）。

その後，コーエン委員会報告書の勧告を受けて，1988年および1989年にいわゆる新SASとして公表された監査基準書においては，SAS16号およびSAS17号はそれぞれSAS53号（AICPA 1988a）およびSAS54号（AICPA 1988b）に改訂され，一層その摘発責任が拡大された。他方，SAS5号についても，1992年にSAS69号（AICPA 1992）に改訂されている。SAS69号は，基本的には，SAS5号の考え方を踏襲しているものの，さらにGAAPの階層構造を示している点に特徴がある（広瀬 1995, 98-111；O'Reilly 1990, 926-931）。

このようにアメリカの監査の領域においては，適正性概念とGAAP準拠性の枠組みとの関係が問題とされて，GAAP自体の意義を拡大したり，その他の考慮事項を追加したりすることで，適正性概念の意味内容を拡大させてきたと解される。

"true and fair view" と "fairly presentation" については，後者がGAAP準拠性の枠組みで捉えられるのに対して，前者が利用者の観点から捉えられるとして，両者の意味するところは異なるとする考え方が根強く，利用者や監査人の認識においても異なるとの研究成果も示されていた（Kirk 2006）。しかしながら，ISAにおいては，両者は「同じものとして取り扱う」（regarded as being equivalent）と整理されており（IAASB 2016a, A.24），制度上は，両者の差異はないものとされてきている。

(2) 適正性概念の議論

　適正性概念がGAAP準拠性といかなる関係にあるかについては，アメリカのコンチネンタル・ベンディング・マシン社事件の判決以降，種々の議論が行われてきた。その概要を整理すれば以下の通りである[3]。

① 適正性をGAAP準拠性とする見解

　これは，GAAP準拠性をもって適正性の必要十分条件とする立場である。歴史的に見れば，1960年代まで会計プロフェッションの間で支配的だった考え方であり，コンチネンタル・ベンディング・マシン社事件の判決によって否定されたものである。

　会計プロフェッションの立場からすれば，「証明している」という文言にかえて「適正に表示している」という文言を監査報告書に採用した経緯からして，財務諸表利用者に過度の期待を抱かせないように監査人の責任を限定することこそが適正性概念の意義であると捉えるのは当然の帰結であったと思われる。

　また，GAAPへの準拠を適正性の唯一の要件とすれば，監査人は，客観的かつ統一的な判断規準を得ることができるかもしれない。その場合，会計プロフェッション内で一定の監査水準を維持することができるし，いわゆるオピニオン・ショッピングの問題を回避できるであろう。ただし，その条件となるのは，GAAPがすべての会計処理や表示について単一の規定を用意している場合である。

　現実は，そのような状況にはない。GAAPには，1つの会計事象に2つ以上の処理方法を認めている場合があり，その選択適用に当たっては経営者の判断が介在することになる。そのとき，GAAP準拠性のみを確認する監査人は，経営者の選択した会計処理方法を無条件に受け容れることになってしまい，監査人によるプロフェッションとしての独立的な評定の意義が損なわれることになってしまう。

　このように，適正性を単なるGAAP準拠性として把握する立場には，多くの問題があると言わざるをえない。この見解の本質的な問題は，GAAPを所与として適正性概念を構想しようとしたことにあるように思われる。GAAP自体が，

---

[3] 以下の議論では，山浦（2001, 18-30），Carmichael（1974），Rosenfield and Lorensen（1974），町田（2004, 19-34）を参照している。

規定の非統一性や不完全性等のさまざまな欠陥を有するものであり，またそれらは改善されて，時を経るにしたがって GAAP は変容してゆくものである。そのような GAAP の性質を考慮の外においたことに問題があるといえよう。

② 適正性を GAAP 準拠性とは独立的に把握する見解

これは，適正性概念を GAAP 準拠性によるのではなく，それ自体として把握しようという立場である。この見解はさらに，Mautz and Sharaf (1961, ch.7) に見られるような監査人の意見表明は適正性のみについて行われるべきだとする立場と，1950年代の監査報告書において実際に行われていたように，監査人は適正性と GAAP 準拠性のそれぞれについて意見を表明するという，いわゆる二重意見の立場に分けることができる。前者は，GAAP の不完全性を理由として，それに依拠することを問題視するものである。また，後者は，コンチネンタル・ベンディング・マシン社事件の判決によって採用されたものと考えられており，同判決では，財務諸表の GAAP 準拠性は適正性の必要条件ではあっても十分条件ではなく，経営者の誠実性を確かめることも監査人の責任であるという考え方がとられたのである。

2つの見解は，GAAP に対する認識において大きな差異がある。しかし，これらの見解はいずれにしても適正性概念を GAAP 準拠性から切り離して把握するのであるから，適正性の判断に当たっては GAAP 自体の不完全性の問題から解放されることになる。ただし，そこでは適正性をどのように把握するのかという問題が生じることになる。GAAP 以外の何らかの規準を明示しなくては，適正性の判断に当たって監査人の個人的意見が表明される危険性が問題となるであろう。そのような具体的規準がどのようなものなのかは明らかではない。また，GAAP 準拠性から完全に独立的に適正性が判断できるのか，という問題もあるように思われる。

さらに，二重意見については，監査報告書上で GAAP 準拠性についての意見と適正性についての意見が異なる場合が問題となる。そのような場合，監査人は監査報告書において GAAP についての自己の見解を述べることになり，GAAP は常に相対化されるために GAAP の普遍的水準が損なわれることになる。

③ 適正性を GAAP の適用を含めた幅広い GAAP 準拠性とする見解

これは，適正性を判断するに当たって単なる GAAP 準拠性ではなく，その状況下で適切な GAAP が適用されているかどうかについて監査人の独立的な評定

が必要とする立場である。先に述べたように，会計プロフェッションはこの立場を採用し，SAS 5 号以後の規定にこれを採り入れていったのである。

この見解は，上記の①と②の中間に位置するものといえる。適正性をGAAP準拠性だけによって把握するのではないが，GAAP準拠性を放棄したり，あるいはそれとは別に適正性について意見を表明したりするというものでもない。この見解においては，GAAP準拠性の立場を堅持しつつ，さらにそこにGAAPの適用についての監査人の評定という問題を取り込んだのである。

会計プロフェッションがこの見解を採用するに当たっては，従来の会計プロフェッションによる適正性概念の認識を否定したコンチネンタル・ベンディング・マシン社事件の判決は，適正性をGAAP準拠性のみによって定義することを否定したものであって，GAAP準拠性の意義を拡大することで対応できるものと考えられたのである。

また，これを制度上実施するには，GAAPの適用についての規準が必要となる。それが，SAS 5 号とその改訂版としてのSAS69号におけるGAAP構造の構築とその適用規定であったといえよう。

このように，適正性概念については，GAAP準拠性からの分離も含めた幅広い議論が行われたものの，最終的にはGAAPの枠組み内で適正性概念を把握する立場が維持された。新たな解釈は，それ以前のGAAP準拠性を適正性の必要十分条件とする立場に比べれば多くの点で問題が解決されたといえよう。しかしながら，そのようなアプローチでは，適正性概念がGAAP準拠性に基づいて規定されることによって，常にGAAPの不完全性を原因とする問題を内包することになるものといえよう。

なお，その後，監査人の責任を検討したコーエン委員会報告書（AICPA 1978, 14；同訳書 27-28）においては，適正性概念に対する解釈や改善は「実益がない」ものとして，その文言を監査報告書から排除することを提案している。そこでは，適正性概念そのものを排除し，GAAPの意味内容を明らかにしたうえで，GAAP準拠性のみによって監査報告を行うことが提唱されている。この見解は，経営者による会計情報の開示とそれに対する監査人の監査という理念的な二重責任の構図においては説得力がある。しかしながら，先に述べたように，現在の財務諸表の作成・開示が，経営者による見積り等の拡大によって，GAAP準拠性を一意的に適用することがほとんどできない状況にある中では，例えば，経営者による見積りの適否を判断することは監査人に期待される重要な役割であると解される。言い換えれば，適正性概念は，そのようなGAAPの適用において経営者の判断

が含まれる範囲の拡大を背景として，現実の監査において監査人に期待される役割を包摂する概念と言えるように思われる。

(3) わが国における総合意見と個別意見

わが国では，かつて3つの個別意見とそれを受けての総合意見が表明されていた[4]。すなわち，

(i) 企業の採用する会計方針が，一般に公正妥当と認められる会計基準に準拠しているかどうか，準拠していないと認められるときは，その旨，その理由およびその事項が財務諸表に与えている影響
(ii) 企業が前年度と同一の会計方針を適用しているかどうか，前年度と同一の会計方針を適用していないと認められるときは，その旨，その変更が正当な理由に基づくものであるかどうか，その理由およびその変更が財務諸表に与えている影響
(iii) 財務諸表の表示方法が，一般に公正妥当と認められる財務諸表の表示方法に関する基準に準拠しているかどうか，準拠していないと認められるときは，その旨および準拠したときにおける表示の内容

という3つの個別意見を表明した上で，総合意見として，「財務諸表が企業の財政状態および経営成績を適正に表示していると認められるときは，その旨を記載しなければならない」とされていたのである。

総合意見は，監査人の最終的結論であり，監査報告書が監査人の意見表明の手段であることから，総合意見は欠かせないとする考え方と，総合意見は必ずしも必要ではなく，監査報告書の読者に判断の資料を提供するだけで十分とする考え方があったといわれている（日下部 1975, 366)。

また，個別意見はあくまでも「総合意見を導くための前提的意見」であり，「意見という表現を用いるものの，その本質は意見形成のプロセスにおける検出事項の補足を意味し，総合意見のみが意見に該当する」（友杉 1993, 202)，または「個別記載事項は総合意見形成過程を明らかにするためにその記載が要請されている」（中嶋 1992, 109) とされていた。

その後，2002年の「監査基準」の全面改訂において，監査報告準則とともに個別意見が廃止され，監査意見は総合意見に一本化された。「監査基準」の前文においては，次のように述べられている。

---

[4] 例えば，1991年（平成3年）改訂「監査報告準則」，二 監査の概要および三 財務諸表に対する意見の表明。

「監査意見の形成と表明に当たっての監査人による判断の規準を示すことに重点を置いた。これまでの『監査基準』や『監査報告準則』が監査報告書の記載要件を示すことを重視していた点，ならびに，結果として，会計基準への準拠性，会計方針の継続性及び表示方法の基準への準拠性という，適正である旨の意見表明に関する従来の三つの記載要件が，ともすれば形式的な監査判断に陥らせるものとなりがちであった点を改め，改訂基準は，監査人が意見を形成するに当たっての判断の規準を示すことを重視している。」

(「監査基準の改訂について」，三 主な改訂点とその考え方，9 監査意見及び監査報告書，(1)適正性の判断①)

同改訂により，「監査基準」では，財務諸表が一般に公正妥当と認められる企業会計の基準に準拠して適正に表示されているかどうかの判断に当たっては，次のように規定されることとなった。

「2 監査人は，財務諸表が一般に公正妥当と認められる企業会計の基準に準拠して適正に表示されているかどうかの判断に当たっては，経営者が採用した会計方針が，企業会計の基準に準拠して継続的に適用されているかどうかのみならず，その選択及び適用方法が会計事象や取引を適切に反映するものであるかどうか並びに財務諸表の表示方法が適切であるかどうかについても評価しなければならない。」

(第四 報告基準，一 基本原則)

これは従来の個別意見の考え方を，改訂後の監査意見においても，考慮することを示すとともに，前掲のGAAPの選択および適用方法の適切性の考え方を基準内に明記したものと解される[5]。

総合意見として，適正性意見の表明が求められる点は，1957年（昭和32年）の正規の財務諸表監査の実施に先立って1956年（昭和31年）12月に監査報告準則が設定された時以来，変わりはない。

他方，近年，わが国においても導入された，監査報告書での監査上の主要な検討事項（Key Audit Matters：KAM）の記載に当たって，「個別意見」の問題が惹起しているようにも思われる。監査基準報告書701「独立監査人の監査報告書に

---

[5] 併せて，以下を参照されたい。
「会計方針の選択や適用方法が会計事象や取引の実態を適切に反映するものであるかの判断においては，会計処理や財務諸表の表示方法に関する法令又は明文化された会計基準やその解釈に関わる指針等に基づいて判断するが，その中で，会計事象や取引について適用すべき会計基準等が明確でない場合には，経営者が採用した会計方針が当該会計事象や取引の実態を適切に反映するものであるかどうかについて，監査人が自己の判断で評価しなければならない。＜以下略＞」(「監査基準の改訂について」，三 主な改訂点とその考え方，9 監査意見及び監査報告書，(1)適正性の判断③)

における監査上の主要な検討事項の報告」（2022年10月13日最終改正）4項では，次のように規定されている（強調文字は筆者による）。

「4．監査報告書における監査上の主要な検討事項の報告は，監査人が全体としての財務諸表に対する監査意見を形成した上で行われるものである。したがって，監査報告書における監査上の主要な検討事項の報告は，以下のいずれを意図するものでもない。
　(1)適用される財務報告の枠組みにより経営者に求められている財務諸表の表示及び注記事項，又は適正表示を達成するために必要な財務諸表の追加的な注記事項の代替，(2)監査基準報告書705「独立監査人の監査報告書における除外事項付意見」に基づき除外事項付意見を表明しなければならない状況における除外事項付意見の表明の代替，(3)継続企業の前提に関する重要な不確実性に関する報告の代替，(4)監査人が，財務諸表全体に対する監査意見とは別に行う，**個別の事項に対する意見表明**」

このうち，「個別の事項に対する意見表明」の部分の該当する国際監査基準の用語は，"A separate opinion on individual matters" である。この点について，わが国の監査実務では，現在の監査基準では総合意見の表明が求められているのであって「個別意見」は表明してはならないとして，監査上の主要な検討事項における「監査上の対応」の記載に当たって，監査手続の結果，すなわち，"findings" や "observations" の記載が回避されているのである（町田・松本 2022）。

これは本来，個別の事項について財務諸表の意見とは別に監査意見を表明してはならないとするものであって，わが国の監査実務における上記の理解は，一種の拡大解釈に近いのではないかと思われる。なぜなら，海外では "findings" や "observations" の記載の実務が問題なく行われているからである。この点については，改めて「個別意見」と「総合意見」の概念整理が必要かもしれない。

(4) 会社法の下での適法性意見から適正性意見への変更

2002年の監査基準の全面改訂は，2005年（平成17年）の会社法改正を受けて2006年（平成18年）に公表された会社計算規則にも影響を及ぼすこととなった。すなわち，会計監査人の監査報告においては，会社計算規則第154条1項2号として，「計算関係書類の適正性に関する意見」の表明が求められたのである。

それまでの商法特例法の下での会計監査人の意見は，次のようなものであった。

「当監査法人は，『株式会社の監査等に関する商法の特例に関する法律』第2条第1項の規定に基づき，○○株式会社の平成×年×月×日から平成×年×月×日までの第○

期営業年度の計算書類，すなわち，貸借対照表，損益計算書，営業報告書（会計に関する部分に限る。）及び利益処分案並びに附属明細書（会計に関する部分に限る。）について監査を行った。なお，営業報告書及び附属明細書についての監査の対象とした会計に関する部分は，営業報告書及び附属明細書に記載されている事項のうち会計帳簿の記録に基づく記載部分である。
＜中略＞
　監査の結果，当監査法人の意見は次のとおりである。
(1)　貸借対照表及び損益計算書は，法令及び定款に従い会社の財産及び損益の状態を正しく示しているものと認める。
(2)　営業報告書（会計に関する部分に限る。）は，法令及び定款に従い会社の状況を正しく示しているものと認める。
(3)　利益処分案は，法令及び定款に適合しているものと認める。
(4)　附属明細書（会計に関する部分に限る。）について，商法の規定により指摘すべき事項はない。」
（商法特例法第2条第1項（商法第281条第1項に掲げるものを指示））

それが，会社法の制定によって，次のように改められたのである。

「当監査法人は，会社法第436条第2項第1号の規定に基づき，○○株式会社の平成×年×月×日から平成×年×月×日までの第×期事業年度の計算書類，すなわち，貸借対照表，損益計算書，株主資本等変動計算書及び個別注記表並びに附属明細書について監査を行った。
＜中略＞
監査意見
　当監査法人は，上記の計算書類及びその附属明細書が我が国において一般公正妥当と認められる企業会計の基準に準拠して，会社の当該計算書類及び附属明細書に係る期間の財産及び損益の状況をすべての重要な点において適正に表示しているものと認める。」
（会社法第436条第2項第1号および会社計算規則第126条）

　これは，監査基準が総合意見に一本化されたことを受けて，それに沿ったものとされている（弥永 2006, 695）。商法の領域では，適法性と適正性は同一のものと見るのが通説とされてきた（上柳ほか 1992, 592）。
　他方，監査の領域においても，法令および定款に従うという場合には，その中には公正な会計慣行が入っており，適法というのは適正性を当然その中に含むのであって，適法と適正は表現の違いである（飯野 1975）とか，「企業会計原則」は商法計算規定の解釈指針であり，企業会計は商法に規定のあるものはまずそれにより，規定のないもの等については，「企業会計原則」によることで，適法性と適正性は一本化する（日下部・山上 1975, 19）という考え方が採られていた[6]。

また，1974年（昭和49年）2月15日付で日本公認会計士協会から発出された会長通牒「現状下における監査に対する要望」においても，いわゆる「実質一元化」と称される適正性意見と適法性意見を同一のものとみる考え方が示されていたのである[7]。

　したがって，2006年の会社計算規則における監査意見の適法性から適正性への変更は，単に用語を整理した，または用語を揃えたという程度の認識であったように解される。言い換えれば，商法特例法の下で適法性意見を表明してきた会計監査人監査は，適正性の監査を実施した上で，その意見を適法性意見として表明してきたとも解される（森田 2012）。

　しかしながら，先に述べたように，適正性概念がGAAPとの関係でさえ変容してきている状況を鑑みれば，適法性と適正性は異なるものと捉えるべきであろう。とくに，会社法の下での計算書類が，株主にとっての読み易さを理由として，注記の簡素化を進めた現在では，計算書類が次節で述べる準拠性の意見表明に基づくべきではないかとの考え方もあり得るであろう。

(5) 実質的判断

　2002年「監査基準」において導入された重要な考え方の1つに「実質的判断」がある。

　改訂「監査基準」の前文には次のように述べられている。

　「②監査人が財務諸表の適正性を判断するに当たり，実質的に判断する必要があることを示した。監査人は，経営者が採用した会計方針が会計基準のいずれかに準拠し，それが単に継続的に適用されているかどうかのみならず，その会計方針の選択や適用方法が会計事象や取引の実態を適切に反映するものであるかどうかを判断し，その上で財務諸表における表示が利用者に理解されるために適切であるかどうかについても評価しなければならない。

　③会計方針の選択や適用方法が会計事象や取引の実態を適切に反映するものであるかの判断においては，会計処理や財務諸表の表示方法に関する法令又は明文化された会計基準やその解釈に関わる指針等に基づいて判断するが，その中で，会計事象や取引について適用すべき会計基準等が明確でない場合には，経営者が採用した会計方針

---

6 なお，適法性を適正性よりも上位の概念とする考え方（江村 1974）や，適法性は適正性の必要条件であるが十分条件ではないとする考え方（黒沢 1974）もあり，一定の議論があった。詳しくは，山崎（1980）を参照されたい。

7 当該会長通牒以降の日本公認会計士協会の対応，および特に継続性の原則に係る適正性意見と適正性意見の一部を構成する個別意見の問題については，松本（1993）を参照されたい。

が当該会計事象や取引の実態を適切に反映するものであるかどうかについて，監査人が自己の判断で評価しなければならない。また，会計基準等において詳細な定めのない場合も，会計基準等の趣旨を踏まえ，同様に監査人が自己の判断で評価することとなる。新しい会計事象や取引，例えば，複雑な金融取引や情報技術を利用した電子的な取引についても，経営者が選択し，適用した会計方針がその事象や取引の実態を適切に反映するものであるかどうかを監査人は自己の判断で評価しなければならない。」
（「監査基準の改訂について」，三　主な改訂点とその考え方，
9　監査意見及び監査報告書，(1)適正性の判断②）

　これを受けて，「監査基準」第四　報告基準，一　基本原則２において，前掲の通り，「経営者が採用した会計方針が，企業会計の基準に準拠して継続的に適用されているかどうかのみならず，その選択及び適用方法が会計事象や取引を適切に反映するものであるかどうか」の判断が求められることが明記されたのである。

　この点については，従来の実務が個別意見の表明の影響もあって，ともすれば会計基準への準拠の形式的判断に陥っていたことから，企業実態を反映しているかどうかの実質的判断を求めたものと解される。しかしながら，国際財務報告基準（International Financial Reporting Standards : IFRS）で認められている会計基準からの離脱をも許容する実質判断は，わが国の法的枠組みの中では認められていない上，監査人の主観的判断を助長することを避けるためにも，当時の基準設定に当たった当事者による説明では，あくまでも「監査人の判断の規準を会計基準におくことは不可欠であるし，その枠組みの中で，経営者が行った会計基準の選択やその適用方法，さらには財務諸表の表示方法が適正表示を担保しているのかを監査人が最大限に判断することを『監査基準』は求めている」（山浦 2008, 372-373）と述べられている。

　つまり，わが国の「監査基準」の文脈における「実質的判断」というのは，会計基準が明文化され，詳細な定めがある場合には，その選択および適用方法の判断のことであり，会計基準等において詳細な定めのない場合には，「会計基準等の趣旨を踏まえ，同様に監査人が自己の判断で評価する」という，他の既存の基準の考え方を踏まえて，判断規準を監査人自らに創出することを求めるものと解することができる。この点で，イギリスやIFRS等で実施されてきている離脱規定をも含む「実質判断」ないし"substance over form"（実質優先）とは異なるものである。

3 準　拠　性

2014年（平成26年）2月に改訂された「監査基準」において，わが国の監査においても，いわゆる「準拠性意見」が導入された。「監査基準」第一 監査の目的に第2項が新設され，以下のような規定が置かれることとなった。

> 「2　財務諸表が特別の利用目的に適合した会計の基準により作成される場合等には，当該財務諸表が会計の基準に準拠して作成されているかどうかについて，意見として表明することがある。」

これは，ISA 800（IAASB 2016b）ほかに基づく，特別目的の財務報告に対する監査意見の表明を可能とするための監査基準改訂であった。

当時，日本公認会計士協会の説明では，経営者等から，特別目的の財務報告等に対して監査または保証業務を提供してほしいとのニーズがあるといわれていた。例えば，義捐金の収支計算書について，資金の拠出者に対する説明義務を果たす際の監査，年金基金（各種法令に基づき，決算書類を作成するが，財務諸表を作成するための資産・負債の認識・測定についての会計規定はなく，わが国において一般に公正妥当と認められる企業会計の基準を斟酌する規定もない）に対する監査，会社計算規則に基づいて任意で作成される財務諸表等に対する監査等については，現在の適正性意見の枠組みでは対応できない。同様に，学校法人の寄附行為等の認可申請に係る財産目録の監査や，公益社団・財団法人の財務諸表および財産目録に対する意見，農業信用基金協会の監査では，監査意見にばらつきがあり，必ずしも統一的な取扱いができていない。こうしたことから，特別目的の財務報告に対する監査意見の表明，すなわち特別目的の会計基準に準拠したことのみを保証する準拠性意見の表明のニーズがあるとされたのである[8]。

当初，公認会計士協会は，2002年改訂「監査基準」の前文にある次の記述を基に，ISA 800その他のISAを翻訳し調整した監査基準委員会報告書（当時）を公表したいと考えていた。

> 「(3)　改訂基準では，基本的な構成からなる財務諸表に対する監査を前提として，財務諸表が企業の財政状態，経営成績及びキャッシュ・フローの状況を適正に表示

---

[8] 企業会計審議会第35回監査部会，2013年6月24日，資料4「多様化する財務報告に対する監査ニーズ（日本公認会計士協会資料）」および同議事録（https://www.fsa.go.jp/singi/singi_kigyou/gijiroku/kansa/20130624.html）参照。

しているかどうかについて意見を表明するとしているが，監査の対象となる財務諸表の種類，あるいは監査の根拠となる制度や契約事項が異なれば，それに応じて，意見の表明の形式は異なるものとなる。」
（「監査基準の改訂について」三　主な改訂点とその考え方，1　監査の目的(3)）

しかしながら，上記の規定は，当時の商法特例法の下での会計監査人監査における適法性意見の表明を念頭に置いていたとも解される。

さらに，わが国で準拠性監査を導入するに当たっては，いくつかの問題点があった。

第1に，特別目的の財務報告に対する保証については，いかなる水準および内容の保証業務を提供すべきか（さらには，誰が業務実施者となるべきか）については，実際には，各国で異なる対応が見られる。例えば，アメリカでは，特別目的の財務報告についても全て適正意見の枠組みで対応している。ただし，準拠性についての保証業務として，証明業務基準（attestation engagement standards）を別途開発しているほか，政府等の監査について，一般に認められた政府監査基準による準拠性監査を実施している。また，イギリスでは，会社法監査の枠組みでは，準拠性意見の表明は行われていない。ただし，業種別の財務報告に対する監査については，それぞれの業法等の規定に基づいて準拠性の枠組みで対応されている。

第2に，監査人がこのニーズに直面しているとしても，わが国においては，監査意見の表明は，公認会計士法第2条1項に規定されている公認会計士による監査証明業務として実施されることとなっており，準拠性意見の表明を適正性意見の表明と同様に公認会計士による排他的独占業務とするには，監査基準において何らかの規定を置く必要がある。

さらにより実質的な背景としては，カネボウ事件（2005年），オリンパス事件（2011年）を受けての制度対応に追われる中で，保証業務を拡大することよりも，本来の財務諸表監査を適切に実施すべきだとの考えがあったものと解される。

そうした中で，日本公認会計士協会からは，労働組合監査に関して，先行的な実務指針（日本公認会計士協会 2012）が公表され，その中で，「私は，上記の計算書類が，すべての重要な点において，労働組合会計基準に準拠して作成されているものと認める。」とする準拠性意見の表明の実務が，先行的に開始されていた。

そこで，2014年「監査基準」の改訂によって，準拠性意見を監査基準の中に取り込み，監査証明業務の一部として位置づけることとなったのである。

準拠性意見は，監査契約時に財務報告の枠組みが受入可能か否かの検討が求められること，監査意見の表明形態が，「会計基準に準拠している」旨となること，

および監査報告書の記載，とくに追記情報において，特定利用者の特定ニーズに基づいて作成した旨を記載し，監査人の判断で利用制限を付すことも可能とされた。すなわち，リスクの評価やリスク対応，証拠の評価等の監査の実施に当たっては，適正性意見の監査実施プロセスと変わるところはないとされている。

ここで問題となるのは，適正性意見と準拠性意見の相違である。2014年の「監査基準」の改訂に当たっての前文では，次のように述べられている。

「監査基準において，これまでと同様，一般目的の財務諸表を対象とした適正性に関する意見表明が基本であることに変わりはないことから，監査の目的にかかる従来からの記述はそのまま維持することとしつつ，特別目的の財務諸表又は一般目的の財務諸表を対象とした準拠性に関する意見の表明が可能であることを付記し，明確化を行った。
　適正性に関する意見の表明に当たっては，監査人は，経営者が採用した会計方針が会計の基準に準拠し，それが継続的に適用されているかどうか，その会計方針の選択や適用方法が会計事象や取引の実態を適切に反映するものであるかどうかに加え，財務諸表における表示が利用者に理解されるために適切であるかどうかについて判断しなくてはならない。その際，財務諸表における表示が利用者に理解されるために適切であるかどうかの判断には，財務諸表が表示のルールに準拠しているかどうかの評価と，財務諸表の利用者が財政状態や経営成績等を理解するに当たって財務諸表が全体として適切に表示されているか否かについての一歩離れて行う評価が含まれるが，準拠性に関する意見の表明の場合には，後者の一歩離れての評価は行われないという違いがある。」

（「監査基準の改訂に当たって」二　主な改訂点とその考え方，1　監査の目的の改訂）

つまり，従来の適正性意見は，主として一般目的の財務諸表を対象としたもので，その適正性の判断に当たっては，会計基準の選択や適用方法を含む準拠性，会計基準の適用の継続性，および表示の適切性を判断しているが，その表示の適切性については，「表示のルールに準拠しているかどうかの評価」と「財務諸表の利用者が財政状態や経営成績等を理解するに当たって財務諸表が全体として適切に表示されているか否かについての一歩離れて行う評価」の2つがあり，準拠性意見では，後者の一歩離れての評価が求められていないというのである。この一歩離れての評価というのは，"stand back" の訳語であり，近年のISAの審議過程において用いられている用語である[9]。

他方，日本公認会計士協会の実務指針では，次のように記載されている。

「『適用される財務報告の枠組み』—財務諸表の作成と表示において，企業の特性と財務諸表の目的に適合する，又は法令等の要求に基づく，経営者が採用する財務報告の

枠組みをいう。

『適正表示の枠組み』は，その財務報告の枠組みにおいて要求されている事項の遵守が要求され，かつ，以下のいずれかを満たす財務報告の枠組みに対して使用される。

① 財務諸表の適正表示を達成するため，財務報告の枠組みにおいて具体的に要求されている以上の開示を行うことが必要な場合があることが，財務報告の枠組みにおいて明示的又は黙示的に認められている。

② 財務諸表の適正表示を達成するため，財務報告の枠組みにおいて要求されている事項からの離脱が必要な場合があることが，財務報告の枠組みにおいて明示的に認められている。このような離脱は，非常に稀な状況においてのみ必要となることが想定されている。

『準拠性の枠組み』は，その財務報告の枠組みにおいて要求される事項の遵守が要求されるのみで，上記①及び②のいずれも満たさない財務報告の枠組みに対して使用される。」 　　　　　　　　　　　　　　　　　　　（日本公認会計士協会 2022a, 12項(13)）

ここで②の離脱規定は，わが国の法的枠組みでは認められていないことから，①の適正表示を達成するための追加的な開示規定があるか否かが問題となる。つまり，特別目的の財務報告に対する準拠性意見の表明は，こうした追加的な開示の要請がない場合に選択されることが多いとされるのである。

上記の①および②の「適正表示の枠組み」の要件は，国際会計基準1号15項に規定されている財務諸表の一般的特性の1つであって，以下のことが要件とされている[10]。

- 会計基準に準拠した会計方針の選択と適用
- 会計方針を含む情報の記載
- 特定の取引・事象が企業の財政状態および経営成績に与える影響について情報利用者が理解することにとって国際会計基準が不十分であるとき，追加的な開示を提供していること

ここで問題になるのは，国際会計基準の枠組みと，わが国の企業会計の基準の枠組みが異なることによって，追加的開示の問題が十分に議論されていないこと

---

9 ISAの本文では使われていないものの，ISAの審議過程では"stand back"の用語は頻繁に用いられている。例えば，住田・甲斐（2018, 68）では，ISA 220の審議において「スタンドバックの要求事項」を設けることが議論されていたことが報告されている。

　"stand back"とは，立ち止まって証拠を総合的に評価する，職業的懐疑心を発揮するという意味で用いられており，例えば，ISA 540の33項などが該当するとされている（IAASB 2019）。

10 この点については，内藤（2004, 227-228）を参照されたい。

である。基本的に，わが国の会計基準ないし財務報告の枠組みは，従来，アメリカの一般に認められた会計原則の枠組みを参照しつつ構築されてきたところに，「適正表示の枠組み」という概念が，ISA の翻訳を基礎とした公認会計士協会の実務指針において，十分な議論もなく導入されたことに，問題の一端があるように思われる。

　準拠性意見の問題は，前述のように，表示の適切性について，「一歩離れての評価」という考え方によって，追加的開示の問題と，従来の適正意見の表明要件との矛盾を現実的に解消したかにみえるが，この問題については，今後，改めて検討する余地があると思われる。

4　小　　括

　以上のように，わが国では，2002年「監査基準」改訂によって，さらには2005年会社法制定によって，監査意見は，（総合意見としての）適正性意見に統一されたものの，2014年の準拠性意見の導入によって，適正とは何かという問題が改めて問い直されることとなった。その結果として，監査基準の前文ではあるものの，適正というのは準拠性を超えて「一歩離れての評価」を監査人が行う，すなわち利用者の観点に立って，財務諸表が誤導されないものであるかどうかを判断するということが強調されることとなったのである。

　このことを踏まえて，ISA で利用されている「適正表示の枠組み」とわが国で従来から用いられている「一般に公正妥当と認められる企業会計の基準」との異同についての検討や，2002年の「監査基準」の前文では，あくまでもそれ以前の個別意見と総合意見からなる監査意見の体系を廃止して，総合意見に一本化するために行われた適正性の説明の見直しが行われる必要があると考えられる。

　また，監査上の主要な検討事項に関して，個別意見は表明してはならないとして「監査上の対応」の結果等の記載を避ける傾向があることから，「個別意見」と「総合意見」に関する概念整理も必要かもしれない。

　そうした議論の後にはじめて，現在の会社法の下での会計監査人監査が，適正性意見を表明する枠組みを有しているといえるのかどうか，また，適正でない場合に，いかなる制度的な措置が求められるのか，という議論が展開しうるものだと思われるのである。

■参考文献

飯野利夫（1975）「会計監査人監査報告書の本質」『産業経理』35巻4号，1-6頁。
上柳克郎・鴻常夫・竹内昭夫編集代表（1992）『新版 注釈会社法(6)株式会社の機関(2)』有斐閣。
江村稔（1974）「商法監査における監査意見―適法性の基底―」（上および下）『旬刊商事法務』683号，2-7頁および684号8-12頁。
岡嶋慶（2018）『アメリカにおける監査規制の展開―監査基準の形成とエンフォースメント』国元書房。
日下部與市（1975）『新会計監査詳説（全訂版）』中央経済社。
日下部與市・山上一夫（1975）『改正商法と新会計制度 問答式（新訂版）』中央経済社。
黒沢清（1974）「監査報告書について」『會計』106巻1号，1-22頁。
住田清芽・甲斐幸子（2018）「国際監査・保証基準審議会（IAASB）会議報告（第89回会議）」『会計・監査ジャーナル』752号，63-68頁。
千葉準一（1991）『英国近代会計制度―その展開過程の探究』中央経済社。
鳥羽至英（1983）『監査証拠論』国元書房。
友杉芳正（1993）「適正性意見の表明」，髙田正淳編著『会計監査の基礎知識（第2版）』中央経済社，198-202頁。
内藤文雄（2004）『財務諸表監査の考え方』税務経理協会。
中嶋敬雄（1992）「監査報告準則」，新井清光・村山徳五郎編著『新監査基準・準則詳解』中央経済社，101-122頁。
日本公認会計士協会（2012）非営利法人委員会実務指針第37号「労働組合監査における監査上の取扱い」，4月10日。
―――（2022a）監査基準報告書200「財務諸表監査における総括的な目的」，10月13日。
―――（2022b）監査基準報告書701「独立監査人の監査報告書における監査上の主要な検討事項の報告」，10月13日。
広瀬義州（1995）『会計基準論』中央経済社。
町田祥弘（2004）『会計プロフェッションと内部統制』税務経理協会。
町田祥弘・松本祥尚（2022）「監査上の主要な検討事項（KAM）の利用及び改善に関する研究」『青山学院大学大学院会計プロフェッション研究科ワーキング・ペーパー』No. 2022-1，12月15日。
松本祥尚（1993）「継続性原則に係わる日本的規範運用形態」『香川大学経済論叢』66巻2号，161-196頁。
森田佳宏（2012）「わが国の監査制度における不正への対応」『現代監査』22号，34-45頁。
弥永真生（2006）『コンメンタール会社計算規則・改正商法施行規則』商事法務。
山浦久司（1993）『英国株式会社会計制度論』白桃書房。
―――（2001）『監査の新世紀―市場構造の変革と監査の役割―』白桃書房。
―――（2008）『会計監査論［第5版］』中央経済社。
山崎佳夫（1980）「商法監査と証取法監査」『富大経済論集』（富山大学）26巻1号，94-110頁。
American Institute of Accountants (AIA) (1947), *Tentative Statement of Auditing Standards-Their Generally Accepted Significance and Scope*, AIA.
American Institute of Certified Public Accountants (AICPA) (1975), Statement on Auditing

Standards (SAS) No. 5, *The Meaning of 'Present Fairly in Conformity with Generally Accepted Accounting Principles' in the Independent Auditor's Report*, AICPA.
―――― (1977a), SAS No. 16, *The Independent Auditor's Responsibility for the Detection of Errors or Irregularities*, AICPA.
―――― (1977b), SAS No. 17, *Illegalities Act by Clients*, AICPA.
―――― (1978), The Commission on Auditors' Responsibilities, *Report, Conclusions, and Recommendations*, AICPA.（鳥羽至英訳（1990）『財務諸表監査の基本的枠組み―見直しと勧告―』白桃書房。）
―――― (1988a), SAS No. 53, *The Auditor's Responsibility to Detect and Report Errors and Irregularities*, AICPA.
―――― (1988b), SAS No. 54, *Illegalities Act by Clients*, AICPA.
―――― (1992), SAS No. 69, *The Meaning of Present Fairly in Conformity with Generally Accepted Accounting Principles' in the Independent Auditor's Report*, AICPA.
Carmichael, D. R. (1974), What does the Independent Auditor's Opinion Really Mean?, *The Journal of Accountancy*, November, pp.83-87.
Brydon, Sir Donald (2019), *Assess, Assure and Inform Improving Audit Quality and Effectiveness : Report of the Independent Review into the Quality and Effectiveness of Audit*, December.
International Auditing and Assurance Standards Board (IAASB) (2016a), International Standard on Auditing (ISA) 700, *Forming an Opinion and Reporting on Financial Statements*, International Federation of Accountants.
―――― (2016b), ISA 800, *Special Considerations : Audits of Financial Statements Prepared in accordance with Special Purpose Framework*, International Federation of Accountants.
―――― (2019), *Overview of ISA 540 (Revised) and Conforming and Consequential Amendments to Other International Standards*, International Federation of Accountants.
Kirk, Ngaire (2006), Perceptions of the true and fair view concept : an empirical investigation, *ABACUS*, Vol. 42 No. 2, pp.205-235.
Mautz, R. K. and Hussein A. Sharaf (1961), *The Philosophy of Auditing*, American Accounting Association.（近澤弘治監訳，関西監査研究会訳（1987）『監査理論の構造』中央経済社。）
May, George O. (1936), *Twenty-Five Years of Accounting Responsibility*. 1911-1936, vol. 1, Scholar's book Co.（加藤盛弘・鵜飼哲夫・百合野正博共訳（1981）『会計原則の展開』森山書店。）
O'Reilly, V. M., et al. (1990), *Montgomery's Auditing 12th ed.*, John Wiley & Sons, Inc.（中央青山監査法人訳（1998）『モントゴメリーの監査論』（第2版）中央経済社。）
The President of the Board of Trade to Parliament by Command of His Majesty (1945), *Report of the Committee on Company Law Amendment*, June.
Rosenfield, P. and L. Lorensen (1974), Auditor's Responsibilities and the Audit Report, *The Journal of Accountancy*, September, p.74.

（町田　祥弘）

第20章

監査意見の種類

1　はじめに

　本章では，財務諸表監査において監査人が表明する監査意見の種類について取り上げる。財務諸表監査において，監査人は，経営者の作成した財務諸表が，一般に公正妥当と認められる企業会計の基準に準拠して，企業の財政状態，経営成績およびキャッシュ・フローの状況を全ての重要な点において適正に表示しているかどうかについて，自ら入手した監査証拠に基づいて判断した結果を意見として表明する。したがって，監査人がどのような監査手続を計画・実施し，その結果としてどのような監査証拠を入手したか（あるいは入手できなかったか）によって，最終的に表明される監査意見の内容が異なってくる。果たして，監査人はどのような結果に至ったときにどのような監査意見を表明することになるのか。本章ではこの点を中心的に取り上げるとともに，監査意見の種類に関係する用語および論点の整理を行っていく。

　本章の構成は，以下のとおりである。第2節では，監査意見の種類に関する日本の監査基準等の規定の変遷を確認する。続いて第3節では，監査意見の種類に関係する用語および論点について，日本の監査論研究者の文献を中心に整理していく。最後に第4節では，前節までに行った考察の結果を要約するとともに，今後の課題について述べる。

　なお，以下の引用部分中の太字はすべて筆者による強調である。

2 監査基準等における取扱いの変遷

(1) 1950年「監査基準」(中間報告)

1950年,経済安定本部企業会計基準審議会から中間報告の形で「監査基準」および「監査実施準則」が公表された。当時のアメリカの監査規範に基づいて設定されたこれら2つのうち,「監査基準」では,監査人が表明する監査意見に関し,「第三 監査報告基準」の中で次のような規定が置かれていた。

「第三 監査報告基準
　一　＜中略＞
　二　監査の概要については,左の事項を記載しなければならない。
　　1　監査人が実施した監査手続及範囲の概要
　　2　監査基準に準拠して監査が行われたか否か
　　3　正規の監査手続及びその時の事情に鑑み必要と認めた監査手続が実施されたか否か
　　　財務諸表の重要な項目について,正規の監査手続が,実施可能にして合理的であるにも拘らず,省略された場合には,その旨及び理由
　三　企業の会計処理及び財務諸表に関する意見については,左の事項を記載しなければならない。
　　1　企業が採用する会計処理の原則及び手続が「企業会計原則」に準拠しているか否か
　　　財務諸表の重要な項目が「企業会計原則」に準拠せずして処理されている場合には,その旨及びこれに関する意見
　　2　企業が採用する会計処理の原則及び手続が当年度も継続して適用されているか否か
　　　前項の原則及び手続について重要な変更が行われた場合には,その旨及びこれに関する意見
　　3　企業の財政状態及び経営成績に関する財務諸表の表示についての意見
　四　＜中略＞
　五　監査の実施又は監査人の意見に関して監査人の責任を限定しようとする場合には,その事項を監査報告書に明瞭に記載し,補足的説明事項と明確に区別しなければならない。
　　　監査報告書に監査人の責任を限定する事項を記載することによつて,財務諸表に関する監査人の意見が無意義となる場合には,監査の概要を記載するにとどめ,意見の表明を差控えなければならない。」

以上の規定の強調部分のうち，1つ目が監査範囲の制約，2つ目および3つ目が意見に関する除外，そして4つ目が意見差控の規定であり，これらのいずれにも該当しない場合には，無限定適正意見が表明されることと理解されていた。また，当時は不適正意見の表明については定められていなかったため，適正意見が表明できないほどに意見に関する除外事項が存在していた場合は，意見差控で対応されていた（久保田 1957, 50；久保田 1958, 76-75：田島 1957b, 9)。このような対応は，当時のアメリカの監査実務[1]に端を発したもので，監査の専門知識を有さない一般の監査報告書利用者に無用の混乱と誤解を与えていた（久保田 1950, 16-17；江村 1966, 97；日下部 1966, 62)。

(2) 1956年「監査報告準則」

1956年，正規の財務諸表監査の開始に備えて，「監査基準」および「監査実施準則」が一部改訂されるとともに，新たに「監査報告準則」が設定された。前項で紹介した監査報告に関する規定の多くは，新設された「監査報告準則」に移され，次のような規定が置かれた。

「二　監査人は，実施した監査の概要につき，左の事項を記載しなければならない。
　　1　監査人が実施した監査範囲の概要
　　2　監査が監査基準に準拠して行われたか否か
　　3　正規の監査手続及びその時の事情に鑑み必要と認めた監査手続が実施されたか否か
　三　財務諸表に対する意見の表明
　　(一)　監査人は，財務諸表に対する意見を表明するため，左の事項を記載しなければならない。
　　　　1　企業が採用する会計処理の原則及び手続が「企業会計原則」に準拠してい

---

[1] 当時のアメリカの監査規範であったアメリカ会計士協会（American Institute of Accountants；以下，AIA）の監査手続書（Statements on Auditing Procedures：SAP）第32号「意見が省略された場合の会計士報告書の明確化」（AIA 1949）では，次のように規定されていた。
　「会計士が自らの氏名を財務諸表に関連付けることを許可する場合，当該会計士は，特定の状況において，(1)無限定意見を表明するか，(2)限定意見を表明するか，あるいは(3)全体としての財務諸表に対する意見を差し控える（disclaim）か，のいずれが適切であるかを決定しなければならない。それゆえ，無限定意見が表明できない場合，当該会計士は限定事項または除外事項の重大性（significance）を決定するために，それらを検討しなければならない。もしそれらが意見を反証するようなものであれば，適切に限定された意見で十分であろう。もしそれらが全体としての財務諸表に対する意見を反証するようなものであれば，監査人はそのような意見を明確に差し控えなければならない。」(para.6)

るか否か
　　2　企業が採用する会計処理の原則および手続が当年度も継続して適用されているか否か
　　3　財務諸表の記載様式および記載事項に関して特に準則が設けられている場合には，企業の財務諸表がこれに準拠して作成されているか否か
㈡　監査人は，財務諸表が企業の財政状態および経営成績を適正に表示していると認めた場合には，その旨を記載しなければならない。
㈢　監査人は，次に掲げる場合には，その旨および理由ならびに第二号もしくは第三号の場合にはその財務諸表におよぼす影響を記載しなければならない。
　　1　財務諸表の重要な項目について，正規の監査手続が実施可能にして合理的であるにもかかわらず省略された場合
　　2　財務諸表の重要な項目が「企業会計原則」に準拠せずに処理された場合
　　3　企業の採用する会計処理の原則および手続について，当期純利益に著しい影響を与える変更が行われた場合　ただし，正当な理由による期間利益の平準化または企業の堅実性をえるために行われている場合を除く。
　　4　財務諸表の重要な項目が，財務諸表の記載様式および記載事項に関して特に設けられている準則に準拠せずに処理されている場合
㈣　監査報告書に㈢の各号に挙げる事項を記載することによって，財務諸表に対する意見が無意義となる場合には，監査人は，意見の表明を差し控え，その旨および理由を記載しなければならない。」

　1956年「監査報告準則」では，上記の三㈠第1号から第3号のすべてについて問題がなければ，三㈡に従い，無限定適正意見を表明しなければならないと規定された（飯野，1957, 80；渡邊，1957, 55）。また，1950年「監査基準」では関連する規定の後段に置かれていた除外事項に関する規定が，三㈢に集約された。さらに，意見に関する除外の1つとして，三㈠第3号に対応する三㈢第4号の規定が追加された。

(3)　1966年「監査報告準則」

　1966年，その前年に改訂された「監査実施準則」に続き，「監査基準」および「監査報告準則」の改訂が行われた。この改訂により，監査意見の種類に関する「監査報告準則」の規定は，以下のようになった。

「二　監査の概要
　　実施した監査の概要については，次に掲げる事項を記載しなければならない。
　㈠　監査の対象となった財務諸表の範囲
　㈡　監査が「監査基準」に準拠して行なわれたかどうか

㈢ 「通常の監査手続」及びその時の事情に応じて必要と認めた他の監査手続が実施されたかどうか
   「通常の監査手続」のうち重要な監査手続が実施されなかった場合には，その旨及びその理由
三 財務諸表に対する意見
   ㈠ 財務諸表に対する意見については，次に掲げる事項を示して，財務諸表が会社の財政状態及び経営成績を適正に表示しているかどうかを記載しなければならない。
      1 会社が採用する会計処理の原則及び手続が，「企業会計原則」に準拠しているかどうか
      2 会社が前年度と同一の会計処理の原則及び手続を適用しているかどうか
      3 財務諸表の表示方法が，一般に公正妥当と認められる財務諸表の表示方法に関する基準又は法令に準拠しているかどうか
      前各号の記載に関して重要な除外事項があると認めた場合には，当該除外事項を明示し，かつ，それが財務諸表に与えている影響を記載しなければならない。
   ㈡ **除外事項が財務諸表に特に重要な影響を与えていると認めた場合には，財務諸表が会社の財政状態及び経営成績を適正に表示していない旨及びその理由を記載しなければならない。**
四 財務諸表に対する意見の差控
   監査人は，重要な監査手続が実施されなかったこと等の理由により自己の意見を保証するに足る合理的な基礎が得られず，財務諸表に対する意見の表明ができない場合には，財務諸表に対する意見を差し控える旨及びその理由を記載しなければならない。」

1966年の改訂では，1956年「監査報告準則」で1箇所にまとめられていた除外事項に関する規定が，1950年「監査基準」のようにそれぞれ関連する規定に付随する形で再配置された。また，不適正意見を意見差控の形式により表明してきたこれまでの実務慣行を是正することを目的として，三㈡に不適正意見に関する規定が新設された（中瀬 1966, 73-74；渡邊 1966, 140）。なお，これに関連して，当該準則の運用方針および解釈を記した「了解事項」の二には，この規定には監査手続に関する除外事項（すなわち，監査範囲の制約）は含まれず，これを理由に不適正意見が表明されることはないことが付記された。さらに，これまで「財務諸表に対する意見が無意義になる場合」とされてきた意見差控の条件が，「自己の意見を保証するに足る合理的な基礎が得られず，財務諸表に対する意見の表明ができない場合」に変更され，その原因として「重要な監査手続が実施されなかっ

たこと」が例示された。また，渡邉（1966, 142）によると，残りの「等」には異常な未確定事項が含まれているものと解された。

(4) 1991年「監査基準」および「監査報告準則」

1991年，国際的調和の必要性の増大や監査実務の進展など，監査環境の新しい変化に対応するため，「監査基準」，「監査実施準則」，および「監査報告準則」の全面的な見直しが行われた。この改訂において，1956年以降は「監査報告準則」のみに置かれてきた監査意見の種類に関する規定のうち，意見差控に関する規定が「監査基準」の「第三　報告基準」に再度記載された[2]。また，「監査報告準則」については，以下のとおり改訂された。

「二　監査の概要
　　実施した監査の概要については，次に掲げる事項を記載しなければならない。
　　㈠　監査の対象となった財務諸表の範囲
　　㈡　監査が「監査基準」に準拠して行われた旨
　　㈢　通常実施すべき監査手続が実施されたかどうか，**通常実施すべき監査手続のうち重要な監査手続が実施されなかったときは，その旨及びその理由**
　三　財務諸表に対する意見の表明
　　㈠　**財務諸表が企業の財政状態及び経営成績を適正に表示していると認められるときは，その旨を記載しなければならない。**
　　㈡　**財務諸表が企業の財政状態及び経営成績を適正に表示していないと認められるときは，その旨及びその理由を記載しなければならない。**
　　㈢　財務諸表に対する㈠又は㈡の意見の表明に当たっては，次に掲げる事項を記載しなければならない。
　　　1　企業の採用する会計方針が，一般に公正妥当と認められる会計基準に準拠しているかどうか，**準拠していないと認められるときは，その旨，その理由及びその事項が財務諸表に与えている影響**
　　　2　企業が前年度と同一の会計方針を適用しているかどうか，**前年度と同一の会計方針を適用していないと認められるときは，その旨，その変更が正当な理由に基づくものであるかどうか，その理由及びその変更が財務諸表に与えている影響**
　　　3　財務諸表の表示方法が，一般に公正妥当と認められる財務諸表の表示方法に関する基準に準拠しているかどうか，**準拠していないと認められるときは，その旨及び準拠したときにおける表示の内容**

2　「監査人は，自己の意見を形成するに足る合理的な基礎が得られないときは，財務諸表に対する意見の表明を差控えなければならない。」（企業会計審議会 1991, 第三　報告基準, 三）

四　財務諸表に対する意見の表明の差控

　　重要な監査手続を実施できなかったこと等の理由により財務諸表に対する意見を表明するに足る合理的な基礎が得られないときは，財務諸表に対する意見の表明を差控える旨及びその理由を記載しなければならない。」

1991年の改訂では，1956年改訂で登場し，1966年改訂で削除された無限定適正意見の表明に関する規定が再度規定された。また，不適正意見に関する規定が意見に関する除外についての規定の前に置かれた。

(5) 2002年監査基準

2002年に行われた監査基準等の全面的な見直しに伴い，これまで「監査基準」とは別に置かれていた「監査実施準則」と「監査報告準則」が廃止され，「監査基準」の中に取り込まれた。監査意見の種類に関して，2002年「監査基準」の「第四　報告基準」では，以下のように，意見を表明しない場合と不適正意見の場合だけでなく，除外事項を付した限定付適正意見の位置づけが明確に規定された。

「第四　報告基準
　三　無限定適正意見の記載事項
　　　監査人は，経営者の作成した財務諸表が，一般に公正妥当と認められる企業会計の基準に準拠して，企業の財政状態，経営成績及びキャッシュ・フローの状況をすべての重要な点において適正に表示していると認められると判断したときは，その旨の意見（この場合の意見を「無限定適正意見」という。）を表明しなければならない。
　　＜中略＞
　四　意見に関する除外
　1　監査人は，経営者が採用した会計方針の選択及びその適用方法，財務諸表の表示方法に関して不適切なものがあり，無限定適正意見を表明することができない場合において，その影響が財務諸表を全体として虚偽の表示に当たるとするほどには重要でないと判断したときには，除外事項を付した限定付適正意見を表明しなければならない。この場合には，財務諸表に対する意見において，除外した不適切な事項及び財務諸表に与えている影響を記載しなければならない。
　2　監査人は，経営者が採用した会計方針の選択及びその適用方法，財務諸表の表示方法に関して著しく不適切なものがあり，財務諸表が全体として虚偽の表示に当たると判断した場合には，財務諸表が不適正である旨の意見を表明しなければならない。この場合には，財務諸表に対する意見において，財務諸表が

不適正である旨及びその理由を記載しなければならない。
　五　監査範囲の制約
　　1　**監査人は，重要な監査手続を実施できなかったことにより，無限定適正意見を表明することができない場合において，その影響が財務諸表に対する意見表明ができないほどには重要でないと判断したときには，除外事項を付した限定付適正意見を表明しなければならない。**この場合には，実施した監査の概要において実施できなかった監査手続を記載し，財務諸表に対する意見において当該事実が影響する事項を記載しなければならない。
　　2　**監査人は，重要な監査手続を実施できなかったことにより，財務諸表に対する意見表明のための合理的な基礎を得ることができなかったときには，意見を表明してはならない。**この場合には，財務諸表に対する意見を表明しない旨及びその理由を記載しなければならない。」

(6) 2010年「監査基準」および2011年監査基準委員会報告書第61号

2010年の改訂では，意見に関する除外および監査範囲の制約に関して，従来の「監査基準」では「重要な影響」として一括して扱っていたものを，国際監査基準に平仄を合わせるために，「重要性」と「広範性」の2つの要素に分けて明示された。その結果，以下の規定について文言が修正された。

「四　意見に関する除外
　　1　監査人は，経営者が採用した会計方針の選択及びその適用方法，財務諸表の表示方法に関して不適切なものがあり，**その影響が無限定適正意見を表明することができない程度に重要ではあるものの，財務諸表を全体として虚偽の表示に当たるとするほどではない**と判断したときには，除外事項を付した限定付適正意見を表明しなければならない。この場合には，別に区分を設けて，除外した不適切な事項及び財務諸表に与えている影響を記載しなければならない。
　　2　監査人は，経営者が採用した会計方針の選択及びその適用方法，財務諸表の表示方法に関して不適切なものがあり，**その影響が財務諸表全体として虚偽の表示に当たるとするほどに重要である**と判断した場合には，財務諸表が不適正である旨の意見を表明しなければならない。この場合には，別に区分を設けて，財務諸表が不適正であるとした理由を記載しなければならない。
　五　監査範囲の制約
　　1　監査人は，重要な監査手続を実施できなかったことにより，無限定適正意見を表明することができない場合において，**その影響が財務諸表全体に対する意見表明ができないほどではない**と判断したときには，除外事項を付した限定付適正意見を表明しなければならない。この場合には，別に区分を設けて，実施できなかった監査手続及び当該事実が影響する事項を記載しなければならない。

2　監査人は，重要な監査手続を実施できなかったことにより，財務諸表全体に対する意見表明のための基礎を得ることができなかったときには，意見を表明してはならない。この場合には，別に区分を設けて，財務諸表に対する意見を表明しない旨及びその理由を記載しなければならない。」

また，「監査基準改訂」の翌年，日本公認会計士協会から監査基準委員会報告書（以下，監基報）第61号「独立監査人の監査報告書における除外事項付意見」（日本公認会計士協会 2011）が公表された。この監基報第61号は，2009年に完了した国際監査基準（International Standards on Auditing: ISAs）のクラリティ・プロジェクトの動向を踏まえ，新起草方針に基づき改正・公表されたものであり，その内容はクラリティ版 ISA 705「独立監査人の報告書における意見の修正」（IAASB 2009）に基づいて制定されたものである。監基報第61号では，除外事項付意見の類型として，限定意見（限定付適正意見），否定的意見（不適正意見），および意見不表明の3つが示されるとともに，先の「重要性」と「広範性」の2つの要素を含めた以下の**図表20-1**が示された。

図表20-1 ■ 除外事項付意見の類型

除外事項付意見を表明する原因の性質	除外事項付意見を表明する原因となる事項が財務諸表に及ぼす影響の範囲，または及ぼす可能性のある影響の範囲が広範なものかどうかという監査人の判断	
	重要だが広範でない	重要かつ広範である
財務諸表に重要な虚偽表示がある	限定意見 （限定付適正意見）	否定的意見 （不適正意見）
十分かつ適切な監査証拠が入手できず，重要な虚偽表示の可能性がある	限定意見 （限定付適正意見）	意見不表明

（出所）日本公認会計士協会（2011），A1項。

以上，本節では監査意見の種類に関する日本の監査基準等の変遷を確認した。監査意見の種類に関する規定も，当初はアメリカの監査規範を参考に制定され，現在では ISAs と整合するように改訂が行われている。ただし，その内容，特に本章の考察の対象である監査意見の種類については，1966年の改訂時に不適正意見に関する文言が明記されて以降，無限定適正意見，限定付適正意見，不適正意見，および意見差控/意見不表明の4種類（限定付適正意見をその原因で区別すると5種類）が一貫して使用されている。

3 監査意見の種類に関する論点の整理

本節では,監査意見の種類に関してこれまでなされてきた議論,説明,あるいは使用されてきた用語およびその定義などについて整理していく。

(1) 総合意見と個別意見

前節で考察したとおり,過去の日本の監査基準等では,監査範囲の制約や意見に関する除外についての規定が示され,これらに該当する除外事項がなければ無限定適正意見を表明する,という形式を採っていた。ここで表明される無限定適正意見は,財務諸表全体の適正性に関する意見であることから,「総合意見」と呼ばれてきた。これに対して,監査人には,①企業会計原則への準拠,②会計原則および手続の継続適用,および③財務諸表の表示の基準・法令等への準拠の3項目について,それぞれ監査報告書に記載することが要求されてきた。これらの記載は,上述の総合意見に対して,「個別意見」と称されてきた(久保田 1978;高田駒次郎 1975;高田正淳 1975;高田正淳 1982;森 1978)。

森(1968)は,これらの総合意見と個別意見の関係を,次のような比喩を用いて説明している。すなわち,「監査意見の構造は,ひゆ的には,つぎのような立体構造として表現することもできる。すなわち,財務諸表の総合的適正性は,いわば三本の支柱,すなわち,会計原則の準拠性,継続性および情報公開の十分性の三つの構成要件によって支えられ,これらの支柱は,さらにその地盤,すなわち,意見立証の基礎の十分性(筆者註:監査証拠の十分性を指し,換言すれば監査範囲の制約が無いこと)の上にたてられているということができる。」(63)と。

ただし,個別意見は「意見」と称されているものの,あくまで総合意見を形成する際の考慮事項という位置づけであり,総合意見を支持する根拠,前提的意見,あるいは構成要素と考えられている。これは言い換えると,個別意見は3つの項目それぞれについて意見を表明しているわけではないということである(高田正淳 1982;鳥羽 1983)。

(2) 意見差控/意見不表明の監査意見における位置づけ

前項で述べたように,日本では個別意見を根拠あるいは構成要素とする総合意見が,最終的な監査意見として表明されると考えられてきた。この理解を前提とする場合,総合意見として表明される監査意見の範囲が問題となる。言い換えれ

ば，監査意見が財務諸表の適正性に対して表明されるものであるならば，それについて何ら意見を表明しない意見差控/意見不表明は監査意見の範囲に含まれるかどうか，という疑問が生じる。

ここで，意見差控について今一度詳しく考察したい。日下部（1957）は，**図表20-2**を用いて，意見差控を要する場合を示した。この図表のうち，〔B〕は，不

図表20-2 ■ 日下部（1957）による意見差控の分類

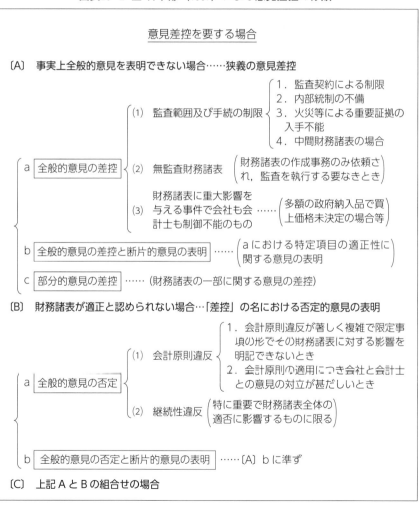

（出所）日下部（1957），32。

図表20-3 ■ 田島（1962）による意見差控の分類

```
意見差控（最広義）┬意見（監査報告書）なし
                  └意見差控（広義）┬無意見（無意見報告書）
                                    ├意見拒否（反対意見の間接的表示としての）
                                    └意見差控（狭義）┬全部的意見差控
                                                      └部分的意見差控┬財務諸表単位別
                                                                      └財務諸表項目別
```

（出所）田島（1962），2。

　適正意見を表明する代わりに意見を差し控えるという当時の実務慣行を反映したものであるため，今日的な意味での意見差控／意見不表明は〔A〕が該当する。日下部（1957）は，そもそも監査を実施せずに監査報告書を提出するa(2)を意見差控に分類することに否定的であった。これに対して，bおよびcについては，財務諸表全体に対する適否を表明しないため，あまり重要な意義をもたないとしつつ，監査人が知り得た範囲で意見を述べることについては何ら差し支えないし，かえって報告書の内容を充実させると述べ，一定の理解を示していた。

　これに対して，田島（1962）は**図表20-3**のような意見差控の分類を示し，どの分類が意見差控に該当するかを検討している。そして，結論として，重要項目に対する監査範囲が制限されたために，結果として監査意見が無意義になった場合，および被監査会社の作成した会計記録またはこれに関する証憑書類に著しい不備があったために，監査手続を拡張する必要があったにもかかわらず，依頼人にそれを要求しても拒否された場合には，財務諸表全体に対する意見を差し控える「全部意見差控」のみが意見差控に該当すると主張した。

　このように，財務諸表全体の適正性に関する意見が表明されない意見差控は，監査意見の中でどのように位置づけられるか。この点，例えば中瀬（1966）は監査人の意見を以下の**図表20-4**のように分類し，意見差控を，財務諸表に対する意見を含まない監査人の意見として位置づけている。

　中瀬（1966）と同様に，高田駒次郎（1973，33-34）は，日本の学者の見解を踏まえて，「一般的にいえるのは，意見差控は何らかの意味における意見である」(33)と述べ，意見差控を広義の監査意見の1つとして位置づけている。その理由について，高田駒次郎（1973）は，監査人の表明する意見には利害関係者の判断資料を充実させる価値があるという立場をとった場合，意見差控を含む除外事

図表20-4 ■ 中瀬（1966）による監査意見の分類

監査人の意見		
意見差控	財務諸表に対する意見	
	不適正意見	適正意見
		限定付適正意見	無限定適正意見

（出所）中瀬（1966），74。

項付意見は，利害関係者が財務諸表を修正するために必要な判断資料を提供するものになると指摘する。例えば，監査人が意見に関する除外事項を含む監査意見を表明する場合，当該除外事項についての説明（除外事項を付す旨およびその理由）を監査報告書に記載しなければならない。このとき，企業外部の利害関係者の立場に立ってみれば，この除外事項に関する監査人の説明は，該当する財務諸表の情報を訂正または補完する情報として受け止められ，利害関係者は自ら財務諸表を修正して利用することができるようになるわけである（高柳 1966, 21）。高田駒次郎（1973）は，意見差控の場合も，限定付適正意見や不適正意見ほどではないにせよ，利害関係者が財務諸表を修正するためのある程度の判断資料を提供すると考えられると主張する。特に，意見差控となった原因が被監査会社側に存在するのであれば，信頼できる財務諸表ではないという判断資料を提供しているともいえることから，そのような意味で，意見差控も1つの意見であると主張している。

(3) **限定事項，除外事項，留保事項，条件事項**

　監査意見の種類に関する文献において登場する類似の用語として，「限定事項」(qualification)，「除外事項」(exception)，「留保事項」(reservation)，あるいは「条件事項」(subjection) がある。先行研究では，これらの4つの事項についても整

理が行われている。

① 限定事項と除外事項

まず、限定事項という用語は、監査人が限定意見（限定付適正意見）を表明する際に監査報告書に記載される事項の総称として用いられていた。ここにいう「限定」とは、例えば、「被監査会社が責任をもつて作成し、これを一般に公表べき財務諸表に対して、監査人が卒直に会社の財政状態と経営成績とを公正に示していることを承認する旨を述べることができない事情が存在すること」（田島 1957a, 33, 原文ママ）を示す用語であると説明されている。

限定事項は、大きく2つの事項に分類される。1つが「留保事項」であり、もう1つが「除外事項」である。例えば、山桝（1961, 29）は、「前者は、『……については範囲外とする』という意味のものであり、後者は、『……については異存がある』という意味のもの」であるし、両者の性質の相違を指摘する。同様に、飯野（1974, 24）は、留保事項は監査意見を表明するに足る十分な証拠が入手することが出来なかった場合に記載され、除外事項は、監査人が財務諸表の適正性についての意見を表明するにあたって、財務諸表が適正であるための必要条件を逐一吟味する過程において発見した事項のうち、その条件に適合しない場合に記載される、と説明する。

このように、除外事項を限定事項の一種であると整理する先行研究がある一方で、両者を同じものとして捉えて説明している先行研究もある。例えば、三澤（1977, 417）は、「監査報告書には除外事項（exception）または限定事項（qualification）と呼ばれる記載事項がある」とし、両者を区別せず、「これは監査人が実施した監査手続あるいは監査対象たる財務諸表に関する欠陥（deficiencies）を表すものであり、監査手続または財務諸表いずれの欠陥にせよ、監査人の表明した適正意見の対象外となることを意味する」と説明している。そして、それ以後の説明では用語として除外事項を用いながら、「除外事項には、本質的には①監査証拠が入手できないため当該会計処理の適否について判断を下すことができず、部分的な意見差控たるもの（意見差控的事項）、②公正妥当な企業会計の基準に反し、適正でないと認められるもの（不適正事項）、および③会計処理が確定しないため当該会計処理の適否について判断を下すことができず、意見の留保を必要とするもの（留保事項）という3種のものがある」（三澤 1977, 417-418）と整理している（**図表20-5**を参照されたい）。

高田駒次郎（1978, 101-102）は、除外事項を広義と狭義に分けて捉え、広義の

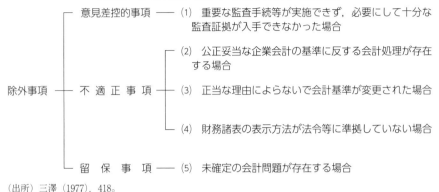

図表20-5 ■ 三澤（1977）による除外事項の分類

(出所）三澤（1977），418。

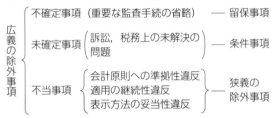

図表20-6 ■ 高田駒次郎（1978）による除外事項の分類

(出所）高田駒次郎（1978），102。

　除外事項を「総合意見において無限定意見が表明できない何らかの理由」となっている事項であるとした上で，その中に狭義の除外事項，留保事項，条件事項の3つが含まれると説明している（**図表20-6**を参照されたい）。そして，狭義の除外事項には「監査報告書で文字どおり『……を除いて（except for）』と記載される＜中略＞，会計上の不当事項のみ」が該当し，留保事項には「『……については監査の範囲外とする』という留保の意味を表わす」不確定事項が該当し，そして条件事項には「『……を条件として（subject to）』と記載される」未確定事項が該当すると説明している。

　三澤（1977）や高田駒次郎（1978）のように，除外事項を限定事項と同じものと捉えた説明がなされるようになったのは，日本の監査基準等では，1966年の「監査報告準則」の改訂から除外事項が用いられるようになったからであると考えられる。中瀬（1966, 71-72）によると，それ以前は限定事項が用語としてよく用いられ，除外事項はあまり用いられていなかったが，前述（本章第3節第1項）の

個別意見の記載に関連して,事項については除外事項とした方が記載事項の「否」の場合を示すのに適当であろうという理由から,除外事項が採用されたという。同様に,渡邊(1966, 140)も,「除外事項(Exception)とは,限定事項(Qualification)と同じ意味であるが,用語上,除外事項と限定意見(Qualified Opinion)を対応させ区別したに過ぎない」と述べ,意見については限定意見,事項については除外事項と呼んで区別するために,除外事項が採用されたと説明している。

② 留保事項と条件事項

留保事項と条件事項については,いずれも限定事項または広義の除外事項に含まれる事項として整理されている。しかし,論者によってその位置づけは異なっている。例えば,前出の三澤(1977)は,監査において判明した未確定の会計問題に対しては留保事項が付されると説明している。これに対して,高田駒次郎(1978)は,訴訟や税務上の未解決の問題などに代表される未確定事項[3]に対しては条件事項が付されると説明している。また,大矢知(1989, 199-200)は,**図表20-7**のような分類を示した上で,留保事項と条件事項が,監査人が立証できない部分について意見を留保する点で共通していることから,両者をあえて区別せず,同じものとして説明している。さらに,近江(1991, 129-130)は,限定事項を「監査人が自己の責任を明確にし,また利害関係者の意思決定を誤らせないよう,的確な情報を提供するために監査報告書に記載する『条件事項』」であると説明し,その原因となる事実に基づいて,①意見差控的事項(ある重要な監査項目の特定の監査要点を立証するための監査手続が実施できない,あるいは何らかの事情で監査範囲が制約されるといった原因で,その監査要点を立証するための必要で十分な監査証拠が入手できない場合に記載される事項),②未確定事項(最終的結論が被監査会社の経営者および監査人以外の第三者の決定に委ねられたり,将来の成行きによる

図表20-7 ■ 大矢知(1989)による除外事項の分類

```
         ┌─ 監査実施の制約  (不確定性) ……留保事項
限定事項 ─┼─ 未確定事項の存在 (不確実性) ……留保事項
         └─ 財務諸表の欠陥  (不適正性) ……除外事項
```

(出所)大矢知(1989), 199。

---

3 高田駒次郎(1980)は,未確定事項を「監査人の監査報告書作成日,すなわち,意見表明時点において,財務諸表に与える影響につきその合理的な最終決定が経営者以外でなければ不可能な事項」(128)であると説明している。

ので，監査人は意見表明時に，その影響を合理的に予測できない重要な未確定の事項の存在という原因に基づき記載される事項），および③不適正事項（財務諸表上重要な欠陥が存在するという原因によって記載される事項）の３つに分類している。近江（1991）の分類は三澤（1977）と同じであるが，限定事項を条件事項と同定している点で異なっている。

　永見（2011）は，条件事項が付された条件付監査意見を対象とした研究の１つであり，制度上はすでに廃止された監査報告実務である条件付監査意見の現代的な意義を問い直すことを主たる目的として行われたものである。永見（2011）によると，1933年証券法および1934年証券取引所法の制定によってアメリカにおける財務諸表監査が制度として走り始めて以降，監査報告実務において最後まで混乱をもたらし，長く尾を引いた問題が条件付監査意見であったという。条件付監査意見は，当初はさまざまな監査上の問題を対象として表明されていたが，監査基準の整備が進むにつれて，1963年からその対象が未確定事項[4]に限定されることとなった。しかし，この条件付監査意見の有する意味が曖昧であったために，監査報告実務における誤用や乱用が散見され，監査人の責任回避に悪用されることもあった。このことから，条件付監査意見はさまざまな論者によって批判され，最終的には1988年の監査基準改正により廃止されることとなった。

　永見（2011）は，アメリカにおける条件付監査意見に関する議論を丹念に考察した結果を踏まえて，当時の基準設定主体が，①未確定事項を対象として条件付監査意見が表明されることの意味を，「財務諸表の信頼性の保証」という枠組みではなく，「情報提供機能」という枠組みから説明しようとしたこと，および②条件付監査意見の対象である未確定事項を「個別の未確定事項」と「ゴーイング・コンサーン問題」に峻別し，両者の位置づけを明確にしたうえで，それぞれの未確定事項が条件付監査意見にもたらす意義を十分に検討しなかったこと，という２つの大きな誤りを犯してしまったと評価している。そして，永見（2011）は，条件付監査意見はゴーイング・コンサーン問題のみに限定して利用されるべきであるとし，財務諸表の適正性という命題に対する信憑度にゴーイング・コンサーン問題が及ぼす影響は，「適正意見」「条件付監査意見」そして「意見差控/意見不表明」を表明することによって，財務諸表の信頼性の保証という論理を一貫した形で読者に明確に伝達することができると結論づけている。

4　永見（2011）は，未確定事項を「財務諸表項目に影響を及ぼす可能性を有しているが，期末時点において監査人がその帰結を合理的に見積もることのできない事象或いは状況」（9）であると説明している。

(4) 無意見監査報告書，断片的意見，「概ね適正」意見

本節の最後に，監査意見の種類について考察する中で度々登場したその他の論点についてまとめて紹介する。

① 無意見監査報告書 (non-opinion report)

無意見監査報告書は，意見差控監査報告書と明確に区別すべきことが強調されていた報告書である。久保田（1950；1957；1978）によると，当時のアメリカでは，通常の監査よりも範囲を著しく制限したり，監査意見の表明を要求しないといった契約を締結する実務が行われていた。この無意見監査報告書は，そういったそもそも監査意見を表明せず，実施した手続の概要だけを記載する報告書のことであり，結果として意見を差し控えることとなった意見差控報告書とは全く異なるものであった。

② 断片的意見 (piecemeal opinion)

断片的意見も，当時のアメリカにおいて行われていた実務の1つである。断片的意見について規定していたアメリカ会計士協会（American Institute of Accountants；以下，AIA）の監査手続書第33号「監査基準及び手続」（Statements on Auditing Procedure No. 33, Auditing Standards and Procedures）によると，財務諸表全体の適正性について意見を差控えるか不適正意見を表明することが要求される状況において，監査人は，意見差控または不適正意見の表明が要求される部分以外の点について，一般に認められた会計原則への準拠について，断片的（piecemeal）な意見を表明することができると規定されていた（AIA 1963, para.22）。ただし，このような意見の表明は監査報告書利用者に誤解を招くおそれもあることから，断片的意見を表明しようとする監査人には，当該意見の表現方法を慎重に検討するなどの対応が求められていた（飯野 1957；日下部 1957；田島 1957b；三澤 1977；AIA 1971）[5]。

③ 「概ね適正」意見

「概ね適正」意見は，正規の財務諸表監査が始まった頃の日本において広まった実務上の慣行である。佐藤（1966a；1966b；1966c）によると，当時は監査の結

---

5 三澤（1977, 435）は，「部分的意見」(piecemeal or limited opinion) と翻訳している。

果として意見に関する除外事項を監査報告書に記載した上で，除外事項を除き適正である旨の監査意見が多く表明されていた。「概ね適正」意見の広がりは，除外事項があるにもかかわらず適正意見を表明することに対して実務家が抵抗感や矛盾を感じていたことに由来する。ただし，このような「概ね適正」という曖昧な表現が実務における混乱を招いていたことから，1966年の監査報告準則改訂以降は，「原則として，その表現方法をとらないよう監査人に対して勧奨することになった」（渡邊 1966, 141）。

4　小　括

本章では，財務諸表監査において監査人が表明する監査意見の種類について考察を行ってきた。第2節では日本の監査基準等の変遷を辿り，表明される監査意見の種類については，1966年に行われた監査報告準則の改訂以降，無限定適正意見，限定付適正意見（監査範囲の制約または意見に関する除外），不適正意見，および意見差控/意見不表明が引き継がれていることを確認した。また，第3節では，これらの監査意見の表明に関連する用語および論点について，以下のように整理した。

> - 監査報告準則が廃止されるまで，監査報告書には総合意見と，それを支える3つの個別意見が表明されていた。ただし，個別意見はあくまで総合意見表明の根拠ないし構成要素であった。
> - 意見差控/意見不表明は，財務諸表全体の適正性に関する意見は含んでいないが，それが表明されることによって，財務諸表利用者が情報を修正することが出来るという点で，広義の監査意見に含まれる。
> - 限定意見に付される限定事項ないし広義の除外事項は，監査範囲の制約に関連する留保事項または意見差控的事項，未確定事項に関連する留保事項または条件事項，および意見に関する除外に関連する狭義の除外事項または不適正事項に分類される。

最後に，本章の内容に関して今後想定される論点を挙げておきたい。上で述べたように，表明される監査意見の種類は，半世紀以上変わりがない。他方で，監査上の主要な検討（Key Audit Matters）の導入をはじめ，社会的要請に基づく監査報告の変革が世界的に推し進められている。このような社会的要請と，近年の目覚ましい技術革新を背景として，これまでは実現が困難とされてきた新たな形

態の監査意見の表明が，将来的に開発・提案されることが考えられる（例えば，財務諸表全体に対する総合意見だけでなく，必要に応じて個々の財務諸表項目に対する意見（断片的意見）も確認できるような意見表明形態など）。その意味で，各種の監査意見が表明された場合の総合意見とその構成要素の関係については，今後も継続して検討する余地があると思われる。

■参考文献

飯野利夫（1957）「監査報告準則解説」黒澤清・飯野利夫・江村稔共著『監査基準・監査実施準則・監査報告準則詳解』37-92頁。
―――（1974）「限定意見の意義と役割＜会計処理の原則および手続きの変更を中心に＞」『企業会計』26巻10号，24-29頁。
江村稔（1966）「監査報告準則等の改訂をめぐって―監査理論の観点から」『企業会計』18巻6号，95-99頁。
近江正幸（1991）『基礎監査論』中央経済社。
大矢知浩司（1989）『監査論概説』白桃書房。
日下部与市（1957）「監査意見の差控と否定的意見の表明」『企業会計』9巻13号，31-37頁。
―――（1966）「監査報告準則の改正について」『産業経理』26巻6号，61-65頁。
久保田音二郎（1950）「意見差控の監査報告書の体系」『企業会計』2巻10号，15-19頁。
―――（1957）「監査基準・準則の除外事項と限定意見」『産業経理』17巻2号，47-53頁。
―――（1958）「監査報告書における意見限定と意見拒絶」『産業経理』18巻11号，79-75頁。
―――（1978）『会計監査』同文舘出版。
熊田亨（1962）「限定意見報告書の問題点―わが国における諸説の吟味―」『會計』82巻5号，35-47頁。
佐藤孝一（1966a）「監査基準と監査報告準則の改訂について」『企業会計』18巻6号，42-51頁。
―――（1966b）「監査報告基準・準則の改正問題」『産業経理』26巻1号，126-135頁。
―――（1966c）「監査報告準則の改訂諸案」『企業会計』18巻3号，23-35頁。
高田駒次郎（1973）「意見差控の意見性」『企業会計』25巻3号，30-34頁。
―――（1975）『近代監査報告書論』中央経済社。
―――（1978）「監査報告書における除外事項の本質について―適正表示の説明事項との関連を中心として」『企業会計』30巻6号，101-107頁。
高田正淳（1975）『監査論』有斐閣。
―――（1982）『最新監査論（第25版）』中央経済社。
高柳龍芳（1966）「範囲区分における除外事項について」『産業経理』26巻10号，20-24頁。
田島四郎（1957a）「監査意見の記載―監査証明に関する省令とその取扱通達に関連して―」『企業会計』9巻7号，33-38頁。
―――（1957b）「監査意見の差控」『産業経理』17巻6号，8-13頁。
―――（1962）「意見の差控について」『會計』82巻5号，1-12頁。

鳥羽至英（1983）『監査証拠論』国元書房。
中瀬宏通（1966）「新監査報告準則の解説」『企業会計』18巻6号，60-79頁。
永見尊（2011）『条件付監査意見論』国元書房。
日本公認会計士協会（2011）監査基準委員会報告書第61号「独立監査人の監査報告書における除外事項付意見」7月1日。
三澤一（1977）『会計士監査論』税務経理協会。
森實（1968）「監査意見の論理について」『會計』94巻3号，57-70頁。
――――（1978）『監査要論』中央経済社。
山桝忠恕（1961）「『限定』と『意見差控え』の論理」『企業会計』13巻7号，25-30頁。
渡邊實（1957）「監査基準，監査実施準則及び監査報告準則における若干の問題点」『企業会計』9巻2号，52-55頁。
――――（1966）「監査基準及び監査報告準則の改訂について」『會計』89巻6号，123-143頁。
American Institute of Accountants (AIA) (1949), Statements on Auditing Procedure (SAP) No. 23 (Revised), *Clarification of Accountant's Report When Opinion Is Omitted*, AIA.
―――― (1963), SAP No. 33, *Auditing Standards and Procedures*, AIA.
―――― (1971), SAP No. 46, *Piecemeal Opinions*, AIA.
International Auditing and Assurance Standards Board (IAASB) (2009), International Standard on Auditing 705, *Modifications to the Opinion in the Independent Auditor's Report*, International Federation of Accountants.

（堀古　秀徳）

第21章

監査意見以外の記載事項

1 はじめに

　本章では、監査報告書に監査意見以外の記載事項として、何をどのように記載すべきか、という問題意識のもと、わが国における監査報告書の情報提供機能に関する議論を概観し、「補足的説明事項」、「特記事項」、「追記情報」、「監査上の主要な検討事項」といった監査報告書の記載事項に関する基準設定の経緯と学界における議論の整理を通じて、監査報告書における監査意見以外の記載事項が抱えている課題を明確化することを目的とする。

2 監査報告書の情報提供機能に関する議論

　近年、監査上の主要な検討事項（Key Audit Matters: KAM/Critical Audit Matters: CAM）の監査報告書への記載の導入を巡って、監査報告書の情報提供機能に関する議論が国際的に行われた。わが国において、監査報告書の情報提供機能については古くから議論が行われてきた[1]。しかし、監査報告書の情報提供機能の位置づけについては、論者によってさまざまな解釈がとられており、共通の理解が存在するとは言い難い。そこで、本節では、わが国における監査報告書の情報提供機能に関する議論を概観し、情報提供機能の位置づけを確認する。

　久保田（1966）は、「外部の利害関係者側からいえば、決算財務諸表は自分にとっ

---

[1] 昨今の国際的な監査報告書改革の議論と関連させ、わが国における監査報告書の情報提供機能に関する議論を再検討している文献として、井上普就（2014）、井上善弘（2014）、朴（2015）、および佐久間（2018）がある。

ては，一種の『代用的な』財務諸表であり，これによって『代用的な』情報の提供を受けているにすぎないのである。ここに近代的な株式会社の決算財務諸表の情報的意味がある。そうなると，今日では外部の利害関係者のためには，この財務諸表についての判断資料の価値をできるだけ充実せねばならぬという社会的要請が出るのは当然である。この要請に応ずるために，その一翼を担っているのが，近代的な社会的監査制度における監査報告書の情報提供の機能である」(86)とし，近代的な株式会社の財務諸表に対する社会的な監査制度の出現という歴史的段階における現象として監査報告書の情報提供機能を位置づけている。このように監査報告書の情報提供機能を位置づけたうえで，当時の補足的説明事項が文字どおりに情報提供機能を尽くしていることには異論がないだろうとしながら，補足的説明事項の文言を指して，監査報告書における情報提供機能というのは，末梢的な問題を取り上げすぎていると指摘している。そして，「むしろ問題の核心は，監査報告書は本来的には意見に関する報告書であるにも拘らず，この意見に情報提供の機能があるかどうかについてである」(87)という問題提起をしている。加えて，財務諸表に対する信頼性の程度がいかほどであるかを告げているという意味において，情報提供の機能があると考えているとしたうえで，除外事項のある限定意見をいかように表現すれば，情報提供の機能を尽くしうるかを考えることの方が緊急な一問題であるという問題提起もしている。

　森（1967）は，「財務諸表は，企業の利害関係者に，企業の財務情報を公開するものであり，監査は，この情報公開の適正化を意図する。そして，監査報告書は，財務諸表による情報が，利害関係者によって誤解されることのないように，合理的に利用されるようにするはたらきをもち，財務諸表に対する単なる判定書ではなく，それ以上の役割をもつ」(187)という立場をとるとしている。そして，「監査報告書は，監査人の意見表明を中核とするが，それは情報提供の側面と責任表示の側面とに分かれ，利害関係者の要請は，情報提供の側面に対して強くあらわれる。しかし，監査報告書の情報提供の側面を拡張する場合には，責任表示の側面と矛盾することは許されず，また，総合的な意見表示の概観性を害してはならない。さらに，経営者への説得の努力もしないで，安易に，監査報告書への記載によって問題を処理するような態度はとるべきではない。このような理解を前提のもとに，監査報告書の情報化に努力することは，利害関係者にとって有意義であるに違いない」(193)としている。

　髙田（1974）は，「監査が利用者の側に貢献するものであるとすれば，さらに，監査は利用者の当該情報の利用に際しての便益に資する用意をしておく必要があ

る。すなわち，利用者の情報利用の方向を分析し，これを十分に把握した上で，その情報における問題点の説明，情報に明確に示されないか，または全く表示されていないで利用者に重大な影響を及ぼす事項の説明などを監査の立場から付加的に情報を与えることが必要となる。これによって，証明だけでなく，利用者に意味ある情報を付加すること（情報提供）も監査のなすべき仕事であって，この情報提供も証明とならんで監査を構成する一つの基本的な概念であるといえる」(183)としている。そして，監査による付加的な価値は情報の質・量の両者についての情報の利用価値上昇分に当たると整理したうえで，「監査が，作成者による情報の欠点および不足に対して，独立の立場から利用者の要請に応じて必要なかぎり情報を新たに追加する場合，監査はとりあえずもとの情報に対し量的により多くのものを提供することになる。しかし，この付加された新たな情報量によって，もとの情報は大なり小なり質的に影響を与え，全体としての情報も内容ないし質において変化を受けることになる。この場合監査によって増加する価値は，監査による量・質の両面における情報利用価値の上昇分に当る。このような価値付加的変化をもたらす監査の機能は情報提供機能ということができるが，利用者の情報利用を促進する積極的に働きかけるものであるから，このような監査の機能は積極的機能ということもできる」(185)として情報提供機能を説明している。

　髙田(1979a)では，「利害関係者保護の観点から意味のある監査報告書は，監査対象である財務諸表とともに情報提供の手段であると考えることができよう。意見表明は，前段の情報（財務諸表）を肯定（または否定）するための証明の結果を示す一種の情報であって，監査報告書は，この部分を重要・不可欠な要素として内包しながら（財務諸表と一体となって有用な情報を形成するために）全体としては情報提供を本質とするものと理解することができる」(242)として，利害関係者保護の観点から情報提供機能を本質として位置づけている。さらに，髙田(1979b)では，意見表明も一種の特異な情報提供の方式であることを主張し，監査報告書の情報提供機能を強調している。そして，監査上の判断を，「数量の厳密な一致を調べる場合の数量決定判断や，良否のいずれかに確定する選一的判断とは異なり，相対的に適切かどうかを明確にする程度判断である」(54)とし，「適正性判断の結果は，利害関係者にとってかなり不明確な点を残すことになる。それは，どのように良いのかあるいは適正なのかという疑念を抱かせることになる。このために，判断の結果に関するなんらかの説明が期待される」(54)との指摘をしている。

このような監査報告書の情報提供機能の強調は，髙田（1980）においても確認できる。髙田（1980）では，「監査成立の条件やその環境から，監査に固有の，多くの個別的な特徴ないし属性が考えられる。それは，監査が当然もつべき性質として理解することもできる」(41) と整理したうえで，監査の属性の1つとして，「監査目標としての情報提供性」を挙げている。そして，監査目標としての情報提供性について，「監査の結果は，利害関係者の関心に対し有用かつ適切な情報として報告しなければならない。監査上の判断基準が確立され，それが複雑でなく，またその適用に際して判断の余地が大きくない場合や，利害関係者層が比較的単純な構成からなっている場合は別として，監査報告は，結果に対する監査人の意見の表明とともに，適切十分な説明を利害関係者に与える手段として有用なものでなければならない。意見表明は，報告において重要・不可欠であるが，その一部分であるにすぎない」(42) と説明している。

　高柳（1980）は，監査報告書について，「企業財務諸表の適正性を批判的に検討した結論が監査報告書において記載されたものであって，監査の開始から終了にいたるまでの監査人の行為ならびに判断の集約を示した文書である」(303) としている。そして，情報提供の責任について，財務諸表の利用者側に立って考えた際に，「情報提供に関する要求は，まず第一に財務諸表を作成した企業に対して向けられよう。したがって，財政状態および経営成績を財務諸表において適正に開示しなければならない第一次的責任は企業の側に発生する。つぎにこれをうけて，監査人は当該財務諸表の適正表示に関する意見を表明するのであるから，その結果として，監査人の側に第二次責任が発生してくることになる。このような関連からみれば，補足的説明事項という情報の開示は，財務諸表という情報の開示と全く異なるところなく，まず第一に企業の責任に属するものといわねばならない」(305) としている。ただし，企業会計に関する多種多様な情報提供の要請がますます重要な課題となってくることを踏まえ，「法や原則に律せられた情報の範囲でしか企業が情報を提供しない現実が存在する限り，社会的責任を果たさねばならぬ監査人は，法定の『監査意見』のみならず，企業判断のために必要とみなされる，より多くの『情報』を公共のために提供しなければならない立場におかれることがある。このような社会的要請に応えうる能力を監査人は持っていることを社会から期待されている」(306-307) として，監査人の社会的責任という観点から，情報提供についての説明を行っている。

　塩原（1982）は，二重責任の原則を前提に置いた解釈に立脚した監査理論では説明することのできない変則性が多々存在することを指摘している。そして，二

重責任の原則が無用となる状況の1つとして「他の何人の判断にも隷属しない職業的専門家によって財務情報提供機能が担当される場合」(21) を想定し，監査制度に対する新しい解釈の試みを行っている。前述のような二重責任の原則が無用となる状況を1つの理想概念として前提に置くことによって可能となる監査制度についての解釈を基礎として，職業会計士が委嘱を受ける事務の内容を「(1)検証機能の遂行にかかわる事務 (2)企業会計への補完機能の遂行にかかわる事務 (3)情報提供機能の遂行にかかわる事務に区別して，現行制度を記述し，説明する命題の体系を構成することができる」(21) としている。

　鳥羽 (1985) は，「監査が，財務諸表の承認に関する情報を提供するための手段としてではなく，財務諸表の信頼性を保証する手段として利用される段階になると，監査報告書における監査人の情報行動にも変化が起る。すなわち，従来の証明機能の他に，財務諸表の利用可能性を保証し高めるための情報を監査人が進んで提供する改善機能が追加されるようになった」(41) と監査機能を認識したうえで，この2つの監査機能の枠組についての矛盾を指摘している。そして，「監査人は，財務諸表の信頼性を改善し有用性を高めるために評定を行うのであって，証明のために評定を行っているのではない。そのような新しい考え方が必要ではないであろうか」(42) という問題意識に基づき，利害関係者が財務諸表を常に最善の形で利用できるように，監査人が財務諸表の信頼性について解説的な情報を提供する機能を意味する解説機能を本質とする新たな監査機能を提唱している。この解説機能のもとにおいては，「監査意見は，常に，財務諸表の利用可能性が保証されるような形で記載され，それゆえ，従来の証明という枠組は放棄されることになる。監査人の機能は企業の公表した財務諸表の信頼性の改善であり，監査報告書には改善すべき内容が詳細に記載される」(41) と説明している。解説機能の持つ顕著な長所として，「企業危険の評定という問題を証明にかかる監査意見に関係づけることなく，財務諸表の信頼性を改善するための情報として処理できること，従来の限定事項，補足的説明事項および付記事項といった概念を用意しなくても，監査人の情報行動を一義的に説明できること，これから一層強まるであろう会計情報の拡大の要請に対して常に首尾一貫した監査人の役割が期待できること，そして最後に，監査報告書に対する利害関係者の関心を飛躍的に高めることが期待できること」(42) を挙げている。

　古賀 (1986) は，監査報告書の基本的役割を情報提供機能の促進という観点から統一的に理解使用する場合における監査理論や実践に対する具体的なインプリケーションとして，プロフェッショナルとしての監査人の役割・責任にみられる

重点移動を挙げている。役割・責任の重点移動として，「伝統的監査における監査人の基本的役割は，データの信頼性の程度を評価・報告するというアテスター（証明者）としての役割であった。ところが，経営環境の多元化・複雑化とともに，一般投資家の合理的投資意思決定において質的，量的にヨリ拡大された情報が要請されるにいたって，経営担当者と一般投資家との間の情報格差を是正し，一般投資家に理解可能な情報提供を行うという一種のミドル・マン（中間媒介者）としての役割が監査人に一層期待されるかもしれない」(81)という見解を示している。そして，「監査人は，監査結果を単に意見表明という形で一方的に利用者に提供するのではなくて，当該監査対象となった会計情報に対して積極的に情報の補足・解釈を行い，当該会計情報と一体になって外部利用者の意思決定目的にヨリ積極的に役立つ形で，経営内部者と外部者との両者の橋渡しを行う存在として貢献すべきである」(81)との指摘を行っている。

　嶋津（2015）は，リスク社会論の観点から，「リスクの因果関係の解釈を異なる視点から多面的に判断することでリスクを認知でき，そのリスクの程度や範囲についての判断は人によって多様であるということになる。したがって，このような監査の役割に情報提供を中心に置いた場合，経営者の視点と第三者としての監査人の視点からという解釈の複数性が生まれるとともに，情報利用者は監査人の判断に依存することなく，自身の信念や志向に沿った判断を行えることになる」(123)として，情報提供の役割を説明している。そして，情報提供を監査の役割の中心に位置づけることについて，正統性の観点から，「監査の成果は信頼性の付与や合理的保証ではなく，どれだけ豊富な情報を提供しているかという形で測定されることになり，もちろん情報量の多少で一面的に評価することは問題であるが，成果の曖昧性は減少され，手続きや構造の正統性に依存することなく監査の正統性を保持することが可能になると考えられる」(123)という見解を示している。

　以上のように，監査人による情報提供について肯定的な立場の論考の多くは，利害関係者保護という観点から財務諸表の利用可能性を高める情報の必要性を主張している。しかし，「具体的に何について」，「どのように」情報提供を行うかという点については，論者によって異なっていることがわかる。この原因として，情報提供機能の定義が共有されていないことが考えられる。情報提供機能についての明確な定義を示し，その問題点を指摘している文献として，鳥羽・秋月（2001）が挙げられる。

　鳥羽・秋月（2001）は，情報提供機能を「当事者が第一次認識していないもの

を監査人が第一次認識し，その結果を自己の言明として監査報告書に記載する伝達行動である」(177) と定義する。そして，「監査人による情報提供機能を正しく議論するためには，当事者による第一次認識と監査人の第一次認識との関係を理論的に，また法制度との関連で明らかにしておく必要がある」(175) としている。このような立場から，従来の情報提供機能論の進め方について，「①財務諸表に記載すべきことを，なぜ監査人が補完する必要があるのか。監査人が補完しなければならないほど重要なものであるならば，それは，本来，『保証の枠組み』の中で―財務諸表の適正表示の中で―解決されるべき問題ではないのか。②財務諸表に記載されていることを，なぜ監査人が監査報告書で強調しなければならないのか。監査人が強調しなければならないほど重要なものであるならば，財務諸表の中で当該情報が特に重要であることについて，経営者が財務諸表のしかるべき場所で，注意を喚起するのが"本来の姿"ではないのか。③財務諸表が理解可能になるように，監査人がなぜ説明・解説する必要があるのか。監査人による必要な説明・解説がなければ，財務諸表が正しく理解できず，財務諸表利用者に誤導を与える虞があるほど，その説明事項が重要であるならば，それは，本来的には，『保証の枠組み』の中で―財務諸表の適正表示の中で―解決されるべき問題ではないのか。④財務諸表に記載されていない情報をなぜ監査人が追加的に提供しなければならないのか。また，有価証券報告書（財務諸表以外の部分）などの情報容器に記載されているものを，なぜ監査人が再掲（repeat）しなければならないのか」(176-177) という本質的な問いに答えることができないと指摘している。

そして，「もし監査人が従事しなければならない情報提供機能があるならば，反対に，それを正しく育てるための理論と実務を創造していかなければならない」(186) としたうえで，「公認会計士は，たとえ会計ルールで求められていなくとも，財務諸表を分かり易く，誤解のないようにするための情報を財務諸表に追加的に記載することの意味と重要性を経営者に対して丁寧に説き，財務諸表の適正表示の達成に協力を求めるべきである。これが出発点である。一方，監査人が監査報告書に追加的な情報を記載する場合には，それを支持する積極的な理由を十分に用意すべきである。監査人による安易な情報提供は，指導機能の失敗を自ら認めることに他ならず，また，保証機能の枠組みの中で監査人としての固有の役割を果たすことの放棄でもある。一方，監査学者がこの領域の解決を安易に情報提供機能に求めることは，財務諸表監査の理論の構築に失敗したことを，あるいは，財務諸表監査の理論の構築ができないことを自ら認めるに等しい」(186-187) との指摘をしている。

情報提供機能と保証の枠組みの関係については，理論的にも実務的にも検討すべき課題が多い。この両者の関係性の難しさを物語っている文献として，山浦（2008）が挙げられる。

山浦（2008）は，監査報告書を監査人の意見を書式化したものとしたうえで，その役割について，「監査人が監査意見を通して監査済み財務諸表に対して信頼性を付与する機能と監査人自らの責任を表明する機能とがある」（357）としている。このような監査報告書の位置づけに対して，「監査意見に収斂できない事柄で，なおかつ財務諸表の利用者にとって重要で，監査人自らの責任にもかかわる情報を監査意見とは別の形で開陳する手段として監査報告書を用い得るのではないか，という主張がある」（357）ことを認識している。そして，このような主張が生まれる原因として，「一方で監査人は企業情報に深く接しえる唯一の外部者として，より積極的に，情報開示に加わるべきという情報利用者側の『期待』と，他方で監査意見の形に収斂できる問題に自らの業務を限定すべきだという監査人側の自己防衛論との間の『期待ギャップ』を埋める論議」（357）を挙げている。そして，このような主張に対して，「『期待ギャップ論』からの一方的な監査報告書の機能拡張要求を受け入れることは，最終的には情報開示の責任者と検証者の限りない機能重複を招くために慎重であるべきという立場に立つ」（358）としたうえで，「財務諸表の適正表示を保証するうえで，あるいは監査人への不当な責任追及を逃れるうえで，時として補足情報を提供する場が監査報告書に設けられるべきである，という主張は，現実問題としてやむを得ないと考える」（358）と説明し，監査基準における対応を苦悩の末の措置として，監査報告書における情報提供についての理解を示している。

3　補足的説明事項

(1)　定義と意味内容

1950年（昭和25年）に公表された「監査基準」（経済安定本部企業会計基準審議会1950）の「第三　監査報告基準」は，補足的説明事項について「四．財務諸表に記載されない重要な事項であって，これを省略する場合誤解を招く虞があると認めるものについては，監査報告書にこれを補足して記載しなければならない」，「五．監査の実施又は監査人の意見に関して監査人の責任を限定しようとする場合には，その事項を監査報告書に明瞭に記載し，補足的説明事項と明確に区別し

なければならない」と規定している。

1956年（昭和31年）に改訂された「監査基準」（企業会計審議会 1956）の「第三 監査報告基準」では，補足的説明事項に関する規定について，「三 財務諸表に記載されない事項であっても，次期以降の企業の財政状態及び経営成績に重大な影響を与える虞れがあると認められるものについては，監査報告書に補足して記載するものとする」と変更された。また，新たに設定された「監査報告準則」では，「四 補足的説明事項」として，「監査年度経過後監査終了日までに，合併買収等次期以降の財政状態及び経営成績に重大な影響を及ぼす事項が発生した場合には，監査報告書に補足して記載するものとする」と規定している。

1966年（昭和41年）に改訂された「監査基準」（企業会計審議会 1966）の「第三 報告基準」では，補足的説明事項に関する規定について，「三 監査の対象となった財務諸表に影響を与えない事項であっても次期以降の財務諸表に重要な影響を与えると認められるものについては，監査報告書に記載するものとする」と変更された。また，「監査報告準則」における「五 補足的説明事項」の規定についても，「合併，買収，災害等次期以降の財務諸表に重要な影響を与える事項が，貸借対照表日後に発生し，かつ，監査報告書作成日までに当該事項が判明した場合には，監査人は，監査報告書に補足して記載するものとする」と変更された。

1982年（昭和57年）に改訂された「監査基準」（企業会計審議会 1982）の「第三 報告基準」では，補足的説明事項に関する規定について，「三 次期以後の財務諸表に重要な影響を及ぼす事項で，監査の対象となった財務諸表に記載されていないものについては，監査報告書に補足して記載するものとする」と変更された。また，「監査報告準則」における「五 補足的説明事項」の規定についても，「合併，重要な営業の譲渡・譲受，火災等による重大な損害の発生等次期以後の財務諸表に重要な影響を及ぼす事項で，貸借対照表日後監査報告書の作成の日までに発生し，かつ，監査の対象となった財務諸表に記載されていないものについては，監査人は，当該事項を監査報告書に補足して記載するものとする」と変更された。

(2) 導入の経緯

佐藤（1966a）は，監査報告書の本質について，当時の状況をふまえ，「わが国の現状では，米国式のオピニオン・レポートをそのまま採用することは，やはり時期尚早と思われるので，意見表示に主眼をおきつつも，情報提供的な色彩や役目をある程度まで加味した折衷方式をとらざるをえないのではないかと考えている。けだし簡潔性と精細性，意見表示と情報提供の調整問題も，閲覧者の立場（必

要性）および観察能力の限界等によって決定する必要があろう」(128) としており，このような趣旨のもと，補足的説明事項が導入されたと考えられる。

1956年の「監査基準」改訂に際して，飯野 (1956) は，「監査報告準則」における補足的説明事項の規定について，「補足的説明事項 (explanatory matters, informative remarks) を規定する新監査報告基準の三をうけて，このうちでもっとも問題のある，通常，監査年度終了後発生事項 (subsequent events after balance sheet date, post-balance-sheet events, events between date of financial statements and date of CPA's report) とよばれていることについて規定したものである。したがって補足的説明事項の例示を目的とした条項である」(88) と解説している。そして，監査年度終了後発生事項について，「現在監査の対象となっている財務諸表に直接影響を与えるもの，現在監査している財務諸表に直接影響をもたないが，次期以降の企業の状況に重大な影響を及ぼす会計上の取引および次期以降の企業の状況に重大な影響を及ぼすことは確実であるが会計上の取引には属さないもの」(89) というアメリカ会計士協会が1954年に公表した監査手続書第25号「財務諸表作成日後の発生事項」における分類への言及をしている。

1966年の「監査基準」改訂では，1956年改訂「監査基準」において曖昧であった補足的説明事項の明瞭化が図られた。具体的には，報告基準において，補足的説明事項の対象を「監査の対象となった財務諸表に影響を与えない事項」に限定したうえで，報告準則において，次期以降の財務諸表に重要な影響を与える事項で，決算日後に発生し，かつ判明した事項に限定し，監査人が対応すべき後発事象として明確化したのである。佐藤 (1966b) は，この改訂の経緯について，「『財務諸表に記載されない事項であっても』という字句は明瞭性を欠くという理由から，これを，『監査の対象となった財務諸表に影響を与えない事項であっても』と改め，『企業の財政状態および経営成績』を，＜基準＞の文言を＜準則＞の文言より短くするため『財務諸表』とし，『重大』を他の用語法と統一するため『重要』と改め，『虞れある』という字句は適当でないとして削った」(68-69) と説明している。

1982年の「監査基準」改訂では，「監査の対象となった財務諸表に記載されていないもの」すなわち後発事象に限って監査報告書に補足的記載事項として記載すべきものとしている。村山 (1992) は，このように制限的な規制が加わった点について，「その理由は必ずしも明らかではないが，多分，財務諸表上での開示と監査報告書の記載との重複を避けようとの意図があったのではないかと推定される」(29) としている。

(3) 学界における議論

導入当初においては，補足的説明事項を監査報告書に記載する必要性について，さまざまな論者が認めていたようである。

岩田 (1954) は，「補助的説明として記載すべき事項はいろいろあるが，一例を挙げるならば，監査年度経過後に発生した財政上の重大な変化のごときがこれである。例えば，監査完了前に依頼人の工場の一部が火災で焼失した場合のごときは，監査年度の財務諸表には関係のないことであるが，監査人はこれを報告書に記載すべきである。この事実を外部の利害関係者に知らしめないことは，監査人の任務の懈怠となる。監査報告書にその作成の日附を記載するのは，この点を明らかにするためである」(118)として，補足的説明事項の必要性を指摘している。当時，「監査人は不当に責任を限定したり，または回避せんとするため，外部関係者がその判断に苦しむような晦渋な字句を用いたり，補助的説明と免責条件を故意に混同したり，必要な記載を省略することが少なくない」(113-114)という状況にあったことをふまえ，免責事項と補助的説明の区別は明確にするべきであるとしている。ただし，「補助的説明として如何なる事実は記載が必要であり，如何なる事項はその必要がないかの区別は極めてデリケイトであつて，実際上屡々争いの種となることがある。これは将来具体的に決定されるべき問題であろう」(118)として，記載内容についての課題を指摘している。

黒澤 (1957) は，「決算日付の財務諸表には何ら影響するものではないが，監査済みの財務諸表が公表されたときには，すでに重大な変化がその財務諸表の背後に生じているのであるから，財務諸表に記載する必要はないにしても利害関係人の判断を誤導しないようにするためには，監査報告書に報告されることがきわめて望ましい」(54)としている。

久保田 (1959) は，「外部の利害関係者が企業について投資すべきかどうか，時にはその企業と取引交渉をしてもよいかどうかを判断しているところの時点は，財務諸表の作成日たる決算日と同一の時点であるとはかぎらない。＜中略＞決算日の財務諸表は決算日以外の時点で利用する外部の利害関係者にとっては代用的な判断資料である。そこで，代用価値を強化する工夫が必要となってくる」(302)とし，近代的財務諸表監査における代用価値強化に関する問題の一つとして，「決算日の財務諸表による判断資料に対して，一層にホット・ニュースを与えるようにすること。つまり決算日以後の事情変化」(303)を挙げ，「決算日と外部の利害関係者の判断の時点との距離からくるところの錯覚を防止しようとするのは当

然であり，また，少しでもホット・ニュースを多く与えるように工夫するのも当然のことである」(303)として，決算日以後の事情変化を補足的説明事項として監査報告書に記載する理由について説明している。

このように，補足的説明事項の記載の必要性については認められていた。朴(2002)は，「監査報告書における補足的説明事項の記載を追加的情報提供として捉える場合，これと意見表明によって実現される監査の保証機能との関係ならびに二重責任の原則との関係をどのように理解するべきかが大きな問題として残される。この問題を解くためには，補足的説明事項を構成する後発事象の意義ならびにその取扱いを検討する必要があろう」(12)として，補足的説明事項の検討課題を挙げている。

補足的説明事項との関連で確認しておくべき記載事項として，付記事項が存在する。日下部(1975)は，「被監査会社の特殊事情，特殊な会計処理などにつき利害関係者の便宜のため監査人が特に説明を加えた事項をいい，『付記事項』『付記』または『なお書』の形式により監査報告書に記載されている」(388)と説明している。このような付記事項について，「わが国独得の監査慣行であって，掲記すべき事項に関して明確な基準があるわけではなく，全く監査人の自由な判断に任されている」(388)として，基準上存在しないことを指摘している。そして，記載事項の例として，「①諸引当金の取崩しの事情に関する説明，②諸引当金期末残高が前期に比して大幅増減した理由の説明，③利子補給などの特殊な脚注事項に関する説明，④商号の変更その他の付加的な説明など」(388)を挙げているが，「除外事項と混同されないように内容および文言に注意すべきである」(388)としている。

このような付記事項と補足的説明事項および除外事項との関係について，高田(1964)は，「補足的説明事項の内容をアメリカの監査手続書第25号及びわが国の監査報告基準の規定のように狭義に解せず，財務諸表への影響の時点に基づき，当該年度の財務諸表へ影響を及ぼす事象を付記事項，次期以降の財務諸表へ影響を及ぼす事象を補足的説明事項とする。従って，監査報告基準及び財務諸表の監査証明に関する省令をわが国の現状に合うように改められるべきである。但し，監査年度経過後発生した事象で，当該年度の財務諸表に影響を及ぼすものは，財務諸表へ注記（財務諸表の修正は必要なし）がなされていない場合は限定事項とする。又財務諸表規則に定められている注記がなされていない場合も限定事項とする」(97)という見解を示している。さらに，「監査報告書において補足的説明事項と付記事項及び監査意見についての責任の限界を明確にするための限定事項が

混同して記載されている現状であるので，監査報告書における三事項の記載箇所について，監査報告基準及び省令の改正と共に，公認会計士自身も実務上の経験と研究によって，真に利害関係者の役に立つ監査報告書の作成される日が待たれる次第である」(97) として記載箇所への言及を行っている。

　高田（1975）は，「付記事項のなかには，本来監査人が監査報告書で付記事項としてではなく，本文のなかに適正表示の付加的説明事項として記載すべきものであったり，逆に，企業が財務諸表の脚注で十分に説明すれば，あえて監査報告書で付記事項とする必要もない事項（もし，脚注で十分な説明がなされていない場合は，表示方法の準拠性違反として除外事項となる）もあった」(159) としている。

　熊田（1965）は，「監査報告書に記載して読者に知らせねばならない程，重要な会計的情報は，まずもって経営者が財務諸表の注記その他で明示すべきが当然の義務であって，そうでなければ財務諸表は適正とはいえない」(124) という立場から，1964年7月期から12月期の東京証券取引所第一部市場の上場会社602社を対象にした調査を通じて，「説明事項のうちには，監査制度の趣旨からして，本来監査人が書くべきでないものが多い。また報告書の明瞭化のためにもその方が好ましい」(124) と指摘している。

　また，佐久間（2018）は，1964年9月期における海運業の監査報告書の調査を通じて，「『全日本海員組合のストライキ』は，海運業全体における同一の後発事象と考えられる。それにもかかわらず，各監査報告書での取扱いが異なっている。資料を比較すると，後発事象として扱わない企業がある一方，補足的説明事項に分類されるべき事項にもかかわらず，付記事項として扱っている企業もあり，混乱を垣間見ることができる事例」(29) と指摘している。

4　特記事項

(1)　定義と意味内容

　1991年（平成3年）に改訂された「監査基準」（企業会計審議会 1991）の「第三報告基準」は，「四　監査人は，企業の状況に関する利害関係者の判断を誤らせないようにするため特に必要と認められる重要な事項を監査報告書に記載するものとする」と規定している。また，「監査報告準則」では，「五　特記事項」として，「重要な偶発事象，後発事象等で企業の状況に関する利害関係者の判断を誤らせないようにするため特に必要と認められる事項は，監査報告書に特記事項として記載

するものとする」と規定している。

これを受けて，1992年（平成4年）に日本公認会計士協会は，監査基準委員会報告書（以下，監基報）第2号（中間報告）「特記事項」（日本公認会計士協会 1992）を公表した。朴（2002）は，その要点として，「①特記事項の記載対象は，当面次期以後の財務諸表に重要な影響を及ぼす偶発事象と後発事象に限定されること。(第5項) ②特記事項の記載対象は，財務諸表における注記を前提とすること。(第2項) ③特記事項の記載は，財務諸表に記載されている注記と同一またはそれを要約したものであること。(第3項) ④特記事項の記載は，重ね書きによる強調を通じて利害関係者に対する注意的情報または警報的情報の提供を目的とすること。(第2項) ⑤特記事項の記載は，監査意見を構成するものではないため意見区分の後に「特記事項」の見出しの下で記載すること。(第3項・第7項) ⑥特記事項の記載は，将来の結果について予見的判断を述べてはならないこと。(第3項) ⑦特記事項の記載の仕方により，また記載すべき事項を記載しなかった場合に監査人の責任が追求される可能性があること。(第4項) ⑧特記事項の記載対象は，その注記がない場合またはその注記が不十分な場合は，不適正意見を表明するか，意見を差し控えるほどの重要性を持つこと。(第6項・第13項)」(8) を挙げている。

(2) 導入の経緯

村山（1982）は，補足的説明事項が廃止された経緯について，「昭和41年の基準改訂時は，もとより昭和49年商法改正前であり，当時は決算日後2か月以内に定時総会が開かれて決算が確定し，一方，有価証券報告書は現在と変らず3か月以内を提出期限とした。ほぼ1か月の間隔がある。しかも後発事象の開示についての規定がなかった。このような状況のもとでは，監査報告書による開示は十分意味をもったのである。しかし昭和57年の企業会計原則の一部修正により後発事象の開示規定が整備された（原則注解1-3の新設）後においては，実は少なくとも基準上の問題として『財務諸表に記載されていない』ケースを想定すること自体に合理性がなく，したがってまた『財務諸表に補足して記載する』意義も失われたといってよい。さらにそれ以前の問題として，この場合の『補足』の意味が，本来財務諸表に開示されるべき事項を監査報告書の場所をかりて記載し開示を補うことだとしたら，それにも問題がある」(30) と説明している。

脇田・中嶋（1992）は，補足的説明事項の廃止について，「今回の改訂では，財務諸表の作成に関する責任が被監査会社に有ることを明らかにし，監査人は財務諸表に対して表明する意見に責任を有するものであるという原則を徹底する趣

旨も含めて, いわゆる『補足的説明事項』を廃止した」(28) として, 二重責任の原則との観点から解説している。また, 特記事項の導入について, 「米国公認会計士協会『監査基準書』(SAS No.58) の第11文節における『説明文言 (Explanatory Language) と第37文節における『強調事項 (Emphasis of Matter)』の影響を受けている。監査業務, 特に監査報告書作成の国際的調和ということでは意味がある」(28) と解説している。さらに, 特記事項の記載内容に関して, 「監査報告準則」が「重要な偶発事象, 後発事象等」として後発事象の後に「等」が付されている理由について, 「一つは, 財務諸表に記載されている事項の中に, 偶発事象, 後発事象と同等の特記事項があるかもしれず, 必要とあらば, その事項を特記事項として記載することができる余地を残すためであり, 今一つは, 将来表示方法に関する法令が改正となり, 財務諸表に記載される事項の範囲が拡大し, 特記事項として記載すべき事項が増大する可能性を考慮して, そのことに対する受皿を準備するため」(32) と解説している。

古賀 (1992) は, 特記事項が新設され, 導入された理由として, ①経営環境の変化と投資者保護の要請, ②監査報告書の補足的説明事項の実質的空洞化と監査報告書の情報提供機能の促進の要請, ③監査基準・準則の国際的調和化の要請, という3点を挙げ (196-197), 「財務諸表に記載されたなかから『特に必要と認められる事項』を監査人が客観的な立場から選び出し, 説明するもので, いっそう高度な職業的専門家としての判断を要する。したがって, 今回の改訂は著しい質の向上をあげた監査主体としての職業会計士の実態を踏まえたものであろう」(197) と評している。

(3) 学界における議論

鳥羽 (1994) は, 特記事項の理論上の問題点として, 二重責任の原則との問題および伝達上の問題の2点を指摘している (338-344)。「監査人が『企業の状況に関する利害関係者の判断を誤らせないようするために新設された』特記事項の意義を積極的に解釈し, 財務諸表の開示内容を監査人の立場から補足するような解説的情報を提供した場合には, 理論的には, 監査人の新たな役割として―情報提供機能として―位置づけることもできるであろう。しかし, この役割は, 監査人の基本的役割である保証と正面から衝突することとなる。特記事項は, 財務報告制度の根幹である二重責任の原則に抵触しかねない危険性を内包している」(339) としている。また, 「特記事項がたとえ財務諸表上に記載された事項の単純な反復的記載であったとしても, 結果として, 監査人が予想だにしていない意

味―たとえば，『この企業は危ない』―をそのメッセージに付着させてしまっている可能性は否定できないであろうし，一方利害関係者側においても，監査人の当初の伝達意図とはまったく異なる解釈―『監査人は，われわれ利害関係者に対して，この企業は危ないということを伝えている』―をしてしまう可能性も否定できないであろう」(342)としている。

古賀 (1993) においても，理論上，特記事項に関して，「①警報的情報としての特記事項の付与は，監査人の伝統的な役割と責任の範囲を超えることにはならないかという問題（監査人の役割と責任の問題）。②警報的情報としての特記事項の付与は，情報利用者に対してどのようなインパクトをもたらすかという問題（特記事項の伝達上の問題）」(39) という２つの問題が考えられると指摘されている。そして，前者の監査人の役割と責任の問題に焦点を置き，監査基準委員会報告書第２号（日本公認会計士協会 1992）の意義と問題点とを検討している。検討の結果，「警報的情報としての特記事項は，もともと海外の期待ギャップ論議の影響を強く受けて具体化されたものであって，財務報告制度の根幹をなす「二重責任の原則」とは相入れない側面をもつ」(44) としたうえで，監基報第２号（中間報告）について，「特記事項という極めてセンシティブな問題を内包する事項に対して，特記事項の記載範囲・方法の限定と重要性の判断基準の明確化という形で一定の実務上の指針を提供することによって，監査人の責任範囲がいたずらに拡充化するのを回避しようとするものである」(44) と意義を認めている。一方で，「このような記載範囲・方法の限定化は，監査人の責任が問われる可能性を軽減する反面，期待ギャップ論議のもとで期待された監査人の役割拡充にも大きな制約を課すものとなった。また，重要性の判断基準等にみられるように，特記事項として取り上げるべきかどうかについては一応の目安が示されたにすぎない」(44) という問題点を指摘している。

朴 (2002) は，特記事項について，「①『企業の状況に関する利害関係者の判断を誤らせないようにするため特に必要と認められる事項』とは何か，②偶発事象，後発事象が特記事項の例として取り上げられる理由は何か，③他の事項にどのようなものがあるか，④財務諸表の記載と監査報告書の記載とはどのような関係にあるのか，などについては明確に示されていない」(8) という点を指摘している。また，「監査基準」・「監査報告準則」と監基報第２号（中間報告）の整合性について，「委員会報告書第２号が特記事項をして，財務諸表における注記を前提としそれと同一ないし要約の記載を要求するところ」(9) を最も問題とされる点としたうえで，監基報第２号（中間報告）の課題として，「①特記事項の記

載対象を当面『重要な偶発事象，後発事象』に限定することが妥当か否か。②特記事項の記載は監査意見を構成しないとし，財務諸表の注記を前提にそれと同一ないし要約した記載にとどめ，将来の結果について予見的判断を述べてはならないという制約をつけたとしても，それが監査人からの注意的・警報的情報提供である限り，いわゆる二重責任の原則に反することにならないか。③特記事項は，その事項に関して適正意見表明の判断を前提とするが，特記事項の記載と適正性判断との関係をどのように捉えるべきか」(9) という3点を指摘している。

このような問題意識に対して，松本 (2020) は，「1991年改訂基準以降，二重責任の原則を『経営者が提供すべき財務諸表に関連する情報を，監査人は提供してはならないとする考え方』というような監査人にとって過度に防衛的な観点から理解し，補足的説明事項に代わる特記事項は，財務諸表でいったん開示された事項を利用者の注意喚起を目的にして，再度監査報告書で記載されるものと位置付けた。この結果，監査報告書に記載される特記事項という情報には，利用者からすると情報価値はないという事態を招くこととなった。本来財務諸表に未開示の会計上の情報を監査人が監査報告書に記載することや，監査人しか知らない監査上の情報を記載することは，二重責任の原則の問題ではありえない。むしろ利用者からすると情報価値のある有益な情報であり意思決定の改善が期待できる。財務諸表に未開示の会計上の情報を，監査人が自らの判断で監査報告書に記載する行為は，二重責任の問題ではなく，被監査会社との間での守秘義務の範疇で解決されるべき問題である」(41-42) としている。

伊藤 (1996) は，「特記事項となる情報の本質について，現在のところ十分な合意があるとはいえない。特記事項は二重責任の原則に抵触するのではないか，あるいは特記事項と除外事項とが混同され，財務諸表利用者にそれらの情報価値の差異が認識されないのではないか等の問題が生じるのは，特記事項の本質のあいまいさに原因があると考えられる」(124) と指摘している。そして，特記事項がアメリカ監査基準書第58号の説明情報としての「事項の強調」に大きな影響を受けて新設されていることから，アメリカ監査基準書における「事項の強調」の識別化を図り，かかる観点から特記事項の本質についての検討を行っている。検討の結果，「強調しなければならない事項は，財務諸表に含まれる将来事象であり，かかる将来事象に，①より積極的に当該企業の将来を方向づけるような事項，②将来，財務諸表の信頼性をマイナスの方向へ，いわば除外事項の方向へと導く可能性がある事項，の2種類がある」(128) ことを識別している。そして，「特記事項は，企業の状況に関して利害関係者の判断を誤らせないようにするための

情報とされており，したがって，『事項の強調』の検討結果の中の②に該当すると考えられる。すなわち，特記事項は財務諸表に記載される偶発事象，後発事象等のうち，企業の将来を示す事項であり，かかる事項のうち将来，財務諸表の信頼性をマイナスの方向へと導く可能性があると，監査人が認めた場合に監査人によって監査報告書で提供される情報である，と理解しなければならないと考える」(124) としている。

このような偶発事象や後発事象といった未確定事項が，次期以降の企業の財政状態および経営成績に重要な影響を及ぼす場合には，何らかの警報を発する役割も監査報告書の特記事項には期待されている。これに関連して企業のゴーイング・コンサーンについて，特記事項で触れることは可能と考えられてきた。ゴーイング・コンサーン問題に関する特記事項の実態調査を行ったものとして，加藤(2001) および林 (2005) が挙げられる。

加藤 (2001) は，「監査報告書の特記事項に『事業の継続性に重要な影響を及ぼす』という記載があれば，企業のゴーイング・コンサーンについて明記されていると判断し，『財政状態及び経営成績に重要な影響を及ぼす』という記載があれば，少なくとも企業のゴーイング・コンサーンについて言及されていると見なした。また財務諸表の注記事項などに記載されていないことが特記事項に追加されていれば，二重責任の原則に反し，注記事項などをそのまま繰返す形で特記事項が記載されていれば，二重責任の原則を遵守している」(31) という分析の判断基準に基づき，「Ａ 二重責任の原則に反して，企業のゴーイング・コンサーンについて明記している。Ｂ 二重責任の原則に反して，企業のゴーイング・コンサーンについて言及している。Ｃ 二重責任の原則を遵守して，企業のゴーイング・コンサーンについて明記している。Ｄ 二重責任の原則を遵守して，企業のゴーイング・コンサーンについて言及している。」(31-32) という４つのタイプの記載モデルがあることを実例研究より指摘している。そして，「現状ではＣのモデルが，二重責任の原則にも反せず，企業のゴーイング・コンサーンについて明記する上でもっとも望ましいものである。監査人がこのような記載方式をとれれば，訴訟リスクも信用不安を煽ったという非難も回避できる。そのためには監査人自身が被監査会社を説得して，財務諸表の注記などにその旨の記載をさせなければならない。その点からＣのモデルは，必ずしも容易な選択とは言えないかもしれない。Ｄのモデルがより実現可能な選択として望ましいかもしれないが，特記事項の記載の解釈について曖昧さが付きまとい，訴訟リスクの回避は不完全といえる」(31) としている。

林（2005）は，「アメリカにおけるゴーイング・コンサーン問題の監査報告事例との比較を通じて特記事項の記載実態を分析するという観点から，まず『事業の継続性に言及した特記事項』および『実質的な経営破綻に関する特記事項』を抽出し，これに加えて，特記事項の記載実務の問題点である曖昧さを明らかにするために，ゴーイング・コンサーン問題に関連すると判断できる『財政状態・経営成績への重大な影響に言及した特記事項』，『経営計画に関する特記事項』および『金融機関等の支援に関する特記事項』」(208)を分析対象としている。そして，分析の結果として，「被監査会社の継続企業としての存続能力については，『～にかかっている』や『～如何によっては』という条件付文言とともに，『会社の継続性に重要な影響を及ぼす可能性がある』と将来に関する言明とも解される表現が用いられていた。条件付文言と将来に関する言明は，財務諸表利用者の誤解を助長するとともに，監査人の責任を拡大することにつながると思われる」(235)と指摘している。また，「標準化，定型化が図られている監査意見とは異なり，もともと特記事項の記載内容は個々の事例に依存するため多様なものとならざるをえない。それに加えて，『重要な』かつ『偶発事象，後発事象等』という限定があるものの，監査実務においては重要性の判断にかなりの『ぶれ』があるように思われる」(236)との指摘も行っており，「『等』の解釈には拡大傾向が見られる。その結果，特記事項を記載することの意義そのものが曖昧になり，財務諸表利用者の誤解を招いたと判断できる」(236)としている。

以上のような実態調査において，記載方法に問題があることが指摘されている特記事項について，高田（2001）は，特記事項によるゴーイング・コンサーンにかかる監査意見が投資家にとって情報価値があるのか否かについて検証している。1998年から2000年をサンプル期間とし，アルトマンの倒産判別モデルを使って算出されたＺスコアのワーストランキングのワースト上位50社のうち，特記事項によるゴーイング・コンサーンにかかる監査意見が記載された23社をサンプルとし，監査報告書日前後10週間の株価変化率を検証した結果，特記事項によるゴーイング・コンサーンにかかる監査意見には情報価値が無いことを示唆する証拠が得られたとしている。この結果をふまえ，「投資家には周知のこととなっている企業の存続可能性について，監査人があえて意見を表明することにどのような意義を見出すことができるのであろうか」(71)という問題提起をしている。

5 追記情報

(1) 定義と意味内容

2002年（平成14年）に改訂された「監査基準」（企業会計審議会 2002）の「第四 報告基準」「二 監査報告書の記載区分」は、「2 監査人は、財務諸表の表示が適正であると判断し、その判断に関して説明を付す必要がある事項及び財務諸表の記載について強調する必要がある事項を監査報告書において情報として追記する場合には、意見の表明とは明確に区別しなければならない」と規定している。そして、「七 追記情報」として、「監査人は、次に掲げる事項その他説明又は強調することが適当と判断した事項は、監査報告書に情報として追記するものとする。(1)正当な理由による会計方針の変更、(2)重要な偶発事象、(3)重要な後発事象、(4)監査した財務諸表を含む開示書類における当該財務諸表の表示とその他の記載内容との重要な相違」と規定している。また、「六 継続企業の前提」では、「1 監査人は、継続企業の前提に重要な疑義が認められるときに、その重要な疑義に関わる事項が財務諸表に適切に記載されていると判断して無限定適正意見を表明する場合には、当該重要な疑義に関する事項について監査報告書に追記しなければならない」と規定している。

(2) 導入の経緯

2002年改訂時の「監査基準の改訂に関する意見書」の前文では、「三 主な改訂点とその考え方」「9 監査意見及び監査報告書」「(3) 追記情報」において、以下のように導入の経緯を説明している。

「① 監査人による情報の追記について示した。本来、意見表明に関する監査人の責任は自らの意見を通しての保証の枠組みのなかで果たされるべきものであり、その枠組みから外れる事項は監査人の意見とは明確に区別することが必要である。このように考え方を整理した上で、財務諸表の表示に関して適正であると判断し、なおもその判断に関して説明を付す必要がある事項や財務諸表の記載について強調する必要がある事項を監査報告書で情報として追記する場合には、意見の表明と明確に区分し、監査人からの情報として追記するものとした。具体的には、監査報告書の基本的な三つの区分による記載事項とは別に記載することとなる。したがって、除外すべき事項を追記情報として記載することはできない。これに関

連して，監査人の意見との関係が曖昧であるとの指摘もある特記事項は廃止した。
② 監査意見からの除外事項及び追記する情報に関連して，従来，除外事項とされていた正当な理由による会計方針の変更は，不適切な理由による変更と同様に取り扱うことは誤解を招くことから，除外事項の対象とせずに，追記する情報の例示としたが，会計方針の変更理由が明確でないものがあるとの指摘もある点を踏まえ，監査人には厳格な判断が求められることは言うまでもない。また，この改訂に伴い，会計基準の変更に伴う会計方針の変更についても，正当な理由による会計方針の変更として取り扱うこととすることが適当である。なお，会計方針の変更があった場合における財務諸表の期間比較の観点からは，変更後の会計方針による過年度への影響に関する情報提供についても，財務諸表の表示方法の問題として検討することが必要である。
③ 追記する情報には，監査報告書を添付した財務諸表を含む開示情報と財務諸表の記載内容との重要な相違を挙げているが，これは，財務諸表と共に開示される情報において，財務諸表の表示やその根拠となっている数値等と重要な相違があるときには，監査人が適正と判断した財務諸表に誤りがあるのではないかとの誤解を招く虞があるため，追記する情報として例示した。」

また，「6 継続企業の前提について」において，以下のように導入の経緯を説明している。

「(1) 継続企業の前提に対する対処
　企業が将来にわたって事業活動を継続するとの前提（以下「継続企業の前提」という。）について，監査人が検討することに対する社会の期待が存在する。背景には，近年我が国で企業破綻の事例が相次ぎ，利害関係者の要望が強くなったことがある。さらに，すでに米国をはじめとする主要国の監査基準，ならびに国際監査基準（ISA）は，継続企業の前提に関して監査人が検討を行うことを義務づけていることからも，改訂基準で導入することが適当と判断したものである。
(2) 監査上の判断の枠組み
　継続企業の前提に関わる監査基準のあり方としては，監査人の責任はあくまでも二重責任の原則に裏付けられたものとしている。経営者は，財務諸表の作成に当たって継続企業の前提が成立しているかどうかを判断し，継続企業の前提に重要な疑義を抱かせる事象や状況について，適切な開示を行わなければならない。したがって，継続企業の前提に重要な疑義が認められる場合においても，監査人の責任は，企業の事業継続能力そのものを認定し，企業の存続を保証することにはなく，適切な開示が行われているか否かの判断，すなわち，会計処理や開示の適正性に関する意見表明の枠組みの中で対応することにある。
＜中略＞基本的に国際的ないし主要国の監査基準に沿ったものである。要は，企業の事業継続能力に関わる情報の財務諸表における適切な開示を促すことが継続企業の前

提に関わる監査基準の考え方である。
(3) 継続企業の前提に関わる開示

　継続企業の前提に影響を与える可能性がある事象や状況を余り広範に捉えると，その影響の重要度や発現時期が混淆し，却って投資判断に関する有用性を損なうとともに，監査人が対処できる限界を超えると考えられる。したがって，公認会計士監査においては，相当程度具体的であってその影響が重要であると認められるような，重要な疑義を抱かせる事象又は状況についてのみ対処することとした。

　継続企業の前提に重要な疑義を抱かせる事象や状況としては，企業の破綻の要因を一義的に定義することは困難であることから，財務指標の悪化の傾向，財政破綻の可能性等概括的な表現を用いている。＜中略＞このような事象や状況が存在する場合には，その旨，その内容，継続企業の前提に関する重要な疑義の存在，当該事象や状況に対する経営者の対応及び経営計画，当該重要な疑義の影響を財務諸表に反映しているか否か等について，財務諸表に注記を義務づけていくことが必要である。

　一方，企業活動の継続が損なわれるような重要な事象や状況は突然生起することは稀であり，財務諸表の注記が行われるまで何ら投資者に情報が開示されないことも問題であると考えられる。したがって，上記のような事象や状況につながる虞のある重要な事項については，有価証券報告書や営業報告書等において適切に開示されることが求められる。」

2002年の監査基準改訂については，1999年（平成11年）に起こったレジェンド問題[2]への対応が影響しているものと考えられる。レジェンド問題とは，当時のアメリカの5大会計事務所からの要請により，日本企業の英文年次報告書に添付された監査報告書において，「わが国の会計基準および監査基準は，国際的に通用する会計基準および監査基準ではない」と受け取れる「警句（Legend Clause）」を提携関係にある日本の監査法人が記載した問題である。この問題については，当時の日本経済新聞でも取り上げられた（日本経済新聞 1999）。八田（2000）は，「監査史上，過去に例を見ない由々しき事態であると解されている」(19)としており，「焦眉の急の課題ともされているゴーイング・コンサーン（企業経営の存続可能性）問題，すなわち，倒産リスク情報の開示とかかる情報開示の適切性に対する監査人の関与についての問題は，国際的な動向を踏まえて，今後，何等かの形で，実践上の取り扱いを明示することが必要であると考えられる」(27)としている[3]。

2　平賀（2000）は，アジアおよびヨーロッパにおけるレジェンド問題について詳細に検討しているので参照されたい。

3　新飼（2015）は，レジェンド問題が監査基準に与えた影響を検討しており，主にリスク・アプローチの定着を中心に取り上げている。リスク・アプローチの徹底以外にも期待ギャップへ対応するための改訂として，ゴーイング・コンサーンの規定に言及しているが，ゴーイング・コンサーンは国内からの必要性として考えているとしている。

(3) 学界における議論

　松本（2020）は，特記事項に代わって導入された追記情報について，「1991年改訂時に特記事項に記載することが求められた強調事項に加えて，監査基準に列挙された4つ以外にその他説明事項として，監査人が自らの判断で，財務諸表の読者に企業の財政状態および経営成績について誤解を与えることなく，さらにはよりよくそれらの事項を理解させるのに役立つ事項の記載が含められ，その記載対象には財務諸表に記載がないものまでも想定される，という1956年監査基準当時の情報提供の可能性まで踏み込んだと解される」(35) としている。

　朴（2003）においても，追記情報が特記事項と比較して記載対象を広げていることを認識したうえで，「監査報告書は，保証の枠組みの中での監査意見の表明に関わる記載と，監査人からの情報提供に関わる記載とに大きく2区分されることとなる。これまでのように，付記事項や注ないしただし書きなどとして曖昧な記載をすることは認められない」(39) という点で，画期的であるとしている。ただし，「継続企業の前提が成立するかどうかの判断の責任が経営者にあるとしても，監査人はその判断の妥当性を評価しなければならない。継続企業の前提を追記情報という情報提供の問題としてとらえるのではなく，まずもって意見表明の枠組みの中で扱うことができるかどうか」(37) については今後の課題となると指摘している。

　このような継続企業の前提に関する追記情報について，亀岡ほか（2021）は，「財務諸表利用者に重要なゴーイング・コンサーン情報が財務諸表に記載されていることについて注意を喚起することを目的とした一種の警報メッセージと特徴づけることができる。この種のメッセージは，情報提供機能に関わる情報であり，保証に関する他の区分（監査意見区分・監査意見の根拠区分・経営者及び監査役等の責任区分・監査人の責任区分）とは切り離した強調事項として理解しなければならない」(353) としている。そして，「継続企業の前提に『重要な疑義を生じさせるような事象又は状況』を解消または著しく改善させるための経営者側の対応策が不十分であるにもかかわらず，そのことを糊塗するような不適切または不十分な注記がなされた場合には，言明の監査の本則に従い，監査人は限定付適正意見もしくは不適正意見を表明することにより，本来の保証機能を発揮すべきである」(353) としている。このように，「財務諸表作成の前提である『継続企業』の問題は，財務諸表の信頼性の保証という財務諸表監査の枠組みのもとでは，なかなか座りの悪い問題である」(354) として，財務諸表の適正表示の監査を標榜する

財務諸表監査の枠組みと完全に整合させることの難しさを指摘している。

　林（2005）は，実態分析により，継続企業の前提ないしは企業存続能力に重要な疑義が存在すると判断された場合の財務諸表注記および監査報告書（追記情報または説明区分）の記載内容が，わが国とアメリカでほぼ同じであることを確認している。しかし，外形的には両者ほぼ同じに見えるが，実質的な意味では重要な差異がある点を指摘している。すなわち，「GCリスク開示主義に基づくわが国では，継続企業の前提に関する経営者の言明がなされ，財務諸表の適正性に関連付けた監査報告が行われる。GCリスク評価主義に基づくアメリカでは，経営者の言明は存在せず，監査人が一方的に企業存続能力そのものを評価する。この基本設計の違いにより，追記情報ないしは説明区分の記載に関する監査人の責任は大きく異なるものとなる」(263) としている。そして，「経営者にとって企業の存続は経営上の最重要課題であり，継続企業の前提に関する情報開示は企業存続に悪影響を及ぼしかねないという危機意識があると考えられる。また，監査人にとってこの問題は，帳簿記録との直接的な関係がない事項や経営判断に属する事項についての判断を要請するものであり，従来の財務諸表監査において想定されていた役割が拡張されることになる。この新しい制度が定着するためには，リスク情報の開示と監査に関する両者の役割分担についての理解が必要不可欠である」(263) と指摘している。

　このような継続企業の前提に関するアメリカとわが国における枠組みの違いについて，永見（2005）は，「わが国の規定の枠組みが，果たして証券市場の参加者の情報ニーズにどこまで応えることができるのか，そもそも，市場はどのような情報を望んでいるのか，という問いかけにあるのではないだろうか。アメリカにおける実証研究の成果から導き出される一つの回答は，企業に対する総合的なゴーイング・コンサーンリスクを評価する責任を負う監査人が，重要な疑義を指摘すること，あるいはしないことの意味を，市場参加者は有用な情報として取り込んでいることにある。さらに企業倒産予測モデルに重要な疑義の指摘の有無という変数を加えることによる予測精度の増大が報告されているが，少なくともわが国の追記情報には，レッド・フラッグとしての機能を有しているわけではないため，そのような効果は期待できないであろう」(74) という問題点を指摘している。そして，問題の根源について，「企業の繁栄を目指す経営者自らにゴーイング・コンサーン問題への積極的な関与を求め，一方で，企業から独立した監査人はゴーイング・コンサーンリスクの評価に対する責任を負うことなく，いわゆる監査の問題として対応する，という二重責任の原則という枠組みそのものにあ

るのではないだろうか」(74) として，二重責任の原則への言及を行っている。

継続企業の前提については，弥永 (2021) において，「継続企業を前提として財務諸表を作成することが適切でない場合とはどのような場合であるのか（また，継続企業を前提として財務諸表を作成することが適切でない場合に財務諸表の作成はどのような基準に基づいて行うべきなのか）に関して，権威ある基準が我が国には存在しない」(160) という点についても指摘されている。

また，亀岡ほか (2021) では，「その他説明することが適当と判断した事項」の内容と範囲についても問題提起をしている。「『適当と判断した』とあるが，『何』を『いかなる立場（視点）』から判断するかによって，その答えは異なりうるからである。監査人の責任を限定するという意味で監査人が『その他の事項』を捉えているとすれば本末転倒であろう。また，財務諸表利用者の経済的意思決定にとりわけ有用と監査人が判断した事項については，監査人は自己の責任のもとに自由に監査報告書に追記できるという意味でもない。二重責任の原則という制度上の枠組みによって当然制約を受ける。それゆえ，追記情報として『その他の事項』が健全な報告実務であるかどうかを注視していく必要がある」(306) と指摘している。

弥永 (2021) では，強調事項について法的な観点から，強調事項の不十分な記載と監査人の民事責任に関して，「かりに，貸借対照表・損益計算書・株主資本等変動計算書の数値に反映させるべきことを反映させず，注記では十分な情報を提供した（例えば，修正後発事象であるにかかわらず，開示後発事象として扱ったとか，リース資産・リース負債をオンバランスしなかったが，十分な注記がなされていた）という場合に，個別注記表をきちんと読んでいれば，十分な情報は得られ，適切な判断をすることができたはずであるから，貸借対照表・損益計算書・株主資本等変動計算書の数値に反映させるべきことを反映させなかったことと相当な因果関係を有する第三者の損害はないとはいわないのだとすれば，ある第三者が計算関係書類をきちんと読んでおけば，その第三者に損害は生じなかったはずであるから，強調事項の不記載等と第三者の損害との間に相当な因果関係は認められないとはいえないのではないかとも思われる」(239) という問題提起をしている。

6　監査上の主要な検討事項

(1)　定義と意味内容

　2018年（平成30年）に改訂された「監査基準」（企業会計審議会 2018）の「第四 報告基準」「二 監査報告書の記載区分」は，「2　監査人は，次に掲げる事項を監査報告書に記載するに当たっては，別に区分を設けて，意見の表明とは明確に区別しなければならない。(1)継続企業の前提に関する事項，(2)当年度の財務諸表の監査の過程で監査役等と協議した事項のうち，職業的専門家として当該監査において特に重要であると判断した事項（以下「監査上の主要な検討事項」という。），(3)財務諸表の記載について強調する必要がある事項及び説明を付す必要がある事項」と規定している。そして，「七 監査上の主要な検討事項」として，「1　監査人は，監査の過程で監査役等と協議した事項の中から特に注意を払った事項を決定した上で，その中からさらに，当年度の財務諸表の監査において，職業的専門家として特に重要であると判断した事項を監査上の主要な検討事項として決定しなければならない。2　監査人は，監査上の主要な検討事項として決定した事項について，関連する財務諸表における開示がある場合には当該開示への参照を付した上で，監査上の主要な検討事項の内容，監査人が監査上の主要な検討事項であると決定した理由及び監査における監査人の対応を監査報告書に記載しなければならない。ただし，意見を表明しない場合には記載しないものとする」と規定している。

(2)　導入の経緯

　2018年改訂時の「監査基準の改訂に関する意見書」の前文では，「一 経緯」において，以下のように導入の経緯を説明している。

　「公認会計士（監査法人を含む。）による財務諸表の監査は，財務諸表の信頼性を担保するための制度であり，その規範となる監査基準は，財務諸表の作成規範である会計基準とともに，適正なディスクロージャーを確保するための資本市場の重要なインフラストラクチャーである。こうした観点から，当審議会では，監査をめぐる内外の動向を踏まえ，これまでも必要に応じて監査基準の改訂を行ってきている。しかしながら，近時，我が国では，不正会計事案などを契機として監査の信頼性が改めて問われている状況にあり，その信頼性を確保するための取組みの一つとして，財務諸表利用

者に対する監査に関する情報提供を充実させる必要性が指摘されている。

　我が国を含め，国際的に採用されてきた従来の監査報告書は，記載文言を標準化して監査人の意見を簡潔明瞭に記載する，いわゆる短文式の監査報告書であった。これに対しては，かねてより，監査意見に至る監査のプロセスに関する情報が十分に提供されず，監査の内容が見えにくいとの指摘がされてきた。

　こうした中，主に世界的な金融危機を契機に，監査の信頼性を確保するための取組みの一つとして，監査意見を簡潔明瞭に記載する枠組みは基本的に維持しつつ，監査プロセスの透明性を向上させることを目的に，監査人が当年度の財務諸表の監査において特に重要であると判断した事項（以下「監査上の主要な検討事項」という。）を監査報告書に記載する監査基準の改訂が国際的に行われてきている。

　当審議会は，こうした国際的な動向を踏まえつつ，我が国の監査プロセスの透明性を向上させる観点から，監査報告書において「監査上の主要な検討事項」の記載を求める監査基準の改訂について審議を行い，平成30年5月，監査部会において公開草案を公表し，広く各界の意見を求め，寄せられた意見を参考としつつ，公開草案の内容を一部修正して，これを「監査基準の改訂に関する意見書」として公表することとした。

　監査報告書における「監査上の主要な検討事項」の記載は，監査人が実施した監査の透明性を向上させ，監査報告書の情報価値を高めることにその意義があり，これにより，

・財務諸表利用者に対して監査のプロセスに関する情報が，監査の品質を評価する新たな検討材料として提供されることで，監査の信頼性向上に資すること
・財務諸表利用者の監査や財務諸表に対する理解が深まるとともに，経営者との対話が促進されること
・監査人と監査役，監査役会，監査等委員会又は監査委員会（以下「監査役等」という。）の間のコミュニケーションや，監査人と経営者の間の議論を更に充実させることを通じ，コーポレート・ガバナンスの強化や，監査の過程で識別した様々なリスクに関する認識が共有されることによる効果的な監査の実施につながること

等の効果が期待される。

　このような効果が発揮されるためには，監査人，監査役等，経営者といった各関係者において，今回の改訂の趣旨を十分に理解の上，実施された監査の内容に関する情報が財務諸表利用者に適切に伝わるよう運用を図っていくことが重要である。」

　2018年の監査基準改訂における監査報告書の拡充の議論について，町田（2020）は，「2015年に発覚した東芝事件を契機として開始されることとなった。すなわち，監査の品質の議論と関連付けて，実施されることとなった点に特徴が見出せる」(251) としている。

　2015年（平成27年）10月に金融庁に設置された「会計監査の在り方に関する懇

談会」は，2016年（平成28年）3月8日に「『会計監査の在り方に関する懇談会』提言―会計監査の信頼性確保のために―」（会計監査の在り方に関する懇談会 2016）（以下，「提言」）を公表した。監査報告書の長文化問題は，「提言」が掲げる5つの施策の柱のうちの1つである「会計監査に関する情報の株主等への提供の充実」の中の「会計監査の内容等に関する情報提供の充実」の一環として位置づけられる「監査報告書の透明化等」として，「現在の監査報告書は，財務諸表が適正と認められるか否かの表明以外の監査人の見解の記載は限定的となっている。一方，例えばイギリスでは，会計監査の透明性を高めるため，財務諸表の適正性についての表明に加え，監査人が着目した虚偽表示リスクなどを監査報告書に記載する制度が導入されている。EUも本年から同様の制度を導入する予定であり，アメリカにおいても，導入に向けた検討が進められている。このような，いわば『監査報告書の透明化』について，株主等に対する情報提供を充実させる観点から，我が国においても検討を進めるべきである」（6-7）と述べられている。

そして，「提言」をふまえ，関係者（日本経済団体連合会，日本監査役協会，日本証券アナリスト協会，日本公認会計士協会，金融庁）による意見交換が行われ，2017年（平成29年）6月26日に公表された「『監査報告書の透明化』について」（金融庁 2017）は，提言で用いられた「監査報告書の透明化」という用語について，「監査報告書において，財務諸表の適正性についての意見表明に加え，監査人が着目した会計監査上のリスクなどを記載する」（1）ことと規定した。

(3) 学界における議論

朴（2018）は，「財務諸表作成過程における会計処理の複雑化，会計処理における見積りの不確実性などは，監査意見と定型文言だけの監査報告書を認めなくなっている」（37）と現状を認識しながら，「監査報告書における財務諸表への言及は，たとえそれが監査人からの新たな財務諸表情報の提供ではなく，単なる財務諸表記載事項の強調であるにすぎないとしても，財務諸表にかかわる監査人と経営者との間の二重責任の原則に反するという疑問を払しょくすることはできない」（37）として，二重責任の原則の問題を強調する。この問題を解消するため，「監査報告書はあくまでも監査意見ならびに監査に係る情報に限定すべきである。強調事項としての追記情報の記載が財務諸表に直接かかわる情報であるのに対して，KAM/CAMは，監査意見形成に係る監査判断上の重要事項について利用者に情報を提供するものであって，財務諸表自体の情報を提供するものではない。この意味で，二重責任の原則に反するという疑問を払しょくできる可能性がある新た

な監査報告書記載事項と言えよう。財務諸表注記が財務諸表の信頼性を向上させるのに対して，KAM/CAM は監査報告書の信頼性を向上させるものと言うことができる」(37) として，監査上の主要な検討事項の位置づけの明確化を図っている。

　林（2019, 13-16）は，日本における監査上の主要な検討事項の実務開始を見据えた検討課題として，①好循環の確立，②画一化の回避，③情報開示の充実，の3点を挙げている。①好循環の確立との関連で，「KAM の記載が財務諸表利用者の意思決定をどのように，そしてどの程度改善するかは現時点では定かではないが，まずは制度導入の趣旨を汲み，積極的に記載されることが望まれる。監査人，監査役等，経営者といった各関係者が，今回の改訂の趣旨を十分に理解したうえで，実施された監査の内容に関する情報が財務諸表利用者に適切に伝わるよう運用を図っていくことが重要」(14) であると指摘をしている。また，②画一化の回避との関連で，「どのような KAM の記載が財務諸表利用者にとって有用であるかは明らかではない。したがって，KAM のより良い実務慣行を確立するためには，利用者（主に，監査役等，株主および投資者）からの KAM の記載実務に関するフィードバックが非常に重要である」(15) と指摘をしている。そして，③情報開示の充実との関連で，「企業情報の開示や KAM の利用に関する関係者の意識・姿勢の変化や関係者側のコミュニケーションの充実といった努力はもとより重要であるが，一定の制度的手当が望まれる」(16) と指摘をしている。

　町田（2020, 256-264）は，監査基準改訂における審議の論点と結論を示したうえで，残された課題として，①企業による開示との関係，②監査役等の監査および監査報告の問題，③「その他情報」への対応の問題を挙げている。①企業による開示との関係として，「わが国では，監査人の守秘義務の規定を厳格に解釈し過ぎているのではないか，とも思われる。守秘義務は，被監査企業の情報を漏洩してはならないとするものであるが，それは，監査人が監査に関する情報を開示してはならないとか，監査人の見解を表明してはならないというものではないはずである」(259) という指摘をしている。また，②監査役等の監査および監査報告の問題として，「『監査上の主要な検討事項』は，単に企業側の開示の質および量を拡充させるだけでなく，その前提となる情報を監査人から伝達される対象となる監査役等においても，監査役等の業務監査および会計監査，ならびに，その結果としての監査役等の監査報告にも影響を及ぼすはずである。監査役等に対して，いかなる役割を求めるのか，という議論こそが，本来，KAM の導入のもう1つの側面であったはずである。＜中略＞わが国において，『監査上の主要な検

討事項』に対する監査役等の対応が制度上，俎上に載せられるのは，会社法の会計監査人監査に適用範囲が拡大したときであろうか。かかる対応が当初から図れないのが，会社法と金商法の二制度並立の弊害であるとすれば，大変残念なことであろう」(263)という指摘をしている。そして，③「その他情報」への対応の問題として，「監査人が，『監査上の主要な検討事項』として記載する事項について企業側にあらかじめ開示を促した場合，その多くは，財務諸表の注記または有価証券報告書等における定性的な情報開示項目の中で，経営者自らの説明とともに開示されることとなる。その際に，監査人は，かかる開示内容と監査プロセスにおいて得た自らの知識との相違を検討する必要があるであろう。これは，定性的情報に対する保証の付与とまではいかないものの，一定の範囲で定性的情報に監査人の関与を求めるものでもある」(264)という指摘をしている。

　弥永 (2021) では，監査上の主要な検討事項について法的な観点から，監査人の第三者に対する賠償責任に関する問題提起をしている。「第三者（株主・債権者・投資家など）が監査上の主要な検討事項の記載があることによって，会計監査報告における会計監査人の意見（無限定適正意見など）を適切に解釈することができるというのであれば，不適切な監査上の主要な検討事項の選定と第三者が被った損害との間に相当な因果関係がありうることになりそうである。ただし，監査上の主要な検討事項の記載をふまえて，監査報告書利用者は監査人の意見を解釈するのだとすれば，金融商品取引法上も会社法上も，監査上の主要な検討事項の記載は，監査人にとっての責任範囲限定条項としての意味を，事実上有する可能性がある（利用者としては，監査上の主要な検討事項の記載を考慮に入れずに，手放しで無限定適正意見に依拠してはならない。）という見方もできる。さらに進んで，利用者としては，監査報告書から，監査人が監査上の主要な検討事項を的確に選定していない，あるいは適切に監査上の対応を行っていないことが読み取れるのであれば，監査人の監査の失敗と財務書類利用者の損害との間の因果関係が弱まる，少なくとも監査人の責任は過失相殺によって減額されるという立論の余地すらある」(187-188)との指摘をしている。

7　小　括

　松本 (2020) は，「監査基準設定当時のオピニオン・レポートにおいて想定された「情報」とは，監査人が利用者の意思決定に役立つものとして監査意見とは別に記載する情報であり，財務諸表に開示されていない会計上の情報や監査人が

独自に説明のために記載する監査上の情報のことであった。換言すれば監査報告書に記載された監査意見以外の記載事項の総称ではないしその趣旨からすれば，財務諸表に開示された事項を繰り返して記載することは，その本旨ではないのである」(42) としている。

このような情報提供の理論は，期待ギャップ対応のもとで急速に進んでいると考えられる。林 (2022) は「財務諸表監査における期待ギャップとは，一般的には，財務諸表利用者ないし社会が監査人に対して期待している役割と，監査人が実際に提供している，または提供すべきであると認識している役割との食い違いを意味する」(148) としている。この期待ギャップは，監査人の役割だけでなく，監査報告書の分野においてもみられたとして，鳥羽 (2009) は，「『期待ギャップ』を引き起こした原因の1つは監査報告書における情報量の少なさにあり，それが財務諸表監査そのものについての誤解を引き起こしているのではないか，との認識」(319) と指摘している。

この点について，亀岡ほか (2021) は，「監査報告書は，監査の主題に対して実施された監査手続の質と監査の主題についての監査人の結論を伝えればよい，というものではない。監査報告書は，同時に，実施された監査手続の質や表明された監査人の結論に対して監査人が負う責任の範囲を明確に示すものでなければならない。また，メッセージを単に増やせばよいという単純な『情報量』の問題ではない。このことをまずしっかりと押さえることが必要である」(307-308) としている。

この情報量の問題について，鳥羽・秋月 (2001) では，監査報告書と他の情報容器の関係を**図表21-1**のように示したうえで，監査人が情報提供機能を遂行する状況をZ型とし，「監査人が財務諸表利用者に対して発信する新たな情報提供の世界であり，受け手である財務諸表利用者にとっては受け取る情報の量が増加する世界である。監査人自身が発信する新情報であるからこそ重要なのであり，また，そうであるからこそ，その発信の是非やあり方が理論上の問題となる」(177) という理論的検討の必要性に関する問題提起をしている。

鳥羽 (2000) は，この問題提起に関して，意見表明という行為が，財務諸表利用者に向けての監査人の伝達行為であり，伝達が言語表現を通じて行われることから，言語行為 (speech act)[4] であるという点に着目し，理論的枠組みの構築を試みている。鳥羽 (2000, 113-114) では，監査意見の伝達に際して，監査人は自己の伝達意図をメッセージに託し，監査人の立場からメッセージの意味づけを行う一方，当該メッセージの受け手も監査人からのメッセージを解釈し意味づけを

図表21-1 ■ 監査報告書と他の情報容器の関係

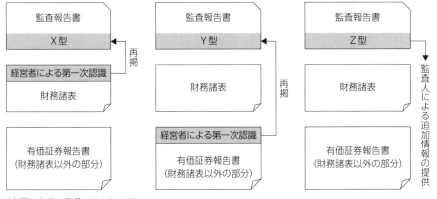

(出所) 鳥羽・秋月 (2001), 178。

行っているが，送り手と受け手の間に存在するものは，メッセージの意味ではなく，メッセージそのものであり，送り手による監査意見の意味づけと受け手による監査意見の解釈とが一致し，あるいは一致しなくとも，両者間の乖離が小さければ，安定した伝達が成立し，監査人が果たした役割が監査意見を通じて完遂されたことになるとしている。そして，「監査人の発語内行為─保証─は，『信念表明型』や『判定宣告型』・『行為拘束型』という部分をその基礎のなかに置きながら，監査人を取り巻く環境─『コンベンショナルな前提』─を背景に，『権限行使型』といった側面を強く表面に出したり，また反対に，『言明解説型』を強調しながら変化してきたといえるであろう。歴史的には，権限行使型から言明解説型へと，監査人の発語内行為は大きく変化してきた，と総括することが可能である。監査人の情報提供機能は，この言明解説型と関係している可能性が非常に高い」(134-135)と監査報告書における記載事項の変遷を分析している。さらに，「監査人の言語行為の中心は，いうまでもなく，財務諸表の適正表示の状況についての意見表明であり，財務諸表の信頼性の『保証』を『効力』[5]とする発語内行為である」(135)としながら，限定付意見や不適正意見を表明する場合には，別の

---

4 Austin (1962) は，「何かを言うこと」は，同時に「何かを行うこと」であり，「言うこと」と「行うこと」との関係として，発語には，①発語行為 (locutionary act)：何かを言うこと，②発語内行為 (illocutionary act)：何かを言うことのなかで何かを行うこと，③発語媒介行為 (perlocutionary act)：何かを言うことによって何かを行うこと，という３つの行為が存在するとしている。

発語内行為にも従事している可能性を指摘し,「監査人が従事する『保証』は,相互重複の可能性が高い発語内行為であると,やや膨らみをもって理解しておかなければならないように思われる」(135-136) としている。

亀岡ほか (2021) は,現代の監査報告書が抱えている問題として,「性質を異にするメッセージの混在である。監査人の役割 (保証) に直結するメッセージと,その内容を概説する啓蒙的なメッセージが混在しているという問題」(308) と「監査報告書の情報価値を高めてほしいとの財務諸表利用者の要求が一段と強くなっていることである。これは,監査報告書におけるメッセージの量的・質的拡大に対する社会の要請」(308) を認識し,「このような情報要求に対して,会計プロフェッションはどのように応えていけばよいのであろうか」(308) という問題提起をしており,「監査報告書の体系を,記載されるメッセージの性質に照らして改めて考え直す必要があるように思われる」(308) との指摘をしている。

このような問題提起に関して,内藤 (2016) では,監査報告を監査計画—実施の集大成であり,監査報告書のあり方はこれらと無縁ではないという立場から,国際監査・保証基準審議会による監査報告書改革の論点を踏まえ,監査判断形成と整合した監査報告モデルの提示を行っている。証明という行為が,「目的・方法・実施・結果・考察・結論」の表出によるものであるとの理解に基づき,証明行為としての監査判断形成プロセスを表した監査報告モデルとして,**図表21-2**を提示している。そして,国際監査基準701の規定においては,監査上の主要な検討事項の記載事項が監査人の判断に委ねられていることから,監査上の主要な検討事項の記載内容が監査証明にかかわる事項だけにとどまらず,広範な範囲に及ぶ可能性を指摘し,保証の枠組みを超えて,情報提供の枠組みに及んだ結果,監査人の役割や責任が不明確となったり,過大になるおそれに言及している。そして,この原因として,KAMの意義づけの曖昧さが挙げられ,監査報告の役割を証明行為の全体を示すことと位置づけ,監査判断形成に係る事項にKAMを限定するのが論理整合的であるとしている。

---

5 Austin (1962) は,どのようなものとしてその発語が受け取られるべきであるかを示す発語内の力 (illocutionary force) に基づき,①判定宣告型 (Verdictives),②権限行使型 (Exercitives),③行為拘束型 (Commissives),④態度表明型 (Behabitives),言明解説型 (Expositives),という5つのカテゴリーに発語内行為を分類している。これらの分類について,Searle (1979) は,発語内の目標 (illocutionary point),適合方法 (direction of fit),誠実性条件 (sincerity condition) を分類の基礎として採用し,①断言型 (Assertives),②指令型 (Directives),③行為拘束型 (Commissives),④表現型 (Expressives),⑤宣言型 (Declarations),という5つのカテゴリーに再分類した。

図表21-2 ■ 監査報告モデル

	監査報告モデル	
意見	Ⅰ．監査意見 1．監査意見 2．意見の根拠（除外事項）	「結論」
前提条件	Ⅱ．監査意見の前提条件 1．監査の目的 2．監査対象とした財務諸表の範囲 3．財務諸表の作成基準 4．ゴーイング・コンサーンとしての継続能力にかかる不確実性 5．連結範囲・GAAP・会計方針・会計上の見積りの各変更 6．財務報告に係る内部統制の有効性 7．適用した監査基準 8．重要性の基準値 9．監査リスクの評価結果 10．法令定款違反など不正	「目的」（対象） （対象） 財務諸表の作成にかかる事項 「方法」・「実施」
解釈上の重要事項	Ⅲ．監査意見の解釈にかかる重要事項 1．監査意見の有効範囲 2．実施した監査手続の内容（十分かつ適切な証拠と合理的基礎） 3．GAAP選択の合理性 4．選択GAAPに対する会計方針の整合性 5．会計対象に対する会計方針の適合性 6．会計方針適用の継続性と適切性 7．会計上の見積りの合理性 8．財務諸表の表示のGAAP準拠性 9．財務諸表を含む企業情報の表示と財務諸表の表示との整合性	「結果」 「考察」 「特に重要な監査事項」の候補 （個別要証命題）
監査人	Ⅳ．監査人に関する事項 1．監査人の所属・職位 2．監査報酬 3．独立性（外観的および精神的）確保の状況 4．監査の品質管理体制の状況	
署名	Ⅴ．監査人の署名	

（出所）内藤（2016），22。

　以上のように，本章では，監査意見以外の記載事項について，監査報告書の情報提供機能との観点から検討してきた。利害関係者保護という利用者志向のもと，現実問題としての苦悩の末の措置として，監査基準上，さまざまな記載事項が検討されてきたことが確認された。そして，期待ギャップ問題との関連で，監査意見以外の記載事項の拡充の議論は今後も継続して行われるであろう。しかし，この問題については，二重責任の原則や守秘義務との関連で，他の概念との整合的

な議論が必要である。このような状況をふまえても，保証の枠組みとは一体どのようなものなのか，という根本的な問いから議論を始め，監査の目的および機能から演繹的に，「誰に対して」「何について」「どのように」記載するかを導出する作業が必要であろう。

■参考文献

飯野利夫（1956）「監査報告準則解説」黒澤清・飯野利夫・江村稔『監査基準 監査実施準則 監査報告準則詳解』所収，中央経済社，63-92頁。

伊藤龍峰（1996）「「事項の強調」の識別と特記事項」『企業会計』48巻1号，124-129頁。

井上晋就（2014）「監査報告書の情報提供機能の再吟味」『東京経大学会誌（経営学）』284号，73-85頁。

井上善弘（2014）「監査報告書の情報提供機能の拡張：「監査上の主要な事項」の特質」『会計・監査ジャーナル』26巻4号，59-65頁。

岩田巖（1954）『会計士監査』森山書店。

会計監査の在り方に関する懇談会（2016）「会計監査の在り方に関する懇談会」提言「―会計監査の信頼性確保のために―」3月8日。

加藤達彦（2001）「企業のゴーイング・コンサーンに関する特記事項の記載モデル」『奈良県立大学研究季報』12巻1号，21-33頁。

亀岡恵理子・福川裕徳・永見尊・鳥羽至英（2021）『財務諸表監査（改訂版）』国元書房。

企業会計審議会（1956）「監査基準・監査実施準則・監査報告準則」12月25日。

―――（1966）「監査基準及び監査報告準則の改訂について」4月26日。

―――（1982）「監査基準及び監査報告準則の改訂について」4月20日。

―――（1991）「監査基準，監査実施準則及び監査報告準則の改訂について」12月26日。

―――（2002）「監査基準の改訂に関する意見書」1月25日。

―――（2018）「監査基準の改訂に関する意見書」7月5日。

金融庁（2017）「「監査報告書の透明化」について」6月26日。

日下部與市（1975）『新会計監査詳説〈全訂版〉』中央経済社。

久保田音二郎（1959）『財務諸表監査』中央経済社。

―――（1966）「監査報告書の情報提供の機能：CPAのリポーティング・ファンクション」『産業経理』26号6号，83-88頁。

熊田亨（1965）「監査報告書の実態調査―監査報告の基準探求のための―」『企業会計』17巻10号，113-124頁。

黒澤清（1957）『監査基準解説』森山書店。

経済安定本部企業会計基準審議会（1950）「監査基準・監査実施準則（中間報告）」7月14日。

古賀智敏（1986）「監査報告書の情報提供機能と監査人の社会的責任：監査における情報仮説の展開を中心にして」『龍谷大学経済経営論集』26巻1号，71-81頁。

―――（1992）「特記事項」日本監査研究学会監査基準再検討研究部会編『新監査基準・準則』第一法規出版，第4部第3章。

─── (1993)「特記事項：監査人の役割と責任に関連して」『企業会計』45巻4号，39-44頁。
佐久間義浩（2018）「補足的説明事項の改正経緯にみる監査人からの情報提供」『東北学院大学経営学論集』10号，21-51頁。
佐藤孝一（1966a）「監査報告基準　準則の改正問題：監査基準および準則の改正」『産業経理』26号1号，126-135頁。
─── (1966b)「新監査基準解説」佐藤孝一・中瀬宏通・安井誠・浅地芳年・居林次雄『解説新監査基準・準則』所収，中央経済社，57-69頁。
塩原一郎（1982）「監査報告書の情報提供機能：後発事項との関連での提言」『税経セミナー』27巻1号，15-23頁。
嶋津邦洋（2015）「監査制度の再構築に向けた正統性からの考察：情報提供としての監査報告書」『立正経営論集』48巻1号，107-126頁。
新飼幸代（2015）「レジェンド問題が監査基準に与えた影響」『西南学院大学大学院経営学研究論集』61号，21-37頁。
髙田駒次郎（1964）「監査報告書における補足的説明事項について」『商経論叢』13号，67-97頁。
─── (1975)『近代監査報告書論』中央経済社。
髙田敏文（2001）「企業継続能力特記事項の情報価値」『会計プログレス』2号，63-71頁。
髙田正淳（1974）「監査基本問題の研究㈢」『會計』105巻3号，177-186頁。
─── (1979a)『最新監査論』中央経済社。
─── (1979b)「監査における情報提供機能」『企業会計』31巻5号，48-54頁。
─── (1980)「財務諸表監査の課題と理論構造」髙田正淳責任編集『体系近代会計学Ⅸ　財務諸表の監査』中央経済社，第1章。
髙柳龍芳（1980）「監査報告書の機能とその改良」髙田正淳責任編集『体系近代会計学Ⅸ　財務諸表の監査』中央経済社，第7章。
鳥羽至英（1985）「会計情報の拡大と監査の論理」『會計』128巻6号，23-44頁。
─── (1994)『監査基準の基礎（第2版）』白桃書房。
─── (2000)『財務諸表監査の基礎理論』国元書房。
─── (2009)『財務諸表監査　理論と制度　基礎篇』国元書房。
鳥羽至英・秋月信二（2001）『監査の理論的考え方：新しい学問「監査学」を志向して』森山書店。
内藤文雄（2016）「財務諸表の監査における監査判断形成と監査報告モデル」『會計』189巻3号，13-27頁。
永見尊（2005）「わが国のゴーイング・コンサーン規定と追記情報の意義」『會計』167巻5号，61-76頁。
日本経済新聞社（1999）「日本企業の英文監査報告書『国際基準と異なる』と警句」『日本経済新聞』7月28日付朝刊，19面。
日本公認会計士協会（1992）監査基準委員会報告書第2号（中間報告）「特記事項」11月11日。
朴大栄（2002）「監査基準における特記事項の意義」盛田良久編著『監査問題と特記事項』中央経済社，第1章。
─── (2003)「追記情報の意義と問題点」『JICPAジャーナル』15巻11号，33-39頁。
─── (2015)「監査報告書の展開と展望：日本の監査報告書論の展開から見た監査報告書変革

の方向性」『現代監査』25号，26-37頁。
——（2018）「監査報告書変革の課題：KAM 導入に向けて」『桃山学院大学総合研究所紀要』44巻1号，23-39頁。
八田進二（2000）「財務報告の信頼性をめぐる諸問題：会計士監査の果たす役割についての検討を中心に」『會計』157巻4号，18-30頁。
林隆敏（2005）『継続企業監査論：ゴーイング・コンサーン問題の研究』中央経済社。
——（2019）「監査報告の変革：意義と課題」林隆敏編著『監査報告の変革：欧州企業のKAM 事例分析』中央経済社，序章。
——（2022）「監査意見形成のプロセス」伊豫田隆俊・松本祥尚・林隆敏『ベーシック監査論（九訂版）』同文舘出版，第4章。
平賀正剛（2000）「レジェンド付き英文監査報告書に関する一考察」『早稲田商学』387号，77-109頁。
町田祥弘（2020）「わが国における議論の経緯と改訂内容」松本祥尚・町田祥弘・関口智和編著『監査報告書論：KAM をめぐる日本および各国の対応』中央経済社，第10章。
松本祥尚（2020）「わが国監査報告論の系譜」松本祥尚・町田祥弘・関口智和編著『監査報告書論：KAM をめぐる日本および各国の対応』中央経済社，第2章。
村山徳五郎（1992）「「監査基準」の改訂」新井清光・村山徳五郎編著『新監査基準・準則詳解』中央経済社，第2章。
森實（1967）『近代監査の理論と制度』中央経済社。
弥永真生（2021）『監査業務の法的考察』日本公認会計士協会出版局。
山浦久司（2008）『会計監査論（第5版）』中央経済社。
脇田良一・中嶋敬雄（1992）「改訂『監査基準・監査報告準則』の解説」『JICPA ジャーナル』3巻8号，25-32頁。
American Institute of Accountants (AIA) (1954), *Statements on Auditing Procedure No. 25 : Events subsequent to the date of financial statements,* AIA.
American Institute of Certified Public Accountants (AICPA) (1988), *Statements on Auditing Standards No. 58 : Reports on Audited Financial Statements,* AICPA.
Austin, J. L. (1962), *How to do things with words,* Clarendon Press.（坂本百大訳（1978）『言語と行為』大修館書店。）
Searle, J. R. (1979), *Expression and Meaning : Studies in the Theory of Speech Acts,* Cambridge University Press.（山田友幸監訳（2006）『表現と意味』誠信書房。）

（松尾 慎太郎）

Awareness Survey

第 V 部

意識調査

　本書ではここまで，財務諸表監査理論の基礎をなすさまざまな概念を文献に基づいて考察してきたが，これらの概念規定や意味内容の理解について専門家の間に認識のゆらぎや差異が存在するとすれば，それは望ましいことではない。そこで，本書で考察した諸概念の一部について，監査教育に関わる大学教員と監査実務に携わる公認会計士の認識を確かめ，認識のゆらぎや差異の有無に関する仮説を検証することを目的として，質問紙調査を実施した。第22章は，この調査に基づく検証結果を報告するものである。

第22章

財務諸表監査の基礎概念に関する意識調査結果

1　はじめに

　本章では，財務諸表監査に関わる諸概念についての認識を明らかにし，財務諸表監査の概念フレームワークの構築に資することを目的として2023年3月から5月にかけて実施した質問紙調査の結果をまとめている。本調査は，本書で展開された議論を通して得られた財務諸表監査に関わる諸概念についての認識を明らかにする意識調査であるため，調査対象は専門家，すなわち，監査教育に関わる大学教員と監査実務に携わる実務家（公認会計士）とした。この調査を通じて，本書で論じられている諸概念についての専門家間での認識のゆらぎや差異を示すことができるものと考えられる。もちろん，専門家の間で財務諸表監査に関わる諸概念についての認識にゆらぎや差異があること自体がすぐに大きな問題となるわけではないが，基礎概念について無自覚に大きな認識のゆらぎや差異があることは望ましいことではない。まずはそのような認識のゆらぎや差異が存在するかどうかを確かめることが必要であると考え，本調査を実施した。

　このような調査目的に従って，より具体的には，第3節で示す通り，次の3つの仮説を検証する。特に保証水準の認識の違いに何がどのように影響を与えているかを検証するため，仮説(1)保証水準に関する認識（％）は，性別，年齢，実務経験等の属性と，合理的な保証の概念や監査報告書の責任範囲といった財務諸表監査の諸概念に関する認識に影響を受けている，仮説(2)保証水準に関する認識（％）は，合理的な保証に関する認識に影響を受けている，を設定した。また，財務諸表監査に関わる諸概念に関して共通の認識を有しているか否かに関連して，仮説(3)理論的に支持される回答を選ぶ割合は，回答者の属性（性別，年齢，大学

等での教育経験，大学教員か実務家か等）によって異なる，を設定している。また，その設問内の問の間の関係性等に着目して，追加分析も実施した。

なお，調査票は本書の付録に所収している。

2　先行研究

監査に関連する意識調査にかかる研究としては，さまざまなものがある。ただし，そのほとんどが必ずしも本章で取り上げる監査概念そのものを調査対象にしたものではない。例えば，近年ではChe et al.（2022）が，スウェーデンの大手監査法人から集めた調査データ（回答は185の監査チームに属する監査人335名から得た）を利用して，監査人が自身の監査業務の品質をどのように評価するかを調査している。その結果，例えば，監査のさまざまなステークホルダーのうち，クライアントや上司（監査法人や監査チーム）の期待を最優先と考える監査人は，監査全体の品質を過大評価する傾向を明らかにした。また，監査人（回答数140件）と財務諸表作成者（回答数131件）に意識調査を行った研究として，Gonthier-Besacier et al.（2016）が挙げられる。この研究は，監査人と財務諸表作成者という専門家間の監査品質に対する認識の違いを測定し，その認識に基づいて専門家を分類することを試みた。その結果，監査品質の認識の違いは，特に専門家の専門知識レベルや専門家間で共有される価値観の存在によって説明できることが示された。他にも，Gibbins and Newton（1994）は，カナダとバミューダの監査人156名からの調査票への回答を用いて，アカウンタビリティという強制力の下での監査人の行動に関する調査を行っている。その結果，公開会社の監査人は多くの状況で複数の強いアカウンタビリティを感じていることが明らかになり，また，それらへの対応は，(1)情報源の選好（好み）に同意する程度等，(2)当該問題について責任ある回答者の立場，(3)知覚されるアカウンタビリティの圧力の強さの3つに複雑に影響を受けていることを示した[1]。この研究は，回答者が自分の行動に対して説明責任を感じている具体的な事例を（本章の質問紙調査では実施しなかったが）オープンエンドクエスチョンによって引き出す形で回答を得ていることに特徴がある。

---

[1]　監査人は，直属の上司（例えばマネージャー），パートナー，被監査会社，そして広い意味では一般大衆など，複数の情報源に対して説明責任を負っている。これらの情報源はしばしば相反するプレッシャーをもたらし，Gibbins and Newton（1994）はこれを「複雑な説明責任」と呼んでいる。

また，わが国においても，研究者および公認会計士（監査実務従事者）を対象としたアンケート調査は実施されてきた[2]。

まず，公認会計士を対象とした質問紙調査としては，例えば，監査事務所の組織文化に関連する研究が挙げられる。大柳・永見（2009）は，監査法人および会計事務所を対象として質問紙調査を行い，監査事務所内において，社員と現場担当者との間，大手監査法人と中小規模の監査法人との間で，異なる組織文化があることを明らかにした。また，佐久間・那須（2019）は，監査事務所に所属する公認会計士等に対するアンケート調査を実施して，監査事務所の組織文化の要因を探り，組織内部の情報共有の相違や，トップの姿勢と監査品質との関連等を検証した。

次に，監査・保証業務に関する公認会計士の意識調査に関連する研究を取り上げる。内藤（2011）は147名の公認会計士および178の監査事務所に対して質問紙調査（郵送およびウェブサイトで回答）を行い，利益情報の変容に対する監査・保証業務の対応に関する意識等を調査した。その結果，公認会計士は利益情報の変容が虚偽の表示の増加につながると考える傾向にあること等が明らかにされた。また，柴・林（2011, 202）は，公認会計士に対する意識調査から，公認会計士が，利益情報の性質・内容が変化しても監査による財務諸表の信頼性に対する保証水準は低下しないと考えていることを指摘している。さらに，本研究に直接関連するものとして，保証水準に関する意識調査を行った内藤（2014）がある。内藤（2014）は，監査やレビューの保証水準に関して，財務情報作成者，監査人，財務情報利用者の三者の意識調査を実施している。その結果，公認会計士による財務諸表監査の保証水準は平均して84.7％，レビューの保証水準は70.8％と認識されていることを示している（内藤 2014, 247）。なお，限定的保証である四半期レビューに関しては，松本・町田（2011）が，監査人は，具体的に「何時間，どのようなレビューの手続を，誰が，実際には実施しているのか」に関して意識と行動に関する調査を行い，四半期レビューによる保証の水準は，利用者であるアナリストも監査人も60％から80％と捉えていることを明らかにした。

以上のように，国内外で監査人および監査関係者に対して，保証水準を含む監

---

[2] 例えば，監査研究者と公認会計士等の実務家（取締役，弁護士，アナリスト等の証券市場関係者を広く対象）を調査対象とした研究としては，鳥羽・川北（2001）がある。この研究の問題意識は，監査人の独立性が社会的に認知されていないのではないか，そうであれば，その原因は何か，すなわち，社会の人々はどのような要因を通じて監査人の独立性を評価しているか，ということであった（同，ii）。この研究はわが国において監査研究者と公認会計士等の実務家を対象とした最も大規模な意識調査であった。

査の諸概念に関する意識調査は幅広く実施されてきた。本章はこれらの研究に即して新たな知見を提供するものである。

3　研究方法

(1)　仮　説

本研究では，意識調査を実施するに当たって，以下の3つの仮説を設定した。

第一に，財務諸表監査の保証水準の認識には，さまざまな要因が影響を与えていると考えられる。つまり，問3で問う保証水準に関する認識（％）は，性別，年齢，実務経験等の個々人の属性に影響を受けていること，また，財務諸表監査に対する考え方に影響を受けていることが考えられる。したがって，仮説(1)は次の通りである。

> 仮説(1)　保証水準に関する認識（％）は，性別，年齢，実務経験等の属性と，合理的な保証や監査報告書の責任範囲といった財務諸表監査の諸概念に関する認識に影響を受けている。

次に，財務諸表監査の保証水準の認識は，問2で問う合理的な保証に関する4つの側面の認識に影響を受けるものと想定される。すなわち，監査リスク・アプローチの下では，合理的な保証の概念は，監査リスクの補数として捉えられ，その水準は，問2-1で「合理的な保証には幅がある」と考えたり，問2-3で「合理的な保証は個々の監査業務」で「監査人が提供しうる，最善の保証水準」と捉えているかどうか等が，保証水準の認識に影響を与えているのではないか，ということである。したがって，仮説(2)は次の通りである。

> 仮説(2)　保証水準に関する認識（％）は，合理的な保証に関する認識に影響を受けている。

さらに，理論的に支持される回答あるいは質問者が正解と想定する回答を選ぶかどうかは，回答者の属性によって異なる可能性がある。そこで，仮説(3)は次の通りである。

> 仮説(3)　理論的に支持される回答および質問者が正解と想定する回答を選ぶ割合は，回答者の属性（性別，年齢，大学等での教育経験，大学教員か実務家か等）によって異なる。

(2) 調査対象，期間および方法

前述の通り，本調査では，財務諸表監査に関わる大学教員および実務家を対象に，財務諸表監査に関わる諸概念についての認識を明らかにすることを目的としている。そのため，まず，大学教員については，大学のウェブサイトに公開されている2022年度シラバスを利用し，授業科目名に「監査」が含まれる講義や演習を担当している教員をリストアップし，その後，重複している者を除き，対象者199人を抽出した。次に，実務家については，「日経NEEDs企業基本データ（役員・監査法人・監査意見）」を利用し，2021年に公表された各監査報告書に署名している公認会計士のうち，2番目に署名している者[3]をリストアップし，その後，重複している者を除き，対象者1353人を抽出した。調査期間は，2023年3月から5月であった。

図表22-1 ■ 回答者の属性

パネル1　全体

n＝370

分類	
大学教員	55
実務家	315
性別	
男性	343
女性	20
答えたくない/回答なし	7
法定監査業務の経験の有無	
なし	22
あり	345
回答なし	3
回答形式	
紙	165
ウェブサイト	205

回答の回収にあたっては，郵送とウェブサイトへの入力のどちらかを選択できるようにした。その結果，大学教員からは，郵送18件，ウェブサイト37件，実務家からは，郵送147件，ウェブサイト168件の回答があった。また，回答者のうち，大学教員の男性は49名，女性は5名，無回答は1名で，実務家の男性は294名，女性は15名，無回答は6名であった。その他，回答者の属性の詳細は**図表22-1**の通りである。

なお，調査の実施に先立って，調査票を洗練させるために2023年2月に監査法人に勤める公認会計士22名を対象にパイロットテストを実施し，質問内容および質問形式の調整を行っている。

3　監査報告書の2番目に署名している者を抽出した理由は，筆頭署名者はその後退職しているケースが多いことからサンプルサイズを確保するためである。

パネル2　大学教員

n=55

性別	
男性	49
女性	5
答えたくない/回答なし	1
法定監査業務の経験の有無	
なし	22
あり	31
回答なし	2
回答形式	
紙	18
ウェブサイト	37
監査学会への所属	
会員	24
準会員	1
所属していない	30
会計・監査関連資格の有無（複数回答可）	
資格なし	24
公認会計士	25
税理士	13
会計士補・公認会計士試験（論文式試験合格）	4
その他	0

パネル3　実務家

n=315

性別	
男性	294
女性	15
答えたくない/回答なし	6
法定監査業務の経験の有無	
なし	0
あり	314
回答なし	1
回答形式	
紙	147
ウェブサイト	168
会計・監査関連の学会への所属	
あり	10
なし	304
回答なし	1
所属法人の規模	
大手監査法人	189
準大手監査法人	45
中小監査法人	80
回答なし	1
品質管理部門の経験	
あり	127
なし	187
回答なし	1
授業担当経験	
あり（現在担当）	11
あり（過去に担当）	15
なし	289

4　回答結果と検定

　ここで記述統計をすべて記載することは紙幅の関係上省略するが（各質問に対する回答の平均値の一覧表を付録に収録している），特に，大学教員と実務家の回答との差異，実務経験による回答の差異等について t 検定によって有意差を確認した設問を中心に以下に概説する。なお，有意差がみられたものについては，p 値を（　）内に表示している。

(1)　監査基準の範囲

　問 1 は，監査基準の範囲に関する設問であり，全て正しい（範囲に含まれる）ことを前提としている。ただし，問 1 - 2 （法規）と問 1 - 3 （権威ある文献）を正しいとするかどうかは意見が分かれる可能性があると想定して質問した。

　結果からみると，問 1 - 2 で，「一般に公正妥当と認められる監査基準に法律，政令，省令，府令が含まれるか」という質問に対し，大学教員よりも実務家の方が含まれると考える傾向にあり（$p=0.049$），回答者を，実務経験の有無により，実務経験のある大学教員および実務家（345名）と実務経験の無い大学教員（22名）に分類すると，実務経験のある者の方がそのように考える回答者が有意に多かった（$p=0.020$）。

　また，問 1 - 3 で，「一般に公正妥当と認められる監査の基準には，監査基準や実務指針に定めがない場合に依拠する先として，権威ある文献（学界において定評のある研究者による著作や版を重ねているテキスト等）が含まれる」と考える回答者は，半数以下であった（全体42%，実務家41%，大学教員47%）。この点に関しては，日本公認会計士協会のウェブサイト[4]に掲載されている一般に公正妥当と認められる監査基準の説明図において，権威ある文献が含まれておらず，これが回答の誤導につながったのではないか，と考えられる。

(2)　合理的な保証

　問 2 は，合理的な保証に関する関係者の基本的認識を確認する調査項目であった。問 2 - 1 は「合理的な保証は幅のある概念であり，監査業務ごとに合理的な保証の水準は異なる」かどうかを問うており，「正しい」ことを想定したもので

4　https://jicpa.or.jp/cpainfo/introduction/keyword/post-41.html（2024年8月14日アクセス）

ある。

　問2-1を誤っていると判断した回答者は，合理的保証の水準には「幅がある」と「業務ごとに異なる」のいずれかまたは両方が誤っていると判断したと解される。この点は次節の分析とも関連する。なお，この設問を「正しい」と答えた回答者の割合は，実務家よりも大学教員の方が有意に高かった（全体60％，実務家59％，大学教員71％）（$p=0.043$）。これは，実務経験の有無により影響を受けていると考えられ，全サンプルを実務経験の有無により分類すると，実務経験がある者では59％，無い者では82％が正しいと考えており，有意な差があった（$p=0.017$）。

　また，問2-2「『監査基準』が規定する合理的な保証は，全ての財務諸表監査において到達（確保）すべき保証の水準の下限を意味している。」も，「正しい」ことを想定した設問であったが，そうではないと考える大学教員（35％）と実務家（38％）がいることが明らかとなった。その理由は不明であるが，上限も下限もなく一定であると考えた場合に「誤り」と判断した可能性がある。

　次に，問2-3は「合理的保証の水準は業務ごとに異なる」ことを意味する選択肢であり，「誤り」であることを想定していた。大学教員も実務家も46％が「正しい」と判断していた。

　最後に，問2-4では「監査リスク・アプローチによる財務諸表監査では，合理的な保証は100－監査リスク（％）により計算されるものとして説明できる」（林 2013, 97）かどうかを問うた。結果として，これを「正しい」と答えた回答者の割合は，実務家よりも大学教員において有意に高かった（全体43％，実務家40％，大学教員60％）（$p=0.003$）。この結果は，実務経験の有無に影響を受けていると考えられ，全サンプルを実務経験の有無により分類すると，実務経験がある者では41％，無い者では68％が正しいと考えており，有意な差があった（$p=0.006$）。この結果から，特に実務では「1－監査リスク」という考え方はあまり受け入れられていないのではないか，と推察される。

(3) 合理的な保証と限定的保証の水準

　問3は，「合理的な保証」と「限定的保証」の水準に関して，関係者の認識を確認する調査項目であった。

　外れ値を処理し，回答に幅がない場合には上限にも下限と同じ数値を入れて処理した結果，「合理的保証の水準」の「下限」については，男性と女性では有意な差があり，男性の方が有意に高かった（全体81％，男性82％，女性74％）（$p=0.012$）。また，「限定的保証の水準」については，「下限」，「上限」共に大学教員の方が有

意に高い傾向にあった(実務家:下限60%,上限74%,大学教員:下限66%,上限80%)($p=0.038$と$p=0.010$)。これは,実務経験の有無の影響であると考えられる(実務経験あり:下限60%,上限75%,無し:下限68%,上限82%)($p=0.084$と$p=0.011$)。また,合理的保証・限定的保証ともに,上限・下限のいずれも,平均値では,実務家よりも大学教員の方が想定している保証水準は高いことが示された。

(4) 正当な注意と懐疑心

問4も,正誤をあらかじめ想定した設問ではなく,「職業専門家としての正当な注意」および「職業的懐疑心」に関して,関係者の認識を確認する調査項目であった。

問4-1の「『監査基準』において要求されている正当な注意の水準は,実施基準及び報告基準並びに品質管理基準等の明文化された諸基準に示されており,それを超えるものではない」と問4-2の「正当な注意の水準とは,平均的な監査人に求められる注意の水準である」は回答が割れたが,問4-3「『監査人における不正リスク対応基準』において規定している職業的懐疑心のレベルの違い(すなわち,「保持」,「発揮」,「高め」ること)によって,不正リスクにかかるリスク評価や対応,証拠の入手・評価の手続は異なる」と問4-4「職業的懐疑心は,鵜呑みにしないこと(questioning mind)と監査証拠の批判的評価を含む態度であり,そのレベルが違っても監査手続には違いをもたらさない」については,それぞれ,正しい(問4-3),誤り(問4-4)とする回答が8割以上であった。いずれの設問についても,大学教員と実務家の間または実務経験の有無で有意差はみられなかった。

(5) 監査要点

問5も,監査要点に関して,付録にある通り,監査要点(アサーション)に関する5つの説明のうち最も適切だと考えるものを選択してもらい,関係者の認識を確認する調査項目であった。

監査リスクの管理可能性の観点から,1または4が妥当であると想定した質問であったが,結果は次のとおりである。まず,大学教員では3を選ぶ者が最も多く47.3%,4を選ぶ者が2番目に多く25.5%であった。実務家では4を選ぶ者が最も多く51.3%,3を選ぶ者が2番目に多く36.9%であった。また,大学教員を実務経験の有無により分けると,実務経験の無い教員は,3を選ぶ者が最も多く54.5%,次に1を選ぶ者が多く22.7%であった。実務経験のある教員では,3が

最も多く45.2％，4を選ぶ者が次に多く32.3％であり，1を選ぶ者も22.6％であった。なお，このうち4を選んだ回答者の数は，品質管理部門の経験の有無を問わず，最も多かったが，品質管理部門の経験者の方が有意に多かった（$p=0.030$）。

これらの結果から，全体としては，監査計画策定時に予定する監査リスクは監査要点ごとに異なると認識している回答者が多いことがわかった。また，実務家は，監査要点ごとの監査リスクは監査意見表明について設定している監査リスクよりも低いと認識している回答者が多い。なお，大学教員は，監査要点ごとの監査リスクは監査意見表明について設定している監査リスクよりも低い場合もあれば高い場合もあると認識している者が多いことが示された。

(6) 立証命題

問6は，財務諸表監査において監査人が監査手続の適用によって立証しなければならない命題について問うた。この設問については，実務経験の有無による差が多く見られた。

まず，問6-1「財務諸表項目には明示的アサーションが含まれており，そのなかから監査人は自ら立証すべき監査要点となるものを設定する」について，実務家は，所属する法人の規模により違いが見られた。すなわち，大手・準大手監査法人のグループでは81％がそのように考えているが，中小規模監査法人では66％であり，大手・準大手監査法人に所属する回答者の方がそのように考える傾向が有意に高かった（$p=0.003$）。

次に，問6-2「財務諸表項目には黙示的アサーションが含まれており，そのなかから監査人は自ら立証すべき監査要点となるものを設定」すると考える者の割合は大学教員に高く見られた（実務家62％，大学教員77％）（$p=0.022$）。これは，実務経験の有無による影響も受けていると考えられ，実務経験のある者は63％，実務経験の無い者は86％であり，有意な差があった（$p=0.019$）。

また，問6-3「監査人が立証すべき監査要点は，個々の財務諸表項目に対して個別に監査人が設定する命題である」と考える者は，実務家全体では87％と多いが，実務家を品質管理部門での経験の有無により分類すると，経験の無い者は90％，ある者は82％であり，有意な差があった（$p=0.023$）。

さらに，問6-4「財務諸表及びその構成要素である財務諸表項目に含まれるアサーションと，監査人が立証する監査要点は同じである」と考える傾向は，実務経験の有無による影響を受け，サンプル全体を実務経験の有無により分類すると，実務経験のある者では46％，無い者では14％がそのように考えており，有意

な差があった（$p=0.002$）。なお，大学教員のサンプルを実務経験の有無により分類した場合にも，実務経験がある教員では45％，無い教員では13％と有意な差があった（$p=0.009$）。

最後に，問6-5「監査要点は，実在性，網羅性，権利と義務の帰属，評価の妥当性，期間配分の妥当性，表示の妥当性の中から監査人が選択し設定する」と考える者は，大学教員よりも実務家に多く，実務家では84％，大学教員では64％と有意な差があった（$p=0.000$）。さらに，全サンプルを実務経験の有無により分類すると，実務経験がある者では83％，無い者では57％と有意な差があった（$p=0.001$）。

(7) 監査証拠に含まれる情報

問7は，「監査証拠に含まれるのはどのような情報か」に関する設問であり，認識の差を調査することが意図されていた。

かつては監査意見を形成するために直接的に用いられるものが監査証拠であったが，現在はそこにリスク評価のための情報を含めて理解することが制度的にも認識されている。このように理解すれば，リスク評価を含め監査意見の形成に直接的および間接的に利用される情報はすべて監査証拠と見なされるため，問7-1「企業及び企業環境を理解するための情報や固有リスク・統制リスクを評価するための情報」，問7-2「全般的な経済状況，政治リスクに関連した情報あるいは天候や災害などの自然の状況に関する情報」，問7-3「被監査会社に対する監査人の過去の経験や過年度の監査で実施された監査手続により入手された情報」はすべて該当するが，意見形成との関連性や証拠の捉え方（狭義で捉えるか，広義または最広義で捉えるか）によって，回答に対する解釈も変わり得ると思われる。

まず，問7-2が監査証拠に含まれるかどうかについて，大学教員と実務家の間で回答に有意な差はなかったが（全体63％，実務家63％，大学教員62％），大学教員を実務経験の有無により分類すると，実務経験がある場合には74％，無い場合には45％が監査証拠に含まれると考えており，実務経験がある場合の方がそのように考える者が有意に多かった（$p=0.017$）。また，この項目に関する考え方は，実務家が所属する監査法人の規模により異なり，実務家全体では63％に対し，大手・準大手監査法人に所属する者では60％，中小規模監査法人に所属する者では73％であり，有意な差があった（$p=0.021$）。

次に，問7-4「監査人が入手した情報のうち，監査意見の形成に利用しなかった情報」が監査証拠に含まれるかどうかについて，大学教員の方が，実務家より

も含まれると考える傾向にあった（全体19％，実務家16％，大学教員38％）。これは，実務経験の有無による影響を受けていると考えられ，全サンプルを実務経験の有無により分類すると，実務経験がある場合には17％，無い場合には41％と有意な差が見られた（$p=0.003$）。実務の視点からすれば，監査意見の形成に利用しないのであれば，その情報は監査証拠とはならないが，理論的に捉えれば，監査人が入手した情報は，意見形成には用いられないとしても何らかの影響や示唆を与える関連性を有する可能性を考慮して，監査証拠としてより広義に解釈されているものと考えられるであろう。

(8) 重要性

問8は，財務諸表監査における重要性（監査上の重要性）と会計上の重要性の関係について問うている。

回答は2「両者の間には共通する部分と，それぞれに独自の部分が存在する」または3「会計上の重要性は，監査上の重要性に包含される（監査上の重要性には，会計上の重要性以外の独自の部分がある）」を想定していたところ，最も多かったのが2で，特に大学教員や実務経験の無い回答者が2を選ぶ傾向が高いことが明らかとなった。この結果から，多くの回答者が，監査上の重要性概念には会計上の重要性概念には含まれない部分が存在すると考えていることがわかった。この結果を受けて，今後，2つの重要性概念の共通部分と固有部分に具体的にどのようなものが含まれると考えているのか，という点を明確にする必要があるだろう。

(9) 監査報告書

問9は，監査報告書の意義に関連する設問であった。

まず，問9-2「監査報告書は，監査人による監査の結論を意見として表明する手段であるため，監査意見とそれに直接関連する記載項目に限定されるべきである」に関して，実務家では75％，大学教員は40％がそのように考えており，有意な差があった（$p=0.000$）。これは，実務経験の有無による影響であると考えられ，全サンプルのうち実務経験がある者では72％，実務経験の無い者では33％がそのように考えており，有意な差があった（$p=0.000$）。

また，問9-4「監査報告書に記載された監査上の主要な検討事項が間違いであることが事後的に発覚した場合，当該記載に依拠して意思決定を行い被害を蒙った投資者に対しては，当該事項の記載が間違っていたことを理由として，監査人は法的責任を負うべきである」に関して，実務家は34％が，大学教員では

53%がそのように考えており，有意な差があった（$p=0.004$）。他方，実務経験の有無による差は見られなかった。さらに，実務家のサンプルでは，所属する監査法人の規模による差も出ており，大手・準大手監査法人に所属する者では39%，中小規模監査法人に所属する者では19%がそのように考えており，有意な差があった（$p=0.001$）。

(10) 除外事項と意見不表明

問10は，除外事項が重要である場合，その影響の程度が，財務諸表全体の何%以上であれば意見不表明を選択するかを問うた設問であった。

結果として，中央値・最頻値ともに20%となった一方で，実務家と大学教員の間では有意な差が見られた（全体24%，実務家23%，大学教員30%）（$p=0.009$）。また，実務家の間でも所属する監査法人の規模により差が見られ，大手・準大手監査法人に所属する者の回答は22%，中小規模監査法人に所属する者の回答は27%であり，有意な差が見られた（$p=0.013$）。

(11) 批判的機能と指導的機能

問11は，監査人の批判的機能と指導的機能に関する設問であり，全て「正しい」と想定したものである。ただし，問11-4「批判的機能は，被監査会社が監査人の指摘に応じようとせず，不適切な財務諸表を開示しようとした場合に，限定付適正意見又は不適正意見の表明を行うか否かを判断する際に発揮される」と問11-5「批判的機能は，監査計画，リスクの評価と対応，証拠の評価，さらには意見の表明に至るまでの監査の全ての局面で発揮される」の両方を正しいとするのは心理的に抵抗があるはずで，問11-4を「正しい」として問11-5を「誤り」とする回答を「批判的機能を限定的に捉えている」と捉えることができるだろう。結果からみると，批判的機能を限定的に捉えているのは大学教員に多いことがわかった。

まず，問11-1「指導的機能には，被監査会社に対して新しい会計基準や新しい制度対応について説明することが含まれる」については，大学教員よりも実務家の方が「正しい」と考える者が有意に多かった（全体88%，実務家90%，大学教員73%）（$p=0.000$）。これは，実務経験の有無の影響を受けていると考えられ，全サンプルにおける実務経験の有無では，実務経験ありが90%，無しが59%，大学教員のサンプルにおける実務経験の有無ではあり83%，無しが59%といずれも有意な差があった（それぞれ $p=0.000$ と $p=0.022$）。実務家は，実際の業務において

新しい会計基準や制度についてクライアントに説明した経験があるため，より多くの回答者が指導的機能に含まれると考える可能性がある。また，問11-1については，実務家の所属する監査法人の規模により有意な差が見られた（$p=0.018$）。大手・準大手監査法人に所属する回答者では88％に対して，中小規模監査法人では96％と，そのように考える回答者が有意に多かった。これは，中小規模監査法人ほど，（クライアントが比較的小規模であり，新しい会計基準や制度に関して自社でのアップデートが困難であり）クライアントに対して新しい会計基準や制度対応について説明する機会や必要性が多いからではないかと考えられる。

次に，問11-4については，大学教員は71％が正しいと考える一方，実務家では45％が正しいと考えており，有意な差が見られた（$p=0.000$）。これは，実務経験の有無の影響であると考えられ，全サンプルにおいて実務経験を有する回答者では47％，実務経験の無い回答者では73％と有意な差が見られた（$p=0.011$）。これは，実務上，限定付適正意見や不適正意見が表明されることはほとんどないため，実務家において正しいと考える者は少ないのではないかと考えられる。

問11-5については，大学教員に比べ，実務家の方が正しいと回答した者が有意に多かった（全体92％，実務家94％，大学教員80％）（$p=0.000$）。これは，実務経験の有無の影響を受けていると考えられ，全サンプルを実務経験の有無により分類すると，実務経験ありでは93％，無しでは73％と有意な差があった（$p=0.000$）。さらに，問11-5については，実務家の所属する監査法人の規模によっても回答に差があった。大手・準大手監査法人に所属する実務家では96％が正しいと考えていたのに対し，中小規模では87％と有意に低かった（$p=0.002$）。

(12) 二重責任の原則

問12は，二重責任の原則に関する設問であった。この設問はいずれも実務家と大学教員（実務経験の有無）に差が見られた。

まず，問12-1「財務諸表に開示することが望ましいと監査人が判断する情報は経営者が財務諸表で開示しなければならないため，如何なる場合も監査人は監査報告書に当該情報を記載してはならない」については，実務家の方が大学教員よりも正しいと回答する者が有意に多かった（全体34％，実務家37％，大学教員20％）（$p=0.010$）。実際に業務を行い，監査意見に対して責任を負う監査人は，大学教員よりも保守的になっていると考えられる。また，実務家の間でも所属する監査法人の規模により回答に差が見られた。大手・準大手監査法人の回答者では40％がそのように考えているのに対して，中小規模監査法人では27％と有意に

低かった（$p=0.015$）。

次に，問12-2「財務諸表に開示することが望ましいと監査人が判断する情報について，会計基準に違反しないことを理由として経営者が財務諸表に開示しない場合，監査人は当該情報を監査報告書に記載すべきである」について，大学教員では45％が正しいと考えているのに対し，実務家では20％が正しいと考えており，有意な差が見られた（全体24％，実務家20％，大学教員45％）（$p=0.000$）。またこれは，実務経験の有無による影響を受けていると考えられ，サンプル全体を実務経験の有無により分類すると，実務経験ありでは23％，無しでは45％と有意な差があった（$p=0.009$）。この結果からも，実際に監査業務を行う実務家は，監査報告書での情報提供に対して保守的であると考えられる。

さらに，問12-3「監査人が監査業務のなかで監査上の主要な検討事項と判断した事項については，財務諸表での注記の有無にかかわらず，監査上の対応とともに監査報告書に記載すべきである」について，大学教員は74％，実務家は51％が正しいと考えており，有意な差があった（$p=0.001$）。これは，実務経験の有無が影響しており，全サンプルにおける実務経験の有無では，ありで52％，無しで90％，大学教員のサンプルで実務経験ありでは60％，無しでは91％といずれにおいても有意な差があった（それぞれ $p=0.000$ と $p=0.006$）。実務経験の無い大学教員は，KAMにおいて監査人による積極的な情報提供を期待しているが，実務家はKAMでの情報提供について保守的であると考えられる。

5　分析結果

(1) 財務諸表監査の保証水準の認識と個別質問の関連性

はじめに，問3で得られた財務諸表監査の保証水準を従属変数として回帰分析を行った。モデル式は以下の(1)-a の通りである。まずは，性別，年齢，実務経験等の回答者のプロフィールに関わる変数を独立変数として選択した。次に，個別の質問も独立変数としたが，これらは t 検定により大学教員と実務家の間に有意な差が識別された質問のうち，財務諸表監査の保証水準に関連性があると想定されるものを選択した（図表22-2）。

図表22-2 ■ 各変数の説明

変数		
Assurance Level	問3で尋ねた財務諸表監査の保証水準（上限と下限の中間値［平均値］。下限10未満は（逆数を入力したものと見做して）除外）	
Gender	性別（男＝1，それ以外0）	
Age	年齢（実数）	
Year	実務経験年数（実数）	
Firm	事務所の規模（大手・準大手＝1，中小＝0）	
QC	品質管理経験（経験あり＝1，無し＝0）	
Association	学会所属（学会への入会あり＝1，無し＝0）	
Educator	教育経験（大学等での講義経験あり＝1，無し＝0）	
Question	個別質問（1または0）	2-1：合理的な保証の概念 5-1：監査要点と監査リスク 6-2：黙示的アサーション 9-2：監査報告書の責任範囲 9-4：KAM の責任 10　：意見不表明の程度（実数値） 11-4：批判的機能の意味 12-2：二重責任
ε	誤差項	

※ Question は個別投入

図表22-3 ■ 記述統計量

変数		平均	最大値	中央値	最小値	標準偏差
Assurance Level		86.7232	99	89.5	60	8.2201
Gender		0.9510	1	1	0	0.2161
Age		50.6817	72	50	38	5.5216
Year		25.6920	60	25	10	5.7980
Firm		0.7439	1	1	0	0.4372
QC		0.3889	1	0	0	0.4883
Association		0.0278	1	0	0	0.1646
Educator		0.0900	1	0	0	0.2866
Question	2-1	0.5729	1	1	0	0.4955
	5-1	0.0623	1	0	0	0.2421
	6-2	0.6254	1	1	0	0.4849
	9-2	0.7569	1	1	0	0.4297
	9-4	0.3287	1	0	0	0.4706
	10	23.9194	95	20	0	18.7374
	11-4	0.4495	1	0	0	0.4983
	12-2	0.2049	1	0	0	0.4043

n=289

図表22-4 ■ 分析結果

	p 値	
Question 2-1	0.0200	<0.05
Question 5-1	0.8533	n.s.
Question 6-2	0.3058	n.s.
Question 9-2	0.9722	n.s.
Question 9-4	0.3340	n.s.
Question 10	0.0008	<0.01
Question 11-4	0.9702	n.s.
Question 12-2	0.8261	n.s.

式(1)-a

$$\begin{aligned}\text{Assurance Level} =~& \alpha + \beta_1\text{Gender} + \beta_2\text{Age} + \beta_3\text{Year} \\ & + \beta_4\text{Firm} + \beta_5\text{QC} \\ & + \beta_6\text{Association} + \beta_7\text{Educator} \\ & + \beta_8\text{Question} + \varepsilon\end{aligned}$$

分析の結果,問2-1が5％水準で,問10が1％水準で有意となった(**図表22-4参照**)。変数「2-1」は,「合理的な保証は幅のある概念であり,監査業務ごとに合理的な保証の水準は異なる」を「正しい」と回答した回答者が該当する。従属変数である保証水準の大きさに問2-1の回答が影響を与えているとすれば,監査業務ごとに合理的な保証の水準は異なるという認識を踏まえて,財務諸表監査の提供する合理的保証の上限を高く回答したものと解される。問10は「当該事項が重要である場合,その影響の程度が,財務諸表全体の(A)％以上であれば意見不表明を選択する。」のAに当てはまる数値の回答を求めるものであった。意見不表明とすべき除外事項の影響の程度が大きさの閾値が高いほど,合理的保証の上限を高く回答したものと考えられる。

(2) 財務諸表監査の保証水準の認識と合理的保証に関する質問の回答の関連性

同様に,問3で得られた財務諸表監査の保証水準を従属変数とし,合理的保証に関する設問の回答を独立変数としてモデル式(1)-bの回帰分析を行った。

式(1)-b

$$\begin{aligned}\text{Assurance Level} =~& \alpha + \beta_1\text{Gender} + \beta_2\text{Age} + \beta_3\text{Year} + \beta_4\text{Firm} \\ & + \beta_5\text{QC} + \beta_6\text{Association} + \beta_7\text{Educator} \\ & + \beta_8\text{Question}(2\text{-}1,~2\text{-}2,~2\text{-}3,~2\text{-}4) + \varepsilon\end{aligned}$$

図表22-5 ■ 各変数の説明（(1)-aとの重複を除く）

変数		
Question 2-1		合理的な保証は幅のある概念であり，監査業務ごとに合理的な保証の水準は異なる。
	2-2	「監査基準」が規定する合理的な保証は，全ての財務諸表監査において到達（確保）すべき保証の水準の下限を意味している。
	2-3	合理的な保証は，個々の監査業務における種々の制約条件の下で監査人が提供しうる，最善の保証水準をいう。
	2-4	監査リスク・アプローチによる財務諸表監査では，合理的な保証は100－監査リスク（％）により計算されるものとして説明できる。

※いずれも正しいとする回答を1，そうでないものを0
※Questionは一斉投入

図表22-6 ■ 記述統計量

変数		平均	最大値	中央値	最小値	標準偏差
Assurance Level		86.686	99.000	89.5	60.000	8.263
Gender		0.950	1.000	1.000	0.000	0.218
Age		50.709	72.000	50.000	38.000	5.526
Year		25.709	60.000	25.000	12.000	5.757
Firm		0.745	1.000	1.000	0.000	0.437
QC		0.383	1.000	0.000	0.000	0.487
Association		0.025	1.000	0.000	0.000	0.156
Educator		0.089	1.000	0.000	0.000	0.285
Question	2-1	0.574	1.000	1.000	0.000	0.495
	2-2	0.709	1.000	1.000	0.000	0.455
	2-3	0.457	1.000	0.000	0.000	0.499
	2-4	0.411	1.000	0.000	0.000	0.493

n=282

図表22-7 ■ 分析結果

	p値	
Question 2-1	0.0553	<0.10
Question 2-2	0.6489	n.s.
Question 2-3	0.0928	<0.10
Question 2-4	0.0507	<0.10

分析の結果は，**図表22-7**のとおりであり，問2-1，問2-3，問2-4については10％水準で有意となった。ここで，変数2-1は，「合理的な保証は幅のある概念であり，監査業務ごとに合理的な保証の水準は異なる」，変数2-3は，「合

理的な保証は，個々の監査業務における種々の制約条件の下で監査人が提供しうる，最善の保証水準をいう」を正しいと回答したものが1となるダミー変数である。これらは，モデル式(1)-aと同様に，監査業務ごとに合理的な保証の水準は異なるという認識を踏まえて，財務諸表監査の提供する合理的保証の上限を高く回答したものと解される。また，変数2-4の「監査リスク・アプローチによる財務諸表監査では，合理的な保証は100-監査リスク（％）により計算されるものとして説明できる」については，監査リスクを変動するものと認識して回答した回答者が該当するのではないかと解され，その場合には，他の問2-1および問2-3と同様の解釈が成立するものと思われる。

(3) 理論的に支持される回答を選択した比率に対する回答者の属性との関連性

さらに，理論的に支持される回答を選択した比率と解答者の属性との関係を次の式(1)-cによって分析を行った。

式(1)-c

Question（個別：問1-1
　　　　　　　問1-2
　　　　　　　問1-3
　　　　　　　問2-4
　　　　　　　問3
　　　　　　　問6-3
　　　　　　　問6-4
　　　　　　　問7-1
　　　　　　　問7-2
　　　　　　　問7-3
　　　　　　　問8
　　　　　　　問9-3
　　　　　　　問9-4
　　　　　　　問10
　　　　　　　問11-4
　　　　　　　問12-2）
$$= a + \beta_1 \text{Accademia} + \beta_2 \text{Gender} + \beta_3 \text{Age} + \beta_4 \text{Audit} + \beta_5 \text{Educator} + \varepsilon$$

図表22-8 ■ 各従属変数の説明

従属変数		
Question	1-1	一般に公正妥当と認められる監査の基準には，わが国で一般に認められた監査実務の慣行が含まれる。
	1-2	一般に公正妥当と認められる監査の基準には，法律，政令，省令，府令が含まれる。
	1-3	一般に公正妥当と認められる監査の基準には，監査基準や実務指針に定めがない場合に依拠する先として，権威ある文献（学界において定評のある研究者による著作や版を重ねているテキスト等）が含まれる。
	2-4	監査リスク・アプローチによる財務諸表監査では，合理的な保証は100－監査リスク（％）により計算されるものとして説明できる。
	3	財務諸表監査の保証水準（上限と下限の中間値［平均値］。下限10未満は（逆数を入力したものと見做して）除外）
	6-3	監査人が立証すべき監査要点は，個々の財務諸表項目に対して個別に監査人が設定する命題である。
	6-4	財務諸表及びその構成要素である財務諸表項目に含まれるアサーションと，監査人が立証する監査要点は同じである。
	7-1	企業及び企業環境を理解するための情報や固有リスク・統制リスクを評価するための情報
	7-2	全般的な経済状況，政治リスクに関連した情報あるいは天候や災害などの自然の状況に関する情報
	7-3	被監査会社に対する監査人の過去の経験や過年度の監査で実施された監査手続により入手された情報
	8	監査上の重要性と会計上の重要性の概念的関係性
	9-3	利用者からみれば，監査意見かそれ以外の記載かにかかわらず監査報告書の記載内容は全て意思決定のための情報である。
	9-4	監査報告書に記載された監査上の主要な検討事項が間違いであることが事後的に発覚した場合，当該記載に依拠して意思決定を行ない被害を蒙った投資者に対しては，当該事項の記載が間違っていたことを理由として，監査人は法的責任を負うべきである。
	10	意見不表明とすべき除外事項の影響の大きさの閾値（％）
	11-4	批判的機能は，被監査会社が監査人の指摘に応じようとせず，不適切な財務諸表を開示しようとした場合に，限定付適正意見又は不適正意見の表明を行うか否かを判断する際に発揮される。
	12-2	財務諸表に開示することが望ましいと監査人が判断する情報について，会計基準に違反しないことを理由として経営者が財務諸表に開示しない場合，監査人は当該情報を監査報告書に記載すべきである。

446 第Ⅴ部 意識調査

figure 図表22-9 ■ 分析結果の概要 (p値のみ)

Question	問1-1	問1-2	問1-3	問2-4	問3	問6-3	問6-4
Accademia	0.8775	0.5919	0.1106	0.7673	0.2291	0.7156	0.6001
Gender	0.8401	0.9527	0.5468	0.8503	0.0070**	0.6767	0.0824
Age	0.7553	0.9486	0.3726	0.8850	0.2394	0.3811	0.3960
Audit	0.3605	0.2837	0.7195	0.2219	0.5337	0.0763	0.0227*
Educator	0.0139*	0.8379	0.2007	0.0787	0.2658	0.4830	0.5989
定数項	0.0307*	0.4840	0.6695	0.6744	1.32552314359796E-27**	0.4920	0.0052**

Question	問7-1	問7-2	問7-3	問8	問9-3	問9-4	問10	問11-4	問12-2
Academia	0.1950	0.2255	0.9715	0.6244	0.3751	0.1599	0.2553	0.9521	0.3437
Gender	0.3818	0.9661	0.3243	0.9309	0.3769	0.4122	0.5124	0.2619	0.1085
Age	0.1586	0.7023	0.1107	0.9073	0.1961	0.2070	0.0199*	0.9136	0.5013
Audit	0.3002	0.0342*	0.7764	0.4691	0.5458	0.4428	0.5946	0.5487	0.8521
Educator	0.6442	0.6971	0.5817	0.1282	0.2339	0.5225	0.6650	0.0241**	0.0625
定数項	0.0509	0.7082	0.1208	0.3646	0.4945	0.7818	0.7644	0.6630	0.4433

注:**: $p<0.01$, *: $p<0.05$

※問3と問10は重回帰, それ以外は多項ロジスティック回帰による。

　結果は**図表22-9**に示されているとおりである。有意差が認められた設問は問1-1, 問3, 問6-4, 問7-2, 問10, 問11-4であった。問1-1は,「一般に公正妥当と認められる監査の基準には, わが国で一般に認められた監査実務の慣行が含まれる」を「正しい」とする回答率に, 大学等での教育歴があることが寄与することを意味している。大学等での教育経験によって, 監査証明府令の規定に対する知識があることが影響していると考えられる。問3については性差によって回答に有意差が出ているが, 理由は不明である。問6-4については,「財務諸表及びその構成要素である財務諸表項目に含まれるアサーションと, 監査人が立証する監査要点は同じである」を「正しい」とする回答率に, 監査実務経験が寄与することを意味している。監査実務においては, 立証するものがアサーションの全てであるという認識があると解されよう。問7-2については,「全般的な経済状況, 政治リスクに関連した情報あるいは天候や災害などの自然の状況に関する情報」を「監査証拠に含まれる」とする回答率に, 監査実務経験が寄与することを意味する。監査実務においては, 全般的な経済状況を含め, 被監査会社に関わる広範な情報を監査証拠と捉えていると考えられる。問10については年齢によって回答に有意差が出ているが, 理由は不明である。問11-4については,「批判的機能は, 被監査会社が監査人の指摘に応じようとせず, 不適切な財務諸表を開示しようとした場合に, 限定付適正意見又は不適正意見の表明を行うか否

かを判断する際に発揮される」を「正しい」とする回答率に，大学等での教育歴があることが寄与することを意味している。大学等での教育にあたって，一部のテキストにおいて展開されている批判的機能は意見表明の局面においてはじめて発揮されるとの説明が影響している可能性があると解される。

(4) 追加分析

以上から，回答にはばらつきがあることが明らかになったが，さらに追加の分析として，次の3点について検討した。第一に，一般に公正妥当と認められる監査の基準（Generally Accepted Auditing Standards：GAAS）に関する監査人の認識はどのように捉えられるのかを検証した問1に関してである。具体的には，「監査実務の慣行をGAASに含めるか？」という設問（問1-1）と「権威ある監査文献をGAASに含めるか？」という設問（問1-2）への回答の関連性を大学教員と実務家で比較し，検討した。第二に，問6に関して，回答者（実務家）の監査意見形成に対する考え方について検証した。具体的には，アサーションと監査要点をどのように設定しているかを明らかにすることを試みている。第三に，問9に関して，監査報告書の拡張への賛否の背景を検証した。詳細は以下の通りである。

① 一般に公正妥当と認められる監査の基準に関する認識

まず，GAASの範囲についての問1内の設問間の関係（特に問1-1および問1-3）について分析を行う。同設問に関しては，質問者は両設問に対して現行制度上「正しい（含める）」と回答することが適切であると考えていた。ただし，回答としては，権威ある監査文献をGAASに含めると回答した者は41.96％しかおらず，58.04％もの回答者が「誤り（含めない）」と回答していた。**図表22-10**の

図表22-10 ■ GAASの範囲に関する2×2の分割表

オッズ比6.47		問題1-1：監査実務の慣行をGAASに含めるか		合計
		含める	含めない	
問題1-3：権威ある監査文献をGAASに含めるか	含める	149 (46.56%)	5 (11.11%)	154 (41.96%)
	含めない	171 (53.44%)	42 (88.89%)	213 (58.04%)
合計		320 (100%)	47 (100%)	367 (100%)

2×2の分割表（contingency table）で示すように，監査実務の慣行をGAASに含めると考えるか否かによって，権威ある監査文献をGAASに含めるか含めないかの回答が大きく異なることがわかる（46.56% vs 11.11%）。

また，独立性のカイ二乗検定によっても，両グループの割合が同様という仮説は棄却される（$p=6.737e-06<1\%$）。両質問の回答間には関連があり（オッズ比6.47），一方の質問に「含める（ない）」と回答した人が他方の質問においても「含める（ない）」と回答する可能性が高いことを意味している。

それでは，このGAASの範囲について見られた関係性はどのような場合に強くなるのだろうか。そこで，GAASの範囲に関する2×2の分割表を回答者別（大学教員・実務家）で層化して分析を行う。マンテル・ヘンツェル検定により，回答者ごとにみても，両グループの割合が同様という仮説は棄却される（$p=4.565e-06<1\%$）。

関連性の強さについては，**図表22-11**の回答者別に層化したモザイクプロットが示すように，大学教員の方が実務家よりもオッズ比が高い（13.16 vs 6.53）。すなわち，大学教員は一方の質問に「含める（ない）」と回答した人が他方の質問においても「含める（ない）」と回答する可能性が高く，実務家の方がその傾向は薄い。特に，監査実務の慣行をGAASに含めるが権威ある監査文献をGAASに含めない回答者は実務家の方が比較的多い（55.07%＞43.18%）。

図表22-11 ■ 回答者別（大学教員・実務家）に層化したモザイクプロット

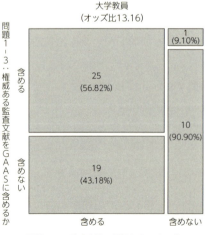
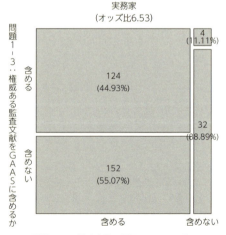

GAAS の範囲は，監査人の注意義務の範囲を決定する基本的で重要な要因である。この範囲が回答者ごとにばらつきがあることは監査品質（やその評価）においてもばらつきがある原因となる。したがって，実務家と研究者の共同作業によって，GAAS について基礎的な概念整理が行われ，関係者間で見解が統一されることが望ましいと考える。

② アサーションと監査要点の設定

次に問 6 は，回答者（実務家）の監査意見形成についての理解によって回答が変化すると見込まれる質問である。そこで，問 6-2 を目的変数とし，問 6-1 を除いた他の質問（問 6-3, 問 6-4, 問 6-5）を独立変数とした分類木（classification tree）による分析を行った。その結果，図表22-12のように，まず問 6-4 で分岐し，この問 6-4 で正しい（YES）と答えた場合にはさらに問 6-3 で分岐するような分類木が示される[4]。

この分析で実務家の回答者が，黙示的なアサーションを設定するにあたってどのように考えているかを理解することが可能である。まず，問 6-4 において財務諸表項目に含まれるアサーションと監査人が立証する監査要点が異なる（誤り（NO）と回答）とした回答者（54%）が，黙示的アサーションから監査要点を設定していると回答している割合が最も高い（70%）。

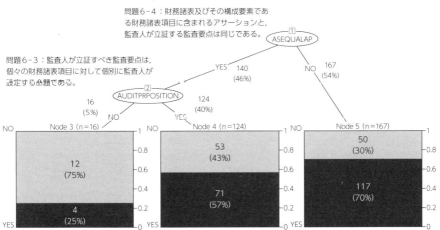

図表22-12 ■ 分類木による分析

問題6-2：財務諸表項目には黙示的アサーションが含まれており，そのなかから監査人は自ら立証すべき監査要点となるものを設定する。

アサーションと監査要点が同じであるとした回答者（46％）の中で，問6-3において監査要点は個々の財務諸表項目に対して個別に監査人が設定する命題ではない（誤り（NO）と回答）とした回答者（5％）が，黙示的アサーションから監査要点を設定しないと最も回答している（75％）。したがって，アサーションや監査要点の設定においてより複雑な判断を行っている監査人（財務諸表項目に含まれるアサーション以外に監査要点を設定したり，個別に監査要点を設定したりする監査人）が，黙示的アサーションを設定する傾向にあることがわかった（node 4で57％，node 5で70％）。このことは，監査人によっては意見形成において重要なステップであるアサーションや監査要点の設定において，非常に複雑で精緻なフレームワークを用いている可能性を示唆している。

また，黙示的アサーションを設定しないと答えた回答者は全体の22％程度（70／307）であるが，明示的なアサーションのみに監査要点を機械的に適用している監査人は4％（12／307）とごく少数であり，それ以外の監査人は財務諸表項目以外のアサーションに監査要点を適用したり（5／307），監査人が個別に監査要点を設定したり（53／307）することによって，単純な監査判断（明示的なアサーションのみへの監査要点の機械的な適用）を回避していることがわかった。

本分析によって，単純で機械的な監査判断を行う監査人がごく少数であり，多くの監査人は複雑で精緻なアサーションや監査要点の設定手法を用いていることがわかった。今後，この手法のバリエーションが生じている要因やバリエーションごとの監査業務の有効性の違いを明らかにすることは，監査研究における重要な研究課題になると考えられる。

③ 監査報告書の拡張への賛否の背景

最後に問9は監査報告書についての理解によって回答が変化すると見込まれる設問である。特に問9-5「監査報告書の記載事項が増加し際限なく拡張されていくのは，明瞭性と簡潔性が害されることになり，想定利用者である投資者にとって不利益である」への回答について検討する。

問9-2，問9-3，および問9-5への回答について示したモザイクプロットが**図表22-13**である。問9-2は監査報告書をオピニオン・レポートと考えるか，問9-3は監査報告書をインフォメーション・レポートと見るかを問う趣旨の設

---

4 Rのrpartではジニ不純度を指標としたCARTというアルゴリズムを用いている。また，本分析では，記述的に回答を理解する目的で分類木を利用しているため，予測性能等の評価を行わない。

第22章 財務諸表監査の基礎概念に関する意識調査結果　451

図表22-13 ■ 回答者別（大学教員・実務家）に層化した3次元のモザイクプロット

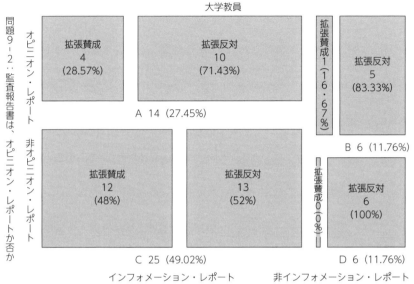

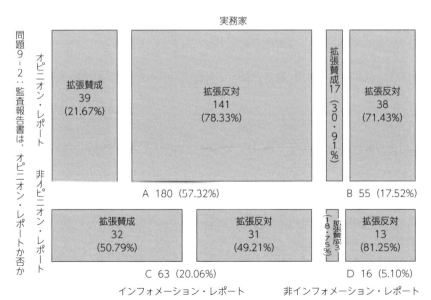

問であるが，問9-2と問9-3の回答によりAからDの4つに区分される。この4区分の回答数をみると，回答者がオピニオン・レポートとインフォメーション・レポートを対立関係で考えていればBとCがほとんどを占めるはずだが，実際には大学教員と実務家ともにAとDの数が一定存在することがわかる（例えば，大学教員でAおよびDの考えの回答者数は39.21%，実務家でAおよびDの考えの回答者数は62.42%）。ここから回答者は，必ずしもオピニオン・レポートとインフォメーション・レポートを対立関係で考えていないことがわかる。

　対立関係で考えていないのなら，どのように監査報告書の拡張への態度を決めているのかが疑問になる。そこで，問9-5への回答がどのような立場から行われるのかについて，多重対応分析（Multiple Correspondence Analysis）により分析を行った。多重対応分析は，複数の質的変数の回答の間の関係を分析する手法である[5]。

　その結果，回答者ごと（大学教員・実務家）に**図表22-14**のような結果が得られた。**図表22-14**は，各回答者の設問（問9-2，問9-3，問9-5）への回答を2次元のベクトルで表現しており，大学教員も実務家も横軸（成分1）と縦軸（成分2）を合わせて全体の70%以上の変動を説明している。**図表22-14**の回答の位置から，成分1と成分2を監査報告書をオピニオン・レポートと考えるか否か，監査報告書をインフォメーション・レポートと考えるか否かと解釈することができる。

　分析から，実務家の多重対応分析においては問9-5の回答はオピニオン・レポートか否かの回答と近くに位置づけられていることがわかる（図表右の2つのグレーの楕円を参照）。これに対して，大学教員の多重対応分析においては問9-5の回答はインフォメーション・レポートか否かの回答と（比較的）近くに位置づけられていることがわかる（図表左の2つのグレーの楕円を参照）。

　ここから，監査報告書の記載内容の際限のない拡張を投資家にとって利益と考えるか否かは，回答者によってその考え方の背景が異なっている可能性が示唆される。つまり，監査報告書の記載内容の拡張を肯定するか否かの回答結果について，実務家の場合は監査報告書をオピニオン・レポートと捉えるか否かの回答結果に近く，大学教員の場合は監査報告書をインフォメーション・レポートと捉えるか否かの回答結果に近い。

　これまでオピニオン・レポート対インフォメーション・レポートの概念が対立的な立場をとっており，このどちらの立場に立つかによって監査報告書の拡張へ

5　Rのcaパッケージを用いて分析を行った。

第22章 財務諸表監査の基礎概念に関する意識調査結果　453

図表22-14 ■ **回答者ごとの多重対応分析**

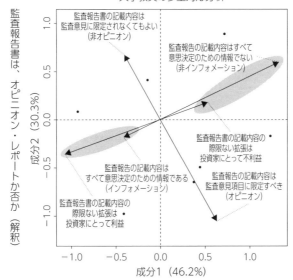

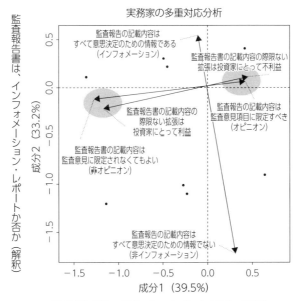

の賛否が分かれると考えられてきた。本分析では，これらは対立的な概念と考えられておらず，オピニオン・レポートとインフォメーション・レポートのいずれかの考え方の立場のみが監査報告書の拡張への賛否への回答結果に関係することがわかった。さらに，回答者の種別にオピニオン・レポートかインフォメーション・レポートのどちらの考え方を軸に検討するか傾向があることがわかった。

6　小　　括

　本章の目的は，本書で展開された議論を通して得られた財務諸表監査に関わる諸概念についての専門家の認識を明らかにすることであった。

　記述統計と t 検定の結果から，特に，大学教員と実務家の回答との差異，実務経験による回答の差異等に有意差を識別した設問があった。もちろん，設問の意図が回答者に正確に伝わらなかった結果として有意差が生じている等，質問紙調査による認識把握にかかる限界が存在するが，本来であれば，専門家である大学教員と実務家（あるいは実務経験の有無等）で，監査の基礎概念についての認識に有意差が生じることは望ましいことではない。なぜなら，社会制度として実施されている財務諸表監査についての基本的な合意が，専門家の間でも確固たるものではない可能性があるからである。しかし，第3節に示した通り，多くの設問において，大学教員と実務家，実務経験の有無，品質管理部門の経験の有無，また，監査法人の規模等の違いによって，回答に有意差が識別された。

　そこで，これらの有意差が示された設問を中心に分析を行い，今後，これらの認識の差異を埋めるための手がかりをつかもうとした。その結果は第4節で記した通りである。分析結果から，特筆すべき点をいくつか挙げる。財務諸表監査の保証水準に関する回答（％）を従属変数として回帰分析を行った結果からは，「合理的な保証は幅のある概念」であり，監査業務ごとにその水準は異なると考える回答者は，財務諸表監査の提供する合理的保証の上限を高く回答することが明らかとなった。幅がある保証水準を監査業務ごとに融通させるという考えを持つことは，保証に対する確信の程度が多少低くても，保証の水準を高く認識することにつながっているのかもしれない。また，大学等での教育歴が回答に影響を与えている設問もあった。具体的には，設問1において，問1-1でGAASには「わが国で一般に認められた監査実務の慣行が含まれる。」を「正しい」とする回答率に，大学等での教育経験が影響を与えていることが明らかとなった。これは，教育のために監査証明府令の規定を確認し，その知識があることが関係している

か，または，実務家の感覚としては，あくまでも GAAS は監査基準等の明文規定（マニュアル等も含む）のみであり，「慣行」は含まれないと捉えている可能性がある。

　以上のように，財務諸表監査にかかる基礎的な概念について，研究者においても実務家においてもその認識にばらつきがあり，それが保証水準のような重要な概念のばらつきにも影響を与えていることが示された。特に監査サービス提供者である実務家の認識のばらつきは，保証の内容や水準に影響しているのではないかとの大きな懸念をもたらす。

　さらに，追加の分析として(4)から(6)の同一設問における問への回答間の分析を行った。まず問1の回答について，質問紙調査の結果から想定よりも GAAS の範囲に権威ある監査文献を含めていなかった。監査実務を含めるか否かの質問との関係を見たところ，監査実務を含めないが権威ある監査文献を含めると回答した回答者がほとんどいないのに対し，監査実務を含めるが権威ある監査文献を含めないと回答した回答者が多くいた。この傾向は実務家の方が強い。この理由として，すでに権威ある監査文献の内容のほとんどが監査実務に組み込まれているのか，権威ある監査文献よりも監査実務（マニュアル）を重視していることが考えられる。いずれにしても，GAAS の範囲の認識が回答者ごとにばらつきがあることがないように，GAAS について基礎的な概念整理が行われ，関係者間で見解が統一されることが望ましい。

　次に問6の回答について，多くの実務家が単純な監査判断（明示的なアサーションのみへの監査要点の機械的な適用）を回避していることがわかった。しかしながら，そのための監査要点やアサーションの設定の仕方はさまざまであった。この点は，監査研究においても未だ統一的な見解がない領域であるために仕方がないことかもしれない。その中でもアサーションや監査要点の設定においてより複雑な（単純な）判断を行っている監査人が黙示的なアサーションを設定する（設定しない）ことがわかった。このような差異が出る理由として，監査人が置かれている環境によって最適なアサーションや監査要点の設定の手法が異なるかもしれない。より効率的で有効な監査を行うという視点から，さらに精緻な調査を行い監査概念を整理することが望まれる。

　最後に問9の回答について，監査報告書をインフォメーション・レポートおよびオピニオン・レポートと考えるか否かという視点がどのように監査報告書の拡張への態度に影響を与えるかを分析した。まず，回答者（特に実務家）は，必ずしもオピニオン・レポートとインフォメーション・レポートを対立関係で考えて

いないことがわかった。対立関係で考えていないのなら，どのように監査報告書の拡張への態度を決めているのかが疑問になる。結果として，実務家はオピニオン・レポートを採用するか否か，大学教員はインフォメーション・レポートの考え方を軸に監査報告書の拡張への態度を決めていることがわかった。このような結果は，オピニオン・レポートとインフォメーション・レポートという対立する簡単な2軸で考えるのではなく，より複雑に監査報告書をデザインできる可能性[6]を示しているように見える。したがって，監査報告書の概念の創発的な整理，およびその結果として予想される影響の検討が行われることが望ましい。

　本書で論じられたような財務諸表監査にかかる基礎的な概念の整理とその理解の促進は極めて重要であり，それによって初めて専門家間での基礎概念の認識の一致を促し，さらには利害関係者への適切な説明等にもつながると考えられる。このような真摯な活動を継続することが，社会制度としての財務諸表監査を存立させる基盤をいっそう強固なものにするはずである。

■参考文献

大柳康司・永見尊（2009）「組織文化から捉えたわが国監査法人の特質」黒川行治編著『実態分析　日本の会計社会―市場の質と利益の質』中央経済社，263-316頁。

柴健次・林隆敏（2011）「利益情報の変容と監査・保証業務のあり方に関する研究課題」黒川行治・柴健次・内藤文雄・林隆敏・浅野敬志『分析　利益情報の変容と監査』中央経済社，193-213頁。

鳥羽至英・川北博ほか共著（2001）『公認会計士の外見的独立性の測定―その理論的枠組みと実証研究』白桃書房。

内藤文雄（2011）「公認会計士は利益情報の変容とその監査をどう捉えているか」黒川行治・柴健次・内藤文雄・林隆敏・浅野敬志『分析　利益情報の変容と監査』中央経済社，177-192頁。

―――（2014）「保証水準に対する意識調査」内藤文雄編著『監査・保証業務の総合研究』中央経済社，233-256頁。

林隆敏（2013）「監査リスクと保証水準に関する一考察」『商学論究』，61巻1号，97-110頁。

佐久間義浩・那須伸裕（2018）「監査事務所の組織文化と調査の品質―アンケート調査に基づく検証―」，町田祥弘編著（2019）『監査の品質に関する研究』同文舘出版，409-434頁。

松本祥尚・町田祥弘（2011）「わが国四半期情報開示の現状に関する検討」古賀智敏編『IFRS

6　具体的には，監査報告書の一部分についてはオピニオン・レポートを採用し，他の部分ではインフォメーション・レポートを採用するという方法，あるいは特定の契約についてはオピニオン・レポートを主とした監査報告書の形態を選択し，他の契約についてはインフォメーション・レポートの機能を高める監査報告書の形態を選択するということがありえる。

時代の最適開示制度―日本の国際的競争力と持続的成長に資する情報開示制度とは―』千倉書房, 第15章。
Che, L., Emma-Riikka Myllymäki & Tobias Svanström (2022), Auditors' self-assessment of engagement quality and the role of stakeholder priority, *Accounting and Business Research*, Vol. 53, No. 3, pp.335-375.
Gibbins, Michael. and James D. Newton, An Empirical Exploration of Complex Accountability in Public Accounting, *Journal of Accounting Research*, Vol. 32, No. 2, pp.165-186.
Gonthier-Besacier, Nathalie., Géraldine Hottegindre and Sandrine Fine-Falcy (2016), Audit Quality Perception: Beyond the 'Role-Perception Gap', *International Journal of Auditing*, Vol. 20, pp.186-201.

(小澤 康裕,池井 優佳,川端 千暁,町田 祥弘,林 隆敏)

付録

付録1　各質問に対する回答の平均値

問題	質問文	平均値
問1：財務諸表監査における一般に公正妥当と認められる監査の基準[1]		
問1-1	に公正妥当と認められる監査の基準には，わが国で一般に認められた監査実務の慣行が含まれる。	87.26%
問1-2	一般に公正妥当と認められる監査の基準には，法律，政令，省令，府令が含まれる。	80.49%
問1-3	一般に公正妥当と認められる監査の基準には，監査基準や実務指針に定めがない場合に依拠する先として，権威ある文献（学界において定評のある研究者による著作や版を重ねているテキスト等）が含まれる。	41.96%
問1-4	一般に公正妥当と認められる監査の基準には，監査基準や実務指針に定めがない場合に依拠する先として，国際監査基準が含まれる。	77.11%
問2：合理的な保証[1]		
問2-1	合理的な保証は幅のある概念であり，監査業務ごとに合理的な保証の水準は異なる。	60.43%
問2-2	「監査基準」が規定する合理的な保証は，全ての財務諸表監査において到達（確保）すべき保証の水準の下限を意味している。	71.20%
問2-3	合理的な保証は，個々の監査業務における種々の制約条件の下で監査人が提供しうる，最善の保証水準をいう。	46.32%
問2-4	監査リスク・アプローチによる財務諸表監査では，合理的な保証は100－監査リスク（%）により計算されるものとして説明できる。	42.93%
問3：合理的保証の水準[2]		
年度監査	（年度の）保証の水準をパーセンテージで示す場合，合理的保証の水準は何パーセントでしょうか。	上限89.70% 下限78.05%
四半期レビュー	（四半期レビューの）保証の水準をパーセンテージで示す場合，限定的保証の水準は何パーセントでしょうか。	上限72.45% 下限58.50%
問4：「職業専門家としての正当な注意」及び「職業的懐疑心」[1]		
問4-1	「監査基準」において要求されている正当な注意の水準は，実施基準及び報告基準並びに品質管理基準等の明文化された諸基準に示されており，それを超えるものではない。	43.84%
問4-2	正当な注意の水準とは，平均的な監査人に求められる注意の水準である。	58.20%
問4-3	「監査人における不正リスク対応基準」において規定している職業的懐疑心のレベルの違い（すなわち，「保持」，「発揮」，「高め」ること）によって，不正リスクにかかるリスク評価や対応，証拠の入手・評価の手続は異なる。	81.47%
問4-4	職業的懐疑心は，鵜呑みにしないこと（questioning mind）と監査証拠の批判的評価を含む態度であり，そのレベルが違っても監査手続には違いをもたらさない。	12.57%
問5：個々の監査要点（アサーション）の監査リスクと最終的な監査意見表の監査リスクの関係[3]		
問5-1	監査要点（アサーション）について設定する監査リスクは全ての監査要点（アサーション）について同じであり，それは監査意見表明について設定している監査リスクと同じ水準である。	8.40%

問5-2	監査要点（アサーション）について設定する監査リスクは全ての監査要点（アサーション）について同じであり、それは監査意見表明について設定している監査リスクよりも低い（小さい）。	3.79%
問5-3	監査要点（アサーション）について設定する監査リスクは監査要点（アサーション）ごとに異なり、それらは監査意見表明について設定している監査リスクよりも低い（小さい）場合もあれば、高い（大きい）場合もある。	38.48%
問5-4	監査要点（アサーション）について設定する監査リスクは監査要点（アサーション）ごとに異なるが、それらは全て監査意見表明について設定している監査リスクよりも低い（小さい）。	47.43%
問5-5	個々の監査要点（アサーション）について監査リスクは設定しない。	1.90%
問6：監査人が監査手続の適用によって立証しなければならない命題[1]		
問6-1	財務諸表項目には明示的アサーションが含まれており、そのなかから監査人は自ら立証すべき監査要点となるものを設定する。	76.11%
問6-2	財務諸表項目には黙示的アサーションが含まれており、そのなかから監査人は自ら立証すべき監査要点となるものを設定する。	64.54%
問6-3	監査人が立証すべき監査要点は、個々の財務諸表項目に対して個別に監査人が設定する命題である。	87.02%
問6-4	財務諸表及びその構成要素である財務諸表項目に含まれるアサーションと、監査人が立証する監査要点は同じである[2]。	44.08%
問6-5	監査要点は、実在性、網羅性、権利と義務の帰属、評価の妥当性、期間配分の妥当性、表示の妥当性の中から監査人が選択し設定する[2]。	81.27%
問7：「監査証拠」に含まれ情報[4]		
問7-1	企業及び企業環境を理解するための情報や固有リスク・統制リスクを評価するための情報。	87.84%
問7-2	全般的な経済状況、政治リスクに関連した情報あるいは天候や災害などの自然の状況に関する情報	62.97%
問7-3	被監査会社に対する監査人の過去の経験や過年度の監査で実施された監査手続により入手された情報	89.70%
問7-4	監査人が入手した情報のうち、監査意見の形成に利用しなかった情報	18.92%
問8：監査上の重要性と会計上の重要性[3]		
問8-1	両者は全く同じ概念である。	4.86%
問8-2	両者の間には共通する部分と、それぞれに独自の部分が存在する。	44.86%
問8-3	会計上の重要性は、監査上の重要性に包含される（監査上の重要性には、会計上の重要性以外の独自の部分がある）。	22.70%
問8-4	監査上の重要性は、会計上の重要性に包含される（会計上の重要性には、監査上の重要性以外の独自の部分がある）。	16.49%
問8-5	両者は全く別の概念である。	11.08%
問9：監査報告書の意義[1]		
問9-1	財務諸表監査で想定される財務諸表及び監査報告書の利用者は、洗練された専門知識のある投資者である。	19.07%
問9-2	監査報告書は、監査人による監査の結論を意見として表明する手段であるため、監査意見とそれに直接関連する記載項目に限定されるべきである。	69.75%

付　録　461

問9-3	利用者からみれば，監査意見かそれ以外の記載かにかかわらず監査報告書の記載内容は全て意思決定のための情報である。	77.45%
問9-4	監査報告書に記載された監査上の主要な検討事項が間違いであることが事後的に発覚した場合，当該記載に依拠して意思決定を行ない被害を蒙った投資者に対しては，当該事項の記載が間違っていたことを理由として，監査人は法的責任を負うべきである。	36.71%
問9-5	監査報告書の記載事項が増加し際限なく拡張されていくのは，明瞭性と簡潔性が害されることになり，想定利用者である投資者にとって不利益である。	70.73%
問10：限定付適正意見と意見不表明を区別する財務諸表全体への影響の程度[2]		
問10	当該事項が重要である場合，その影響の程度が，財務諸表全体の(A)%以上であれば意見不表明を選択する。	24.82%
問11：監査人の指導的機能と批判的機能[1]		
問11-1	指導的機能には，被監査会社に対して新しい会計基準や新しい制度対応について説明することが含まれる。	87.53%
問11-2	指導的機能には，被監査会社の内部統制の不備について指摘し，改善を求めることが含まれる。	95.12%
問11-3	指導的機能には，被監査会社が作成・開示しようとしている財務諸表について，適切な会計処理・開示を説明し，修正を求めることが含まれる。	90.24%
問11-4	批判的機能は，被監査会社が監査人の指摘に応じようとせず，不適切な財務諸表を開示しようとした場合に，限定付適正意見又は不適正意見の表明を行うか否かを判断する際に発揮される。	49.18%
問11-5	批判的機能は，監査計画，リスクの評価と対応，証拠の評価，さらには意見の表明に至るまでの監査の全ての局面で発揮される。	91.87%
問12：二重責任の原則[1]		
問12-1	財務諸表に開示することが望ましいと監査人が判断する情報は経営者が財務諸表で開示しなければならないため，如何なる場合も監査人は監査報告書に当該情報を記載してはならない。	34.24%
問12-2	財務諸表に開示することが望ましいと監査人が判断する情報について，会計基準に違反しないことを理由として経営者が財務諸表に開示しない場合，監査人は当該情報を監査報告書に記載すべきである。	24.18%
問12-3	監査人が監査業務のなかで監査上の主要な検討事項と判断した事項については，財務諸表での注記の有無にかかわらず，監査上の対応とともに監査報告書に記載すべきである。	54.62%
注1：「正しい」の回答を1，「誤り」の回答を0として平均値を算出した。注2：上限値と下限値について平均値を算出した。注3：選択された選択肢を1，選択されなかった選択肢を0として平均値を算出するので，合計すると100％となる。注4：「監査証拠に含まれる」の回答を1，「監査証拠に含まれない」の回答を0として平均値を算出した。		

付録2　調査票
財務諸表監査の基礎概念に関するアンケート《監査人用》

　下記の項目について，該当する項目の番号に〇をつけるか，または数値を記入してください。

　回答データは個人名が特定されない形へと変換したうえ，プライバシー保護に配慮して厳正に管理・保管いたします。また，回答内容は本調査以外のいかなる目的にも使用しません。調査結果の公表に当たっては，個人が所属する組織が特定されることはありません。

1. 性別をお教えください。海外の先行研究で分析項目となっているため，お伺いいたします。
　　1．男性　　　　2．女性　　　　3．答えたくない

2. 年齢をお教えください。海外の先行研究で分析項目となっているため，お伺いいたします。
　　＿＿＿＿＿＿＿＿歳

3. 法定監査業務の経験年数をお教えください。
　　＿＿＿＿＿＿＿＿年

4. 公認会計士（会計士補は除く）としての登録年次（西暦）をお教えください。
　　＿＿＿＿＿＿＿＿年

5. 現在の所属法人（公認会計士・監査審査会の分類による）についてお教えください。
　　1．大手監査法人　　2．準大手監査法人　　3．中小監査法人　　4．その他

6. 監査法人における品質管理部門の経験の有無についてお教えください。
　　1．あり　　　2．なし

7. 会計・監査関連の学会への所属の有無についてお教えください。
　　1．あり　　　2．なし

8. 大学・大学院等での監査関連科目の授業担当経験（講演会は除く）の有無についてお教えください。
　　1．あり（現在担当している）　　2．あり（過去に担当していた）　　3．なし

　　──── 次のページから質問が始まります。質問は12問です。────

問1　財務諸表監査における一般に公正妥当と認められる監査の基準に関する以下の各記述について，**あなたのお考えに近い方に〇をつけてください**。

	正しい	誤り
1．一般に公正妥当と認められる監査の基準には，わが国で一般に認められた監査実務の慣行が含まれる。	(　)	(　)
2．一般に公正妥当と認められる監査の基準には，法律，政令，省令，府令が含まれる。	(　)	(　)
3．一般に公正妥当と認められる監査の基準には，監査基準や実務指針に定めがない場合に依拠する先として，権威ある文献（学界において定評のある研究者による著作や版を重ねているテキスト等）が含まれる。	(　)	(　)
4．一般に公正妥当と認められる監査の基準には，監査基準や実務指針に定めがない場合に依拠する先として，国際監査基準が含まれる。	(　)	(　)

問2　（年度の）財務諸表監査業務について「監査基準」が要求する保証の水準は「合理的な保証」です。この合理的な保証に関する以下の各記述について，**あなたのお考えに近い方に〇をつけてください**。

	正しい	誤り
1．合理的な保証は幅のある概念であり，監査業務ごとに合理的な保証の水準は異なる。	(　)	(　)
2．「監査基準」が規定する合理的な保証は，全ての財務諸表監査において到達（確保）すべき保証の水準の下限を意味している。	(　)	(　)
3．合理的な保証は，個々の監査業務における種々の制約条件の下で監査人が提供しうる，最善の保証水準をいう。	(　)	(　)
4．監査リスク・アプローチによる財務諸表監査では，合理的な保証は100－監査リスク（％）により計算されるものとして説明できる。	(　)	(　)

問3　（年度の）財務諸表監査業務について「監査基準」が要求する保証の水準は「合理的な保証」です。保証の水準をパーセンテージで示す場合，合理的保証の水準は何パーセントでしょうか。その幅の**下限と上限の数値**を空欄にご記入ください。なお，合理的保証の水準には**幅がないとお考えの場合には，下限と上限に同じ数値をご記入ください**。

	下　限	上　限
合理的保証の水準	（　　　）％	（　　　）％

　また，「四半期レビュー」は「限定的保証業務」と呼ばれています。保証の水準をパーセンテージで示す場合，限定的保証の水準は何パーセントでしょうか。その幅の**下限と上限の数値**を空欄にご記入ください。なお，四半期レビューによる限定的保証の水準には**幅がないとお考えの場合には，下限と上限に同じ数値をご記入ください**。

	下　限	上　限
限定的保証の水準	（　　　）％	（　　　）％

問4　「職業専門家としての正当な注意」及び「職業的懐疑心」に関する以下の各記述について，**あなたのお考えに近い方に○をつけてください**。

	正しい	誤り
1.「監査基準」において要求されている正当な注意の水準は，実施基準及び報告基準並びに品質管理基準等の明文化された諸基準に示されており，それを超えるものではない。	（　　）	（　　）
2.正当な注意の水準とは，平均的な監査人に求められる注意の水準である。	（　　）	（　　）
3.「監査人における不正リスク対応基準」において規定している職業的懐疑心のレベルの違い（すなわち，「保持」，「発揮」，「高め」ること）によって，不正リスクにかかるリスク評価や対応，証拠の入手・評価の手続は異なる。	（　　）	（　　）
4.職業的懐疑心は，鵜呑みにしないこと（questioning mind）と監査証拠の批判的評価を含む態度であり，そのレベルが違っても監査手続には違いをもたらさない。	（　　）	（　　）

付録　465

問5　監査リスク・アプローチにおいては，個々の監査要点（アサーション）について評価した固有リスクと統制リスク（すなわち重要な虚偽表示のリスク）に対応する監査手続を計画します。この時に達成すべき目標値として事前に設定する監査リスクの水準は，最終的な監査意見表明について設定している監査リスクとどのような関係にあるでしょうか。以下の各記述のうち，**あなたが最も適切と思われる選択肢を1つ選び〇をつけてください。**

1. 監査要点（アサーション）について設定する監査リスクは全ての監査要点（アサーション）について同じであり，それは監査意見表明について設定している監査リスクと同じ水準である。（　）
2. 監査要点（アサーション）について設定する監査リスクは全ての監査要点（アサーション）について同じであり，それは監査意見表明について設定している監査リスクよりも低い（小さい）。（　）
3. 監査要点（アサーション）について設定する監査リスクは監査要点（アサーション）ごとに異なり，それらは監査意見表明について設定している監査リスクよりも低い（小さい）場合もあれば，高い（大きい）場合もある。（　）
4. 監査要点（アサーション）について設定する監査リスクは監査要点（アサーション）ごとに異なるが，それらは全て監査意見表明について設定している監査リスクよりも低い（小さい）。（　）
5. 個々の監査要点（アサーション）について監査リスクは設定しない。（　）

問6　財務諸表監査において監査人が監査手続の適用によって立証しなければならない命題に関する以下の各記述について，**あなたのお考えに近い方に〇をつけてください。**

	正しい	誤り
1. 財務諸表項目には明示的アサーションが含まれており，そのなかから監査人は自ら立証すべき監査要点となるものを設定する。	（　）	（　）
2. 財務諸表項目には黙示的アサーションが含まれており，そのなかから監査人は自ら立証すべき監査要点となるものを設定する。	（　）	（　）
3. 監査人が立証すべき監査要点は，個々の財務諸表項目に対して個別に監査人が設定する命題である。	（　）	（　）
4. 財務諸表及びその構成要素である財務諸表項目に含まれるアサーションと，監査人が立証する監査要点は同じである。	（　）	（　）
5. 監査要点は，実在性，網羅性，権利と義務の帰属，評価の妥当性，期間配分の妥当性，表示の妥当性の中から監査人が選択し設定する。	（　）	（　）

466　付録

問7　財務諸表監査において「監査証拠」に含まれるのはどのような情報と考えますか。以下の各記述について，**あなたのお考えに近い方に〇をつけてください。**

	監査証拠に含まれる	監査証拠に含まれない
1．企業及び企業環境を理解するための情報や固有リスク・統制リスクを評価するための情報	（　　）	（　　）
2．全般的な経済状況，政治リスクに関連した情報あるいは天候や災害などの自然の状況に関する情報	（　　）	（　　）
3．被監査会社に対する監査人の過去の経験や過年度の監査で実施された監査手続により入手された情報	（　　）	（　　）
4．監査人が入手した情報のうち，監査意見の形成に利用しなかった情報	（　　）	（　　）

問8　財務諸表監査における重要性（監査上の重要性）を会計上の重要性と概念的に区別するかどうかという議論があります。以下の各記述のうち，**あなたが最も適切と思われる選択肢を1つ選び〇をつけてください。**

1．両者は全く同じ概念である。　（　　）
2．両者の間には共通する部分と，それぞれに独自の部分が存在する。　（　　）
3．会計上の重要性は，監査上の重要性に包含される（監査上の重要性には，会計上の重要性以外の独自の部分がある）。　（　　）
4．監査上の重要性は，会計上の重要性に包含される（会計上の重要性には，監査上の重要性以外の独自の部分がある）。　（　　）
5．両者は全く別の概念である。　（　　）

1．同一概念	2．一部重複	3．監査が会計を包含
会計＝監査	会計　監査	監査／会計

4．会計が監査を包含	5．別概念
会計／監査	会計　監査

付　録　467

問9　財務諸表監査における監査報告書の意義は,「監査の結果として,財務諸表に対する監査人の意見を表明する手段であるとともに,監査人が自己の意見に関する責任を正式に認める手段である」と理解されています。このような監査報告書の意義に基づき,以下の各記述について,**あなたのお考えに近い方に〇をつけてください**。

	正しい	誤り
1．財務諸表監査で想定される財務諸表及び監査報告書の利用者は,洗練された専門知識のある投資者である。	(　)	(　)
2．監査報告書は,監査人による監査の結論を意見として表明する手段であるため,監査意見とそれに直接関連する記載項目に限定されるべきである。	(　)	(　)
3．利用者からみれば,監査意見かそれ以外の記載かにかかわらず監査報告書の記載内容は全て意思決定のための情報である。	(　)	(　)
4．監査報告書に記載された監査上の主要な検討事項が間違いであることが事後的に発覚した場合,当該記載に依拠して意思決定を行ない被害を蒙った投資者に対しては,当該事項の記載が間違っていたことを理由として,監査人は法的責任を負うべきである。	(　)	(　)
5．監査報告書の記載事項が増加し際限なく拡張されていくのは,明瞭性と簡潔性が害されることになり,想定利用者である投資者にとって不利益である。	(　)	(　)

問10　監査人は,やむを得ない事情(例えば,不慮の事故や災害など)で重要な監査手続が実施できず十分かつ適切な監査証拠を入手できなかった場合,未発見の虚偽表示がもしあるとすれば,それが財務諸表全体に及ぼす可能性のある影響の程度に応じて,限定付適正意見,又は,意見を表明しないこと(意見不表明)を選択します。この点について,以下の文章のAに入ると考える**数値を空欄にご記入ください**。ただし,不正の兆候(例えば,経営者等による意図的な妨害など)は認められなかったものとします。

　当該事項が重要である場合,その影響の程度が,財務諸表全体の(A)％以上であれば意見不表明を選択する。

　　　　　Aに入る数値　　　　　　　　　　　(　　　　)

問11　財務諸表監査における監査人の指導的機能と批判的機能に関する以下の各記述について，**あなたのお考えに近い方に〇をつけてください。**

	正しい	誤り
1．指導的機能には，被監査会社に対して新しい会計基準や新しい制度対応について説明することが含まれる。	（　）	（　）
2．指導的機能には，被監査会社の内部統制の不備について指摘し，改善を求めることが含まれる。	（　）	（　）
3．指導的機能には，被監査会社が作成・開示しようとしている財務諸表について，適切な会計処理・開示を説明し，修正を求めることが含まれる。	（　）	（　）
4．批判的機能は，被監査会社が監査人の指摘に応じようとせず，不適切な財務諸表を開示しようとした場合に，限定付適正意見又は不適正意見の表明を行うか否かを判断する際に発揮される。	（　）	（　）
5．批判的機能は，監査計画，リスクの評価と対応，証拠の評価，さらには意見の表明に至るまでの監査の全ての局面で発揮される。	（　）	（　）

問12　「監査人は，財務諸表に対する意見に関して責任を負うのであって，財務諸表の作成に関して責任を負うものではない。」という二重責任の原則に関する以下の各記述について，**あなたのお考えに近い方に〇をつけてください。**

	正しい	誤り
1．財務諸表に開示することが望ましいと監査人が判断する情報は経営者が財務諸表で開示しなければならないため，如何なる場合も監査人は監査報告書に当該情報を記載してはならない。	（　）	（　）
2．財務諸表に開示することが望ましいと監査人が判断する情報について，会計基準に違反しないことを理由として経営者が財務諸表に開示しない場合，監査人は当該情報を監査報告書に記載すべきである。	（　）	（　）
3．監査人が監査業務のなかで監査上の主要な検討事項と判断した事項については，財務諸表での注記の有無にかかわらず，監査上の対応とともに監査報告書に記載すべきである。	（　）	（　）

──── 質問は以上となります。ご協力に感謝申し上げます。────

財務諸表監査の基礎概念に関するアンケート《大学教員用》

　下記の項目について，該当する項目の番号に○をつけるか，または数値を記入してください。

　回答データは個人名が特定されない形へと変換したうえ，プライバシー保護に配慮して厳正に管理・保管いたします。また，回答内容は本調査以外のいかなる目的にも使用しません。調査結果の公表に当たっては，個人が所属する組織が特定されることはありません。

1. 性別をお教えください。海外の先行研究で分析項目となっているため，お伺いいたします。
　　1．男性　　　　2．女性　　　　3．答えたくない

2. 年齢をお教えください。海外の先行研究で分析項目となっているため，お伺いいたします。
　　_____歳

3. 大学・大学院等での監査関連科目の教育経験年数をお教えください。
　　_____年

4. 監査実務の経験がある場合，その年数をお教えください。
　　_____年

5. 会計・監査関連の資格の有無についてお教えください。
　　1．資格なし
　　2．公認会計士
　　3．会計士補／公認会計士試験（論文式試験）合格者
　　4．税理士
　　5．その他（具体的に：　　　　　　　　　　　　　　　　　　　　　　）

6. 日本監査研究学会への所属の有無についてお教えください。
　　1．会員　　　　2．準会員　　　3．所属していない

―――　次のページから質問が始まります。質問は12問です。―――

問1 財務諸表監査における一般に公正妥当と認められる監査の基準に関する以下の各記述について，**あなたのお考えに近い方に〇をつけてください。**

	正しい	誤り
1．一般に公正妥当と認められる監査の基準には，わが国で一般に認められた監査実務の慣行が含まれる。	（　）	（　）
2．一般に公正妥当と認められる監査の基準には，法律，政令，省令，府令が含まれる。	（　）	（　）
3．一般に公正妥当と認められる監査の基準には，監査基準や実務指針に定めがない場合に依拠する先として，権威ある文献（学界において定評のある研究者による著作や版を重ねているテキスト等）が含まれる。	（　）	（　）
4．一般に公正妥当と認められる監査の基準には，監査基準や実務指針に定めがない場合に依拠する先として，国際監査基準が含まれる。	（　）	（　）

問2 （年度の）財務諸表監査業務について「監査基準」が要求する保証の水準は「合理的な保証」です。この合理的な保証に関する以下の各記述について，**あなたのお考えに近い方に〇をつけてください。**

	正しい	誤り
1．合理的な保証は幅のある概念であり，監査業務ごとに合理的な保証の水準は異なる。	（　）	（　）
2．「監査基準」が規定する合理的な保証は，全ての財務諸表監査において到達（確保）すべき保証の水準の下限を意味している。	（　）	（　）
3．合理的な保証は，個々の監査業務における種々の制約条件の下で監査人が提供しうる，最善の保証水準をいう。	（　）	（　）
4．監査リスク・アプローチによる財務諸表監査では，合理的な保証は100−監査リスク（％）により計算されるものとして説明できる。	（　）	（　）

付　録　471

問3　（年度の）財務諸表監査業務について「監査基準」が要求する保証の水準は「合理的な保証」です。保証の水準をパーセンテージで示す場合，合理的保証の水準は何パーセントでしょうか。その幅の**下限と上限の数値**を空欄にご記入ください。なお，合理的保証の水準には**幅がない**とお考えの場合には，**下限と上限に同じ数値をご記入ください**。

	下　限	上　限
合理的保証の水準	（　　　）％	（　　　）％

　また，「四半期レビュー」は「限定的保証業務」と呼ばれています。保証の水準をパーセンテージで示す場合，限定的保証の水準は何パーセントでしょうか。その幅の**下限と上限の数値**を空欄にご記入ください。なお，四半期レビューによる限定的保証の水準には**幅がない**とお考えの場合には，**下限と上限に同じ数値をご記入ください**。

	下　限	上　限
限定的保証の水準	（　　　）％	（　　　）％

問4　「職業専門家としての正当な注意」及び「職業的懐疑心」に関する以下の各記述について，**あなたのお考えに近い方に〇をつけてください**。

	正しい	誤り
1．「監査基準」において要求されている正当な注意の水準は，実施基準及び報告基準並びに品質管理基準等の明文化された諸基準に示されており，それを超えるものではない。	（　）	（　）
2．正当な注意の水準とは，平均的な監査人に求められる注意の水準である。	（　）	（　）
3．「監査人における不正リスク対応基準」において規定している職業的懐疑心のレベルの違い（すなわち，「保持」，「発揮」，「高め」ること）によって，不正リスクにかかるリスク評価や対応，証拠の入手・評価の手続は異なる。	（　）	（　）
4．職業的懐疑心は，鵜呑みにしないこと（questioning mind）と監査証拠の批判的評価を含む態度であり，そのレベルが違っても監査手続には違いをもたらさない。	（　）	（　）

問5　監査リスク・アプローチにおいては，個々の監査要点（アサーション）について評価した固有リスクと統制リスク（すなわち重要な虚偽表示のリスク）に対応する監査手続を計画します。この時に達成すべき目標値として事前に設定する監査リスクの水準は，最終的な監査意見表明について設定している監査リスクとどのような関係にあるでしょうか。以下の各記述のうち，<u>あなたが最も適切と思われる選択肢を1つ選び○をつけてください</u>。

1. 監査要点（アサーション）について設定する監査リスクは全ての監査要点（アサーション）について同じであり，それは監査意見表明について設定している監査リスクと同じ水準である。（　）
2. 監査要点（アサーション）について設定する監査リスクは全ての監査要点（アサーション）について同じであり，それは監査意見表明について設定している監査リスクよりも低い（小さい）。（　）
3. 監査要点（アサーション）について設定する監査リスクは監査要点（アサーション）ごとに異なり，それらは監査意見表明について設定している監査リスクよりも低い（小さい）場合もあれば，高い（大きい）場合もある。（　）
4. 監査要点（アサーション）について設定する監査リスクは監査要点（アサーション）ごとに異なるが，それらは全て監査意見表明について設定している監査リスクよりも低い（小さい）。（　）
5. 個々の監査要点（アサーション）について監査リスクは設定しない。（　）

問6　財務諸表監査において監査人が監査手続の適用によって立証しなければならない命題に関する以下の各記述について，<u>あなたのお考えに近い方に○をつけてください</u>。

	正しい	誤り
1. 財務諸表項目には明示的アサーションが含まれており，そのなかから監査人は自ら立証すべき監査要点となるものを設定する。	（　）	（　）
2. 財務諸表項目には黙示的アサーションが含まれており，そのなかから監査人は自ら立証すべき監査要点となるものを設定する。	（　）	（　）
3. 監査人が立証すべき監査要点は，個々の財務諸表項目に対して個別に監査人が設定する命題である。	（　）	（　）
4. 財務諸表及びその構成要素である財務諸表項目に含まれるアサーションと，監査人が立証する監査要点は同じである。	（　）	（　）
5. 監査要点は，実在性，網羅性，権利と義務の帰属，評価の妥当性，期間配分の妥当性，表示の妥当性の中から監査人が選択し設定する。	（　）	（　）

問7　財務諸表監査において「監査証拠」に含まれるのはどのような情報と考えますか。以下の各記述について，**あなたのお考えに近い方に○をつけてください。**

	監査証拠に含まれる	監査証拠に含まれない
1．企業及び企業環境を理解するための情報や固有リスク・統制リスクを評価するための情報	（　）	（　）
2．全般的な経済状況，政治リスクに関連した情報あるいは天候や災害などの自然の状況に関する情報	（　）	（　）
3．被監査会社に対する監査人の過去の経験や過年度の監査で実施された監査手続により入手された情報	（　）	（　）
4．監査人が入手した情報のうち，監査意見の形成に利用しなかった情報	（　）	（　）

問8　財務諸表監査における重要性（監査上の重要性）を会計上の重要性と概念的に区別するかどうかという議論があります。以下の各記述のうち，**あなたが最も適切と思われる選択肢を1つ選び○をつけてください。**

1．両者は全く同じ概念である。　（　）
2．両者の間には共通する部分と，それぞれに独自の部分が存在する。　（　）
3．会計上の重要性は，監査上の重要性に包含される（監査上の重要性には，会計上の重要性以外の独自の部分がある）。　（　）
4．監査上の重要性は，会計上の重要性に包含される（会計上の重要性には，監査上の重要性以外の独自の部分がある）。　（　）
5．両者は全く別の概念である。　（　）

1．同一概念	2．一部重複	3．監査が会計を包含
会計＝監査	会計　監査	監査／会計

4．会計が監査を包含	5．別概念
会計／監査	会計　監査

474　付　録

問9　財務諸表監査における監査報告書の意義は、「監査の結果として、財務諸表に対する監査人の意見を表明する手段であるとともに、監査人が自己の意見に関する責任を正式に認める手段である」と理解されています。このような監査報告書の意義に基づき、以下の各記述について、**あなたのお考えに近い方に○をつけてください。**

	正しい	誤り
1．財務諸表監査で想定される財務諸表及び監査報告書の利用者は、洗練された専門知識のある投資者である。	（　）	（　）
2．監査報告書は、監査人による監査の結論を意見として表明する手段であるため、監査意見とそれに直接関連する記載項目に限定されるべきである。	（　）	（　）
3．利用者からみれば、監査意見かそれ以外の記載かにかかわらず監査報告書の記載内容は全て意思決定のための情報である。	（　）	（　）
4．監査報告書に記載された監査上の主要な検討事項が間違いであることが事後的に発覚した場合、当該記載に依拠して意思決定を行ない被害を蒙った投資者に対しては、当該事項の記載が間違っていたことを理由として、監査人は法的責任を負うべきである。	（　）	（　）
5．監査報告書の記載事項が増加し際限なく拡張されていくのは、明瞭性と簡潔性が害されることになり、想定利用者である投資者にとって不利益である。	（　）	（　）

問10　監査人は、やむを得ない事情（例えば、不慮の事故や災害など）で重要な監査手続が実施できず十分かつ適切な監査証拠を入手できなかった場合、未発見の虚偽表示がもしあるとすれば、それが財務諸表全体に及ぼす可能性のある影響の程度に応じて、限定付適正意見、又は、意見を表明しないこと（意見不表明）を選択します。この点について、以下の文章のAに入ると考える**数値を空欄にご記入ください。**ただし、不正の兆候（例えば、経営者等による意図的な妨害など）は認められなかったものとします。

　当該事項が重要である場合、その影響の程度が、財務諸表全体の（A）％以上であれば意見不表明を選択する。

　　　　　Aに入る数値　　　　　　　　　　　　　　（　　　　）

問11　財務諸表監査における監査人の指導的機能と批判的機能に関する以下の各記述について，<u>あなたのお考えに近い方に○をつけてください</u>。

　　　　　　　　　　　　　　　　　　　　　　　　　　　　　正しい　　誤り
1．指導的機能には，被監査会社に対して新しい会計基準や新しい
　　制度対応について説明することが含まれる。　　　　　　　　　（　）　（　）
2．指導的機能には，被監査会社の内部統制の不備について指摘し，
　　改善を求めることが含まれる。　　　　　　　　　　　　　　　（　）　（　）
3．指導的機能には，被監査会社が作成・開示しようとしている財
　　務諸表について，適切な会計処理・開示を説明し，修正を求め　（　）　（　）
　　ることが含まれる。
4．批判的機能は，被監査会社が監査人の指摘に応じようとせず，
　　不適切な財務諸表を開示しようとした場合に，限定付適正意見　（　）　（　）
　　又は不適正意見の表明を行うか否かを判断する際に発揮される。
5．批判的機能は，監査計画，リスクの評価と対応，証拠の評価，
　　さらには意見の表明に至るまでの監査の全ての局面で発揮され　（　）　（　）
　　る。

問12　「監査人は，財務諸表に対する意見に関して責任を負うのであって，財務諸表の作成に関して責任を負うものではない。」という二重責任の原則に関する以下の各記述について，<u>あなたのお考えに近い方に○をつけてください</u>。

　　　　　　　　　　　　　　　　　　　　　　　　　　　　　正しい　　誤り
1．財務諸表に開示することが望ましいと監査人が判断する情報は
　　経営者が財務諸表で開示しなければならないため，如何なる場　（　）　（　）
　　合も監査人は監査報告書に当該情報を記載してはならない。
2．財務諸表に開示することが望ましいと監査人が判断する情報に
　　ついて，会計基準に違反しないことを理由として経営者が財務
　　諸表に開示しない場合，監査人は当該情報を監査報告書に記載　（　）　（　）
　　すべきである。
3．監査人が監査業務のなかで監査上の主要な検討事項と判断した
　　事項については，財務諸表での注記の有無にかかわらず，監査　（　）　（　）
　　上の対応とともに監査報告書に記載すべきである。

──── 質問は以上となります。ご協力に感謝申し上げます。────

索　引

＜英数＞

1933年証券法 …………………… 72, 340
1934年証券取引所法 ……………… 75, 340
AI 会計仕訳検証システム …………… 259
AI システムのブラックボックス化 …… 259
ASOBAC ………… 16, 22, 58, 98, 185, 292
Dempster-Shafer Theory …………… 291
EBS …………………………… 198, 224, 225
findings ………………………………… 356
GAAP …………………………………… 18, 84
GAAP 準拠性 ………………… 349, 351, 352
GAAP の家 …………………………………… 86
GAAP の階層構造 ……………… 85, 87, 350
GAAS …………………………………… 18, 446
Halo for Journals ……………………… 259
Helix GL Anomaly Detector(GLAD) … 258
IFAC に加盟する各国の職業会計士団体
　としての義務規程 …………………… 106
ISAs …………………………… 99, 102, 106
KAM …………………… 40, 63, 355, 415, 441
MBR …………………………… 198, 224, 225
MII …………………………… 198, 224, 225
observations …………………………… 356
PCAOB …………………………………… 101
SMOs …………………………………… 106

＜あ＞

アサーション ……… 213, 216, 236, 237, 256
アサーション・レベル ……… 253, 289, 302
アメリカ証券取引委員会 ……………… 71
アルゴリズム ……………………………… 258
意見区分 ……………………… 70, 335, 343
意見差控 ……………………… 322, 369, 377
意見に関する除外 ……………… 322, 369, 374
意見表明の基礎 ……………… 129, 215, 237
意見不表明 ……………………… 322, 375, 438
意思決定会計 …………………………… 332
意思決定支援機能 ……………… 21, 22, 23
意思決定支援目的 ……………………… 333
意思決定有用性 …………………… 71, 79
一般監査技術 …………………… 250, 258
一般監査手続 …………………… 246, 252
一般監査要点 …………………… 205, 208
一般に（公正妥当と）認められた会計原
　則 ……………………………… 18, 86, 350
一般に（公正妥当と）認められた監査基
　準 ……………………………… 18, 100, 342
一般に公正妥当と認められる企業会計の
　基準 ……………………………… 83, 89, 92
一般に公正妥当と認められる監査の基準
　………………………… 99, 101, 104, 433, 448
一般命題 ………………………………… 202
一般目的の財務報告の枠組み ………… 84
一歩離れての評価 ……………………… 362
インフォメーション・レポート
　………………………………… 334, 337, 452
疑う心 …………………………………… 172
ウルトラマレス事件 …………………… 350
運用評価手続 …………………… 194, 253, 254
エクイティ・ファンディング社事件 … 350
似而非監査技術 ………………………… 243
「概ね適正」意見 ……………………… 384
オピニオン・レポート ……… 334, 335, 452

＜か＞

外観的独立性 …………………………… 136
懐疑主義 ………………………………… 176
会計基準 ………………………………… 82
会計公準 ………………………………… 32
会計コンヴェンション ………………… 32
会計証拠 ………………………………… 220

478　索　引

会計上の重要性 …………………… 314
外形的独立性 ……………………… 142
会計連続通牒 ………………… 100, 342
外見的独立性 ……………………… 143
外向的懐疑心 ……………………… 178
解説機能 …………………………… 392
外部証拠 ……………………… 221, 250
確証 ………………………………… 177
確証的証拠 …………………… 116, 223
確証的情報 ………………………… 222
確信 …………………………… 24, 113
確立された規準 ……………… 18, 85, 92
仮説演繹法 ………………………… 186
紙の文書 …………………………… 224
監査アプローチ …………………… 184
監査意見 ……………………… 70, 367
監査意見形式 ………………… 184, 323, 450
監査上の重要性 ……………… 191, 310, 438
監査技術 ……… 214, 217, 240, 249, 250, 254
監査基準 ……………………… 35, 98
監査基準試案 ………………… 100, 343, 349
監査基準書5号 …………………… 350
監査基準書第33号 ……………… 222, 227
「監査基準」と監査基準報告書の二重構
　　造 ……………………………… 107
監査基準に基づく監査実務の正統性 …… 36
「監査基準」の純化 …………… 101, 104
監査基準の二重的性格 …………… 159
監査基準報告書200 ……………… 215
監査基準報告書500 ……………… 216
監査業務 …………………………… 268
監査計画 …………………………… 268
監査計画の立案 …………………… 245
監査公準 …………………………… 30
監査公準試案 ……………………… 36
監査コンヴェンション …………… 32
監査実施論 ………………………… 240
監査実務指針 ……………………… 104
監査事務 …………………………… 245
監査証拠 … 213, 241, 243, 244, 255, 256, 257
監査証拠の事後評価 ………… 281, 282, 284

監査証拠の批判的評価 ………… 172, 435
監査上の主要な検討事項 ……… 40, 63, 355,
　　　　　　　　　　　　413, 438, 441
監査情報 ……………………… 215, 217
監査戦略 …………………………… 193
監査調書 ………………… 159, 224, 262, 277
監査調書の査閲 …………………… 279
監査手続 …… 216, 234, 240, 241, 245, 252
監査手続の拡張 ……………… 86, 100
監査人の確信度 …………… 128, 193
監査人の行為の基準 …………… 108
監査人の責任 ………… 43, 65, 156, 349
監査人の独立性 ………… 43, 72, 136
監査の機能 ………………………… 48
監査の指導性 ……………………… 58
監査の主題 ……………… 17, 244, 418
監査の消極的機能 ………………… 54
監査の積極的機能 ………………… 54
監査の批判性 ……………………… 58
監査の有効性と効率性 …………… 191
監査範囲の制約 ………… 322, 369, 374
監査判断形成 ……………………… 420
監査報告準則 ………… 101, 354, 369, 372
監査報告書 …………… 332, 418, 421, 438
監査報告書の情報化 ……………… 389
監査報告書の透明化 ……………… 415
監査命題 …………… 17, 185, 202, 217
監査命題の立証プロセス ………… 186
監査目的 ………………… 34, 202, 268
監査要点 ………… 187, 202, 213, 244, 248
監査リスク ………… 125, 253, 187, 290, 296
監査リスク・アプローチ …… 121, 191, 287
監査理論 ……………………… 17, 35
間接証拠 …………………………… 221
間接的な証拠 ……………………… 218
完全かつ真実 ……………………… 348
完全性 ……………………………… 237
完全な一組の財務諸表 ……… 82, 91
関連性 ……………………………… 226
技術性 ……………………………… 228
基礎的監査概念報告書 …… 15, 58, 98, 116,

索引　479

期待ギャップ ………… 19, 130, 395, 418
規範的性格 …………………………… 109
基本的監査技術 ………………… 250, 251
基本的命題 …………………………… 202
客観性 ………………… 73, 228, 232, 233
客観的証拠 …………………………… 233
客観的判断基準 ……………………… 215
供述証拠 ……………………………… 218
強調事項 ………………… 71, 410, 412
虚偽の表示 …………………………… 24
虚偽表示の発生可能性と影響の度合いの組み合わせの重要度 ……………… 302
記録証拠 ……………………………… 223
金額の重要性 ………………………… 317
偶発事象 ………………… 400, 405, 407
クラリティ版「監査基準委員会報告書」
　………………………………… 102, 128
経営者の主張 …………… 184, 187, 204
経営者の誠実性 ………… 42, 172, 174
経験主義 ……………………………… 220
経済的・身分的独立性 ……………… 138
継続企業の前提 ………………… 407, 411
啓蒙的性格 …………………………… 109
契約支援機能 …………………………… 22
決定的 ………………………………… 228
権威ある文献 ………………………… 432
権威主義 ……………………………… 219
原始文書 ……………………………… 231
検証可能性 …………………………… 39
限定意見 ………………… 324, 325, 375
限定事項 …………………………… 380, 382
限定付適正意見 ……… 322, 373, 375, 379
公開会社会計監視審議会 …………… 101
高価性 ………………………………… 228
公正な監査慣行 ………………… 104, 253
公正不偏性 …………………………… 142
公正不偏の態度 ………………… 137, 141
構成要素リスク ……………………… 289
口頭の証拠 ……………………… 222, 223
口頭的情報 …………………………… 224

　　　　　　　　　　　　　185, 292
後発事象 ………… 69, 397, 400, 407
広範性 …………………………… 374, 375
公平 …………………………………… 145
合理主義 ……………………………… 220
合理的な基礎 ………… 127, 128, 204, 215
合理的な保証 ………… 111, 429, 433, 434
合理的費用 …………………………… 218
合理的論証 …………………………… 219
ゴーイング・コンサーン問題 …… 25, 383,
　　　　　　　　　　　　　405, 409, 411
コーエン委員会 ………………… 350, 353
国際監査基準 …………………… 99, 105
誤謬 ……… 24, 25, 41, 117, 171, 188, 218
個別意見 ………………… 354, 356, 376
個別監査技術 …………………… 250, 258
個別監査手続 …………………… 246, 252
個別監査要点 …………………… 205, 208
個別の事項に対する意見表明 ……… 356
個別命題 ……………………………… 202
固有リスク ………… 192, 195, 196, 290, 296
固有リスク要因 ………………… 290, 296, 302

＜さ＞

財務諸表監査の目的 ………………… 19
財務諸表全体レベル …………… 254, 289
「財務諸表等の監査証明に関する内閣府令」第3条第3項
　………………………………………… 101
財務諸表の監査の基準の階層性 …… 105
財務諸表の項目レベル ……………… 290
財務諸表の信頼性 ……… 19, 23, 131, 392
財務報告の枠組み ………………… 18, 83
査閲 …………………………………… 277
三元的証拠入手法 …………………… 224
視覚情報 ……………………………… 224
事業上のリスク ………………… 249, 296
事業上のリスク等を重視したリスク・アプローチ ………………………………… 194
試査 ……………………… 188, 218, 243
自然上の証拠 ………………………… 219
実在性 …………………………… 203, 235
実質的判断 …………………… 358, 359

実質優先	359	詳細テスト	192, 194, 197, 254
実証	177	正直	144
実証主義	292	情報提供機能	21, 22, 69, 335, 388
実証的証拠	231	情報の監査	205
実証的な分析的手続	191, 254, 259	情報の質に対する統制	22
実証手続	248, 249, 253, 254	情報の質の向上	22
実態(行為)	206	証明機能	116, 392
実態(行為)の監査	205	証明力	226, 236
実体証拠	223	除外事項	56, 60, 371, 373, 374, 379, 438
質的重要性	318	職業的懐疑心	58, 170
指導機能	50, 394	職業的専門家としての懐疑心	42, 60
指導・助言機能	52	職業的専門家としての正当な注意	153, 154
指導性	59	人工知能	44, 259
指導性の限界	53	真実かつ公正な概観	348
指導性の発揮	57	心証	112, 113, 125, 215
指導的機能	50, 51, 55, 56	人的証拠	223
従属的命題	202	信念改訂型リスク評価	198
十分かつ適切な監査証拠	129, 248, 249, 291	真の証拠	218
十分かつ適切な証拠	230	神秘主義	220
十分かつ適切な証拠のトレードオフ	230	信憑性	24, 41, 237
十分性	227, 228, 230, 233, 234	信憑力	226
重要性	374, 375	信用監査	339
重要性の基準値	319, 324	信頼性	24, 228, 229, 230, 234
重要な虚偽の表示	24	推定的懐疑心	173
重要な虚偽表示(の)リスク	194, 196, 253, 289, 290, 296, 300, 304	スペクトラム	298
受託責任	64, 332	正確性	237
主たる証拠	222	正規の監査手続	246, 252
守秘義務	155, 164, 273, 275, 422	誠実性	139
準拠性意見	360, 362	精神的独立性	136
準拠性の枠組み	84, 363	正当な注意	153, 273
条件事項	379, 382	正当な注意の水準	160, 453
証券取引委員会	341	正当な注意の適用範囲	157
証拠資料	214, 223, 227, 241, 243, 244	責任基準	108
証拠力	237	責任区分の原則	68
証拠の経済性	227	絶対的な保証	124
証拠の合理性	227	説得性	232, 233
証拠のコスト	229	説明責任	64, 332
証拠の適格性	228, 230, 256	潜在的な利害の対立	40, 41
証拠の適合力	227	善良なる管理者の注意	154, 155
		総合意見	354, 356, 376
		創造された証拠	219

相当の注意 ………………………… 154
その他の監査手続 ………… 246, 247, 252

<た>

金融商品取引法第193条の2第1項 …. 103
第1次証拠 ……………………… 222, 223
第2次証拠 ……………………… 222, 223
第3次証拠 ……………………… 222, 223
第一位証拠 ……………………………… 222
第二位証拠 ……………………………… 222
代用的監査手続 ………………………… 253
短文式 …………………………………… 338
断片的意見 …………………… 377, 384
知的に正直 …………………………… 140
中立的懐疑心 ………………… 172, 177
調査過程 ……………………………… 185
直接証拠 ……………………………… 221
追記情報 ……………………… 335, 407
通常実施すべき監査手続 ……… 252, 253
通常の監査手続 …………… 247, 252, 253
適格性 ……… 227, 228, 230, 231, 232, 256
適合性 …………… 226, 227, 233, 234, 237
適時性 ………………………… 229, 233, 257
適正性 ……… 15, 19, 90, 348, 351, 357, 358
適正性意見 ……………………………… 356
適正性命題 ……………………………… 202
適正表示 ………………… 15, 359, 410
適正表示の枠組み …………… 84, 91, 363
適切性 …………………… 230, 232, 233, 234
適法性 ………………………… 357, 358
適法性意見 ……………………………… 356
手続実施上の重要性 …………………… 320
電子情報 ……………………… 224, 225
統制評価手続 ………………… 191, 248, 253
統制リスク ………… 192, 195, 196, 248, 296
登録届出書 ……………………………… 72
特定の取引種類，勘定残高又は注記事項
　に対する重要性の基準値 ………… 319
特別な検討を必要とするリスク … 196, 290,
　　　　　　　　　　　　　296, 300, 304
特別の利害関係 ……………… 137, 138

特別目的の財務諸表 ………………… 91
特別目的の財務報告の枠組み ………… 84
独立性 ………………………… 43, 72, 231
独立の立場 …………………… 137, 141
特記事項 ……………………………… 400

<な>

内向的懐疑心 …………………………… 178
内部監査機能 …………………………… 49
内部牽制組織 ………………………… 188
内部証拠 ……………………… 221, 252
内部統制 ………… 42, 189, 213, 218, 226,
　　　　　　　227, 229, 231, 233, 235, 236,
　　　　　　　243, 245, 249, 253, 254, 255
内部統制組織 ………………………… 188
内部統制組織の調査 ………………… 243
内部統制の運用状況 ………………… 249
内部統制の整備状況 ………………… 249
内部統制の調査および評価 ………… 190
内部統制の有効性 ………… 187, 195, 218,
　　　　　　　　　　　　　231, 254, 255
二重責任の原則 ……………… 63, 422

<は>

バイアス …………… 139, 179, 228, 237
パイロット・テスト ………………… 160
発見リスク …………… 192, 194, 197, 231,
　　　　　　　　　　　　234, 256, 290, 296
範囲区分 …………………… 70, 335, 343
反証 …………………………………… 178
反証主義 ……………………………… 292
非確証 ………………………………… 177
ビジネス・リスク・アプローチ
　……………………………… 194, 198, 287
必然的な利害の対立 ………………… 40
否定的意見 …………………………… 375
批判機能 ……………………………… 50
批判性 ………………………………… 53
批判的 ………………………………… 53
批判的機能 ……………… 50, 54, 55, 56, 60
批判的な …………………………… 58

秘密保持の原則 ················ 155, 164, 275
標本法 ································ 243
品質管理 ································ 278
品質基準 ································ 108
付記事項 ················ 70, 335, 343, 399
不正 ················· 24, 25, 41, 116, 117,
　　　　　　　　　　　171, 173, 188, 218
不正リスク ······················ 174, 178, 258
不正リスク検知 SUN モデル ············ 258
不正リスク対応基準 ············· 106, 174
物的証拠 ································ 223
物理的証拠 ····························· 222
不適正意見 ······· 53, 322, 369, 375, 439, 447
プラグマティズム ···················· 176, 220
フリントの公準 ···························· 41
文書的証拠 ············· 222, 223, 226, 231
平均的な監査人 ···················· 161, 432
平均的な注意 ······················ 161, 163
補強証拠 ································ 222
補強の証拠 ····························· 223
保険機能 ································· 21
保証 ··········· 22, 23, 114, 115, 117, 118, 420
保証機能 ···························· 22, 394
保証水準の決定要因 ····················· 126
保証の水準 ··············· 119, 125, 433, 434
補足的な監査技術 ······················· 258
補足的な監査手続 ······················· 253
補足的説明事項 ········ 68, 70, 335, 343, 395
本源的機能 ······························· 56
本質的な利害の対立 ······················ 40

<ま>

マウツ公準 ·························· 36, 39
マッケソン・ロビンス会社事件 ·········· 98
未確定事項 ············· 381, 382, 383, 405

無意見監査報告書 ······················· 384
無限定適正意見 ·········· 369, 370, 373, 374
明示的なアサーション ···················· 450
明示的な経営者の主張 ···················· 208
免責基準 ································ 108
網羅性 ·································· 203, 235
目的適合性 ······························· 215

<や>

役割基準 ································ 108
優越的な機能 ····························· 56
有効性 ·································· 227
有用性 ·································· 227, 231
要証命題 ·················· 214, 217, 243, 245

<ら>

利害関係者保護 ························· 393, 421
利害調整会計 ···························· 332
利害調整機能 ·························· 21, 22
利害調整支援機能 ······················ 21, 22
利害調整支援目的 ························· 333
利害の対立 ································ 40
リスク・カーブ ·························· 297
リスク対応手続 ······ 195, 240, 249, 253, 259
リスク評価 ··············· 194, 196, 198, 249, 253
リスク評価手続 ············ 195, 198, 216, 240,
　　　　　　　　　　　　　249, 253, 259
リスク・マップ ·························· 297
リスク・マトリクス ······················ 297
離脱規定 ······························· 359, 363
留保事項 ······························· 379, 382
利用可能性 ····························· 229, 257
量的重要性 ····························· 317, 323
レジェンド問題 ························· 409

●執筆者紹介（執筆順）

林　隆敏（はやし・たかとし）　担当：序章，第1章，第7章，第11章，第22章

（編著者紹介参照）

小澤　康裕（おざわ・みちひろ）　担当：第2章，第5章，第22章

立教大学経済学部准教授
1997年千葉大学法経学部卒業，2003年明治大学大学院経営学研究科博士後期課程単位取得満期退学。2002年明治大学経営学部助手，2003年神戸大学経営学部助手，2006年立教大学経済学部専任講師を経て，2008年4月より現職。博士（経営学）。主な業績に「テクノロジーによる内部監査の変化と財務諸表監査への影響」『立教経済学研究』第77巻2号，2023年等がある。

町田　祥弘（まちだ　よしひろ）　担当：第3章，第6章，第19章，第22章

青山学院大学大学院会計プロフェッション研究科教授
1991年早稲田大学商学部卒業，1997年早稲田大学大学院商学研究科博士後期課程単位取得済退学。同年東京経済大学経営学部専任講師，2000年東京経済大学経営学部助教授，2005年4月より現職。博士（商学）（早稲田大学）。主な業績に，『監査の品質―日本の現状と新たな規制』中央経済社，2018年等がある。

松本　祥尚（まつもと・よしなお）　担当：第4章，第12章，第18章

関西大学大学院会計研究科教授
1987年関西大学商学部卒業，1989年神戸大学大学院経営学研究科博士課程前期課程修了。同年香川大学経済学部助手・講師・助教授，1998年関西大学商学部助教授・教授を経て現職。主な業績に『開示情報に対する保証の枠組み―サステナビリティ情報の開示と保証の制度化に向けて』（編著）同文舘出版，2024年等がある。

福川　裕徳（ふくかわ・ひろのり）　担当：第8章，第9章，第10章

一橋大学大学院経営管理研究科教授
1994年一橋大学商学部卒業，1999年一橋大学大学院商学研究科博士後期課程単位修得退学。同年長崎大学経済学部講師，2001年助教授，2007年一橋大学大学院商学研究科准教授，2012年教授を経て，2018年より現職。博士（商学）。主な業績に『監査判断の実証分析』国元書房，2012年等がある。

永見　尊（ながみ・たかし）　担当：第13章，第14章

慶応義塾大学商学部教授
1989年千葉大学法経学部卒業，1995年早稲田大学大学院商学研究科博士後期課程単位取得退学，同年作新学院大学経営学部専任講師，1998年作新学院大学経営学部助教授，2005年慶応義塾大学商学部助教授を経て，2007年より現職。博士（商学）。主な業績に『AUDIT INQUIRY 質問の理論と技術』中央経済社，2024年等がある。

松尾　慎太郎（まつお・しんたろう）　担当：第15章，第21章

東北公益文科大学公益学部准教授
2011年関西学院大学商学部卒業，2016年関西学院大学大学院商学研究科博士課程後期課程単位取得満期退学。同年東北公益文科大学公益学部助教，2021年4月より現職。博士（商学）。主な業績に「Toulminモデルによる「監査上の主要な検討事項（KAM）」の分析」『現代監査』第32号，2022年等がある。

瀧　博（たき・ひろし）　担当：第16章

立命館大学経営学部教授
1992年名古屋大学経済学部卒業，1997年名古屋大学大学院経済学研究科単位取得満期退学。弘前大学人文学部助手・講師・助教授，青森公立大学経営経済学部助教授を経て，2006年より現職。博士（経済学）。主な業績に『テクノロジーの進化と監査（日本監査研究学会リサーチ・シリーズXVII）』（編著）同文舘出版，2020年等がある。

堀古　秀徳（ほりこ・ひでのり）　担当：第17章，第20章

西南学院大学商学部商学科准教授
2010年関西学院大学商学部卒業，2015年関西学院大学大学院商学研究科博士課程後期課程単位取得満期退学。2015年関西学院大学商学部助教，2018年大阪産業大学経営学部経営学科講師，2021年同准教授を経て，2024年4月より現職。博士（商学）。主な業績に「監査計画に関する論点整理」『大阪産業大学経営論集』24巻1号，2022年等がある。

池井　優佳（いけい・ゆか）　担当：第22章

京都先端科学大学経済経営学部経営学科講師
2016年関西大学会計研究科修了，関西大学大学院商学研究科博士課程後期課程在学中。2019年京都先端科学大学経済経営学部助教，2024年4月より現職。会計修士（専門職）。主な業績に「監査人の業種特化」『監査人のローテーションに関する研究』同文舘出版，2023年等がある。

川端　千暁（かわばた・ちあき）　担当：第22章

中央大学商学部助教
2013年関西学院大学商学部卒業，2014年関西学院大学法学部卒業，2019年関西学院大学大学院商学研究科博士課程後期課程単位取得満期退学。同年関西学院大学商学部助教，2021年4月より現職。博士（商学）。業績に「監査人の法的責任と監査基準の関係：Robert Wooler 社事件の事例研究」『會計』193（3），2018年等がある。

●編著者紹介

林　隆敏（はやし　たかとし）

関西学院大学商学部教授
1989年関西学院大学商学部卒業，1994年関西学院大学大学院商学研究科単位取得満期退学。同年甲子園大学経営情報学部専任講師，1999年関西学院大学商学部助教授，2005年4月より現職。博士（商学）。
現在，日本監査研究学会理事，国際会計研究学会理事，日本経済会計学会理事，金融庁企業会計審議会委員。

〈主な業績〉
『継続企業監査論』中央経済社，2005年，『国際監査基準の完全解説』（共編著）中央経済社，2010年，『わが国監査報酬の実態と課題』（共著）日本公認会計協会出版局，2012年，「監査報告の変革─欧州企業のKAM事例分析─」（編著）中央経済社，2019年，『ベーシック監査論（9訂版）』（共著）同文舘出版，2022年など。

財務諸表監査の基礎概念

2024年12月30日　第1版第1刷発行

編著者　林　　隆　敏
発行者　山　本　　継
発行所　㈱中央経済社
発売元　㈱中央経済グループ
　　　　パブリッシング

〒101-0051　東京都千代田区神田神保町1-35
電話　03 (3293) 3371（編集代表）
　　　03 (3293) 3381（営業代表）
https://www.chuokeizai.co.jp
印刷／昭和情報プロセス㈱
製本／誠　製　本　㈱

©2024
Printed in Japan

＊頁の「欠落」や「順序違い」などがありましたらお取り替えいたしますので発売元までご送付ください。（送料小社負担）

ISBN978-4-502-51741-9　C3034

JCOPY〈出版者著作権管理機構委託出版物〉本書を無断で複写複製（コピー）することは，著作権法上の例外を除き，禁じられています。本書をコピーされる場合は事前に出版者著作権管理機構（JCOPY）の許諾を受けてください。
JCOPY〈https://www.jcopy.or.jp　eメール：info@jcopy.or.jp〉

──■おすすめします■──

学生・ビジネスマンに好評
■最新の会計諸法規を収録■

新版 会計法規集

中央経済社編

会計学の学習・受験や経理実務に役立つことを目的に，最新の会計諸法規と企業会計基準委員会等が公表した会計基準を完全収録した法規集です。

《主要内容》

会計諸基準編＝企業会計原則／外貨建取引等会計処理基準／連結CF計算書等作成基準／研究開発費等会計基準／税効果会計基準／減損会計基準／自己株式会計基準／EPS会計基準／役員賞与会計基準／純資産会計基準／株主資本等変動計算書会計基準／事業分離等会計基準／ストック・オプション会計基準／棚卸資産会計基準／金融商品会計基準／関連当事者会計基準／四半期会計基準／リース会計基準／持分法会計基準／セグメント開示会計基準／資産除去債務会計基準／賃貸等不動産会計基準／企業結合会計基準／連結財務諸表会計基準／研究開発費等会計基準の一部改正／会計方針開示、変更・誤謬の訂正会計基準／包括利益会計基準／退職給付会計基準／税効果会計基準の一部改正／収益認識基準／時価算定基準／見積開示会計基準／原価計算基準／監査基準／連続意見書 他

会 社 法 編＝会社法・施行令・施行規則／会社計算規則

金 商 法 編＝金融商品取引法・施行令／企業内容等開示府令／財務諸表等規則・ガイドライン／連結財務諸表規則・ガイドライン／四半期財務諸表等規則・ガイドライン／四半期連結財務諸表規則・ガイドライン 他

関連法規編＝税理士法／討議資料・財務会計の概念フレームワーク 他

■中央経済社■

■最新の監査諸基準・報告書・法令を収録■

監査法規集

中央経済社編

本法規集は，企業会計審議会より公表された監査基準をはじめとする諸基準，日本公認会計士協会より公表された各種監査基準委員会報告書・実務指針等，および関係法令等を体系的に整理して編集したものである。監査論の学習・研究用に，また公認会計士や企業等の監査実務に役立つ1冊。

《主要内容》

企業会計審議会編＝監査基準／不正リスク対応基準／中間監査基準／四半期レビュー基準／品質管理基準／保証業務の枠組みに関する意見書／内部統制基準・実施基準

会計士協会委員会報告編＝会則／倫理規則／監査事務所における品質管理　**《監査基準委員会報告書》**　監査報告書の体系・用語／総括的な目的／監査業務の品質管理／監査調書／監査における不正／監査における法令の検討／監査役等とのコミュニケーション／監査計画／重要な虚偽表示リスク／監査計画・実施の重要性／評価リスクに対する監査手続／虚偽表示の評価／監査証拠／特定項目の監査証拠／確認／分析的手続／監査サンプリング／見積りの監査／後発事象／継続企業／経営者確認書／専門家の利用／意見の形成と監査報告／除外事項付意見　他**《監査・保証実務委員会報告》**継続企業の開示／後発事象／会計方針の変更／内部統制監査／四半期レビュー実務指針／監査報告書の文例

関係法令編＝会社法・同施行規則・同計算規則／金商法・同施行令／監査証明府令・同ガイドライン／内部統制府令・同ガイドライン／公認会計士法・同施行令・同施行規則

法改正解釈指針編＝大会社等監査における単独監査の禁止／非監査証明業務／規制対象範囲／ローテーション／就職制限又は公認会計士・監査法人の業務制限

●好評の年度版●

会計全書 令和6年度

斎藤 静樹 監修
中里 実

日本税理士会連合会推薦

ISBN：978-4-502-50361-0

毎年6月1日現在の有用にして重要な会計税務の諸基準や法令、通達を3分冊に収録。中間会計基準、財務諸表等規則、連結財務諸表規則、今年度版は、期中レビュー基準、賃上げ促進税制、交際費課税、定額減税等、令和6年6月1日現在の会計税務の諸基準・法令をフォロー。

菊判／8096頁

中央経済社